「アメリカの世紀」を興したリーダーたち

グローバル化に向けた国家改革

三島武之介

松籟社

目次

「アメリカの世紀」を興したリーダーたち

――グローバル化に向けた国家改革

本書を、帰宅後のわずかな時間もほんの束の間の休日も黙々とパソコンに向かい続けた夫の身勝手さに耐え、生活を支えてくれた妻に捧げる。

まえがき

「アメリカの世紀」は終わるのか。

第二次大戦が終わって七〇年が過ぎた今、この問いが世界中でささやかれている。二〇〇一年の「九・一一」を受けて、アメリカは超大国の威信をかけて対テロ戦争へと突入した。また二〇〇三年には、イラクは大量破壊兵器を保有するテロ支援国家であるとの理由で、イラク戦争を開始した。当初は短期終結が見込まれた戦いだったが、実際には大方の予想を裏切って泥沼化した。中東情勢が混迷を深めていく中で、二〇〇八年、アメリカの世界秩序に対する統制力が思いのほか弱いことが白日の下にさらされた。

サブプライムローン問題に端を発したリーマン・ショックは、アメリカはもちろん主要国首脳会議（通称G8）ですらも事態の収拾を図れないほどの深刻な世界金融危機であった。二〇カ国・地域首脳会合（通称G20）の発足は、アメリカが先進国のみならず新興国の手までも借りなければ、世界経済を安定的に運営できないことを露呈した。ロシア－グルジア間の南オセチア紛争は、ロシアが他国内の分離・独立紛争に介入したという点で、ロシア－ウクライナ間の二〇一四年クリミア危機を先取りしたものである。しかしアメリカは軍艦数隻を黒海に派遣するにとどまり、自らの欧亜政策の要の一つだった北大西洋条約機構（通称ＮＡＴＯ）の東方拡大がロシア軍によって阻まれるのをほとんど黙ってみているしかなかった。

こうした脆弱なアメリカの姿を、あの一九八九年に一体誰が予測できただろうか。ベルリンの壁が崩壊したその年、米ソ首脳はマルタ会談において冷戦終結を宣言した。アメリカが名実ともに唯一無比の超大国となった瞬間である。その二年後の湾岸戦争での輝かしい勝利を目撃した者の多くは、その後の世界秩序がその主宰者たるアメリカ一極の「新世界秩序」となる、と確信をもって予測した。あれからわずか二〇年あまりしか経過していないが、世界秩序は明らかに多極化（あるいは無極化）に向かっている。ごくわずかな例外を除いて、我々のほとんどは自らの世界を見る目がいかに楽観的に過ぎたかを思い知らされているに違いない。

近年のアメリカ衰退論の流行は、我々が未だにこのような過去の予測と現在の結果とのあまりの落差に驚いているせいかもしれない。実際のところアメリカは、依然として世界最強の国家であるし、今後もしばらくの間はそうであろう。中西寛が指摘しているように、「国際政治において卓越した力をもつ存在であるとは言えなくなったとはいえ、現下において軍事力、経済力が世界規模の影響力をもち、また世界全体にわたって国際政治を運営する意志をもつ国としてはアメリカが唯一の存在」である。[1] だがアメリカがたとえ「多極の中の最強」であるとしても、その屋台骨が大きく動揺していることもまた疑いえない事実なのである。

興味深いことに、アメリカの対外政策の専門家たちは、その揺らぎの原因を国外にはほとんど求めていない。彼らの視線は国内政治の膠着状態に注がれている。例えばファリード・ザカリア（Farreed Zakaria）は、リーマン・ショック以前に上梓した『アメリカ後の世界（*The Post-American World*）』の中で、「アメリカはこのまま没落するのか」と問うて次のように指摘している。

今日の問題は、幅広い連合をつくり出す能力を、複雑な問題を解決する能力を、アメリカの政治システムが失っているかもしれない点だ。［中略］二一世紀のアメリカは、経済が弱いわけでも、社会が退廃しているわけでもない。しかし、政治は深刻な機能不全に陥っている。誕生から二二五年を迎え、過度に硬直化した時代遅れの政治システムは、金や、特殊権益や、扇情的なマスコミや、イデオロギー的な攻撃集団によって翻弄されてきた。この結果、瑣末な問題をめぐって敵意むき出しの議論が繰り広げられ（政治の劇場化）、政治は実利を取ったり、妥協を成立させたり、計画を実行に移すことがほとんどできなくなってしまった。［中略］アメリカの政治プロセスは以前と比較して格段に党利党略の度合いが強まり、格段に目標達成の効率が低下している。[2]

ザカリアによれば、アメリカの国内政治において党派性が強まった結果、対外政策の長期的視野からの立案が困難になっているという。この手の嘆息は今では全く珍しくない。一九八九年に「歴史の終わり？（"The End of History?"）」と題する論考を発表したフランシス・フクヤマ（Francis Fukuyama）も近頃は、アメリカは「政治的衰退」に陥っていると言明している。

私は、アメリカ経済の全般的状況は比較的健全であるから、アメリカ社会は衰退していないが、その政治制度は重大な衰退に陥っていると信じる。［中略］経済の力を国際的に利用可能な力に転換する政治的な公定歩合は、ワシントンにおける分極化の結果、増えてきていることは本当だと思う。［中略］今［以前と］異なっていることは、はるかに有害な党派性に満ちたワシントンの雰囲気である。ワシントンは、事実上どんな政策課題であっても、政治的闘争と点数稼ぎとして見てしまっている。これが意味するところは、議会が、対外政策に関し大統領府に自由裁量を与える意思をますます失っており、今度は逆に、大統領が［議会の意向を］先取りして権限を行使しないようにさせている、ということである。[3]

「政治的な公定歩合」とは、国家がその持てる国力を対外政策に投入する際に乗り越えなければならない障壁や摩擦を、市中金融機関が中央銀行から貸出を受ける際に支払う基準金利になぞらえたものである。フクヤマの懸念は、議会での党派的な行き詰まりがアメリカの国力変換（power conversion）を著しく妨げていることにある。すなわち、アメリカは世界秩序に対して十分な影響力を及ぼすだけの国力を今でも保持しているが、対外政策の決定過程に変調を来しているために、その国力に見合ったパフォーマンスを発揮できなくなりつつある、というのである。

こうした度重なる危機感の表明に、連邦議会において債務上限問題が度々もたつくさまを思い浮かべる方も多いだろう。結局はデフォルト回避に落ち着くことは分かりきってはいるものの、基軸通貨を発行する国家の議会にしてはひどく無責任な対応が繰り返されているように思える。国際政治の中心が経済発展と人口増加の著しいアジアに移行する中で、アメリカは二〇一一年になるまで「リバランス」政策を打ち出せなかった。政策転換の遅れそしてその中身が、中国の積極的な対外政策——毎年二桁の伸び率を誇る中国の軍拡状況（特に核戦力の増強）、アジアインフラ開発銀行の設立など——にどのような影響を及ぼしたのかは今後の検討を要する課題である。[4]

それはともかく、アメリカの識者たちの間では、「アメリカの世紀」が続くかどうかは効率的かつ効果的な国力変換を可能にする政治体制を再構築できるかにかかっているとの見解でほぼ一致している。そうしなければ、多極化する世界秩序の中で起こる国際関係の様々な変化に適切かつ迅速に対応できないからである。果たしてアメリカはこの大いなる政治課題を克服し、今世紀を世界大国として乗り越えられるだろうか。この問いは、日米同盟を自国の安全保障の大前提とする日本にとっても無縁ではありえない。

本書はこうした問題意識に立って、あえて歴史をさかのぼり「アメリカの世紀」を準備した人々の足跡をたどろうとするものである。アメリカの衰退が叫ばれている今、どうして興隆の時代をわざわざ描くのか、と疑問に思われるかもしれない。だが、「アメリカの世紀」はまさしく内政の膠着状態の中から始まったのである。ジョゼフ・ナイ（Joseph S. Nye, Jr.）によれば、国力変換は「アメリカにとって新しい問題ではない」。なぜなら、世界最古の近代憲法によって、アメリカの政治制度にはもともと膠着状態に陥る仕掛けが組み込まれているからである。

アメリカ合衆国憲法は、権力は中央集権化というよりも抑制と均衡《チェック・アンド・バランス》［中略］によってもっともよく統御されるという一八世紀の自由主義的見解に基づいて書かれている。［中略］対外政策に関して、憲法は大統領と議会が主導権をめぐって争うように誘導するやり方で書かれている。強力な経済的・民族的圧力団体が自らの利益となるように国益を定義するために相争い、他国に対する制裁について対外政策上の方策や行動規範を立法化するように議会に迫る。[5]

対外政策の観点から言えば、南北戦争を終え第二次大戦に至るまでのアメリカも、建国以来の国是たる孤立主義からの離脱をめぐって膠着状態にあった。それが憲法による制約に起因することを「アメリカの世紀」の創始者たちは十二分に認識していた。アメリカを世界大国として登場させるには、憲法の制約を乗り越え膠着状態を打開しなければならない。それゆえ彼らは大々的な国家改革に着手したのである。

本書では、この初期の改革者たちがどのような背景を持つ人々で、何を成し遂げ何を成し遂げなかったのかをみていく。「アメリカの世紀」の歴史的起源をみることで、それはいかにして始まったのかとともに、今それが終焉の危機に瀕しているのはなぜなのかを知る手がかりを得られはしないだろうか。筆者はそう思って筆をおこしたが、本書を読み終えて読者の方々も同感してくださるならば、これに勝る喜びはない。

前置きはこれくらいにして本論に入るべきところだが、最後に本書で多用する対外政策の方向性を示す用語について整理しておきたい。まず「国際主義（internationalism）」についてである。アメリカ対外政策における国際主義には、多国間協調を推進・維持するという意味での「多国間主義（multilateralism）」と、世界的な対外関与を推進・維持するという意味での「膨張主義（expansionism）」という二つの側面がある。これに基づいて、国際協調を維持しつつ対外関与を推進する立場のことを、本書では「多国間主義的膨張主義」と呼ぶ。

次に「単独主義（unilatelalism）」についてである。つい最近までアメリカの対外政策を象徴したこの用語には、多国間主義を軽視するが膨張主義の路線をとるものと、多国間主義でも膨張主義でもないものとがある。前者の例がジョージ・ブッシュ・ジュニア（George W. Bush）の路線で、後者の例が伝統的な「政治的孤立主義（isolationism）」である。両者を比べた場合、前者が世界的な対外関与を志向する一方で、後者は対外関与の範囲を西半球のみに限定するごく消極的な立場である。この対照性に鑑み、本書では、前者を「積極的単独主義」、後者を「消極的単独主義」と呼ぶことにする。[6] これらの定義を踏まえて以後の議論にお付き合い頂ければ幸いである。

注

［1］中西寛「グローバル多極秩序と日本外交の課題」RIETI Discussion Paper Series, 10-J-048, 二〇一〇年八月、五頁。
［2］ファリード・ザカリア（楡井浩一訳）『アメリカ後の世界』徳間書店、二〇〇八年、二七四-二七六頁。

［3］Francis Fukuyama, "American Power Is Waning Because Washington Won't Stop Quarreling," *The New Republic*, March 10, 2014, accessed September 23, 2015. http://www.newrepublic.com/article/116953/american-power-decline-due-partisanship-washington

［4］中国の軍拡状況については、防衛省『平成二七年度版防衛白書』日経印刷、二〇一五年、三六–三九頁を参照。

［5］Joseph S. Nye, Jr., *Is the American Century Over?* (Cambridge, UK: Polity Press, 2015), 87-88.

［6］孤立主義を「政治的孤立主義」と限定しているのは、一九世紀末までに発展・成立していたアメリカの全国的な広域市場と国民経済が、国際的なネットワークに構造的に組み込まれていたからである。David Reynolds, "Expansion and Integration: Reflections on the History of America's Approach to Globalization," ed. Bruce Mazlish et al. *The Paradox of a Global USA* (Stanford: Stanford University Press, 2007), 49-53.

「政治的孤立主義」はヨーロッパに対する政治的不干渉のみならず、ヨーロッパからの政治的不干渉をも含んでいた。モンロー・ドクトリンはその最たる例だが、これは南北アメリカ大陸におけるアメリカの単独行動の自由を規定したものである。モンロー・ドクトリンもまた「単独主義」の表明である。中嶋啓雄『モンロー・ドクトリンとアメリカ外交の基盤』ミネルヴァ書房、二〇〇二年を参照。

序章

アメリカ「外交政策エスタブリッシュメント」の歴史

第一節　アメリカ対外政策における「エスタブリッシュメント」という問題

「中枢」の喪失

近年アメリカの国際政治学研究では、超党派の「『中道派』連合（“centrist” coalition）」がアメリカ政治の「中枢」として対外政策決定過程において果たした役割への注目が高まっているように見える。国際政治学者チャールズ・カプチャン（Charles A. Kupchan）は、ピーター・トゥルボヴィッツ（Peter L. Trubowitz）との共著論文の中で、この「中枢」の存在こそ、アメリカをして、国際政治における権力の保持と多国間協調の維持とを両立させ、アメリカの対外政策を安定的で一貫性のあるものにしていた「国家運営の政治的基盤」であったと主張した。[1]

カプチャンの定義では、「『中道派』連合」とは、第二次大戦期にフランクリン・ローズヴェルト (Franklin D. Roosevelt) が桁外れの政治的機略を以て慎重に創出した、党派や地域の違いを越えた政治的連合体のことである。そして、ローズヴェルトはその政治手腕によって、この連合体の間に「多国間協調」を基調とした世界的な対外関与をアメリカの対外政策方針の基調とするというコンセンサスを成立させた。カプチャンは、これを「自由主義的国際主義者協定」の締結と呼んでいる。[2] 本書の定義でいうならば、多国間主義的膨張主義（まえがきを参照）のコンセンサスである。

この合意がローズヴェルトの死後も一九六〇年代まで持ちこたえたのは、「『中道派』連合」がアメリカ政治の「中枢」として機能し続けたためである。それを可能にした政治的環境要因として、カプチャンは二つの要因を挙げている。第一に、日独伊の枢軸国同盟そして戦後のソ連がアメリカに与えた脅威への警戒心がアメリカ国民全体で共有されたこと。そして第二に、戦中・戦後の経済成長にともなって、共和党員と南部の保守的な民主党員とが「保守連合」と呼ばれる連帯を形成したため、南北対立、労使間対立および階級対立といったアメリカ社会の対立構造が一時的に取り除かれたことである。

しかし、第二の要因は早くも一九七〇年代には消滅した。ヴェトナム戦争と公民権運動を境にして、共和党は南部と、民主党は北部と提携するという連邦政治の地殻変動が起こったからである。それは民主党内で始まったと言われている。ヴェトナム戦争が泥沼化するにつれて北部のリベラルなハト派が反戦傾向を強めたのに対し、南部の保守的なタカ派は反共主義に忠実であり続けた。そこに公民権運動が追い打ちをかけた。北部のリベラル派はアフリカ系アメリカ人に対する公民権の適用を支持した。これに反発した南部の保守派は、民主党から共和党へと鞍替えしたのである。彼らの受け皿となったのは、共和党内で少数派だった西部の保守派である。南部と西部の保守派が手を結んだことにより、北東部リベラル——その中核こそ「外交政策エスタブリッシュメント（Foreign Policy Establishment）」であった——は多数派の地位から徐々に締め出され、共和党を去っていった。かくして、共和党はタカ派化し、民主党はハト派化したのである。[3]

ヴェトナム戦争は結局、アメリカの敗北に終わり、覇権国としての威信は大きく傷ついた。その衝撃がもたらした党派間の深刻なイデオロギー対立を前に、「『中道派』連合」は著しく弱体化した。そして第一の要因もまた冷戦の終焉とともに消失した。かくして、「『中道派』連合」の政治的基盤は衰滅したのである。「中枢」を失ったアメリカの政治は再び「草の根的な」党派性に満ちたものとなり、その対外政策も一貫性を欠き不安定な性格を強めている、とカプチャンは述べている。[4]

元大統領ジョージ・ブッシュ・ジュニアは、南部と手を結んだ共和党を象徴する党派的人物であった。その「ポピュリスト的」な積極的単独主義は、国連などの多国間機関やヨーロッパの同盟国群の異議を意に介さず、アメリカ一国による対外行動を実行し世界秩序を混乱させた。カプチャンによれば、こうしたアメリカ対外政策の不安定化は、一過性のものではなく、「中枢」の喪失がもたらした「永続的変化」なのだという。[5]

リアリストからの反論

カプチャンの主張に対しては主に二つの反論がある。一つ目の反論は、リアリスト、特に攻撃的リアリストからなされている。その代表的学者ジョン・ミアシャイマー（John J. Mearsheimer）は、ソ連の脅威が消滅しアメリカが他の追随を許さない軍事力・経済力を誇る唯一の超大国となったことにより、冷戦後の世界秩序は、アメリカが多国間主義的膨張主義の路線をとる誘因が自然と弱まる構造となっていると指摘する。その上で、ミアシャイマーは、構造的にアメリカは積極的単独主義への誘惑に駆られることになると分析している[6]。

このようなリアリストの構造主義的な国際政治論においては、「中枢」の喪失は問題とならない。しかしながら、地政学的要因の消失という契機が直ちに国家を単独行動という結果へと誘うわけではない。その契機と結果の間にはある一つの段階が横たわっているとみるべきである。それは、国家運営を担う指導者たちが自制の感覚を失い、優越する自国の国力を試したいという誘惑に抗えなくなるという段階である。

この段階については、ファリード・ザカリアが指摘した次のことを思い起こせばよい。アメリカは、第一次大戦後の国際関係を管理するため国際連盟という多国間機関を提案した時、既に経済面においても軍事面においても世界最強であった。第二次大戦後、国際経済協調のブレトン・ウッズ体制を創設し、国際連合など世界の主要な多国間機関のほとんどを立ち上げた時も、アメリカはソ連と世界を二分する超大国であった[7]。

国力の圧倒的優位を誇りながらも、二〇世紀のアメリカは多国間主義的膨張主義を選択した。第二次大戦末期に限って言えば、アメリカはソ連をも国際協調の枠組の中に取り込んで、多極協調の分割統治によって世界秩序を安定へと導こうと努めたのである。とすれば、地政学的要因の消失という国際政治環境の変化を考慮してもなお、アメリカ政治における「中枢」の喪失は重大な問題として受けとめなければならないであろう。

リベラリストからの反論

二つ目の反論は、ジョン・アイケンベリー（G. John Ikenberry）やジョン・ラギー（John G. Ruggie）といったリベラリストから提示されている。彼らの主張は、アメリカはそもそも多国間主義を志向する政治構造を有しているため、「中枢」の喪失に関係なく、アメリカ対外政策は多国間主義的膨張主義の路線を採り続ける、というものである。アイケンベリーは、ラギーの見解を引いて、アメリカ社会の多民族化・多文化化が、多民族間で国内が分裂する「文化戦争（cultural war）」と呼ばれる事態を引き起こしているが、依然として「コスモポリタン・リベラル」がアメリカの中心的アイデンティティで在り続けているとし、そのことが共和制民主主義の伝統と相まって、外交政策における多国間主義を強化すると予測している。[8]

彼らリベラリストの議論を詳細に検討すると、この予測が将来に対する楽観にとどまっていると言わざるを得ない理由が二つある。第一に、今日のアメリカ人のアイデンティティの在り方を、「コスモポリタン・リベラル」と呼べるかどうかは疑わしいからである。果たして彼らは、アメリカの伝統的国民文化とそれが織りなしてきた政治体制とに対する忠誠心を抱えつつ、多文化を受容している、と言い切れるだろうか。

故サミュエル・ハンティントン（Samuel P. Huntington）の議論を待つまでもなく、現在アメリカにおいては、グローバル化の進行と移民のさらなる増加とともに無国籍化が進行している。無国籍化とは、移民が出身国の文化への愛着を保持し、その文化がアメリカ国内での文化的市民権を獲得することを目指して、多文化主義を強力に推進することである。五十嵐武士は無国籍化を「トランスナショナル化」と呼んでいるが、これになぞらえれば、アメリカで現在有力なアイデンティティは「トランスナショナル・リベラル」と呼ぶ方が適切である。[9]

トランスナショナルなアイデンティティは、アメリカの対外政策にも如実に反映されている。防衛的リアリストの大家スティーヴン・ウォルト（Stephen M. Walt）が先のミアシャイマーとの共著の中で検証を試みたように、アメリカの中東政策はイスラエル・ロビーから多大な影響を被っている。共産中国ロビーやインドロビーもまた政治的勢力を拡大し、アメリカの外交政策への「浸透」戦略に成功しているという。[10]「浸透」戦略とは、こうした特定の国家を母国あるいは民族的故郷とする移民が中心となって形成するロビー団体が、母国あるいは民族的故郷にとって有利となるよう大統領府、行政機関および議会の各方面に働きかけ、アメリカの対外政策に大きな影響を与えることを指す。

この「浸透」の実態を踏まえれば、アイデンティティのトランスナショナル化は、アメリカの対外政策を「二国間主義的膨張主義」に傾きやすくしているように思われる。「二国間主義的膨張主義」とは、アメリカが対外政策を実施するにあたり、その担当者が特定の同盟国・友好国との関係を重視して対外関与を進めることを意味している。このような対外関与は多国間枠組を介さないため、当該特定国以外の国家の視点に立てば積極的単独主義と何ら変わりない。だとすれば、「トランスナショナル・リベラル」のアイデンティティがアメリカ対外政策における多国間主義の精神を強めると断言することはできないのである。

アメリカが予定調和的に多国間主義的膨張主義をとるというリベラリストの予測が楽観に過ぎない第二の理由は、先のリベラリストたちでさえも、「中枢」が果たしてきた役割を認め、それに代わって多国間主義的膨張主義を奉じる政治勢力の必要性を暗に認めつつ、未だ確たる回答を得られていないことである。

ラギーは、現在のアメリカの対外政策をめぐる環境について、カプチャンとほぼ同様の見解に立っている。すなわち、アメリカの有権者とその代表者たちの間で「一貫した持続的な国際主義的外交政策のための予見可能な基礎は、今日、ほとんど存在していない」と認めているのである。ここで言う「国際主義」とは多国間主義的膨張主義のことであるが、それを対外政策の一貫した持続的な方針とする政治的基盤を新たに構築する術については、ラギーは何も触れていない。アイケンベリーもまた、冷戦後「リベラルな［国内政治］秩序を支えてきた勢いが失われ」、「アメリカの政策エリートのあいだでは国家安全保障をどのように推進するかをめぐって深刻な分裂が見られる」と分析している。だがやはり、その分裂を解消し、多国間主義的膨張主義を支えるに足るリベラルな国内政治秩序を維持する方法については何も語っていない。[11]

「中枢」に代わる勢力の創出について具体的な論及がないのは、一見彼らがアメリカの共和国政体に抱く自信ゆえのようにも思われる。アイケンベリーは、単独主義は「選挙の周期や民主的な政治の存在」

によって抑制・調整されるため、「多国間主義の基礎に対する根本的な挑戦」とはならないと述べている。ここには、多国間主義の基礎が強固なので、トランスナショナル化を背景とするアメリカ外交の理念の分裂は、時間の経過とともに自然と解消されるとの確信がうかがえる。

ところが、アイケンベリーは、多国間主義の源泉として、アメリカのアイデンティティ、国内の財政的・人的コストの限界、民主的選挙の周期だけでなく、外交政策エリートのイデオロギーなどをも提示している。この最後の源泉に関する事例として、アイケンベリーは、一九四〇年代にアメリカの外交政策エリートが、多国間主義を第二次大戦後のヨーロッパ各国のカウンターパートたちの間に国際規範として定着させ、冷戦期の米欧協調の基礎を創り出したことを挙げている。

補足すると、アイケンベリーは、アメリカ対外政策における多国間主義とは、相手国の外交政策エリートに対し多国間主義を規範として受容させることに始まると考えている[12]。しかし、多国間主義が米欧をつなぐ規範的紐帯となるには、それがそもそもアメリカ外交政策エリート自身のコミュニティの中に規範としてしっかりと根付いているという前提が必要である。今後もそのことに変わりはないはずである。だが、アイケンベリーはこのことについて何も述べていない。

ラギーやアイケンベリーといったリベラリストの国際政治学者の議論の欠陥は、彼らが多国間主義の成立要件から捨象した「中枢」の重要性を反対に浮かび上がらせる。彼らの議論は図らずも彼らの論敵の主張を補強している。すなわち、「中枢」の喪失ゆえに、アメリカ社会の多様化・分極化に並行してロビー活動の影響力が強まり、アメリカ「対外政策の地域化・分極化現象」が顕在化してきたという主張を、である[13]。

エスタブリッシュメントという「中枢」

リアリストによる反論もリベラリストによる反論も、カプチャンの議論を退けるには至っていない。超党派の「『中道派』連合」がアメリカ政治の「中枢」として機能していたからこそ、アメリカ対外政策は多国間主義的膨張主義を基本方針としていたとのカプチャンの主張は否定し得ないのである。ただし、彼の議論にもまた見逃し難い欠陥がある。それは、「『中道派』連合」が機能するにいたった原因を、おもにフランクリン・ローズヴェルトの個人的資質に帰している点である。確かに、ローズヴェルトの政治家としての力量が、消極的単独主義一色だったアメリカを第二次大戦の戦勝国へと導いたことは、誰もが認めるところであろう。

しかし、ジョージ・ワシントン（George Washington）が「退任演説」の中で定式化して以来、消極的単独主義の伝統に対するアメリカ人の執着には非常に根強いものがあった。アメリカが米西戦争の勝利によって大国政治に参加し、第一次大戦の戦後処理で世界秩序形成に参画してもなお、その伝統が放棄されることはなかった。世界最大の債権国たるアメリカの資本が世界中を駆け巡っていた戦間期でさえ、アメリカ国内では消極的単独主義が優勢であった。[14] こうした歴史的文脈を踏まえると、いかにフランクリン・ローズヴェルトが天才的政治家であったとしても、彼一人でカプチャンが主張したような対外政策方針の大転換を成し遂げたと考えるのは不自然ではないかという疑問が生じてくる。

というのは、次のように考える方がより自然ではないかと思われるからである。すなわち、消極的単独主義と多国間主義的膨張主義の間でアメリカが彷徨していた時代においても、多国間主義的膨張主義をアメリカ対外政策の基本路線として定着させようとした超党派の政治勢力が存在した。そして、この政治勢力が、ローズヴェルトの対外政策路線を積極的に支持したからこそ、アメリカは第二次大戦への参戦を契機に世界秩序の調停者として立ち現われることができた、という考え方である。

そして、多国間主義的膨張主義を奉じる超党派の政治勢力は実際に存在した。彼らはかつて「膨張主義者（expansionist）」と自称したセオドア・ローズヴェルト（Theodore Roosevelt）やヘンリー・キャボット・ロッジ（Henry Cabot Lodge）の後継者たちで、いわば「ポスト膨張主義者」であった。彼らは先達から多国間主義的膨張主義という理想の松明を受け継いだ。フランクリン・ローズヴェルトもその一員だったのである。本書は、この「ポスト膨張主義者」たちこそ、多国間主義的膨張主義をアメリカ対外政策の基本方針とした超党派の政治勢力であったとの立場をとる。

ジョシュア・バービー（Joshua W. Burby）とジョナサン・モンテン（Jonathan Monten）によれば、「ポスト膨張主義者」の多くはエスタブリッシュメントと総称される国家指導者層に属していた。エスタブリッシュメントはそのリベラルな思想傾向から「リベラル・エスタブリッシュメント」と呼ばれることもあれば、彼らの多くがアメリカ北東部出身者であるか、その地域で中等・高等教育を受けた経験を持つかのいずれかに該当することから「北東部エスタブリッシュメント」と呼ばれることもある[15]。

エスタブリッシュメントという用語は定説的な定義のない用語であるが、概ね次のように定義されることが一般的である。すなわち、同等の出自を有したり同種の教育を受けたりしたことによって、「互いに正確を期す必要がない」ほど類似した価値観と信条を共有し、互いを改めて知る必要がないほどに「互いをよく知って」おり、国政上の「中心的議題」でとるべき「路線」について「ある程度の合意」

を有し、在野にあるか否かを問わず、アメリカ国内の「いかなる個人・経済団体・政治組織の利益をも超越した態度」をとって権力を行使できる中道派の集団である[16]。「ポスト膨張主義者」は、こうしたエスタブリッシュメントの中でも特に、対外政策決定過程に深く関与した集団である。彼らは、アメリカの国内政治と対外政策とをなるだけ分離することによって、国内における政治的対立が対外政策に持ち込まれないようにし、超党派の合意に基づいて安定的で一貫性のある対外政策を進めることに尽力した、と評価されている[17]。ゆえに、本書においても、「ポスト膨張主義者」に対し「外交政策エスタブリッシュメント」という呼称を用いる。

ゴッドフレイ・ホジソン（Godfrey Hodgson）によれば、「外交政策エスタブリッシュメント」は、第二次大戦時の陸軍長官で「ポスト膨張主義者」の首領だったヘンリー・スティムソン（Henry L. Stimson）と陸軍参謀総長ジョージ・マーシャル（George C. Marshall）の下に参集した少数精鋭のエリートたちを中核とする、官民の境を跨いでネットワーク化された国家指導者集団であった[18]。彼らは、第二次大戦から冷戦初期にかけて強力なイニシアティブを発揮し、アメリカを消極的単独主義の軛から解き放った。フランクリン・ローズヴェルトが没した後も、アメリカの対外関与の範囲は劇的に伸展し、アメリカは多国間および二国間同盟とからなる集団的安全保障体制の「欠かせざる中枢」となった。

ズビグニュー・ブレジンスキー（Zbigniew Brzezinski）によれば、「外交政策エスタブリッシュメント」こそ「アメリカの国益全体を理解できるような特別な洞察力をもつ集団」であったという。この評価が妥当であるか否かは、本書だけで追うことのできる問題ではない。ただ一つだけ確かなことは、彼らが、一時的にではあるが、国民から国家戦略策定の事実上の「委任」を受けた国家指導者層だったということである。その一員であったポール・ニッチェ（Paul H. Nitze）は往時を振り返って、第二次大戦から冷戦初期までが「エスタブリッシュメントの黄金時代」だったと述べた[19]。

ハリー・トルーマン（Harry S. Truman）政権、ドワイト・アイゼンハワー（Dwight E. Eisenhauer）政権を経て、アメリカ史上初のアイリッシュ・カトリック系大統領を戴いたジョン・F・ケネディ（John F. Kennedy）政権に至っても、「外交政策エスタブリッシュメント」は隠然たる影響力を発揮した。彼らは対外政策に関する政権の御意見番としての立場を保ち続けたのみならず、閣僚人事をはじめ政権運営についても重きをなす存在で在り続けた。さらには、国家安全保障担当大統領補佐官マクジョージ・バンディ（McGeorge Bundy）をはじめ、政権内における外交政策決定過程の枢要なポストのいくつかにも、彼らの一員と見なされている人々が就いた。

だがしかし、「外交政策エスタブリッシュメント」の栄華は、暗殺されたケネディの後任となったリンドン・ジョンソン（Lindon B. Johnson）の政権下で終わりを迎える。デイヴィッド・ハルバースタム（David Hulberstam）が鮮明に描き出したがごとく、ヴェトナム戦争での苦戦が長引くにつれ、戦争の是非をめぐる国内の分裂・混乱が生じ、世論からエスタブリッシュメントに対する轟々たる非難が巻き起こった。ヘンリー・キッシンジャー（Henry A. Kissinger）によれば、この非難が「外交政策エスタブリッシュメント」にとって極めて大きな痛手となった。ヴェトナム戦争の敗戦によって、彼らが第二次大戦以来誇ってきたアメリカ政治に対する統制力は著しく減じられたのである[20]。

ヴェトナム戦争の泥沼化の直接的責任を問われた「外交政策エスタブリッシュメント」は、アメリカ国民からの信頼を失い、国家運営の「委任状」を剝奪された。これ以後、彼らはアメリカ政治の舞台から退場し、わずかな遺産を残すのみとなったとの見解で凡そ一致している。[21] 今日では、彼らに類似した外交政策エリートをたまに政府高官の中に見出すことはあっても、[22] その政府高官たちが、かつて「外交政策エスタブリッシュメント」が発揮したほどの政治的影響力を行使する光景をみかけることはない。

これまで述べてきたことを要約すれば、二〇世紀中葉の約三〇年間におけるアメリカ政治・外交におけるエスタブリッシュメントの権勢は、アメリカ史上の特殊現象であった。このことは彼らの権勢の時間的変遷によってのみならず、彼らの実際の数的実態によっても確認できよう。すなわち、ジョン・ガルブレイス（John Kenneth Galbraith）が回顧したように、エスタブリッシュメントは決して多数派ではなく常に少数の集団であった。[23] 彼らが少数派に甘んじざるを得なかったのは、アメリカ社会を構成する社会的・文化的な構成要素としてはかなり特異な存在だったからである。

その特異性を如実に知らしめるのは、「外交政策エスタブリッシュメント」のヴェトナムでの蹉跌によって沸騰し大々的に表出した反感の中で語られているエスタブリッシュメント像である。例えば、先にも引いたキッシンジャーは、「外交政策エスタブリッシュメント」を「アメリカの国際的役割に強い関心を持っていると見られる社会階層」にして、「上流階級出身で、プロテスタントが圧倒的に多く、特権的な学校出身で、エスタブリッシュメントの背景を持つ人々」と定義した。ハルバースタムは、「二〇世紀に入ってからアメリカの外交政策をあらかた決定してきた産業界、法律界、金融界の、あの捉えどころのない、しかも厳として存在する東部エスタブリッシュメントと呼ばれる集団に強く結びついた」指導者層であると規定した。[24]

これらの定義をみると、いかなる要素がその人物をエスタブリッシュメントたらしめるかについて、曖昧ながらもある程度のコンセンサスがアメリカ社会の中にあったと推察される。それは、エスタブリッシュメントとは、彼ら以外の（と自認する）アメリカ人にとって、財産・宗派・教育・職業等によって総合的に規定される擬似貴族であった、ということである。貴族制を布くイギリスから独立して創設された共和国の中に擬似貴族が生まれたこと自体、歴史の皮肉である。けれども、もっと皮肉なのは、その擬似貴族たちが創り上げた「パクス・アメリカーナ」と呼ばれる一時代が、彼らが政治の表舞台から退場する時期とほぼ同時に終わりを告げた、という歴史的認識が今日持たれていることかもしれない[25]。

いずれにせよ、アメリカのエスタブリッシュメントは歴史の表舞台から姿を消した。その事実を以て、彼らにはもはや研究に値するだけの価値はない、とみる向きもあるかもしれない。しかし、それが早計であることは二つの文脈において確認できよう。一つは、アメリカ国内政治の文脈である。エスタブリッシュメントの政治文化的遺産は現代のアメリカにおいてもなお一部残されているからである。彼らが創り上げた「パワー回廊（corridors of power）」は、党派性を強めつつあるとの批判もあるが、今なお健在である。すなわち、国際金融・銀行業者、国際法務・企業法務を専門とする弁護士事務所、そして、民間の政策シンクタンクは、未だに政界への人材供給と政策立案の有力な土台となっている[26]。この「パワー回廊」の実態とその変化を深く理解するには、その原点をしっかりと見つめておく必要があるだろう。

もう一つは、日本におけるアメリカ研究という文脈である。従来の日米関係研究では、アメリカ「外交政策エスタブリッシュメント」こそ戦前の日米協調のファクターであり、「戦後日本の設計図」を描いた人々であったとの評価がなされてきた。最近では、戦後日本の対米依存の深化に重要な役割を果たしたという評価も見られるようになっている。だとすれば、日本独自の視点から描かれたアメリカ史研究が以前ほど見られなくなってきたのではないかとの懸念の声がある今日、日本人研究者がアメリカのエスタブリッシュメントについて学ぶ意義は一層強調されて然るべきではなかろうか[27]。

第二節　アメリカ研究におけるエスタブリッシュメント論

本節では、先行研究を振り返りつつ問題を設定し、本書の目的を示したいと思う。前節でも若干触れたように、アメリカ「外交政策エスタブリッシュメント」が何をしたかという研究は十分な量とは言えないながらも比較的多い。しかし、彼らがどうやって登場したかという問題はなおざりにされたままであり、その研究は依然として手薄である。以下、そのことを確認しながら問題の所在を明らかにしたい。

エリート研究

先行研究をみると、アメリカの政治や外交の世界においてエリート主義が台頭したことを非難するものが随分多いことに驚く。だが、「エスタブリッシュメント」なる用語自体に、彼らの存在に対する非難の意味合いが込められていることを考えれば、当然と言えるかもしれない。この用語は、そもそも一九五〇年代のイギリスで、左派の学者たちが国内社会におけるエリート主義を批判する際に使い始めたものである[28]。エリート主義に対する反感のこもった学術的関心は、大西洋の反対側においても短期間で花開き、政治学、歴史学、社会学といった分野でエリートに関する研究を流行させた。

このうち、政治学者たちは、第一節で言及したエスタブリッシュメントの歴史的な特殊性よりも、国家の統治構造におけるエリート主義の一般性・普遍性を追求することを目的として研究を進めた。この理論的関心から、そもそも人間社会というものは、少数の統治者たるエリートと多数の被統治者たる大衆とに分かれるという前提に立ち、建国以来民主主義を標榜するアメリカも例外ではないことを論証し、時に批判しようと努めた研究が数多く見受けられる[29]。

ウィスコンシン学派

歴史学者は政治学者たちの問題設定に若干の歴史的限定を加えた。ウィスコンシン学派の泰斗ウィリアム・アップルマン・ウィリアムズ（William Appleman Williams）がその代表的論者である。ウィリアムズは、アメリカの海外進出の歴史を批判するにあたって、米西戦争を指導したウィリアム・マッキンリー（William McKinley）政権以後冷戦に至るまで、アメリカの対外「政策決定過程にエリート主義が根を下ろした」とした[30]。

ウィリアムズの言うエリートとは、「南北戦争以来、通常、国を運営してきた中心部の企業家、金融業者、政治家」からなる指導的集団のうちで最も海外進出に強い意欲を示した「経済界指導者」とくに金融業者であった。こうした視点を打ち出した理由は、当時の「アメリカの指導者は、経済的基準を軸に事実を体系化した『世界観』を抱いていた」上、「金融業者が指導的政治家と緊密なつながりを持っていた」と考えていたからである。[31] こうしたマルクス主義的な修正主義に基づくアメリカ対外政策史研究に対しては、経済要因からアメリカ対外政策の歴史を通観しうるとアプリオリに想定するあまり、金融・産業エリートの対外政策における役割に焦点を当て過ぎているのではないか、という疑問が国際史家から投げかけられている。[32]

とはいえ、ウィリアムズに始まるウィスコンシン学派が、格別の学術的貢献をなしたことは疑いようのない事実である。彼らは、アメリカ対外政策を学ぶにあたって、「官」、つまり、大統領府を頂点とする外交・国防当局の動向にのみ注目するのでは不十分だということを主張した。その上で彼らは、驚くべき実証性を以て、それまで扱われることがあまりなかった「民」、すなわち財界、とくに金融界にも視野を広げることの重要性を提起し、学術的論争を活発化させたのである。[33]

けれども、ウィスコンシン学派もまた、エリート主義の普遍性という枠組から出ることはできていない。例えば、ウィリアムズは、アメリカの一八七〇年代の不況以来、アメリカの海外進出に賛成し支持する国民がますます増加していったことが「政策決定者の間で強まっていくエリート主義のための活力源」を創り出し、以後エリート主義が継続したと述べているのみである。[34] これでは、マッキンリー政権でエリート主義が完成して以後一貫して、アメリカの海外市場の拡大を目指した経済至上主義の信奉者たちが対外政策を牽引したとの誤解を与えかねない。

加えて、ウィリアムズは、実際には政治的、経済的見解あるいは文化的嗜好においてあまりにも差異のある指導者群をエリートという枠に無理に当てはめてしまっている。その結果、例えば、大統領ハーバート・フーヴァー（Herbert C. Hoover）のような外交政策エリートと、彼の国務長官だったヘンリー・

スティムソンのような「外交政策エスタブリッシュメント」を、誤って同種のエリートとみなしてしまっている。[35]

確かに、フーヴァーはイギリスのロスチャイルド系の鉱山会社ビューイック・モーリング社（Bewick, Moreing and Company）に属し、世界中を飛び回って身を立てた国際派のエリートであった。だが、彼がスティムソンと同じくエスタブリッシュメントとみなされることはない。このことを示す格好のエピソードが二つある。

一つは、フーヴァーが、エスタブリッシュメントが築き上げた社交界に馴染めなかったことである。彼は、スタンフォード大学在学中に学生組織の人選をめぐって、エスタブリッシュメントが好んで参加した「ギリシャ文字の」友愛会《フラタニティ》や女子学生クラブ《ソロリティ》との抗争を体験した。この体験がフーヴァーに、エスタブリッシュメントが有する「俗物根性《スノビッシュネス》」への嫌悪感を刻みつけたようである。母校を愛し信託者を引き受けたフーヴァーは息子たちをパロ・アルトへ送った。だが、その際に友愛会に入ることだけは固く禁じたのである。[36]

もう一つはもっと有名な話であるが、大統領退任後のフーヴァーが消極的単独主義に傾いたことである。彼はアメリカの第二次大戦への参戦と戦後の大々的な対外関与に反対した。その訳は、アメリカは基本的に自給自足が可能な国家で西半球以外の対外市場を必要としないため、国内の政治的・経済的効率性を高める改革に邁進し、西半球の防衛を航空戦力によって固めさえすれば、繁栄を保てるとの見通しを持っていたからであった。[37]

傍証が長くなったが、ウィリアムズはエリートを大雑把に定義したために、スティムソンとフーヴァーとの違い、すなわち、エスタブリッシュメントとエリートとの区別をつけられていない。そのために、エスタブリッシュメントが国家運営に対する統制力をいかにして持ち、失っていったかという歴史的変遷を無視するという欠陥を露呈している。

パワー・エリート論

エスタブリッシュメントとエリートの別を明確にするためには、エスタブリッシュメントの文化史・社会史的動態を調べてみる必要がある。この意味で、社会学者たちが、エリートの文化的・社会的生態を把握することに力を傾注したことには大きな意義があった。

中でも金字塔のような扱いを受けた研究がライト・ミルズ（C.Wright Mills）の「パワー・エリート」論であった。ミルズは、アメリカで形成されている階級社会の「上層グループ」が国家運営の柱とも言うべき政治・産業・軍事それぞれの分野の指導的地位を占め、一体となって、ドワイト・アイゼンハワーが警鐘を鳴らした「軍産複合体」を形成・強化していると説き、世上の耳目を集めた[38]。

ミルズの研究は、それまで顧みられることのなかった、社交界、教育界、宗教界が渾然一体となって政治・産業・軍事の各分野のエリート層を支えていることを明らかにした点で大変な功績であった。けれども、「労働貴族」「ホワイトカラー」といった雑多な要素までも「パワー・エリート」の範疇に収める致命的な失敗を犯し、ウィリアムズ以上にエリートとエスタブリッシュメントとの区別をぼやけたものにした[39]。

「内部」からの視点

エリートとエスタブリッシュメントの間の一応の境界線を引いてみせたのは、エスタブリッシュメントの背景を持つ社会学者であった。ディグビー・ボルツェル（E. Digby Baltzell）はその代表的な一人で、フィラデルフィアを研究のフィールドとして、南北戦争の終戦から一九四〇年までの間に、「全国で連合を組んだ上流階級」が「地域共同体の郷紳」に取って代わったことを描いた著作で知られる社会学者である[40]。

ボルツェルは、自らが属したエスタブリッシュメントの共同体を「アメリカの貴族階級」と呼び、その宗教と民族性に基づく階級内外の区別が醸し出す排他性をインドのカースト制度になぞらえて描いた。執筆当時の彼の主眼は、その排他性が階級外部からの優秀な人材の流入を阻害した結果として、「アメリカン・ドリーム」の名で表現される階級上昇がより困難となり、「貴族階級」自身の「アメリカ社会における道徳的権威の危機」を招いていることを批判し、より幅広い人材の流入が可能となるよう改善を求めることにあった[41]。

ボルツェルの説明によれば、エスタブリッシュメントの排他性の源とは、一八八〇年代から本格化した階級内部での制度的慣習の創設・強化によって生まれた諸機関であった。すなわち、私立のプロテスタント系中等教育機関、名門大学での友愛会組織、各種の紳士クラブ、郊外のカントリークラブ、夏の休暇リゾートなどである。これらの機関が非常に排他性の高い同族的なインナー・サークルとなったのは、同時期に東欧・南欧をはじめ西欧以外の移民のアメリカへの流入が激増したことへの「社会的防衛（social defense）」だったとされている[42]。

ボルツェルの重要な貢献は、エスタブリッシュメントとは、第一義的には、少なくともアメリカ国内においては極めて特有の文化制度を有する集団だということを説明した点である。もっとも彼自身は、第三章で詳細に検討するチャールズ・エリオット（Charles W. Eliot）同様、エスタブリッシュメントの文化制度こそがアメリカの伝統文化であり、アメリカ社会一般に適用されるべき教育制度だと信じていた。したがって、エスタブリッシュメントの文化制度はそこに属する者たちだけに通用する制度だとは考えていなかった。

ボルツェルが自ら体験した文化制度への思い入れはともかく、ここで確認したいことは、ボルツェルが、ミルズの言う「パワー・エリート」であることが、直ちにエスタブリッシュメントであることを意味するわけではないことを明らかにした、ということである。ボルツェルの認識では、一九六〇年代には既にエスタブリッシュメントが徐々に政治的劣勢に立たされるにつれて、その文化制度も主流としての地位を失いつつあった。[43] この点で、ボルツェルは、アメリカのエスタブリッシュメントの歴史的動態の把握にある程度成功したと言える。

しかしながら、ボルツェルは、あくまでもアメリカ国内での文脈だけを考慮して、エスタブリッシュメントの盛衰を扱っている。そのため、彼の歴史叙述は、南北戦争以後のアメリカにおけるエスタブリッシュメントとそれに対抗する者たちという構図を描くことに終始してしまっている。したがって、エスタブリッシュメントがアメリカの対外政策にどのように関与したかという問題については立ち入っていない。

伝記研究

ウィリアムズ、ミルズ、ボルツェル以降、エスタブリッシュメントがアメリカの対外政策にどのように関与したかについて論じた研究は、大まかに分類するとすれば次の三つの類型に分けることができよう。

第一の類型は、第二次大戦から冷戦初期にかけてアメリカの世界戦略を策定・実行した「外交政策エスタブリッシュメント」についての伝記である。ウォルター・アイザックソンとエヴァン・トマス（Evan Thomas）は、ディーン・アチソン（Dean G. Acheson）、チャールズ・ボーレン（Charles Bohlen）、アヴェレル・ハリマン（W. Averell Harriman）、ジョン・マクロイ（John J. McCloy）、ジョージ・ケナン（George F. Kennan）、ロバート・ロヴェット（Robert A. Lovett）の六人の生涯を同時並行的に扱い、一冊の大著『賢人たち――六人の同志と彼らが創り上げた世界（*The Wise Men: Six Friends and the World They Made*）』にまとめあげた。[44]

『賢人たち』の驚くべき点は、この六人とその家族および同僚たちに関する文書や、六人を知る元政府高官や有識者、友人たちとのインタビューを含めた膨大な史料に基づいていることである。上述の六人のうち、アチソン、ハリマン、マクロイ、ケナンについてはそれぞれ伝記があるが、彼らを集団として分析した歴史書は他にない。[45] 本書はヴェトナム戦争における彼らの過誤を擁護する立場をとっているため、全体としてやや六人の業績を称えすぎているという印象を拭えないにせよ、前人未到の労作と言うべきである。

『賢人たち』を通じて六人の生涯を追うと、彼らがある程度共通する背景を持ち、官民の立場や省庁の垣根を越えて比較的よく連帯し、力を合わせてアメリカを世界の超大国に押し上げていったエスタブリッシュメントの一員だったことがよく分かる。しかし同時に、彼らがそのような大望を抱き、大きな指導力を発揮したのは、ボルツェルの言う「社会的防衛」のために築き上げられた文化制度の所産を前世代のエスタブリッシュメントから継承したからだということにも気付かされる。したがって、前世代のエスタブリッシュメントがその文化制度を、どのような意図でいかにして構築したのかを知ることが、アメリカ「外交政策エスタブリッシュメント」の登場の歴史的背景を理解する一つの鍵になる。だがアイザックソンとトマスは、六人が享受した文化制度は所与のものとして概略的に紹介しているに過ぎない。

似たようなことは、ゴッドフレイ・ホジソンが著したヘンリー・スティムソンの伝記についても言える。スティムソンは、一九〇八年にニューヨーク南部地区連邦検事（United States Attorney for the Southern District of New York）となり、一九四五年に陸軍長官を退任するまでという非常に長い期間、断続的ながらも連邦政府ないし共和党の要職において過ごした「外交政策エスタブリッシュメント」である。ホジソンは、エスタブリッシュメントの伝記にありがちな、過度の非難と礼賛とを避け、スティムソンの階級的・人種的偏見、政治・外交上の失策、彼の国際情勢の見通しの揺らぎや誤りをも平明に記している。この点では、ホジソンのスティムソン伝は、客観的に研究対象の生涯を綴っている好著と言ってよい。

ホジソンの功績は、スティムソンの長いキャリアを描くことを通じて、彼が師と仰いだセオドア・ローズヴェルトとエリヒュー・ルート（Elihu Root）の世代のエスタブリッシュメントと、スティムソンを師と仰いだロバート・ロヴェットとジョン・マクロイを含む先述の『賢人たち』の世代の「外交政策エスタブリッシュメント」とをつなぐ柱石としてスティムソンを捉え直したことにある。[46]彼がそのような柱石たり得たのは、ボルツェルの語ったエスタブリッシュメント特有の文化制度を通じて、科学主義、エリート主義（学歴を人物評価の上で重んじる態度）、宗教的な信心深さ、アングロ・サクソン主義（アングロ・サクソン人種の優越を信じる立場）、男らしさ（manliness）の崇拝、そして多国間主義的膨張主義といった当時のエスタブリッシュメントの価値観を継承し、それらの価値観が上記の文化制度を通じて「賢人たち」にも共有されたからである。

しかしながら、ホジソンは、スティムソンが外交・安全保障の要職に就くまでの前史については簡単に触れたのみで、スティムソンがいかなる対外政策を実施したかを中心に叙述を進めている。そのために、エスタブリッシュメントの価値観を伝承する文化制度が何の目的でどのようにして形成されたのかについての検討は不十分なままに終わっている。思うに、この不足が、ホジソンが伝記を著したもう一人の「大佐」、エドワード・ハウス（Edward M. House）の位置付けについての理解を曖昧なものにしたと考えられる。[47]

ハウスは、ニューヨークに拠点を持っていたテキサスの民主党員で、二〇世紀初めての民主党大統領ウッドロウ・ウィルソン（T. Woodrow Wilson）の「右腕」として第一次大戦期アメリカの対外政策を取り仕切った人物である。ハウスは、政府のいかなる要職にも就くことを拒否した私人であったため、その権力の源泉は大統領たるウィルソンからの全面的な信頼にあった。

この信頼があって初めて、ハウスは、閣僚・大使に始まる政治任命職の人事、イギリスをはじめとする連合国との折衝、パリ講和会議の準備と実際の交渉において、絶大な影響力を誇ることができた。そのため、講和会議の最中にウィルソンの信任を失うと、対外政策決定過程の枠外に弾き出された。それ以後のハウスには、外交問題評議会（the Council on Foreign Relations［以下ＣＦＲと略記］）の創設に立ち会ったほかは、目立った外交関連の活動はない。

ハウスのこの特殊な経歴は研究者の悩みの種であるが、ホジソンもハウスの位置付けに悩んでいる。[48]ホジソンは、かつてハウスは「外交政策エスタブリッシュメント」という「王朝」の開祖たり得ないと述べた。ところが後に、数多くのエスタブリッシュメントが所属したＣＦＲを念頭に置いて、ハウス、そして、彼が第一次大戦の戦後構想を策定するために創設した「調査機関（the Inquiry）」に招集された弁護士、学者・知識人などの専門家もまた、アメリカ「外交政策エスタブリッシュメント」の始祖に位置すると述べている。

このような迷いが生じるのは、ハウスが裕福ではあるがエスタブリッシュメントではなく、スティムソンに比肩するような国家運営の実績を持たず後の世代への影響力を有しなかったからである。けれどもハウスが、南北戦争後の南北和解の雰囲気の中で、エスタブリッシュメントの文化制度に魅せられ、エスタブリッシュメントに憧れ、その求心力に引き寄せられた南部人であったことに着目すれば、その迷いはなくなる。

第五章第三節で詳述するように、実はハウスは民主党の変貌の過渡期を象徴する人物の一人である。彼が生まれた一九世紀の民主党と言えば、南部を地盤とし農民と労働者の支持者を基盤とする政党であった。ところが、二〇世紀の最初の三〇年ほどで既に共和党よりも膨張主義的傾向の強い政党へと様相を変えつつあった。例えば、一九二〇年代のことだが、「賢人たち」のうちアチソンとハリマンは、「大政党（Grand Old Party）」と称された共和党ではなく民主党に入党した。その理由の一つは、戦間期の共和党では上院外交委員長エドガー・ボラー（Edgar E. Borah）のような消極的単独主義者が優勢だったため、膨張主義志向の強かった彼らには馴染めそうもないと感じたからであった。[49]

このような選択があり得たのは、一九二〇年代よりも前に民主党に加入したエスタブリッシュメントは思いの外多く、彼らの存在が民主党の体質転換の流れへとつながっていくからである。ハウスはこの流れに乗った一人であった。したがって彼の半生を振り返ることによって、アメリカのエスタブリッシュメントと彼らが創り上げた文化制度の影響が、民主党の体質ひいてはアメリカの対外政策の在り方をどのように変えたのかを知ることができる。

ところが、ホジソンは、この点について全く何も語っていない。思うにそれは、彼がアメリカのエスタブリッシュメントは共和党に属することが常であったとし、民主党に大挙して入党したのはせいぜいニューディール以後だとの前提に立って議論を進めているからである。[50] これは大いなる誤解である。アメリカ「外交政策エスタブリッシュメント」という短命だが影響力の大きかった現象の起源について考えるためには、遅くとも南北戦争以後の時代からエスタブリッシュメントとその文化制度について学ばなければならない。

シンクタンク研究

第二の類型は、世論を主導する社会集団および研究機関についての研究である。皮切りとなった研究を特定することは難しいが、アメリカ政治史研究の大家アーネスト・メイ（Ernest R. May）による米西戦争とその後の植民地論争に関する研究は、特別にエスタブリッシュメントに関する章を設けて書かれた古典である。

メイは、一九世紀末から二〇世紀への世紀転換期におけるアメリカ帝国主義の発生について論ずるにあたり、アメリカの対外政策決定過程のうち世論醸成のプロセスを重視し、当時の新聞や雑誌、そこに登場する人物たちの個人文書を精査した。その結果、世紀転換期には既に、ボストンとニューヨークをはじめとする大都市のエスタブリッシュメントが、大西洋の両側で流行した思想――社会的ダーウィニズム（Social Darwinism）やシーパワー論――に則って、世界情勢や対外政策についてのオピニオン・リーダーの役割を果たしていたことを論証した[51]。

これによって、メイは、対外情勢についての識見を世間に普及させ世論の形成に寄与したという意味で、エスタブリッシュメントが後のシンクタンクに似た社会的機能を果たしていたことを明らかにした。これがシンクタンク研究につながる流れをつくり、対外政策史研究の幅を格段に広げる端緒になったと言ってよいであろう。すなわち、政府機関による対外政策の実施の歴史という伝統的な研究視角に加え、対外政策を専門とする個人および研究機関の調査研究・政策提言の内容分析にまで裾野を広げたのである。

しかしながら、メイは、エスタブリッシュメントが対外政策の周辺でどのように組織化されていたか、あるいは、されつつあったかという問題にはあまり注意を払っていない。彼が研究視角を限定しているだけに当然と言えば当然である。しかしそれゆえに、エスタブリッシュメントがいかにして対外政策の御意見番という立場から対外政策の指導者としての地位へと登り詰めたのかという中間のプロセスが全く不明のままにされている。
メイ以後の対外政策を専門とするシンクタンクについての研究のほとんども、メイの研究と同じ欠陥を背負っている。対外政策シンクタンクのうちで最も多く研究の対象とされているのがCFRである。一九二一年に制定されたCFRの設立趣旨の一つは、まさに「国家運営、金融、産業、教育、学問についての専門家が一堂に会し、アメリカに関わる国際問題について」調査・分析し、その成果を世に広めることによって「合衆国国民の間に国際的思考を生み出し喚起すること」であった。[52]
数あるCFR研究のうち、先の「中間のプロセス」について言及したものはマイケル・ワラ（Michael Wala）の研究である。この研究は冷戦初期のCFRの活動を丹念に調べたものであるが、その前書きとして「紳士クラブからブレイン・トラストへ」の成長という重要な視点を提供している。ワラによれば、一九一九年にニューヨークに設置されたCFRの母体は「時々開催される夕食会議に集う、裕福で社会的地位の高い紳士たちのクラブ」に過ぎなかった。それが対外政策に関する「討論と研究グループ計画」を実施するシンクタンクへと成長したのは、先述の「調査機関」出身の専門家集団を擁した「アメリカ国際問題研究所（the American Institute of International Affairs）」を吸収したからだという。[53]
このワラの指摘は基本的には正しい。けれども、専門家集団が加わっただけでCFRの体質転換が行われた、というのは言い過ぎである。体質転換の背景には、そもそも専門家集団が政策決定や政策提言の場に必要だという認識がエスタブリッシュメントの間で共有されつつあったことがある。しかも、この認識は、第一次大戦の経験だけによって培われたものではなかった。ワラを含めたほとんどのCFR

研究者は「調査機関」をＣＦＲの直接的起源に位置づけている。けれども、学問的知識を政策決定の場で活用すべきであるという認識は、本書の研究の要の一つである国家効率運動（the national efficiency movement）の中で専門家集団が活動の場を政治の世界にまで押し広げた成果であった。

アメリカにおける国家効率運動とは、一八八〇年代から一九一〇年代にかけて行われた、国家の統治機構および経済制度の在り方を改編した国家改革のことである。その主たる目的は、主として経済面でのグローバリゼーションの進行に伴い予想された国家間競争の熾烈化に備え、イギリスをはじめとするヨーロッパ先進国をモデルとして自国の競争力を増進することであった。この国家効率運動で中心的役割を果たしたのがエスタブリッシュメントであった。彼らが提唱した施策は、能力主義に基づく人材登用、行政府への中央集権化、外交官職（the Diplomac Service）および陸海軍の近代化、中央銀行創設など多岐にわたるが、その中に専門家による政策策定も含まれていた。[54] つまり、エスタブリッシュメントこそ、シンクタンクを設立した人物群だったのである。しかしながら、従来の対外政策シンクタンク研究はこの国家効率運動をほとんど問題にしていない。

米英特殊関係の歴史

そして、第三の類型は、米英特殊関係の成立におけるアメリカのエスタブリッシュメントの役割を論じたものである。

イギリスの国際史家キャメロン・ワット（D. Cameron Watt）は、国際史における文化史的アプローチの重要性を語っている。従来の国際史研究が国民国家間の対外政策史研究であったのに対し、ワットは、米英特殊関係の歴史を理解するには、米英双方の「個々の国家の中で権力を行使し、国境の内と外で、集団の構成員どうしの関係性と、政治上の競争相手とされている集団との関係性とを維持する社会政治的集団」、つまり大西洋主義者（Atlantist）に着目する必要がある、と提唱した。

ワットの視点からは、アメリカ対外政策決定過程の本質に関わる重要な事柄が学べる。アメリカの大統領制の下では官僚制は比較的弱体という指摘は、その一つの例である。ワットの言う通り、アメリカでは、大統領の対外政策を補佐する要職は、基本的に政治任命職か大統領の個人スタッフである。したがって、アメリカ国務省をイギリス外務省のような強力な外交政策の策定・実施機関として見ることは致命的な誤りである。[55]けれども、ワットの研究関心は、あくまでも二〇世紀米英関係の密接さが、米英双方で世代ごとに変わりゆく大西洋主義者どうしの関係性の親密さに左右されていたことを示すことにあった。そのため、英米同盟研究に益するところは大きかったかもしれないが、結局のところ、伝統的な米英関係史の範疇にとどまっている。

他の米英関係史研究には、米英の外交政策に影響力のある民間人間の関係を扱ったものや、米英の国際金融家の米英関係における役割を扱ったものがある。これらの研究は、ウィスコンシン学派と同様の関心に立って、緻密な実証によって歴史の再構成を試みたものである。だが、米英関係史研究としては優れていながらも、ワット同様の短所を抱えている。[56]

エスタブリッシュメント研究で成果を挙げている国際史家プリシラ・ロバーツ（Priscilla M. Roberts）もそうした研究者の一人である。彼女は、二〇世紀のアメリカ外交史を本質的に理解するためには、アメリカの東部エスタブリッシュメントの伝記的研究を欠かすことができないと、アメリカ外交史家学会

(the Society for Historians of American Foreign Relations) で主張したことで知られている。[57]

ロバーツは、第一次大戦とその直後の体験が「外交政策エスタブリッシュメント」の外交政策の伝統を形成し定義したとの観点に立ち、第一次大戦期に活躍したアメリカの東部エスタブリッシュメントの個人文書に依拠して、その伝記的研究の成果を地道に発表し続けている。[58] それらを読む限り、彼女の関心は、アメリカの大西洋主義者と呼ばれる親英派のエスタブリッシュメント、特にイギリスの金融界とつながりの深い国際金融家が、アメリカの対英政策においてどういう役割を果たし、いかなる見解を有していたかにある。

ロバーツの研究は、我々にアメリカの多国間主義には二面性があったことを教えてくれる点でためになる。二面性とは、アメリカの大西洋主義者は、米英の経済的・文化的紐帯を意識して米英の一体的な連携を図りつつも、世界覇権をイギリスから継承するという目的を保持したということである。このイギリスに対するアメリカの大西洋主義者の態度を、ロバーツは「種々の矛盾」に満ちたものと評しているが、彼女の叙述からはむしろ、大西洋主義者たちが自国の国益と自らの親英感情とのバランスを取ろうとした様子がうかがえて興味深い。[59]

ただロバーツの研究は、「外交政策エスタブリッシュメント」の起源を米英特殊関係の成立の歴史に求め過ぎている嫌いがある。というのは、彼女が、もっぱら米英協調に対するコミットメントの強弱に力点を置いて、東部エスタブリッシュメントの行動や言動を分析してしまっているからである。

確かに、大英帝国と呼ばれた頃のイギリスは、世界史上最大の版図を有する「世界的現象」であり、一九世紀から二〇世紀初頭にかけて産業・金融経済におけるグローバリゼーションを推進した。同時期のアメリカも、貿易・金融面での依存と文化的交流とを通じて、イギリス主導のグローバリゼーションの影響下にあった。アメリカにとって米英関係は最重要の二国間関係であり、アメリカの対外政策の在り方にも強い影響を与えた。

けれども、ワラの研究の検討においても若干触れたが、「外交政策エスタブリッシュメント」は第一義的にはアメリカ国内の歴史的文脈の中から生まれてきた。アメリカの東部エスタブリッシュメントが親英的だったのも、自らの対外認識に沿って、イギリスの政治・経済・文化・外交の諸制度をきわめて意識的に学び、イギリスとの協調が国益の増進に資すると判断したという側面が強いのである。しかしながらロバーツの議論からは、アメリカ史の文脈という視線がほぼ完全に抜け落ちている。

総合的な視点からの研究

この重大な欠落について再考を促したのが、インダージート・パーマー（Inderjeet Parmar）である。彼は、イギリスの外交政策シンクタンクの嚆矢たる王立国際問題研究所（the Royal Institute of International Affairs〔以下RIIAと略記〕）と、RIIAのアメリカにおけるカウンターパートだったCFRとの比較を通じて、第二次大戦後の米英関係史を研究し、冷戦期以降の米英特殊関係の起源に迫っている。したがってパーマーは、米英関係史の視点に立つ点ではワットやロバーツと同じだが、以下の二点で彼らと異なっている。

一つ目の点は、代表的な二次文献に依拠して、アメリカ「外交政策エスタブリッシュメント」の社会史的・文化史的分析を施し、先述のワットの提言を実現した点である。パーマーは、CFR会員の学歴、職歴、紳士クラブおよび宗教会派への所属状況、ジェンダー、人種などの個人的背景を統計的に網羅して、ＣＦＲ会員の「社会的に排他的な性格」を有する背景について紹介している。その上で、彼らの世界観の特質として、スティムソンが前後世代のエスタブリッシュメントと共有した価値観を挙げている。[60]これらの背景や世界観の説明は従来の研究成果を踏まえてのもので目新しくはないが、要領よくまとまっており後学の研究者にとっては大変有益である。

二つ目の点は、パーマーが主要な二次文献を参照して、グローバルな文脈とアメリカ国内の文脈の双方に、アメリカ「外交政策エスタブリッシュメント」を位置付けようと試みていることである。[61]パーマーの研究は、その対象をあくまでもＣＦＲ会員に限定しており、その位置付けに関する説明も主要な二次文献を通じての簡略なものに過ぎない。それでも、アメリカ「外交政策エスタブリッシュメント」が登場した背景を、グローバルとナショナルの二つの歴史的文脈に沿って概観する試みとしては最初の研究である。

グローバルな文脈に関して、パーマーは、イギリスの米英関係史の第一人者でアメリカ史家のデイヴィッド・レイノルズ（David Reynolds）の研究に依拠して、一八七〇年代に起点を置き、一九三〇年代を終点とする時代設定を行っている。この時期が「グローバルな権力関係」の一大変動期にあたるという史観に立ってのことである。すなわち、一八七〇年代から第一次大戦にかけて、イギリスは、産業面、貿易面、続いて金融面と漸次的にアメリカに覇権国としての地位を譲り渡していった。ところが、第一次大戦後のアメリカが戦前同様の消極的単独主義に回帰したために、戦間期の世界秩序に権力の空白が生じた。その間隙ゆえに、日独が米英に対して軍事的に挑戦することになった、という歴史観である。

一方、ナショナルな文脈については、パーマーはＣＦＲの創設者たちが先述の世界観を形成した革新主義の時代を取り上げている。彼はエルドン・アイゼナーク（Eldon J. Eisenach）やエミリー・ローゼンバーグ（Emily S. Rosenberg）の先行研究の成果に依拠して、革新主義について次のように総括している。

「アメリカが世界において『正当な』地位を占め、世界を牽引するという使命を果たすことを欲さんとすれば、国家は統合されなければならなかった。さらに、近代的な政治および行政制度を形成する必要があった」ために「アメリカの政治生活の硬直した諸現実——地方根性に偏った態度をとり」、州権論を尊重して連邦政府への中央集権化に反対し、「地域に根ざした種々の政治的支援団体と、効果的な国家改革をほとんど不可能にし、強力な権限を持った行政府の発展を阻害したポーク・バレルとパトロネージに満ちた全国政治——を是正しようとした運動」[62]、それが革新主義であったと。

つまり、パーマーの理解では、革新主義とはアメリカが世界大国になるための国内体制を整備し国家を統合する営みだったのである。本書もこの意見に概ね賛成であり、パーマーの革新主義の本質についての理解を支えた諸々の優れた先行研究に敬意を表したい。しかしながら、革新主義をアメリカの世界大国化へ向けての国家改革と捉え直すだけでは、グローバルな文脈とナショナルな文脈を繋いだことにはならない。パーマーの研究で惜しまれるのは、彼が、グローバルな文脈とナショナルな文脈とが、どのように結びついていたかについて明確な議論を提示していないことである。そのために読者は、グローバルな文脈とナショナルな文脈との間で、何の前触れもなく時代設定に相違が生じていることに戸惑わざるを得ない。

アメリカ「外交政策エスタブリッシュメント」が登場する背景で、グローバルな文脈とナショナルな文脈はどのようにして繋がっていたのか。この点について、紀平英作は重要な示唆を行っている。

> 今世紀［二〇世紀］初頭から一九三〇年代にかけての合衆国リベラル［中略］にみられた知的エリート政治への志向は、さらにいま少し広い視野でみれば、一九世紀後半から二〇世紀初めにかけて、急速な工業化を進めたヨーロッパの諸国のいずれにも共通してみられた、経済社会の組織化また行政需要の増加に対応する、専門行政機構の整備を軸とした国家組織の再編へと向かう一般的傾向と、意識においても重なりあうものであった。[63]

実際に、一九世紀後半から二〇世紀初めにかけて、イギリスをはじめヨーロッパの大国では、国家指導者たちが二〇世紀の国家間競争の激化を予期し、これに対応すべく「国家組織の再編」に邁進していた。当時の世界秩序においてヨーロッパが占める比重は著しく大きかったため、「国家組織の再編」は世界的な潮流となっていった。この時代の潮流が、ヨーロッパ先進国に追いつき追い越そうとしていた後進国アメリカをも飲み込んだのである。

ただし、紀平の言う「知的エリート政治への志向」は、二〇世紀初頭ではなく南北戦争終焉後から既に公式の政治過程の俎上に載っていたとみるべきだろう。一八六〇年代末にはヨーロッパの先進国を模した統治機構改革が胎動を始め、一八八〇年代には本格的な国家効率運動が開始されたからである。国家効率運動は、先にも述べたように、当時急速に進行していた世界経済のグローバル化と、それに伴って予想された国家間競争の激化に対応するための国家改革であった。本書は、この意志に満ちた国家的営為の主力がエスタブリッシュメントであったことに、「外交政策エスタブリッシュメント」登場のグローバルな文脈とナショナルな文脈の結節点を見出さんとするものである。

本書の構成

したがって、本書は以下のような構成をとることによって、「外交政策エスタブリッシュメント」の歴史的起源を論じたい。

第一章は、南北戦争後、北東部からワシントンDCへと流入する上流階級が首都に構築していった社交界について概観し、国家指導者層のネットワークが第一次大戦よりも前に成立していたことを示す。首都に社交界が成立したことで上流階級特有の政治忌避感が緩和されるにつれ、紳士クラブは政・官・財・軍の各界の指導者たちが集う私的な政治空間へと変質し、そこでは、公的な政治空間に先駆けて、国家安全保障政策について討議する超党派集団が形成された。

第二章は、一八八〇年代に本格化したアメリカの国家効率運動をめぐって起こった国内の政治・経済論争を取り上げ、国家指導者層の創成の背景および契機を論じる。国家効率運動を推進した改革勢力はアメリカの世界大国化を目標として、当時の世界標準たるヨーロッパをモデルにして、能力主義を公務員制度に導入しようとした。だがこの改革は、国際通貨制度の導入をめぐる論争において如実に示されたように、ポピュリストからの階級的反発を招いた。改革勢力はこの反発を能力主義に内在する民主的平等性を強調することによって乗り越えようとしたが反発は根強く、国家効率運動は停滞を余儀なくされる。

第三章では、一八七〇年代からのアメリカ北東部の私立中等・高等教育機関の制度改革を検討し、改革勢力が抵抗勢力を圧倒するために推進した打開策として、ヨーロッパをモデルとした国家指導者の養成課程が創設されたことを論じる。その創設過程においては、国家効率運動の推進にとって有為の人材を育成するという理念に従って、能力主義に基づく競争原理が導入された。しかし、上流階級出身の学生たちの階級的排他性を払拭するには至らず、かえって国家指導者層となるべき若者たちを階級意識の強い統治階級として再編・強化するに至る。

第四章は、国家指導者の養成課程に階級的排他性が残存したことの負の影響を探るべく、この養成課程を経験した代表的な少数派の半生を取り上げ、彼らの国家効率運動に対する態度を吟味する。主流派の階級意識に根ざした少数派に対する排斥が国家効率運動に賛同する者と反対する者とを出現させ、結果として、改革勢力の拡大を長期的には制限した。

第五章は、国家指導者の養成課程に階級的排他性が残存したことが、改革勢力が短期的には拡大する要因となったことを明らかにすべく、アメリカの富が集中する北東部に南北戦争以後集まってきた新興資本層、特に南部出身および在住の新興資本層の半生を取り上げ、彼らの国家効率運動への傾倒・献身ぶりを描く。国家指導者の養成課程を経て国家効率運動に献身することは、階級上昇を実現する効果的な手段となり、さらには改革勢力が民主党にも徐々に浸透し超党派性を強めていく要因となった。

第六章は、地域を超えて拡大する改革勢力のうち、誰が多国間主義的膨張主義をアメリカの対外政策の基本方針として定着させていくことになる勢力なのかを見定めるべく、一八九〇年代の植民地併合論争において生じた改革勢力内部における対立点を検証する。最大の論点は、アメリカの対外政策を当時の世界標準に適合させるかという問い、すなわち、アメリカをしてヨーロッパ国際政治に関与させ、西欧文明の普及に努めさせるか否かにあった。この問いに是と応えた膨張主義者の勢力が多国間主義的膨張主義を奉じた勢力である。

第七章は、多国間主義的膨張主義の思想的・歴史的成り立ちを明らかにすべく、膨張主義者の中心人物セオドア・ローズヴェルトの衰退論、大国政治の体験を踏まえて、彼が提唱した多国間連合の構想を跡付ける。彼が抱いていた国際警察力（international police power）概念とは、内政戦略と対外戦略という性格を併せ持ち、国家の一体性を維持するための大戦略であり、ここに国家指導者層の多国間主義的膨張主義に対するコンセンサスがあった。

本書は以上の議論を通して、次の三つの事柄を立証することを目的としている。第一は、第一次大戦よりも前に「外交政策エスタブリッシュメント」の原型と呼ぶべき国家指導者層が形成されたことである。第二は、その国家指導者層は貴族的な統治階級として再編・強化され、民主的平等性の高い集団とはなれなかったことである。第三は、第二の事柄のために、国家指導者層は自らの政治主導に対する大衆世論への反感を解消する知的枠組や理念を提示できず、アメリカ政治において正統派の地位を占めることができなかったことである。

注

［1］Charles A. Kupchan and Peter L. Trubowitz, “Dead Center: The Demise of Liberal Internationalism in the United States,” *International Security*, 32, No.2 (Fall 2007), 10-11.
「欠かせざる中枢」とは、Arthur M. Schlesinger, Jr., *The Vital Center: The Politics of Freedom* (Boston: Houghton Mifflin, 1949) で用いられた言葉である。ただし、カプチャンは、セオドア・ローズヴェルトが国家の権力を優先し、ウッドロウ・ウィルソンが国際協調を好んだというヘンリー・キッシンジャー同様の分類をしているが、これは過度に単純化した観方だと言わざるを得ない。

［2］チャールズ・カプチャン著（坪内淳訳）『アメリカ時代の終わり』下巻、NHKブックス、二〇〇三年、五三-七〇頁。

［3］Steven Hurst, “Parties, partisanship and US foreign policy: growing divide,” *New Directions in US Foreign Policy*, ed. Inderjeet Parmar et al. (Abingdon: Routledge, 2009) 80-81. カプチャン『アメリカ時代の終わり（下）』、一三〇-一四〇頁もまた、貿易相手国、産業構成、失業率などの経済状況、軍と地域の関係、民族構成、アイデンティティの問題にも言及し、「『中道派』連合」の存続がいかに困難になったかを説明している。David Hulberstam, “The New Establishment: the Decline and Fall of the Eastern Empire,” *Vanity Fair*, September 30, 1994, accessed January 5, 2016, http://www.vanityfair.com/news/1994/10/old-establishment-decline-199410. は、さらに、復員兵援護法（the Servicemen's Readjustment Act）を機に、本書で後述する高等教育機関への門戸がエスタブリッシュメント以外の階層出身の学生に対してもより大きく開かれたことや、プレップ・スクール卒業生が公立学校卒業生に対して能力面で見劣りがするようになったことを指摘している。

［4］Kupchan and Trubowitz, “Dead Center,” 8-9.

［5］Kupchan and Trubowitz, “Dead Center,” 27-31; Charles A. Kupchan, “America Searches for Its Centre,” *Financial Times*, February 10, 2004.

［6］攻撃的リアリズムについては、ジョン・J・ミアシャイマー（奥山真司訳）『大国政治の悲劇——米中は必ず

衝突する！』五月書房、二〇〇七年、特に三三―四四頁を参照のこと。防衛的（構造的）リアリズムの古典的な説明としては、ケネス・ウォルツ（河野勝・岡垣知子訳）『国際政治の理論』勁草書房、二〇一〇年がある。

［7］Fareed Zakaria, *The Post-American World* (New York and London: W. W. Norton & Company, 2008), 229-230.

［8］G・ジョン・アイケンベリー（細谷雄一監訳）『リベラルな秩序か帝国か――アメリカと世界政治の行方』上巻、勁草書房、二〇一二年、四二―四三頁；アイケンベリー『リベラルな秩序か帝国か』下巻、二三四―二三七頁；ジョン・ジェラルド・ラギー（小野塚佳光・前田幸男訳）『平和を勝ち取る――アメリカは戦後秩序をどのように築いたか』岩波書店、二〇〇九年、二六一―二六三頁。

［9］サミュエル・ハンティントン（鈴木主税訳）『分断されるアメリカ――ナショナル・アイデンティティの危機』集英社、二〇〇四年、第三部；五十嵐武士『グローバル化とアメリカの覇権』岩波書店、二〇一〇年、一七八―一八八頁。

［10］John J. Mearsheimer and Stephen M. Walt, *The Israel Lobby and U.S. Foreign Policy* (New York: Farrar, Straus and Giroux, 2007); スティーブン・ウォルト（奥山真司訳）『米国世界戦略の核心――世界は「アメリカン・パワー」を制御できるか？』五月書房、二〇〇八年、二七九―三一〇頁；スティーブン・フィリップ・コーエン（堀本武功訳）『アメリカはなぜインドに注目するのか――台頭する大国インド』明石書店、二〇〇三年、一〇三頁、五〇八頁註四八。

なお、中国系アメリカ人を中心とするロビーも活発な活動を展開しているが、これは、かつて中華民国の国益を擁護した「チャイナ・ロビー」とは異なる。「チャイナ・ロビー」は米中両国が国交正常化の途に就いたあたりから弱体化していった。現在は中華人民共和国の国益を擁護するロビー（俗に「共産中国ロビー」と呼ばれている）が主流であり、これを親中派の政治家・外交官・財界人・学者らが支えている。信田智人『アメリカ議会をロビーする――ワシントンのなかの日米関係』ジャパンタイムズ、一九八九年、一三三―一三四頁およびジェームズ・マン『危険な幻想――中国が民主化しなかったら世界はどうなる？』ＰＨＰ研究所、二〇〇八年、一二三―一二七頁。同時代人の共産中国ロビーに対する分析は、Robert A. Hunter and Forrest Davis, *The "New" Red*

China Lobby (Whittier, CA: Constructive Action, 1966); American Council on World Freedom, *Red China and Its American Friends: A Report on the New China Lobby* (Washington DC: American Council on World Freedom, 1971) などを参照のこと。

［11］ラギー『平和を勝ち取る』、二五八-二五九頁；アイケンベリー『リベラルな秩序か帝国か』上巻、一九三-一九四頁；同『リベラルな秩序か帝国か』下巻、二一八-二一九頁。

［12］アイケンベリー『リベラルな秩序か帝国か』下巻、四〇-四三、二〇三頁。なお、本書においては、外交政策エリートを対外政策決定過程に関与する高位の公職に就いた人々に用いている。

［13］例えば、Michael Clough, "Grass-Roots Policymaking: Say Good-Bye to the 'Wise Men'," *Foreign Affairs*, 73 (January/February 1994), 2-7.

［14］「退任演説」の思想的背景と作成過程については、Felix Gilbert, *To the Farewell Address: Ideas of Early American Foreign Policy* (Princeton, NJ: Princeton University Press, 1961) を参照。米西戦争と第一次大戦のいずれの戦争においても、アメリカは現実の国際政治における理念の挫折と、それに伴う幻滅による消極的単独主義への揺り戻しとに抗うことはできなかった。理念の高まりと幻滅のサイクルについては、中西輝政『アメリカ外交の魂——帝国の理念と本能』集英社、二〇〇五年、一九-六七頁を参照。

［15］Joshua W. Burby and Jonathan Monten, "Without Heirs? Assessing the Decline of Establishment Internationalism in U.S. Foreign Policy," *Perspective on Politics*, 6, No.3 (September 2008), 451-454.

［16］Godfrey Hodgson, *America in Our Time* (New York: Vintage Books, 1978), 112; Ernest R. May, *American Imperialism: A Speculative Essay* (New York: Atheneum, 1968), 82; Richard H. Rovere, *The American Establishment and Other Reports, Opinions and Speculations* (New York: Harcourt, Brace & World, Inc., 1962), 11; Leonard Silk and Mark Silk, *The American Establishment* (New York: Basic Books, 1980), 325.

［17］Clough, "Grass-Roots Policymaking," 2-3.

［18］Hodgson, *America in Our Time*, 115. ポスト膨張主義者たちが行った戦後秩序の構築の概要については、ジョン・

アイケンベリー（鈴木康雄訳）『アフター・ヴィクトリー――戦後構築と論理と行動』NTT出版、二〇〇四年を参照のこと。

［19］ズビグニュー・ブレジンスキー（堀内一郎訳）『孤独な帝国アメリカ――世界の支配者か、リーダーか？』朝日新聞社、二〇〇五年、二五六‐二五七頁。ブレジンスキーは「外交政策エスタブリッシュメント」ではなく「WASP指導層」という用語を使用しているが、文脈上前者とする方が正しいと思われる。ポール・ニッチェの回顧については、Walter Isaacson and Evan Thomas, *The Wise Men: Six Friends and the World They Made* (New York: Simon & Schuster Paperbacks, 1986), 27.

［20］H・A・キッシンジャー（桃井眞監訳）『キッシンジャー激動の時代① ブレジネフと毛沢東』読売新聞社、一九八二年、一〇九‐一一〇頁。

［21］この見解に対しては、「外交政策エスタブリッシュメント」そのものが保守化したのだという反論がある。James R. Kurth, "Between Europe and America: The New York Foreign Policy Elite," in *Capital of the American Century: The National and International Influence of New York City*, ed. Martin Sheffer (New York: Russell Sage Foundation, 1993), 92-93 は、一九八〇年代以後、北東部「外交政策エスタブリッシュメント」は、他地域の勢力を包含し全米的「外交政策エスタブリッシュメント」へと変貌したと主張している。Inderjeet Parmar, "A Neo-Conservative-Dominated US Foreign Policy Establishment?," in *United States Foreign Policy and National Identity in the 21st Century*, ed. Kenneth Christie (Abingdon: Routledge, 2008), 39-40, 46, 49 もこの見解を引き継いで、「伝統的なアングロ・サクソンのエスタブリッシュメントが、特にユダヤ系保守主義者たちを受け入れて、より排他的でなくなった」と述べ、「アメリカ外交政策エスタブリッシュメント」は「社会階層、アイデンティティ、意見・判断における重大な変化」を経て、「保守的な新しい外交政策エスタブリッシュメント」へと転換したと主張している。しかし、これらの反論は、そもそも「外交政策エスタブリッシュメント」が多国間主義的膨張主義を対外政策の基本路線としていた国家指導者層であったことを軽視している。

［22］こうした外交政策エリートの例として、ウォルター・アイザックソン（Walter Issacson）は、ジョージ・ブッシ

ュ・シニア（George H. W. Bush）政権の国務長官・首席補佐官ジェイムズ・ベイカー（James A. Baker, III）を挙げている。ベイカーは、ペンシルヴェニア州の有力なプレップ・スクールであるヒル校（Hill School）、プリンストン大学を卒業した弁護士で、二期続いたロナルド・レーガン（Ronald Reagan）政権で首席補佐官、財務長官を歴任した大物政治家である。今日においては、アメリカ政治・対外政策の御意見番の一人として認知されている。だが、アイザックソンは、ネオコンによる積極的単独主義の採用を念頭に置いて、ベイカーは、硬直したイデオロギーや感傷に拘束されることのないプラグマティズムという「賢人」の資質を備えつつも、アメリカ対外政策が年々党派的になっている状況に打ち克てないでいる、と述べている。Walter Issacson, "Is Baker a 'Wise Men' or a wannabe?" *Los Angels Times*, December 2, 2006. なお、アイザックソンは、ここ数年のベイカーの政治活動について、二〇〇〇年の大統領選でブッシュ大統領候補の首席法律顧問を務め、悪名高いフロリダ州数え直しを監視したことを党派的と低く評価している。一方、イラク問題研究グループ（the Iraq Study Group）で共同議長を務めたことを超党派的と高く評価している。

［23］Rovere, *The American Establishment*, 5.

［24］H・A・キッシンジャー（桃井眞監訳）『キッシンジャー激動の時代② 火を噴く中東』読売新聞社、一九八二年、四五頁。デイビッド・ハルバースタム（浅野輔訳）『ベスト&ブライテスト：栄光と興奮に憑かれて』一巻、サイマル出版会、一九八三年新版、八-九、四一頁。

［25］紀平英作『パクス・アメリカーナの道——胎動する戦後世界秩序』山川出版社、一九九六年、三-一二頁。

［26］「パワー回廊」の顕在ぶりについては、例えば、Laura Anker et al., "The Ties That Bind Business and Government," in *The Structure of Power in America: The Corporate Elite as A Ruling Class*, ed. Michael Schwartz (New York: Holmes & Meyer, 1987), 97-122 を参照。「パワー回廊」はワシントンDCとニューヨークをつなぐものであるが、現代における「パワー回廊」とアメリカ南部および西部の「地域資本」との競合については、越智道雄『アメリカン・エスタブリッシュメント』NHK出版、二〇〇六年、第三章を参照。

［27］日本独自のアメリカ史研究が失われつつある状況については、中野聡「アメリカ史研究の現状と課題」『立教

アメリカン・スタディーズ』三二号（二〇一〇年三月）、九-二〇頁。

戦後の日米関係においてアメリカのエスタブリッシュメントが果たした役割については、以下の研究がある。シンクタンク研究については、様々なものがあるが、日本人研究者による研究では、佐々木豊「外交問題評議会「戦争と平和の研究」における戦後処理構想——アメリカ知識人・外交問題専門家の抱いた安全保障観を中心に——」杉田米行編『アメリカ外交の分析——歴史的展開と現状分析』大学教育出版、二〇〇八年、一一七-一六九頁。塩崎弘明『国際新秩序を求めて——RIIA、CFR、IPRの系譜と両大戦間期の連携関係』九州大学出版会、一九九九年などを参照。

対日政策とエスタブリッシュメントとの関わりについては、五百旗頭真『米国の日本占領政策——戦後日本の設計図』上・下巻、中央公論社、一九八五年；木村昌人『財界ネットワークと日米外交』山川出版社、一九九七年；松田武『戦後日本におけるアメリカのソフトパワー——半永久的依存の起源』岩波書店、二〇〇八年；三谷太一郎『ウォール・ストリートと極東——政治における国際金融資本』東京大学出版会、二〇〇九年などを参照。

［28］「エスタブリッシュメント」なる用語については、レナード・シルク、マーク・シルク（山岡清二訳）『エスタブリッシュメント——アメリカを動かすエリート群像』TBSブリタニカ、一九八一年、一五-一八頁を参照。

［29］政治学におけるエリート研究は、Gaetano Mosca, *The Ruling Class* (New York: McGraw-Hill, 1939); Harold Lasswell and Abraham Kaplan, *Power and Society* (New Haven: Yale University Press, 1950); Harold Lasswell and Daniel Lerner, *The Comparative Study of Elites* (Stanford: Stanford University Press, 1952) など古くから行われてきた。学説史としてよくまとまっているものに、Kenneth Prewitt and Alan Stone, *The Ruling Elites: Elite Theory, Power, and American Democracy* (New York: Harper &Row, Publishers, 1973); Thomas R. Dye and L. Harmon Zeigler, *The Irony of Democracy: An Uncertain Introduction to American Politics, 6th Edition* (Monterey, CA: Brookes/Cole Publishing Company, 1984) があり有用である。

［30］ウィリアム・A・ウィリアムズ（高橋章・松田武・有賀貞共訳）『アメリカ外交の悲劇』お茶の水書房、一九九一年、一二-一七頁。ウィリアムズと同様の見解に立つ研究として、Noam Chomsky, *America Power and the New Mandarins* (New York: Pantheon Books, 1969); G. William Domhoff, *The Powers That Be: Process of Ruling Class Domination in America* (New York: Vintage Books, 1979); Gabriel Kolko, *The Roots of American Foreign Policy: An Analysis of Power and Purpose* (Boston: Beacon Press, 1969); Lloyd Gardner, *Imperial America: American Foreign Policy since 1898* (New York: Brace Jovanovich, 1976) などがある。

［31］ウィリアムズ『アメリカ外交の悲劇』、五二–五五頁。

［32］Priscilla Roberts, "The American 'Eastern Establishment' and Foreign Affairs: A Challenge for Historians, Part I," *The Society for Historians of American Foreign Relations Newsletter*, 14 (December 1983), 9-28.

［33］ウィリアムズの流れを汲んでアメリカの財界と外交政策の関わりを描いた研究には、以下のものがある。Harry N. Scheiber, "World War I as Entrepreneurial Opportunity: Willard Straight and the American International Corporation," *Political Science Quarterly*, 84, No.3 (Sep., 1969), 486-511; Joan Hoff Wilson, *American Business & Foreign Policy 1920-1933* (Boston: Beacon Press, 1971); Paul Philip Abrahams, *The Foreign Expansion of American Finance and Its Relationship to the Foreign Economic Policies of the United States*, 1907-1921 (New York: Arno Press, 1976); Robert Stanley Mayer, *The Influence of Frank A. Vanderlip and the National City Bank on American Commerce and Foreign Policy 1910-1920* (New York: Garland Publishing, Inc., 1987); Naomi W. Cohen, *Jacob H. Schiff: A Study in American Jewish Leadership* (Hanover, NH: Brandeis University Press, 1997); Emily Rosenberg, *Spreading the American Dream: American Economic and Cultural Expansion, 1890-1945* (New York: Hill and Wang, 1982); Emily Rosenberg, *Financial Missionaries to the World: The Politics and Culture of Dollar Diplomacy 1900-1930* (Durham: Duke University Press, 2003) など。

［34］ウィリアムズ『アメリカ外交の悲劇』、三六–三七頁。

［35］ウィリアムズ『アメリカ外交の悲劇』、一六九–一七四頁。

［36］Herbert Hoover, *The Memoirs of Herbert Hoover*, 1874-1920 (London: Hollis and Carter, 1952), 22-23; David Berner, *Herbert Hoover: A Public Life* (New York: Alfred A. Knopf, 1979), 20-45.

［37］Joan Hoff Wilson, *Herbert Hoover: Forgotten Progressive* (Boston: Little, Brown and Co., 1975), 239-248, 261-263; Berner,

Herbert Hoover, 331-333.

[38] C・W・ミルズ（鵜飼信成・綿貫譲治訳）『パワー・エリート：現代アメリカの権力構造』東京大学出版会、一九五八年（C. Wright Mills, *The Power Elite* [2000; repr., New York: Oxford University Press, 1956]). なお、社会学者による一連のエリート理論に関する代表的な論文を編纂したものに、John Scott ed., *The Sociology of Elites*, Vols.3 (Vermont; Edward Elger Publishing, 1990) がある。

[39] 文学者・越智道雄によれば、ミルズは、この失敗によって「エスタブリッシュメントへの世間の注目度を逸ら」すこととなり、種々の「『エスタブリッシュメント』機関」と呼ばれる財団・大学から助成金を支給されたという。越智『アメリカン・エスタブリッシュメント』、三四‐三五頁。

[40] E. Digby Baltzell, *Philadelphia Gentlemen: the Making of a National Upper Class* (1989; repr., New Brunswick: Transaction Publishers, 1962).

[41] E. Digby Baltzell, *The Protestant Establishment: Aristocracy & Caste in America* (1966; repr., New York:Vintage Books, 1964, x, xii, 380-382. ボルツェルの見解を踏襲したものに、ネルソン・W・アルドリッジJr.（猿谷要監修、酒井常子訳）『アメリカ上流階級はこうして作られる——オールド・マネーの肖像』朝日新聞社、一九九五年がある。

[42] 「社会的防衛」については、Baltzell, *The Protestant Establishment*, 119-142.

[43] Ibid., 277-282.

[44] Issacson and Thomas, *The Wise Men*.

[45] 全ての著作を挙げると切りがないので、最新の伝記だけを挙げておく。John Lewis Gaddis, *George Kennan: An American Life* (New York: The Penguin Books, 2011); Robert J. McMahon, *Dean Acheson and the Creation of an American World Order* (Washington DC: Potomac Books, 2009); Kai Bird, *The Chairman: John J. McCloy and the Making of the American Establishment* (New York: Simon & Schuster, 1992); Ruby Abramson, *Spanning the Century: The Life of W. Averell Harriman, 1891-1986* (New York: William Morrow and Company, 1992). ボーレンについては、対ソ外交研究として、T. Michael Ruddy, *The Cautious Diplomat: Charles S. Bohlen and the Soviet Union, 1929-1969* (Kent, UK: Kent

State University Press, 1986) があるのみである。ロベットに関しては管見の限りでは伝記がない。

［46］Godfrey Hodgson, *The Colonel: The Life and Wars of Henry Stimson 1867-1950* (Boston: Northwestern University Press, 1990), especially, chaps.1 and 9.

［47］Godfrey Hodgson, *Woodrow Wilson's Right Hand: The Life of Colonel Edward M. House* (New Haven: Yale University Press, 2006).

［48］Hodgson, *America in Our Time*, 115; Godfrey Hodgson, "Foreign Policy Establishment," in *Ruling America: A History of Wealth and Power in A Democracy*, ed., Steve Fraser & Gary Gerstle (Cambridge: Harvard University Press, 2005), 221, 226.

［49］James Chase, *Acheson: The Secretary of State Who Created the American World* (New York: Simon and Schuster, 1998), 59-61; W. Averell Harriman and Elie Abel, *Special Envoy to Churchill and Stalin, 1941-1946* (New York: Random House, 1975), 53-54. ボラーの外交政策については、Robert James Maddox, *William E. Borah and American Foreign Policy* (Baton Rouge: Louisiana State University Press, 1969), 248-251.

［50］Hodgson, "Foreign Policy Establishment," 223.

［51］May, *American Imperialism*, 35-41, 81-89.

［52］The Council on Foreign Relations, *A Record of Fifteen Years 1921-1937* (New York; The Council on Foreign Relations, 1937), 8.

［53］Michael Wala, *The Council on Foreign Relations and American Foreign Policy in the Early Cold War* (Oxford: Berghahn Books, 1994), chaps.1-2, especially 15-18. アメリカ国際問題研究所は、パリ講和会議アメリカ講和交渉使節団の主要人物たちが一九一九年に発案し二〇年に結成した研究グループである。

Inderjeet Parmar, *Think Tanks and Power in Foreign Policy: A Comparative Study of the Role and Influence of the Council on Foreign Relations and the Royal Institute of International Affairs, 1939-1945* (London: Palgrave, 2004) も「中間のプロセス」を重視しているが、この研究はＣＦＲの異母兄弟とも呼ぶべきＲＩＩＡとＣＦＲとの比較研究であるので、第三の類型に検討を譲ることにする。

なお、他のCFR研究には次のようなものがある。Robert D. Schulzinger, *The Wise Men of Foreign Affairs: The History of the Council on Foreign Relations* (New York: Columbia University Press, 1984) は、今日も必読の書である。シュルジンジャーは、CFRの刊行物・会員の回顧録などを元に、刻々と変わっていく国際情勢に対し評議会がどのような現状分析を施し将来予測を立て、いかなる国家戦略を形成していたかを概観している。それによって、CFR会員の誰がいつ誰と何をしたかについて克明に綴り、かつ、CFRに集ったエスタブリッシュメントたちの対外的関心の力点が時間の経過とともにどのように動いていったかを可視化することに成功している。

その他、第二次大戦が勃発した一九三九年から終戦を迎える一九四五年まで国務省との密接な連携の下で実施された研究事業「戦争と平和における米国の諸利益の研究（Studies of American Interests in the War and Peace)」に関する研究として、Carlo Maria Santoro, *Difference and Ambition: The Intellectual Sources of U.S. Foreign Policy* (Oxford: Westview Press, 1992); 林義勝「第二次大戦中の国際主義団体の活動——外交問題評議会を中心に——」本間長世編『第二次大戦下の米国社会』東京大学出版会、一九八三年、三二一-三七頁などがある。CFRの一連の活動と経済界との関連性を集中的に論じた研究として、Lawrence Shoup and William Minter, *Imperial Brain Trust: the Council on Foreign Relations & United States Foreign Policy* (New York: Monthly Review Press, 1977) がある。

[54] 社会効率（social efficiency）に関する研究はこれまでにもあった。例えば、Samuel Haber, *Efficiency and Uplift: Scientific Management in the Progressive Era 1890-1920* (Chicago: Midway Reprints, 1964), x は、革新主義の時代における最も重要な「効率」の意味として、「社会的調和と『有能な者』のリーダーシップ」があると述べ、政治における効率運動とは、実業界において行われていた科学的経営（scientific management)、特に企画（planning）の手法を政府に導入することだと論じている。しかしこの議論は、国家効率運動に内在していたグローバリゼーションへの対応という性格をほぼ完全に切り捨てたものであり、認めることができない。

[55] D. Cameron Watt, *Succeeding John Bull: America's Place, 1900-1975: A Study of the Anglo-American Relationship and World Politics in the Context of British and American Foreign-Policy-Making in the Twentieth Century* (Cambridge: Cambridge University Press, 1984), 1-11, chap.9.

［56］米英関係に影響を与えた個人間関係については、W. B. Fowler, *British-American Relations 1917-1918: The Role of Sir William Wiseman* (Princeton: Princeton University Press, 1969); Joyce Grigsby Williams, *Colonel House and Sir Edward Grey: A Study in Anglo-American Diplomacy* (Lanham, MD: University Press of America, 1984) などがある。

国際金融家・銀行家の外交政策への関わりについては、ロン・チャーナウ（青木榮一訳）『モルガン家——金融帝国の盛衰』上・下巻、日経ビジネス人文庫、二〇〇五年；Kathleen Burk, *Britain, America and the Sinews of War, 1914-1918* (Boston: Allen & Unwin, 1985); Kathleen Burk, *Morgan Grenfell 1838-1988: The Biography of a Merchant Bank* (Oxford: Oxford University Press, 1989); Michael J. Hogan, *Informal Entente: The Private Structure of Cooperation in Anglo-American Economic Diplomacy, 1918-1928* (Chicago, Imprint Publications, 1991); Edward M.Lamont, *The Ambassador from Wall Street: The Story of Thomas W. Lamont, J. P. Morgan's Chief Executive* (Lanham, MD: Madison Books, 1994) などがある。

［57］Roberts, “The American ‘Eastern Establishment’ and Foreign Affairs”, 9-23. ちなみに、最近の編著に Priscilla Roberts ed., *Lord Lothian and Anglo-American Relations, 1900-1940* (Dordrecht, the Netherlands: Republic of Letters Publishing, 2010) があり、グレッグ・ケネディ（Greg Kennedy）やキース・ニールソン（Keith Neilson）といった現代の代表的なイギリス外交史研究者が寄稿している。

［58］Priscilla Roberts, “The Anglo-American Theme: American Visions of an Atlantic Alliance, 1914-1933,” *Diplomatic History*, 21, No.3 (Summer 1997), 333-364; “Willard D. Straight and the Diplomacy of International Finance during the First World War,” *Business History*, 40, No.3 (July 1998), 16-47; “Benjamin Strong, the Federal Reserve, and the Limits to American Nationalism: Part I: Intellectual Profile of a Central Banker,” *Federal Reserve Bank of Richmond Economic Quarterly*, 86, No.2 (Spring 2000), 61-76; “Benjamin Strong, the Federal Reserve, and the Limits to American Nationalism: Part II: Strong and the Federal Reserve System in the 1920s,” *Federal Reserve Bank of Richmond Economic Quarterly*, 86, No.2 (Spring 2000), 77-98; “Paul D. Cravath, The First World War, and the Anglophile Internationalist Tradition,” *Australian Journal of Politics & History*, 51, No.2 (June 2005), 194-215; “The First World War as Catalyst and Epiphany: The Case of Henry P.

Davison," *Diplomacy & Statecraft*, 18 (2007), 315-350; "The Transatlantic American Foreign Policy Elite: Its Evolution in Generational Perspective," *Journal of Transatlantic Studies*, 7, No.2 (June 2009), 163-183. 例外的に、ＣＦＲの創設に立ち会った軍人を扱ったこともある。Priscilla Roberts, "Tasker H. Bliss and the Evolution of Allied Unified Command: A Note on Old Battles Revisited," *The Journal of Military History*, 65, No.3 (June 2001), 671-695. 入江昭の議論については、Akira Iriye, *From Nationalism to Internationalism: US Foreign Policy to 1914* (London: Routledge & Kegan Paul, 1997), vii, 237.

［59］例えば、Priscilla Roberts, "Willard Straight, The First World War, and 'Internationalism of all sorts,'" 493-511. ウィルソン政権期のアメリカがイギリスの世界的覇権を奪おうとしていたとする研究は以前にもある。Edward B. Parsons, *Wilsonian Diplomacy: Allied-American Rivalries in War and Peace* (St. Louis: Forum Press, 1978).

［60］Parmar, *Think Tanks and Power in Foreign Policy*, chaps.2-3.

［61］Ibid., 49-55.

［62］Ibid., 54-55.

［63］紀平英作『ニューディール政治秩序の形成過程の研究』京都大学学術出版会、一九九三年、九七頁。同様の見解は、Larry G. Gerber, The *Limits of Liberalism: Josephus Daniels, Henry Stimson Bernard Baruch, Donald Richberg, Felix Frankfurter and the Development of the Modern American Political Economy* (New York: New York University Press, 1984), 69-71 にも見られる。

第一章

ローズヴェルティアンの時代

第一節　セオドア・ローズヴェルトのサロン

ベスト&ブライテストの政権

アメリカ「外交政策エスタブリッシュメント」の起源を探るにあたって、まずアメリカを列強の一角に押し上げた一人の東部エスタブリッシュメントの半生を振り返ることから始めたい。彼の名は、セオドア・ローズヴェルト。アメリカ史上最初の「エスタブリッシュメント大統領」と呼ばれた人物である[1]。二〇世紀アメリカを代表するジャーナリスト、ウォルター・リップマン（Walter Lippmann）もまたローズヴェルトに魅せられて政治評論の世界に入った若き知識人の一人であった。彼は、国内・国際情勢が共に混迷を深めゆく戦間期において、ローズヴェルトの国家指導者としての功績を振り返り、次のように伝えている。

アメリカが成熟したこと――アメリカがもはやヨーロッパの植民地でもなければ、西欧文明の辺境でそれに追従している未熟な国家でもなく、世界大国の一つとなったことを知っていた最初の大統領である。彼は、世界大国であることが何を意味するのか――世界大国であることに伴う責任、世界大国を待ち構える危険、世界大国であることがもたらす種々の影響を知っていた最初の大統領であり、このアメリカをその逃れられぬ定めへと、精神的かつ物理的に備えさせた最初の大統領である。[2]

セオドア・ローズヴェルトは、その人的な魅力と迫力によって東部エスタブリッシュメントを連邦政府の要職に数多く引き寄せた点でも最初の大統領であったと言っても良いかもしれない。アメリカの優れた観察者であった駐米イギリス大使ジェイムズ・ブライス（James Bryce）は、親しい知己であった大統領の政権運営に最高の賛辞を贈った。曰く、ローズヴェルト政権ほどの「熱心で高潔で有能な公務員の集団を、国家に有用で信頼に足る人材を、いかなる国家においても観たことがない」。[3]

ローズヴェルト政権には、陸軍・国務長官エリヒュー・ルートを筆頭に、国務長官ジョン・ヘイ（John M. Hay）、司法・海軍長官チャールズ・ボナパルト（Charles J. Bonaparte）、商務・労働長官ジェイムズ・ガーフィールド（James R. Garfield）、海軍・司法長官ウィリアム・ヘンリー・ムーディ（William

Henry Moody)、連邦森林局長ギフォード・ピンチョット(Gifford Pinchot)、国務省極東部長ウィリアム・フィリップス(William Philips)、そして、ニューヨーク南部地区連邦検事ヘンリー・スティムソンなど、当時アメリカで最高の中等・高等教育を受けた法律家、金融家たちが参集した。

これらの精鋭の中でも比較的若い俊秀にとって、ローズヴェルト政権はまさしく教育機関であった。大統領私設秘書だった陸軍中佐アーチボルド・バット(Archibald Butt)は、ローズヴェルト政権の任期満了を祝す午餐会の席上で、スティムソンが謝意のこもった賛辞を大統領に呈した様子を記録している。曰く、ローズヴェルト大統領は、政権内の構成員の各々が「原則・人格・思考の面で生まれ変わる」ほどの感化力を有しており、大統領との間で結ぶことのできた「友情」の絆は「栄誉」そのものであった、と。[4]

このスティムソンの言葉には、ハーヴァード法科大学院を卒業したての若者が、高度な法学研究のメソッドから受けた感銘とそれに伴う知的覚醒を振り返る時以上の高揚感がある。いかに優れた教育者であったとしても、立派な教育を受けて成人し社会で名を成した人物に対して、原則や人格に至るまでの影響を及ぼすことは容易ではない。ゆえに、上述の賛辞は大統領に対するリップ・サービスではないかと思われるかもしれないが、この言葉は本物であった。

ローズヴェルトとともに米西戦争に赴けなかったことを悔いたスティムソンは、後に陸軍長官経験者でありながら、一兵士として第一次大戦の最前線に立つことを切望した。時のウッドロウ・ウィルソン民主党政権は、共和党の重鎮たるスティムソンが前線に立てば、共和党にとって格好の宣伝材料になると恐れて従軍を制止しようとしたが、スティムソンの執念の前には通用しなかった。そして、ヨーロッパ大陸へと赴いたスティムソンは、戦後ローズヴェルトと同じく「大佐」と呼ばれるようになった。[5]
このスティムソンの「転生」は、アメリカ外交史を学ぶ者の間ではよく知られた話である。だがこの逸話は、ローズヴェルトという存在が彼の下に参集した「ベスト&ブライテスト」にとって、いかに巨大な存在であったかを如実に物語っているため、ここで紹介した。本章において、既に研究し尽くされた感のあるセオドア・ローズヴェルトの半生を振り返る意義も、その周囲にいたエスタブリッシュメントが当時感じていたその存在の巨大さの源を知ることにある。

ローズヴェルトのコスモポリタニズム

セオドア・ローズヴェルトの生家ローズヴェルト家（Roosevelt family）は、金融王ピアポント・モルガン（J. Pierpont Morgan）のモルガン家（Morgan family）とほぼ同時期の一六四四年にニューヨークに入植してきたオランダの大地主の子孫であった。もともとはマンハッタン島で農業を営んでいたが、ローズヴェルトの祖父コーネリアス（Cornelius Roosevelt）が不動産、銀行、金融といった、縁戚関係にあったアスター家（Astor family）と同じ稼業に転じて成功を収め、一九世紀には既に大富豪であった。父セオドア（Theodore Roosevelt, Sr.）は、コーネリアスの遺産のおかげで労働によって金銭を得る必要のない生活を送ることができた。

父セオドアは、実業には興味を持てず、社会福音運動（Social Gospel）に影響を受けて慈善活動に一身を捧げた。ローズヴェルト家の邸宅には大勢の慈善活動家の同志が自然と集い、それが少年だったローズヴェルトに強い公的責任感を植えつけたと言われている。[6] また、父セオドアはピアポント・モルガンと多くの接点を有していた。メトロポリタン美術館やアメリカ自然史博物館の共同創設者であり、ニューヨークで有力な紳士クラブ、例えばユニオン・リーグ（the Union League）やセンチュリー（the Century Association）の会員であった（センチュリーについては、第二節で詳述する）。この二つのクラブには後にローズヴェルト自身も属することになる。要するに、ローズヴェルト家は三代ほどで典型的な由緒ある上流階級《パトリシアン》の家柄となったのである。

幼い日のローズヴェルトは持病の喘息に悩まされ、ピアポント・モルガンと同様の病弱な少年時代を過ごした。そのためあってか、大学入学以前の教育はもっぱら家庭で行われた。父セオドアは息子の健康を慮り、ボクシング、レスリング、乗馬、狩猟といったスポーツを奨励したが、これにより、ローズヴェルトのスポーツへの情熱が培われたことはよく言及されるところである。家庭教育は生涯に亘る影響をローズヴェルトに及したが、それは身体の鍛錬に限られなかった。大量かつ広範な読書により類稀な博識を獲得したが、それは、後に歴史家として数々の著作——書籍だけで三八冊にも及ぶ——を世に送る際の基礎となった。海軍史や自然史に特別な関心を抱いていたが、イギリス文学にも精通していた。後年、自らと同程度にまでイギリス文学に精通している者が、自分の内閣には誰一人いないことを嘆いたという逸話まで残っている。

このローズヴェルトの幅広い教養は、ヨーロッパ体験に負うところが大きい。彼は幼少期に二度のグランドツアーに出かけた。グランドツアーとは、ヨーロッパとその周辺の文物や自然を学ぶための旅である。旅といっても、ただの旅行ではない。長期間にわたって広大な領域を周遊するものである。一度目は一八六九年五月からの約一年間、ヨーロッパ大陸の主要国のほとんどを訪れている。二度目は一八七二年一〇月から約一年間、一度目に訪れた場所のいくつかに加え、地中海を航海し、エジプトとナイル河、パレスティナ、シリア、トルコ、ギリシャにまで足を伸ばしている。[7] しかも、一度目と二度目の間、ローズヴェルトは家庭教師に付いて、三つの外国語――フランス語、ドイツ語、そしてラテン語――を学んでいる。

長い旅の間ローズヴェルトが読書の他に友としたのは、芸術である。パリやフィレンツェをはじめ、ヨーロッパの各地で数々の美術館を数週間もかけて巡り、豊かな感性をもってヨーロッパ芸術の精髄を思う存分鑑賞した。アメリカに戻ってからもローズヴェルトの芸術への造詣は歳を追う毎に深まっていき、一八八〇年ハーヴァード大学を卒業し、一八八一年に新婚旅行でヨーロッパを再訪する頃には、彼は美術館に通いつめる芸術通となっており、審美眼の持ち主になっていたと言われている。[8]

ギリシャ語やラテン語において彼が上達することはなかったが、旅行の間、時のハーヴァード大学学長チャールズ・エリオットが学生に求めた「新しい外国語」能力は著しく向上した。フランス語は自由自在に駆使できるまでになった。ドイツ語も、父セオドアの意思により一八七二年一一月から約八ヶ月間ドレスデンのドイツ人家族の元にホームステイをする間に、それなりに流暢に話せるようになった。ドイツ語の散文はフランス語のそれほど読めなかったというが、このホームステイ中にドイツ詩を愛好するようになった。[9]

以上の充実した家庭教育を経て、彼はニッカーボッカー（Knickerbocker ニューヨーク市民のことで、特にオランダ系市民を指す）のコスモポリタン的な雰囲気をまとう知識人へと成長した。ローズヴェルトの異国趣味は驚くべき幅広さを見せるようになっていった。例えば、ノルウェーの古典を愛読し、古代ケルト、ゲルマンの伝承についても小論を残している他、アイスランド文学についても人に語ることができた。彼の興味は遠く東洋にも及んだ。日露戦争当時、『武士道』や『忠臣蔵』を読んでいたと言われ、日本人柔道家・山下義韶から週三回の練習を受け、山下を柔道の教官として海軍兵学校に着任させるなどしている。[10]

ローズヴェルトは、自らが培ったコスモポリタニズムの恩恵について、次のように妹に語った。

私は、外国人に対して、思いやりのある寛大な感情を持っているだろう？　事実、私の最も魅力的で好意的な特徴の一つは、私自身のとは異なる思考の雰囲気や生活習慣を寛大に許容することなのだよ。[11]

パトリシアンの家庭で育まれた異国の文化に対する深い造詣と寛容の態度は、後の第七章で詳述するローズヴェルトの外交指導における多国間主義の根幹をなした。

政界入りしたローズヴェルト

ローズヴェルトは、パトリシアンの教養文化を享受したが、居心地の良いニューヨーク社交界に安住せず、「試練ある人生」を求めて政界に入ることを決断した。一八八〇年、大学を卒業するかしないかのうちに、彼は共和党に入党した。彼が政治家への道を歩み始めたことは、彼の家族のみならずニューヨーク社交界をも騒然とさせた。当時を回顧して、ローズヴェルトは自伝にこう記している。

私が最もよく知っていた人々は、上流社会特有の気取った雰囲気のあるクラブにいる人々で、洗練された趣味と安楽な生活を楽しんでいる人々だった。［中略］これらの人々は——大実業家や大法律家たちもまた——私を笑い、私にこう告げた。政治は「低俗」だ。政党は「紳士」によって統制されていない。政党は酒場の主人や馬車の御者、彼らと同様の人々によって運営されており、私が［政党の］外で接するような人々によっては運営されていない、と。さらに彼らは、私に私が［政党の中で］出会う人々は粗暴で野蛮で、付き合うに耐えないだろう、と請け合った。[12]

当時のニューヨーク上流階級による政治家という職業に対する評価がいかに低かったかがよくうかがえる一節である。ここまで彼らに言わしめた理由の一つは、ニューヨーク政界がタマニー・ホール（Tammany Hall）と称されるマシーン政治団体によって牛耳られていたからであろう。

この団体は、本書でも度々触れることになるが、勢力を拡大したのは、ジャクソニアン・デモクラシーの時代に民主党と結びついてからのことだと言われている。労働者階級とくに下層移民集団を支持層とし、ゆえに、その利害を代弁する役割を果たしていた。しかし一方で、一八五〇年代から六〇年代にかけてボスとして君臨したウィリアム・トゥイード（William H. Tweed）の下で、選挙マシーンが贈収賄を含む集票工作にまで手を染めた。この違法行為が取り沙汰され、以後タマニー・ホールと言えば腐敗政治の温床と連想されるようになった。一八七〇年代以降アイルランド系ボスが支配するようになってからも、このイメージには何ら変化がなかった。一八七七年、父セオドアはマシーン政治について次のように書き遺している。

「マシーン政治屋たち」は自らの本性を現してきた［中略］。私は祖国を哀れに思う。なぜなら、自分自身の利益より高次の利益を考慮することの全くない党派的政治屋たちの権力を、祖国［の政治］が証明しているからである。［中略］我々はこんなにも腐敗した行政府に、あまり長い間耐えることはできない。[13]

パトリシアンたちにとって、政界とは、自分たちとは全く異質で、接触することさえ躊躇される人々の社会であった。ゆえに、政界入りとは道を踏み外すことと言っても過言ではなかった。だが若きローズヴェルトにとっては、未開のフロンティアと同じく、挑戦心と冒険心をかき立てる試練の場であったに違いない。彼は再び周囲の反対を押し切って、一八八二年ニューヨーク州議会下院に議席を得た。

ところが、サビル・ロー仕立ての衣服と装身具をまとったローズヴェルト家の御曹司は、ニューヨーク州議会ではいかにも場違いで、あまりにも浮いた存在であった。ローズヴェルトの方も、政界の面々への違和感を禁じ得なかった。共和党か民主党かという政党の別以上に、自分と他の議員たちとの育ちの違いに敏感に反応し、ほとんどの議員に密かな侮蔑の念を抱いた。こうした過剰反応も、ローズヴェルトが努力して政界に順応するにつれて徐々に影を潜め、マシーン政治家との付き合い方も慣れたものになっていった。だが、それはまだ後の話である。[14]

州下院議員として出馬する直前、ローズヴェルトは、ハーヴァード大学の学友とともに、改革団体シティ・リフォーム・クラブ（the City Reform Club）を結成していた。そこは小規模で排他的なクラブで、「いかなる政党に所属していようとも、誠実で有能な人間によって地方自治が行われることを最上の関心とする」者だけが所属でき、タマニー・ホールに対抗する改革者たちの「育成場」となったと言われている。[15]

シティ・リフォーム・クラブは、ローズヴェルトが、現実の政治に肉薄しそれに順応しようとしながらも、自分と類似した背景を有する人々とともに政治を行うことを希望していたことの現れである。この希望がある程度実現したのは、ローズヴェルトが大統領官邸にウェストウィングを増築し、「ホワイトハウス」を大統領官邸の正式名称とする権限を手にした頃、つまり大統領ウィリアム・マッキンリーの死去に伴い、副大統領から大統領に昇格した一九〇一年の頃であった。

ヘンリー・アダムズのサロン

ハーヴァード大学で最も権威あるファイナル・クラブ（final club）ポーセリアン・クラブ（the Porcellian Club）にてローズヴェルトと一緒に青春を謳歌した一人に、小説家のオーウェン・ウィスター（Owen Wister）がいる。彼は、敬愛してやまない友に誇張気味の賛辞を捧げている。

ローズヴェルトがホワイトハウスにいる間、気品と教養に溢れた男性と魅力的で洗練された女性がそこに通うことを習慣としていた。アメリカ史で一度だけは、我々はアメリカ人のサロンを有したのだ。[16]

誇張気味というのは、かつてローズヴェルト自身、ワシントンDCにヘンリー・アダムズ（Henry B. Adams）が開いたサロンに受け容れられた経験を有していたからである。それは、ローズヴェルトが、一八八八年から一八九五年にかけて合衆国公務員制度委員会（the United States Civil Service Commission）委員長だった時分のことである。彼をアダムズのサロンに招き入れたのは、親友でマサチューセッツ州選出上院議員のヘンリー・キャボット・ロッジであった。

ロッジが、ハーヴァード大学歴史学部に一八七三年開設された博士課程の最初の学位取得者であったことはよく知られていよう。博士号取得後、彼が助手を務めた教授がアダムズである。アダムズは、もともとワシントンDCで国家改革の論陣を張る政治評論家であった。それが、母校ハーヴァードで中世ヨーロッパ史とアメリカ史の講座を担当するようになったのは、一八七〇年チャールズ・エリオット学長からの招聘を受けたからである。[17] アダムズは、研究・教育の傍らで、エリオットの従兄弟で国家改革の提唱者の一人だったチャールズ・エリオット・ノートン（Charles Eliot Norton）が創刊した『ノース・アメリカン・レビュー（*the North American Review*）』誌の編集長を務めた。同誌の編集でアダムズを補佐したのが愛弟子のロッジであった。[18]

ロッジもまたポーセリアン・クラブの会員だったが、ローズヴェルトと親交を深めたのは、一八八四年、心ならずも同党の大統領候補ジェイムズ・ブレイン（James G. Blaine）の選挙活動に、共に共和党の政治家として参加した頃と言われている。[19] ロッジとローズヴェルトは生まれ育ちに共通の背景を数多く有していたが、とりわけ、両人ともアメリカ史に並々ならぬ知的関心を持ち、経済よりも政治や外交を重視する姿勢を保っていた。ローズヴェルトの最初の妻アリス・リー（Alice Lee Roosevelt）がキャボット家（Cabot family）の血筋を引いていたため、ロッジとローズヴェルトは縁続きでもあった。こうした共通項が彼らの関係を他には代え難い盟友関係にまで高めた。

こういう経緯からすれば、ロッジがローズヴェルトを師アダムズのサロンに招き入れたのは必然と言える。そのサロンには、エイブラハム・リンカン（Abraham Lincoln）の秘書官だったジョン・ヘイなどの外交官、ドナルド・キャメロン（J. Donald Cameron）、エイブラム・ヒューイット（Abram S. Hewitt）などの閣僚経験者や上院議員が数多く集った。加えて、後の駐米イギリス大使セシル・スプリング=ライス（Cecil A. Spring-Rice）のような外国の外交官との知遇を得る機会も得られた。[20] ゆえにアダムズのサロンは「政治的なサロン」と評価されることもある。

だが、どちらかと言えば、アダムズのサロンはその文化水準の高さによって異彩を放っていた。主だった芸術家メンバーの面々には、ボザール様式の彫刻家オーガスタス・セイント=ゴーデンズ（Augustus Saint-Gaudens）、数々のステンドグラスの名作で高名な画家ジョン・ラファージ（John La Farge）などの芸術家、後にイギリスに帰化したヘンリー・ジェイムズ（Henry James）などの小説家、鉱山学者クラレンス・キング（Clarence King）などの学者が頻繁に出入りした。[21]

アダムズのサロンは高い教養と知性を誇り、その名声は瞬く間にワシントンDCの政界のみならずボストンやニューヨークの財界にまで広がった。サロンは羨望の眼差しを集めたが、アダムズは、招かれざる客に対しては徹底した排他主義を貫き、メンバーには秘密主義を要求した。したがって、アダムズのサロンは、ごく少数の限られた人々しか出入りできない場所となった。この排他的なサロンは、ニッカーボッカーたるローズヴェルトにとっては、政界とは比べ物にならないほど寛げる居場所であった。アダムズ邸の晩餐会について、ローズヴェルトは愛娘に宛ててこう喜びを綴っている。

大いに楽しんできたよ。というのはね、ここでは自分が会いたいと望む人々にしか会わないからなんだ。偉大な政界人、偉大な人間と付き合うのは非常に愉快なことだね。[22]

アダムズのサロンは、当時首都に形成されつつあった社交界を象徴する存在であった。グローヴァー・クリーヴランド（S. Grover Cleveland）の第一次政権が終焉する一八八九年頃までには、ワシントンDCは、アダムズ家（Adams family）やヘイ家（Hay family）、ホイットニー家（Whitney family）といったボストンやニューヨークの名門の家柄が持ち込んだ教養趣味の影響を受けて、「南部の粗野な街」から「豪華で見事に繁栄した都市」へと変貌したと言われている。[23]

ホワイトハウスのサロン

ローズヴェルトは、このアダムズのサロンを拡大してホワイトハウスに持ち込んだのである。ローズヴェルトのサロンには、アダムズのサロンに出入りしていた人物に加えて、マーク・トウェイン（Mark Twain）、イーディス・ウォートン（Edith Wharton）といった文学者、アルバート・ハート（Albert B. Hart）、フレデリック・ジャクソン・ターナー（Frederick Jackson Turner）といった歴史家も通っていた。[24]

ローズヴェルトが大統領官邸を文化的なサロンに仕立てあげようとした動機は、同時代のアメリカ人には「サヴォア・ヴィーヴァ（savoir vivre）」が欠如しているとの不満があったからである。すなわち、ローズヴェルトは、アメリカ国民が世界大国の国民に相応しい教養と態度を欠いているので、彼らに「真のアメリカの文物」を見せ、アメリカの文化が世界水準にあることを知らしめようと企図したのである。[25] そこには、アメリカの文化水準が高いことを訪米した海外の指導者たちに対して表明するという意図も込められていたであろう。

ローズヴェルトが、アダムズやヘイにならってロッジらとともに創り上げていった社交界は、その意図以上の結果を生んだ。ボストンやニューヨークの社交界で持て囃された文化に慣れ親しんでいたエスタブリッシュメントにとって、首都での居心地を格段に良いものにしたのである。ローズヴェルトのサロンは、エスタブリッシュメントが政治の世界に対して感じていた精神的な障壁を下げる役割を果たし、彼と同じように政界を志すエスタブリッシュメントが増えていく一因となる。

第二節　セオドア・ローズヴェルトのクラブ

芸術・文化を愛好する者たちが集うサロンは、首都ワシントンＤＣにおける社交界の形成を促進した。このことは、首都の都市文化が、南北戦争以前から社交界が成立していたボストンやニューヨークの都市文化の流れを汲んで発展したことを意味する。一八七〇年代以後の首都において、ボストンやニューヨークで既に確固たる文化として根付いていた紳士クラブが次々と創設されることになったのも、この流れに沿ったものであった。

一八七〇年代から、科学者や知識人が政府機関で勤務するために首都に詰めかけていた。その中の一人に地質学者のクラレンス・ダットン（Clarence Dutton）がいる。ダットンは、一八七八年に「科学、文学、芸術」の専門家たちと共にコスモス・クラブ（the Cosmos Club）を創設した。コスモス・クラブの公式見解によれば、ダットンがクラブを創設するきっかけは、ニューヨークの友人たちからこう尋ねられたことだったという。「どうしてワシントンにはセンチュリーのようなクラブがないのかね」[26]。

センチュリー

センチュリーとは、ニューヨークの紳士クラブの中で最も隆盛を誇ったクラブの一つである。ニューヨーク社交界におけるセンチュリーの権威は、ユニオン・クラブ（the Union Club）、ユニオン・リーグ、ニューヨーク・メトロポリタン・クラブ（the Metropolitan Club of New York）、ニッカーボッカー・クラブ（the Knickerbocker Club）と並んで、極めて高いものであった[27]。

センチュリーは、一八四七年、「芸術家、文学者、科学者、医師、陸海軍軍人、裁判官、弁護士、技師、聖職者、報道機関経営者、財界人、有閑階級」の交流を目的として創設された。一九世紀半ばのニューヨークでは、新設のクラブは「ロンドンのクラブを模倣しなければ成功し得なかった」と言われている。センチュリーもこれに倣い、一八九一年に会員増加による移転に伴ってクラブハウスを新設する際には、メトロポリタン・クラブ同様、イギリスで流行したイタリアン・ルネサンス様式を選んだ[28]。

もともとセンチュリーは文化の愛好を目的としたクラブだったため、設立当初の会員構成は知識人や芸術家が中心であった。だが間もなくすると、アメリカの世界大国化へ向けた国家効率運動を推進する改革勢力の主要人物たちが次第に多数を占めていった。比較的初期の会員たちを幾人か挙げれば、ジョージ・ウィリアム・カーティス（George William Curtis, 一八五一年［入会。以下同］）、ドーマン・イートン（Dorman B. Eaton, 一八五四年）、エドウィン・ゴドキン（Edwin L. Godkin, 一八六三年）、サミュエル・ティルデン（Samuel J. Tilden, 一八六六年）、ウィリアム・ホイットニー（William C. Whitney, 一八六八年）、ジョン・ヘイ（一八七一年）などがいる。[29] 国家効率運動の詳細については後の第二章で述べるが、センチュリーが改革勢力の拠点となったのは、これらの改革勢力の会員たちが、国家効率運動の推進にとって有用と見込んだ若者たちを斡旋してセンチュリーに次々と入会させたからである。

試みに二人の会員を例として挙げてみよう。一人目は、ジョゼフ・チョート（Joseph H. Choate, 一八五八年）である。彼は、セオドア・ローズヴェルトの国務長官に昇進したジョン・ヘイの後任として一八九九年から一九〇五年までの駐英大使を務め、一九一二年から一七年までセンチュリーの会長職を務めた人物である。このチョートが、センチュリー会員となることができたのは、彼が入会当時勤務していたバトラー・エヴァーツ法律事務所（Butler, Evarts & Southmayd）の筆頭経営者ウィリアム・エヴァーツ（William M. Evarts, 一八四八年）が、チョートの「献身」ぶりを評価してセンチュリーへ推薦したからであった。[30]

二人目は、ヘンリー・スティムソン（一八九三年）である。彼をセンチュリーに対して推挙したのは、当時彼が勤務していた法律事務所の筆頭経営者で、後にチョートの後任として一九二七年までセンチュリーの会長職を務めたエリヒュー・ルート（一八八六年）である。ルートがスティムソンを自分の法律事務所に採用するきっかけ自体も、センチュリーで育まれた交友関係によってもたらされた。スティムソンの父アターベリー・スティムソン（L. Atterbury Stimson, 一八八四年）が、先述のホイットニーに息子の転職先を紹介してくれないかと知人を通じて依頼したところ、ホイットニーは自分の顧問弁護士を務めていたルートを引き合わせたのである。[31]

大都市の紳士クラブの常だが、センチュリーも排他的で秘密性の高さを誇っていた。紳士クラブは、入会員を公募することは普通しない。入会を希望する者は、既会員の紹介を受けなければならなかった。紹介後も理事会の審査を通過しないことには入会を認められなかった。センチュリーの場合、年会費も相当な高額であった。有能な弁護士だった若き日のスティムソンが会員資格の更新を尻込みしたほどである。

だが、チョートによれば、センチュリーに一度入会しさえすれば、そこでは年齢や知名度に関係なく、最年少の会員でも年配の会員と、最も無名な会員でも最も有名な会員と同じ土俵に立てるという平等な雰囲気が保たれていたという。[32] 組織の内外を厳密に区別し、内部では「真に民主的な組織」たろうとするセンチュリーのバランス感覚が、会員の間での同輩関係（collegiality）を強め、国家効率運動を推進する改革勢力の知的・精神的結束を堅固にしていったのである。

一八八〇－九〇年代は、改革勢力がニューヨークの地方政治からワシントンＤＣでの連邦政治へと活動の主舞台を移す時期であるが、この時期の「センチュリオン［センチュリー会員のこと］は、ほとんど本能的にマグワンプ（the Mugwumps）」だったとセンチュリーの公式史は語っている。マグワンプとは、一八八四年の大統領選挙で、共和党員でありながら民主党候補グローヴァー・クリーヴランド（一八九〇年）に投票した人々のことを指す。センチュリーのマグワンプたちの中には、党籍を民主党に移す会員もいたが、他方で、金融王ピアポント・モルガン（一八六二年）や、アターベリー・スティムソンのように、共和党員のままクリーヴランドに投票する会員もいた。逆に、ウィリアム・ホイットニーは民主党の重鎮の一人だったが、一八九六年の大統領選挙では共和党候補ウィリアム・マッキンリーを支持している。

要するに、センチュリーは超党派の紳士クラブであった。センチュリオンの間では、会員個人の所属政党が共和党か民主党かは全く問題ではなかった。超党派の改革勢力たる彼らは、「強い公的な責任感と国家の福利への公平な熱意」で際立っており、慈善事業――病院や大学、図書館への寄付行為、学者や探検家を上限なしで助成するフェロー制度――に精力的に従事していた。[33] そして、その情熱の対象は今や国家効率運動へと向けられたのである。

センチュリーの会員数は、一八九一年は七七一名、一八九五年は一〇三九名、一九一五年は一二一五名と年々増え続けたが、国家効率運動に賛同・参画する改革勢力の代表的人物たちも続々と集結した。ローズヴェルトとの関わりが深かった大物会員に限ってみても、既述の人物たちの他に、政治・軍事、財政・金融、中等・高等教育の各分野で活躍していた改革勢力の指導者たちが大勢センチュリーに入会している。[34]

政治・軍事分野からは、ヘンリー・キャボット・ロッジ（一八九二年）、米海軍きっての戦略家アルフレッド・セイヤー・マハン（Alfred Thayer Mahan, 一八九三年）が、財政・金融分野からは、ニューヨーク連邦準備銀行総裁ベンジャミン・ストロング（Benjamin Strong, 一九一四年）、アメリカン国際会社（American International Corporation）副社長ウィラード・ストレイト（Willard D. Straight, 一九一四年）

が、中等・高等教育分野からは、ヘンリー・アダムズ（一八九二年）とアルバート・ハート（一九〇〇年）、グロートン校（Groton School）校長エンディコット・ピーボディ（Endicott Peabody, 一九一四年）が、それぞれ入会している。グロートン校については後の第三章で詳述しよう。

これらのセンチュリーに集った各界の改革勢力の指導者たちがどのような交流を持っていたかについては、エリヒュー・ルートが会長演説の中で述べていることからうかがえよう。すなわち、開設以来のセンチュリーの精神とは「物質的進歩が著しい現代のいかなる富と権力よりも、価値がある何かを求める心」であり、センチュリーにおいては、「何を達成したか」ではなく「いかなる人物か」を最も重視する。センチュリーの目的は「会員が互いに影響し合う」ことで「人格を形成し、精神を成長させ」、センチュリーの精神を「新しい世代」へと「継承すること」である。[35]

センチュリーが会員相互に伝え合い、次世代へと受け継いでいったのは、政治に参加し公職に就き、国家効率運動に寄与することで公的な義務を果たすという責任感であった。スティムソンによれば、ルートの法律事務所には「公的義務を積極的に果たすことの重要性を学ぶことなくして［中略］生きることも働くこともできない」雰囲気があったという。[36]こうした雰囲気がセンチュリーにも流れていたのである。

ワシントン・メトロポリタン・クラブ

このセンチュリーからコスモス・クラブが生まれた。ワシントンＤＣの有名な紳士クラブには、コスモス以外にも一八九二年にメリーランド州に創設されたシェヴィ・チェイス・クラブ（the Chevy Chase

Club）のような狩猟クラブや、少々後の時代になるが、一九二二年にシェヴィ・チェイスの会員たちが創設したバーニング・ツリー・クラブ（the Burning Tree Club）のようなゴルフクラブがある。[37] これらのクラブの主な活動内容をみると、サロンに男性が好むスポーツの要素を足したようなものかと思われるかもしれない。だが紳士クラブでは、スポーツやカードゲームの合間に重要な政治・外交上の議題が挙がることもしばしばであった。

首都たるワシントンＤＣは、連邦議会、連邦政府諸機関を擁する政治・行政の中心地であり、そこには政治に関心を寄せる者が自然と集う。ゆえに、ワシントンＤＣには、経済・金融の中心地ニューヨークと異なり、表看板から政治・外交についての語らいの場と自らを堂々と謳うクラブが創られたのである。そのクラブの代表格が、ワシントン・メトロポリタン・クラブ（the Metropolitan Club of the City of Washington）である。ニューヨーク・メトロポリタン・クラブと同じ名を冠するこのクラブは、南北戦争中の一八六三年、財務省の高官・役人たちを中心にして、政治関係者の情報収集・交換の拠点として創設された。[38]

ワシントン・メトロポリタン・クラブもコスモス・クラブと同様に、センチュリーからの影響を受けて創設された紳士クラブであることは、両クラブの代表的な会員の顔触れがかなり一致していることからも明らかである。ジョン・ヘイ（一八六三年［入会。以下同じだが、入会年が不明な者については無記載のままにした］）、ヘンリー・アダムズ、ブルックス・アダムズ（P. C. Brooks Adams）、ヘンリー・キャボット・ロッジといったアダムズのサロンの常連のほか、上下両院の議員・閣僚、官僚・外交官から、金融王ピアポント・モルガン（一八九一年）のようなニューヨークの財界人までが会員となっている。

一九〇一年、セオドア・ローズヴェルトが大統領に就任して以後、彼の閣僚や子飼いの俊英たちもワシントン・メトロポリタンに数多く入会した。その中には、一九〇七年にメトロポリタン会長となるエリヒュー・ルート、陸軍長官で次期大統領のウィリアム・タフト（William H. Taft, 一九〇五年）、後にクラブで数少ない終身会員となったヘンリー・スティムソン（一九〇八年？）らがいた。ローズヴェルト以後の政権下でも、政府高官がメトロポリタンに入会することは慣例として続いたようである。[39]

以上の錚々たる顔触れをみると、ワシントン・メトロポリタンにも相当数の政・官・財の各界における主要人物が所属していたことがうかがえる。けれども、メトロポリタンの会員構成で最も特徴的なのは、軍人が多く、彼らがしばしば理事の座にまで就いたことである。当時の名だたる軍人で言えば、マニラ湾の海戦で勝利を飾ったアジア艦隊提督ジョージ・デューイ（George Dewey）、ラフ・ライダーズの一員で初代陸軍参謀総長のレナード・ウッド（Leonard Wood）、陸軍大学学長で後のパリ講和会議アメリカ全権委員タスカー・ブリス（Tasker H. Bliss）らが会員であった。加えて、後にリットン調査団、極東委員会でアメリカ代表を務めたフランク・マッコイ（Frank R. McCoy, 一八九二年）のような将来のアメリカ軍を背負う精鋭たちもメトロポリタンに通っていた。[40]

こうしてワシントン・メトロポリタンは、文民と軍人が日常的に国家安全保障について討議する機会を提供することになる。一八九七年に海軍次官となったセオドア・ローズヴェルトは、ほぼ毎昼毎夜ワシントン・メトロポリタンで食事をとっている。おかげで、そこに集う有能な軍人たちと議論を交わし、最新の戦略論や軍事技術に関する知識を得ることができた。軍人たちにとっても、彼との語らいは有益であったろう。メトロポリタンへ行けば、世界大国へ向けて軍備増強の必要性を説いていた将来の大統領と意見を交換し、親密な関係を築く絶好の機会を得られたからである。

米西戦争前夜のこうした光景は、軍人の社会的地位の向上を印象づけるとともに、後の国家安全保障会議（the National Security Council［以下ＮＳＣ］）を彷彿とさせはしないだろうか。ＮＳＣは、第二次大戦後の一九四七年、イギリスの帝国防衛委員会（the Committee of Imperial Defence）を参考に、戦時下の戦争指導体系を受け継ぐ形で創設された。そこでは、政治・経済・外交・軍事・情報等を担当する政府機関の各責任者が一堂に会し、国家安全保障政策が討議・策定されている。

言うまでもないが、ワシントン・メトロポリタンは、体系化された国家安全保障の政策決定過程に組み込まれてもいなければ、政策提言を目標とする組織でもなかった。しかし、アメリカが世界大国への第一歩を踏み出さんとする時に、政・官・財・軍の垣根を越えて国家安全保障を討議する拠点が、公的な政府機関に先行して、私的な民間団体において築かれたことは記憶しておいてよいだろう。

アーチボルド・クーリッジの愛弟子たち

ただし、ワシントン・メトロポリタンには、主に政府高官かそれに相当する人物でなければ入会が許されず、若者は余程のコネがなければそこに入れなかったようである。こうしたメトロポリタンの短所を補い、かつ、国家安全保障政策について各方面の専門家が討議する場としての性格をもっと凝縮して保持していたと思われる民間団体が、ローズヴェルトの私的サークル「家族（The Family）」である。[41]
「家族」が活動を開始した時期は定かではないが、活動が目立つようになったのはローズヴェルト政権の二期目からである。本拠地はなんとメトロポリタン・クラブの隣、ワシントン北西Ｈ通り一七一八番地のタウンハウスであった。そこは、ホワイトハウスからも国務省からも歩いて数分の距離にあり、第一次ローズヴェルト政権の国務長官だったジョン・ヘイが寝泊まりに使っていたほど恵まれた立地であった。

最初に「家族」の存在が研究者の間で知られるようになったのは、「外交官職の社交エリートのためのクラブ」としてであった。それは、「家族」のタウンハウスに「国務省内の伝説の『内輪』」と呼ばれたエリート外交官たちが集ったからである。すなわち、ジョゼフ・コットン（Joseph P. Cotton）、ヘンリー・フレッチャー（Henry P. Fletcher）、ジョセフ・グルー（Joseph C. Grew）、リーランド・ハリソン（Leland Harrison）、ウィリアム・フィリップス、ウィラード・ストレイトのことである。[42]

「社交エリート」なる表現が彼らに対して用いられたのは、彼らが、当時のアメリカでは珍しく、折り目正しい家柄の出で、高学歴を有し、外交儀礼や作法に通じ、外国語を巧みに操る例外的存在だったからである。外交官と言えばエリートの代名詞のように思われるかもしれないが、彼らがローズヴェルト政権下で外交官職の門を叩いた当時のアメリカでは、領事はもちろん、外交官すらも、彼らのような背景を持つ若者が生涯を賭すに値する「確立されたキャリア」とは全くみなされていなかった。[43] ゆえに、彼らはたとえ公務員としての階位が低い時期でさえも、連邦政府内で目立った存在であった。

「伝説の『内輪』」のうち、グルー、ハリソン、フィリップスは、いずれもハーヴァード大学の卒業生で、同歴史学部教授アーチボルド・クーリッジ（Archibald C. Coolidge）が将来有望な人材として知人の大使や公使らに推挙したことによって、外交官職入りを果たした。クーリッジは、一般にあまり知られていないが、序章で言及した『賢人たち』の一人ジョージ・ケナンに連なるアメリカのロシア研究の泰斗である。後にCFRの設立発起人となり、CFRの機関誌『フォーリン・アフェアーズ（*Foreign Affairs*）』の初代編集長を務めている。[44]

クーリッジは、一八六六年ボストンの名家に生まれた。一八八七年にハーヴァード大学を最優等で卒業した後、ドイツのフライブルグ大学に留学した。アメリカ史家ハーマン・フォン・ホルスト（Hermann Eduard von Holst）の指導の下で、一八九二年歴史学博士号を取得した。その後、叔父のフランス公使トマス・ジェファソン・クーリッジ（Thomas Jefferson Coolidge）の個人秘書としてヨーロッパ外交を体験する傍ら、パリ政治学院（Institut d'Etudes Politiques de Paris）で「現代の国際政治」への学術的関心を育んだ。[45]

一八九三年春、クーリッジは、ハーヴァード大学学長チャールズ・エリオットから同歴史学部への赴任を打診された。エリオットは、政治経済学と結びついて発展したドイツの歴史学を学んだ人材を歴史学部に集め、次々に発生する「産業、社会、政治問題」に直面する次世代のアメリカの若者たちに一つの道標を提供したいと考えていた。クーリッジは外交官になることをやめ、エリオットの申し出を受け講師となった。以後、一八九九年に准教授、一九〇八年に教授へと昇進した。[46]

クーリッジの教育目標は専門職としての外交官を養成することであった。彼がその必要性を感じたのは、やがて世界の他の列強が衰退するとともに、アメリカが、ロシアとともに世界の二大超大国として他を圧倒すると予期したからであった。クーリッジは最初の単著の結びにおいて、「大国であることには種々の責任が伴う」と述べた後で、セオドア・ローズヴェルトの以下の言葉を引用した。

我々アメリカ国民には、世界において偉大な役割を担うか否かの選択の余地はない。そのことは、運命と事の成り行きによって既に決せられたものである。我々はその役割を担わなければならない。我々が決められるのは、我々がそれを上手く担うか担えないかだけなのである。[47]

アメリカが超大国としてロシアに対峙する運命にあると考えるクーリッジにとって、ロシアという「強力な帝国の発展と諸条件に関連する全てのことが、［アメリカの］注意に値することは明白」であった。そこで、クーリッジは母校に戻ってから間もなく、ロシア史に関する授業と並んで、東方問題に関する講義をアメリカで初めて開講した。東方問題は一九世紀における英露間のグレイト・ゲームの焦点であった。ゆえに、クーリッジは東方問題を「理解する者は誰でも［中略］ヨーロッパ問題と数多くの世界的な政戦略への手がかりを有することになる」と述べた。[48]彼は、イギリスに代わってロシアと渡り合うことになるアメリカの外交官は、東方問題の歴史から世界戦略をいかに描くかについての教訓を学ばなければならない、と考えていたのである。

二〇世紀の世界秩序とそこでのアメリカの役割についてのクーリッジの予想図は、エドウィン・ゲイ(Edwin F. Gay)にも分かち合われていた。[49]ゲイは、歴史学部で最も親しい同僚の一人で、一九〇八年エリオットの要請で初代ハーヴァード経営管理大学院長となった人物である。彼は、クーリッジと同じくドイツへの留学経験を持ち、ライプツィヒ大学、ベルリン大学をはじめ、一八九〇年から一二年もの長い間ドイツおよびスイスの大学に学んだ。

ゲイの専門はイギリス経済史で、中世から一九世紀にかけての英帝国における経済発展の社会・文化的要因を調べ、国家発展のサイクルのパターンを追究した。研究の過程で、ゲイもクーリッジと同じように、国際政治の焦点は一九世紀英露のグレイト・ゲームにあるが、「イギリスは徐々にではあるが、衰退の過程に既に入った」と判断した。米西戦争によってアメリカの政治的孤立が終焉したと予感し、一八九九年には、アメリカが将来イギリスに代わって、ロシアのアジア支配と市場独占に対抗することになると予想した。[50]

クーリッジとほぼ同じ国際情勢観を有していたゲイは、一九〇六年一〇月、クーリッジとともにハーヴァード経営管理大学院の一部として外交官養成課程を置く計画を立てた。もっともこの計画は、大学の経営事情を考慮したエリオットに拒否され実現しなかった。再びクーリッジがゲイとともに仕事をするのは、第一次大戦後のパリ講和会議に向けた戦後構想の策定とCFR創設においてである。[51]

公式の外交官養成課程の開設は果たせなかったが、クーリッジは、歴史学そして歴史の授業の対象地域を、欧米からロシア、中東、バルカン半島、南米、極東にまで拡大した。これにより、フランクリン・ローズヴェルトを含む彼の教え子たちの地理感覚は、アフリカを除いて、地球上の大陸のほとんどに及ぶようになったのである。クーリッジの授業に感銘を受けた愛弟子の一人フィリップスは、先述の「調査機関」にバルカン半島の領土問題を含む近東問題の専門家として恩師を推挙した。[52]

クーリッジがハーヴァードで後輩たちに伝えたのは、ヨーロッパの向こうの世界だけではない。彼は、当時改革勢力の間で流布していた対外観をほとんど共有しない例外的な人物であった。社会的ダーウィニズムの信奉者でもなければ、英語諸国民の連帯を唱えもしなかった。アメリカ型の民主主義はアメリカ固有のもので、「国や時代を問わず適用できるものではない」との判断に立ち、対外情勢分析において政治形態を問題にしなかった[53]。

アメリカ人にしては特異な対外観の持ち主だったクーリッジは、外交原則についても他のエスタブリッシュメントとは異なる見地に立っていた。彼は教え子たちに、国家間の政治における諸国家の国際行動の動機は理念ではなく国益なのだと説いた。そして、アメリカが国際行動をとるにあたっては、理念に引きずられて諸国家との妥協を不可能にするような過度の自己正当化をしてはならないと教えた。クーリッジが外交官の卵たちに求めたのは、諸国家の利害関係を冷徹な目で洞察し、アメリカをして国家間の政治における勢力均衡の保持者として、慎重かつ穏健に忍耐強く行動させることだったのである[54]。

クーリッジは自らの外交原則を実践する国家指導者の一人としてセオドア・ローズヴェルトを尊敬していた。大学での講義のみならず、教え子たちとの個人的な付き合いの場においても、クーリッジはローズヴェルトに対する敬意を口にしていた[55]。ローズヴェルトがアングロ・サクソン人種の優越を信じるアングロフィルだったことは周知の事実で、クーリッジのように冷めた対外観の持ち主であったとは言えない。だが、第七章で後述するように、ローズヴェルトはイギリスとの親密な関係においてさえも、アメリカの国益を第一に考えることを自らに課していた。こうしたローズヴェルトの外交姿勢は、クーリッジにとっても歓迎すべきものだったことは想像に難くない。

クーリッジの冷めた対外観、外交原則が余すところなく教え子たちに受け継がれたとは言えないまでも、彼の教えが、ローズヴェルト外交の一つの大きな要素であった国益重視の姿勢への共感を教え子たちの間に育んだとは言っても良いであろう。他方ローズヴェルトもまた、クーリッジに信を置いていた。一九〇六年から〇七年にかけて、クーリッジは自ら資金を集めて開設したハーヴァード交換教授制度を利用して、ソルボンヌ等のフランスの大学に客員教授として赴いた。そこでのモンロー・ドクトリンについての講演内容を伝え聞いたローズヴェルトは、「私は本当に喜んでいる。私はクーリッジに大きな信頼を寄せている。〔中略〕クーリッジの如才なさは『彼の情報』と同じぐらい注目に値する」と賞賛した。[56]

クーリッジの教え子たちのほとんどはエスタブリッシュメントであり、働かずとも何の不自由もない生活を送るか、あるいは、外交官よりもはるかに高収入の家業を継ぐかを選べた。常人からすれば恵まれ過ぎた選択肢だが、彼らはそれらを放棄し、わざわざ外交官の道を選んだ。それは、クーリッジの教えを受け、アメリカを世界大国へと発展させるという使命をローズヴェルトと共に果たそうと思い立ったからであった。アメリカ外交の未来を担うことになるクーリッジの愛弟子たちが、ローズヴェルトを、特権的な境遇での安逸な生活に甘んじることなく高貴なる者の義務《ノブレス・オブリージュ》を果さんと奮闘する「男の中の男」として崇め、憧憬と羨望を覚えてやまなかった要因の一つは、師であるクーリッジによる感化だったのである。

セオドア・ローズヴェルトの「家族」

クーリッジの愛弟子たちと大統領たるローズヴェルトとの間にあった近しさをみれば、その外交官仲間たちが属した「家族」が「事実上の第二の国務省」との異名をとったのも頷ける。しかし、歴史家アンドリュー・ベイスヴィッチ（Andrew J. Bacevich）が実証したように、「家族」の経理と会計を担当し、その運営を任された人物はエリート外交官ではなく、当時登場し始めていた若きエリート軍人であった。その人物とは先述のフランク・マッコイである。[57]

マッコイの軍人としての長いキャリアの始まりは、ハーヴァード大学医学部出身でラフ・ライダーズを率いた陸軍中将レナード・ウッド付きの補佐官として、米西戦争後のキューバやフィリピンにおいて連戦し、その間にウッドと父子同様の師弟関係を結んだところに始まった。ウッドは愛弟子の将来を見据えて、一九〇六年マッコイを、戦友ローズヴェルト大統領の軍事担当補佐官としてホワイトハウスに派遣した。

ローズヴェルトは大量の政務を次々とこなすだけではなく、その合間合間に、サロンで話題になっていた学術書や文学作品を読み耽り、あちこちに出かけて芸術作品に触れたり、自然の中で遊んだりした。大統領の目まぐるしい要求に応じるべく、マッコイは休む間どころか息をつく暇もないほどの激務に見舞われた。けれども、彼は愚痴一つこぼさず、自らの任務を着実にこなした。そんなマッコイをローズヴェルトは大変気に入り、足繁く通っていたロック・クリーク・パーク（the Rock Creek Park）での狩猟へと連れ出し、子どもの遊び相手を任せた。[58]師ウッドの見込み通り、マッコイは大統領の信頼を勝ち得たのである。陸軍参謀総長に加え、大統領からも信認を受けたことが、マッコイの軍人としてのキャリアを約束したことは言うまでもない。

そのマッコイが「家族」の運営責任者となったことは、先述のエリート外交官たちが、アメリカ軍最高司令官たるローズヴェルトを介して、アメリカ軍現首脳やその次世代の候補者たちとの間に、親密な関係を築いていたことを意味する。言い換えれば、ローズヴェルトは、アメリカの外交と軍事の将来を担う若き俊秀たちを一つの「家族」としてまとめるほどの求心力を有していたのである。

その求心力に引き寄せられていたのは、外交官や軍人だけではなかった。若き国際金融家たちも大統領に魅せられたのである。その一人が、後の一九二〇年代にニューヨーク連邦準備銀行総裁として国際金融協調を推進したベンジャミン・ストロングである。ウィラード・ストレイトも、一九〇九年国務省からJ・P・モルガン商会に転職したので、国際金融家に含めても差し支えないであろう。[59]

これまでの議論をまとめると、セオドア・ローズヴェルトの「家族」は、政・官・財・軍の垣根を超えた次期国家指導者の集団だったということができる。彼らは、ローズヴェルトが思い描いたアメリカの世界大国化というヴィジョンについて広いコンセンサスを有していた。そして、彼らが「家族」を形成したことは、アメリカの国家指導者となることが期待された若者たちの間で、そのヴィジョンを実現するために、外交、政治、経済、軍事の統合が必要だという認識が芽生え始めていたことを示唆している。

ローズヴェルトの下に参集した若き精鋭たちが、アメリカにおける対外政策決定過程において重きをなし、ワシントン・メトロポリタン・クラブへの入会を承認されたのは、総力戦の二〇世紀最初の世界戦争、第一次大戦においてであった。時の政権は民主党のウッドロウ・ウィルソン政権であったが、彼らは党派や職責を超えて一致団結していた。例えば、民主党員のストレイトは、共和党員のフレッチャーが、国務長官ウィリアム・ジェニングズ・ブライアン（William Jennings Bryan）の意向で左遷されそうになった時、各方面に手を回して配置転換を阻止した。その一方で、「家族」は、政治任命によって国務次官となった民主党員フランク・ポーク（Frank L. Polk）を迎え入れた。ウィルソン政権終焉後も「家族」のこうした超党派の活動は続いた。[60]

メトロポリタンと「家族」の意義

メトロポリタンと「家族」の在り方から推察されることは、これらの紳士クラブには、政・官・財・軍の各界の名士たちをつなぐ結節点として機能し得る会員が在籍し、この会員を中心に、各方面の専門家たちが国家安全保障政策について討議していた、ということである。このことの重要性はいくら強調してもし過ぎることはない。何故なら、国家安全保障政策を総合的観点から討議する拠点が、当時のアメリカの公的な政治空間では実現しなかったのに対し、私的な政治空間では非公式ながらも実現しつつあったことを示唆するからである。

従来の世紀転換期に関するアメリカ政治・外交史研究は、公的な政治空間にのみ注目して統治機構改革を論じてきた。そのため一般には、第二次大戦後までのアメリカの国家安全保障体制は、政党政治によって混乱していた連邦議会や、中央省庁間の権限争いで非効率に陥っていた官僚機構に翻弄され、統合性を欠いたままであったとされている。ローズヴェルトに対する評価も、陸軍省参謀部をはじめ陸海軍の中央集権化を推進したものの〔61〕、統合的な国家安全保障政策を策定・実施する制度的枠組を設定するには至らなかったとの評価にとどまっている。

確かに、世界政治への第一歩を記した米西戦争を経てもなお、アメリカはそのような制度的枠組を有しなかった。議会や省庁が政府諸機関の機能的統合に好意的ではない状況下で成立し得たのは、国務長官、陸軍長官、海軍長官の間での「古い形式の通信のやり取り」に過ぎず、それさえも十分に機能しているとは言い難い状態であった。特に、国務省から陸・海軍省への情報伝達はしばしば滞っており、軍は情報不足に陥りがちであった。第一次大戦期になってようやく三省間の「会議による統合」が試みられたが、今度は大統領ウッドロウ・ウィルソンがその統合合議体を無視した。以後も安全保障政策決定過程の機能的統合を欠いたまま、アメリカは第二次大戦を迎えることになる[62]。

しかし、ワシントン・メトロポリタンクラブや「家族」の存在は、これらの議論が全て公式の政府機関に限っての話だった可能性を示している。すなわち、アメリカの政治・外交に関心を寄せるエスタブリッシュメントの私的空間の中では、利害対立により政治化した連邦議会や官僚機構が織りなす公的な権力関係から拘束を免れた、緩やかな連帯が存在したということである。その私的空間の中では、アメリカを世界大国へと導こうとする国家指導者とその後継者たちが、政党の別、官民の別を越えて結集し国策を共有していたのである。ここに、第二次大戦後の「外交政策エスタブリッシュメント」の原型をみることができる。

その中心的人物がセオドア・ローズヴェルトであった。けれども、彼とて時代の子である。ローズヴェルトは彗星のごとく世紀転換期のアメリカ政治に登場したが、その彗星を受けとめるだけの素地が当時のアメリカ政界になかったならば、そのまま彼の夢は現実にぶつかり砕け散ることになったかもしれない。だが、そうはならなかった。それが何故なのかを知るためには、ローズヴェルトが政界に入った一八八〇年代から、彼が大統領として国家運営を担った一九〇〇年代までの間に、どのような変化がアメリカ政治にもたらされたのかを把握しなければならない。次章からは今一度南北戦争後の時代に戻り、その頃開始されたアメリカの国家改革についてみていくこととしたい。

注

［1］Rovere, *The American Establishment*, 15.

［2］Walter Lippmann, "A Tribute to Theodore Roosevelt (1935)," in *The Essential Lippmann*, ed. Clinton Rossiter and James Lare (Cambridge: Harvard University Press, 1982), 487-488.

［3］Theodore Roosevelt, *An Autobiography* (New York: The Macmillan Company, 1913), 386.

［4］Archibald Butt to Clara F. Butt, March 1, 1909, in *Letters of Archie Butt: A Personal Aide to President Roosevelt*, ed. Lawrence F. Abbott (Kansas City: Doubleday, Page and Company, 1924), 369; Jean-Jules Jusserand, *What Me Befell: the Reminiscences of J. J. Jusserand* (London: Constable & Co. Ltd., 1933), 221.

［5］Henry L. Stimson and McGeorge Bundy, *On Active Service in Peace and War* (New York: Harper & Brothers, 1947), 92.

［6］Kathleen Dalton, *Theodore Roosevelt: A Strenuous Life* (New York; Alfred A. Knopf, 2002), 207.

［7］Edmund Morris, *The Rise of Theodore Roosevelt* (2001; rep., New York: Random House Trade Paperbacks, 1979), 21-29, 35-47.

［8］William Henry Harbaugh, *Power and Responsibility: the Life and Times of Theodore Roosevelt* (New York: Farrar, Straus and Cudahy, 1961), 9, 70; Richard H. Collin, *Theodore Roosevelt, Culture, Diplomacy, and Expansion: A New View of American Imperialism* (Baton Rouge: Louisiana State University Press, 1985), 50.

［9］Roosevelt, *An Autobiography*, 26-27.

［10］Edward Wagenknecht, *The Seven Worlds of Theodore Roosevelt* (New York: Longmans, Green, 1958), 45, 70; Theodore Roosevelt to Charles Joseph Bonaparte, February 17, 1906, Louis Auchincloss ed., *Theodore Roosevelt: Letters and Speeches* (New York: Library of America, 2004), 448; Joseph R. Svinth, "Professor Yamashita Goes to Washington," *Journal of*

Combative Sport (Oct 2000), accessed July 19, 2006, http://ejmas.com/jcs/jcsart_svinth1_1000.htm.

[11] Theodore Roosevelt to Corinne Roosevelt, February 8, 1887, Elting E. Morison et al., eds., *The Letters of Theodore Roosevelt*, 8 vols. (Cambridge: Harvard University Press, 1951-1954), 1:121.

[12] Roosevelt, *An Autobiography*, 63.

[13] Morris, *The Rise of Theodore Roosevelt*, 124-125.

[14] Morris, *The Rise of Theodore Roosevelt*, 144-145; Roosevelt, *An Autobiography*, 71-80.

[15] Martin J. Schiesl, *The Politics of Efficiency: Municipal Administration and Reform in America 1800-1920* (Berkley: University of California Press, 1977), 2-15; Gerald W. McFarland, *Mugwamps, Morals and Politics, 1884-1920* (Amherst: University of Massachusetts Press), 88-89.

[16] Owen Wister, *Roosevelt: The Story of A Friendship, 1880-1919* (New York: The Macmillan Company, 1930), 124. なお、ファイナル・クラブとは、ハーヴァード大学の最終学年の学生のうち、ごく少数の選ばれた者だけが入会を認められる結社のことである。ポーセリアン・クラブの一学年あたりの会員数は、わずか四名から八名だったと言われている。イェール大学にもファイナル・クラブに相当する最終学年結社（senior society）がある。だが本書では便宜上ファイナル・クラブと総称する。

[17] エリオットは、「アメリカの大部分の大学で歴史はほとんど教えられておらず」、ダートマスやプリンストンといったアイヴィーリーグでさえ状況はあまり変わらなかったことを嘆いていた。Charles William Eliot, “What is a Liberal Education? (1879),” *Educational Reform: Speeches and Addresses* (New York: The Century Co., 1898), 104-106.

ローズヴェルトはハーヴァード在学中に、アダムズのほか、のちのハーヴァード大学政治学教授アルバート・ハート、のちの国務長官ロバート・ベイコン（Robert Bacon）らとも知遇を得た。Dalton, *Theodore Roosevelt*, 61.

[18] Henry Adams, *The Education of Henry Adams: An Autobiography* (Boston: Houghton Mifflin Company, 1918), 291-293; Herbert Baxter Adams, *The Study of History in American Colleges and Universities* (Washington: Government Printing Office, 1887), 40. なお、アダムズの加入によりハーヴァード大学歴史学部の常勤教員は三名となった。

〔19〕Theodore Roosevelt, memorandum, February 10, 1908, in Dalton, *Theodore Roosevelt*, 550n50.

〔20〕Eugenia Caledin, *The Education of Mrs.Henry Adams* (Boston: University of Massachusetts Press, 1994), 167, 242.

〔21〕Ernest Samuels, *Henry Adams: The Major Phase* (Cambridge: The Belknap Press, 1964), 96; William Roscoe Thayer ed., *The Life and Letters of John Hay, Vol.2* (Boston: Houghton Mifflin Company, 1915), 54-62; Tyler Dennett, *John Hay: From Poetry to Politics* (New York: Dodd, Mead and Company, 2007), 147-150. ただし、ローズヴェルトは一八八一年の新婚旅行の際に、既にスプリングライスと知遇を得ていた。

〔22〕アダムズのサロンの評判、排他性と秘密主義については、Ernest Samuels, *Henry Adams*, 132-133, 176; Patricia O'Toole, *The Five of Hearts: An Intimate Portrait of Henry Adams and His Friends, 1880-1918* (New York: Simon and Schuster, 2006), 131. ローズヴェルトの発言については、TR to Anna Roosevelt, Morison ed., *The Letters of Theodore Roosevelt*, 1:428.

〔23〕M. E. W. Sherwood to Mrs. William C. Whitney, in Mark D. Hirsch, *William C. Whitney: Modern Warwick* (Hamden: Archon Books, 1969), 256.

〔24〕アルバート・ハートは、一八八七年チャールズ・エリオットの招請に応えて歴史学部教授となった。彼は憲法史、行政史の第一人者で、一八九五年には、初の全国規模のアメリカ史研究誌『アメリカン・ヒストリカル・レビュー（*the American Historical Review*）』を創刊し、一九〇九年にはアメリカ史学会（the American Historical Association）会長となった。一九一一年に歴史学部が歴史学部と政治学部に分割されたのを機に、ドーマン・イートン記念講座教授として政治学部に異動した。Samuel Eliot Morison, "A Memoir and Estimate of Albert Bushnell Hart," *Proceedings of the Massachusetts Historical Society*, 77 (1942), 43-44.

〔25〕Roosevelt to Anna Roosevelt Cowles, August 8, 1911, Roosevelt to William Welch, January 22, 1909, in Dalton, *Theodore Roosevelt*, 313.

〔26〕Quoted in Cosmos Club, "History of the Cosmos Club," accessed August 26, 2012, https://www.cosmosclub.org/Default.aspx?pageindex=1&pageid=39&status=1.

[27] Eric Homberger, *Mrs. Astor's New York: Money and Social Power in Gilded Age* (New Haven: Yale University Press, 2002), 227.

[28] Paul Porzelt, *The Metropolitan Club of New York* (New York: Rizzoli International Publications, Inc., 1982), 2; Edwin G. Burrows and Mike L. Wallace, *Gotham: A History of New York City to 1898* (New York: Oxford University Press, 1999), 713.

[29] 他にも、ホワイトロウ・リード（Whitelaw Reid, 一八七〇年）、フランシス・ステットソン（Francis L. Stetson, 一八七八年）、ウィリアム・グラハム・サムナー（William Graham Sumner, 一八七八年）などが在籍した。

[30] The Centenary Book Committee, *The Century: 1847-1946* (New York: The Century Association, 1947), 85-86.

[31] Hodgson, *The Colonel*, 15, 47-48. なお、ホイットニーは、スティムソンにとってスカル・アンド・ボーンズ（Skull and Bones）での先輩でもあった。ボーンズは、イェール大学内で権勢を誇ったファイナル・クラブで、一学年あたりの会員数はわずか一五名である。

[32] The Centenary Book Committee, *The Century*, 85-86.

[33] Ibid., 60.

[34] 他の高名な会員には、以下のような人物たちがいる。政界からは、一八九七年創設のニューヨーク市民連合（the Citizens Union）議長フルトン・カッティング（R. Fulton Cutting, 一八九〇年）、全国公務員制度改革連盟（the National Civil Service Reform League）議長カール・シュルツ（Carl Schultz, 一八九二年）、『レビュー・オヴ・レビューズ（*Review of Reviews*）』誌編集長アルバート・ショー（Albert Shaw, 一八九八年）、司法長官ジョージ・ウィッカーシャム（George W. Wickersham, 一八九一年）など。

金融界からは、ナショナル・シティ・バンク（National City Bank）頭取ジェイムズ・スティルマン（James J. Stillman, 一八九一年）とその後継者フランク・ヴァンダーリップ（Frank A. Vanderlip, 一九〇四年）、J・P・モルガン商会代表取締役ヘンリー・デイヴィソン（Henry P. Davison, 一九一三年）とその後継者トマス・ラモント（Thomas W. Lamont, 一九一〇年）が入会した。

教育界からは、コロンビア大学学長セス・ロウ（Seth Low, 一八九〇年）、ハーヴァード大学歴史学部教授アーチボルド・クーリッジ（一九一五年）、プリンストン大学学長ウッドロウ・ウィルソン（一九〇四年）、ハーヴァード大学学長ローレンス・ローウェル（A. Lawrence Lowell, 一九一三年）、ハーヴァード経営管理大学院長エドウィン・ゲイ（一九二二年）が入会している。

［35］Elihu Root, Presidential Speech at the 75th Anniversary of the Century Association, April 22, 1922, in The Centenary Book Committee, *The Century*, 98-99.

［36］Elting E. Morison, *Turmoil and Tradition: A Study of the Life and Times of Henry L. Stimson* (New York: Atheneum, 1964), 61.

［37］木下玲子『欧米クラブ社会』新潮社、一九九六年、第一章。

［38］Carl Charlick, *The Metropolitan Club of Washington: The Story of Its Men and of Its Place in City and Country* (Washington, DC: Metropolitan Club of Washington, DC, 1965), 11-12.

［39］Ibid., 195-199, 214, 217, 229n, 242-243n.273. タフト政権からは、海軍長官ジョージ・メイヤー（George von L. Meyer）、シカゴ財界の大物で財務長官のフランクリン・マクヴィ（Franklin MacVeagh, 一九〇九年）、司法長官で後のＣＦＲ会長ジョージ・ウィッカーシャム（一九〇九年？）などが入会した。

ウッドロウ・ウィルソン政権からは、アメリカが第一次大戦に参加したこともあって、政・官・財の大物たちが大勢入会した。ブルッキングス研究所（the Brookings Institution）の創設者ロバート・ブルッキングス（Robert S. Brookings）、国務次官ウィリアム・キャッスル（William R. Castle, Jr.）、連合国間戦争会議（the Inter-Allied War Conference）アメリカ代表ポール・クラヴァス（Paul D. Cravath）、連邦貿易委員会（Federal Trade Commission）委員長ジョゼフ・デイヴィーズ（Joseph E. Davies）、司法次官で後のＣＦＲ議長ジョン・デイヴィス（John W. Davis）、財務・国務次官ノーマン・デイヴィス（Norman H. Davis）、戦時貿易局（War Trade Board）秘書官兼財務官ジョン・フォスター・ダレス（John Foster Dulles）、パリ講和会議交渉代表団事務総長ジョゼフ・グルー、財務次官で後のＣＦＲ会長ラッセル・レフィングウェル（Russell C. Leffingwell）、財務長官ウィリアム・マカドゥ（William G. McAdoo）、海軍次官フランクリン・ローズヴェルト、連合国海上輸送評議会（the Allied Maritime

Council）アメリカ代表ジョージ・ラブリー（George Rublee）、連邦準備制度理事会理事ポール・ウォーバーグ（Paul M. Warburg）などがいる。

一九二〇年代にも引き続き、後の戦略情報局（the Office of Strategic Services）局長ウィリアム・ドノヴァン（William J. Donovan）、後の中央情報局（the Central Intelligence Agency）長官アレン・ダレス（Allen W. Dulles）、国務次官サムナー・ウェルズ（Sumner Welles）らが加入している。

［40］Charlick, *The Metropolitan Club of Washington*, 90, 92, 135-137, 158, 196. ジョージ・デューイがアジア艦隊司令長官となったのも、ローズヴェルトの斡旋によるものであった。なお、ブリスとマッコイは居住会員であった。

［41］以下の「家族」に関する事実の大部分は、「家族」についての唯一の研究であるAndrew J. Bacevich, "Family Matters: American Civilian and Military Elites in the Progressive Era," *Armed Forces & Society*, 8 (Spring 1982), 405-418に拠っている。

［42］Waldo H. Heinrichs, Jr., "Bureaucracy and Professionalism in the Development of American Career Diplomacy," in *Twentieth Century American Foreign Policy*, eds. John Braemen et al. (Columbus: Ohio State University Press, 1971), 152; Robert D. Schulzinger, *The Making of the Diplomatic Mind: The Training, Outlook, and Style of United States Foreign Service Officers, 1908-1931* (Middletown: Wesleyan University Press, 1975), 111.

ハリソンは、フランク・ポークの「外交秘書」として第一次大戦期の対ドイツ防諜活動や対ロシア情報活動に従事した後、国務次官、駐スウェーデン公使、駐スイス公使などを歴任した。

フィリップスは国務次官、イタリア大使を経て、第二次大戦期に戦略情報局ロンドン支部長、駐インド大統領使節、ヨーロッパ遠征軍総司令官政治顧問などを歴任した。

ストレイトは日露戦争後の奉天総領事で、鉄道王エドワード・ハリマン（Edward H. Harriman）の満州鉄道買収計画を支援したことで有名である。ウィリアム・ホイットニーの娘ドロシー（Dorothy Whitney Straight）と結婚した。第一次大戦では志願してフランス戦線に赴き、一九一八年戦死した。

コットンは、ハーバート・フーヴァー政権の国務次官として、国務長官だったスティムソンを補佐した。

フレッチャーは、ラフ・ライダーズの一員でチリ、メキシコ大使などを歴任し、後に共和党全国委員会委員長となった。

グルーは、よく知られている通り、パリ講和会議に参加し、後に国務次官、駐日大使を歴任した。

［43］A. Lawrence Lowell to Frank W. Taussig, January 7, 1907, in Melvin T. Copeland, *And Mark An Era: The Story of Harvard Business School* (Boston: Brown, Little & Co., 1958), 6-7. ちなみに、ハーヴァード大学政治学教授ローレンス・ローウェルと彼の従兄弟でハーヴァード大学理事だったキャボット・ローウェル（F. Cabot Lowell）の反対によって、ハーヴァード大学経営管理大学院に、外交官および領事の養成課程をつくるという計画は頓挫した。

［44］グルーは、一九〇四年駐エジプト公使フレッド・モーガン（Fred Morgan）の書記に推薦された。グルー家はボストン・ブラミン（Boston Brahmin 第二章第一節にて詳述）の一員で、父は毛織物業で、叔父は中国貿易で成功を収めた。Joseph C. Grew, *Turbulent Era: A Diplomatic Record of Forty Years: 1904-1945*, 2vols. (Boston: Houghton Mifflin Company, 1952), 2:10-11.

ハリソンは、一九〇七年駐日公使トマス・オブライエン（Thomas J. O'Brien）の個人秘書に推薦された。祖父が鉄道投資で富を築き、ニューヨーク・パトリシアンの一員となった。ハリソンは、イギリスのイートン校を卒業し、ハーヴァードでポーセリアン・クラブの会員に選ばれた。Baltzell, *Philadelphia Gentlemen*, 183-184.

フィリップスは、一九〇三年駐英大使ジョゼフ・チョートの書記官に推薦された。フィリップスの曾祖父は奴隷制廃止論者ウェンデル・フィリップス（Wendell Philips）である。フィリップス家（Philips family）はクーリッジ家（Coolidge family）の隣人で、ボストン・ブラミンの中でも家格が高かった。William Philips, *Ventures in Diplomacy* (Boston: The Beacon Press, 1952), 7, 14.

上記の三人の他、国務省東欧局長ロバート・ケリー（Robert F. Kelley）も、クーリッジの東方問題の授業に非常に強い知的刺激を受けて対ロシア外交への道を歩んだ。ケリーは、チャールズ・ボーレンやジョージ・ケナンをロシア通に育て上げた人物である。Robert F. Byrnes, *Awakening American Education to the World: The Role of Archibald Cary Coolidge, 1866-1928* (London: University of Notre Dame Press, 1982), 161.

CFRとクーリッジの関わりについては、Whitney H. Shepardson, *Early History of the Council on Foreign Relations* (Stamford, CT: The Overbrook Books, 1960); James T. Shotwell, *At the Paris Peace Conference* (New York: The Macmillan Company, 1937), 346-347; Hamilton Fish Armstrong, *Peace and Counter-Peace: From Wilson to Hitler* (New York: Harper & Row, Publishers, 1971), 144-145, 159-162. などを参照。

[45] Harold Jefferson Coolidge and Robert Howard Lord, *Archibald Cary Coolidge: Life and Letters* (Boston: Houghton Mifflin Company, 1932), 38; Byrnes, *Awakening American Education to the World*, 23-25.

フォン・ホルストについては、同じくフォン・ホルストの弟子であったアルバート・ハートが Albert Bushnell Hart, "Harmann von Holst," *Political Science Quarterly*, 5, No.4 (Dec., 1890), 677-687 で紹介している。

[46] Coolidge and Lord, *Archibald Cary Coolidge*, 40-41, 61; Byrnes, *Awakening American Education to the World*, 26-27; Eliot, "What Is A Liberal Education (1884)," *Educational Reform*, 106-108. エリオットは、クーリッジにとって、ハーヴァード大学の高名なファイナル・クラブの一つフライ・クラブ（the Fly Club）の先輩にもあたる。

[47] Archibald Cary Coolidge, *The United States as a World Power* (New York: The Macmillan Company, 1908), 6-9, 68-81, 374.

[48] Archibald Cary Coolidge, "A Plea for the Study of the History of Northern Europe," *American Historical Review*, 2 (1896), 34-38; Archibald C. Coolidge, "King Milan Returns to Serbia," *The Nation*, 58 (1894), 77.

[49] クーリッジとゲイの交友関係については、Byrnes, *Awakening American Education to the World*, 38.

[50] Herbert Heaton, *A Scholar in Action: Edwin F. Gay* (Cambridge: Harvard University Press, 1952), 50-51.

[51] ハーヴァード経営管理大学院をめぐるクーリッジの動きについては、Wallace B. Donham and Esty Foster, "The Graduate School of Business Administration, 1908-1929," in *The Development of Harvard University since the Inauguration of President Eliot*, 1869-1929, ed. Samuel Eliot Morison (Cambridge: Harvard University Press, 1930), 533-535; Samuel Eliot Morison, *Three Century of Harvard* (Cambridge: Harvard University Press, 1986), 471; Hugh Hawkins, *Between Harvard and America: The Educational Leadership of Charles W. Eliot* (New York: Oxford University Press, 1972), 220-221.

特に経済事情については、Charles W. Eliot to Archibald C. Coolidge, July 14, 1907, in Copeland, *And Mark An Era*, 8.

戦後構想における協力については、Lawrence E. Gelfand, *The Inquiry: American Preparations for Peace, 1917-1919* (New York: Yale University Press, 1963), 177-178; Heaton, *A Scholar in Action*, 132-135.

CFRの秘書官兼財務官となったゲイが、クーリッジを『フォーリン・アフェアーズ』編集長に据えることを提案した。Shepardson, *Early History of Council on Foreign Relations*, 10, 14, 17-18; Armstrong, *Peace and Counter-Peace*, 144. なお、イギリスの衰退に伴う米露対立の予想は、Brooks Adams, *America's Economic Supremacy* (London: Macmillan Co., 1900), 142-222にも観られる。

［52］William Philips to Edward M. House, May 19, 1917, in Gelfand, *The Inquiry*, 16-17. クーリッジは「調査機関」の東欧部長に就任した。Ibid., 54.

なお、クーリッジは地理学にも造詣が深かった。ハウスに対し、アメリカ地理学会（the American Geographic Society）会長アイザイア・バウマン（Isaiah Bowman）を招集するように説いたのも、クーリッジと歴史学者ジェイムズ・ショットウェル（James T. Shotwell）であった。Geoffrey Martin, *The Life and Thought of Isaiah Bowman* (Hamden: Archon Books, 1980), 81; Shotwell, *At the Paris Peace Conference*, 6.

［53］Coolidge, *The United States as a World Power*, 8-19, 75-76; Archibald Cary Coolidge, *Theoretical and Foreign Elements in the Formation of American Constitution* (Freiburg, Germany: Freiburg im Breisgau, 1892), 1.

［54］Alfred L. Castle, *Diplomatic Realism: William R. Castle Jr., and American Foreign Policy, 1919-1953* (Honolulu: Samuel N. and Mary Castle Foundation, 1998), 67-69. ウィリアム・キャッスルは一九〇七年にハーヴァード入学して以来、公私ともに生涯に亘ってクーリッジをメンターとした。

［55］Byrnes, *Awakening American Education to the World*, 79.

［56］Lloyd Griscom to Coolidge, April 10, 1907 quoted in Coolidge and Lord, *Archibald Cary Coolidge*, 140-141. この書簡の中で、ローズヴェルトは、母校コロンビア大学法科大学院の教授ジョン・バージェス（John W. Burgess）がベルリンで引き起こしたような騒ぎを、クーリッジならば起こさないとの判断を示している。

バージェスは、交通手段の発達により大西洋は海ではなく湖となったのだから、アメリカのモンロー・ドクトリンの有効性は失われたとの前提に立っていた。この認識に基づいて、彼は、モンロー・ドクトリンがヨーロッパによるアメリカへの進出を許さない点で、むしろアメリカのヨーロッパ国際政治への進出にとって道徳的な足かせになっており、アメリカは英独の南米への進出を許すべきだと説いた。これがアメリカのメディアに伝わり騒動を巻き起こした。Jean M. Yarbrough, *Theodore Roosevelt and the American Political Tradition* (Lawrence: University of Kansas, 2012), 48-49.

この騒動に困惑したローズヴェルトは、バージェスの「如才なさと判断」を疑い、彼を「政治的敵対者」と非難した。TR to Arthur Hamilton Lee, April 9, 1907, Morison ed., *The Letters of Theodore Roosevelt*, 5:644-645.

クーリッジは、バージェスの見解を共有しつつも、彼はモンロー・ドクトリンを、アメリカの国民が国益を自衛するために創案し、発展させてきた対外政策なのだと説いた。Coolidge, *United States as a World Power*, chap.5.

なお、ハーヴァード交換教授制度の開設については、Byrnes, *Awakening American Education to the World*, 39, 113.

ローズヴェルトは、クーリッジがフランスに旅立つ前に昼食会を開いて歓送した。

[57] A. J. Bacevich, *Diplomat in Khaki: Major General Frank Ross McCoy and American Foreign Policy, 1898-1949* (Lawrence: University of Kansas, 1989), 49.

[58] ロック・クリーク・パークは、人気の狩猟場で、ニューヨークの高名な狩猟クラブであったブーン・アンド・クロケット・クラブ (the Boone and Crockett Club) に所属していたスティムソンが、ローズヴェルト大統領との知遇を得た場所でもある。Hodgson, *The Colonel*, 7-8; Morison, *Turmoil and Tradition*, 76.

[59] ストレイトの義父はウィリアム・ホイットニーで、ピアポント・モルガンはこの義父の親友であった。

[60] Charlick, *The Metropolitan Club of Washington*, 198; Frank L. Polk to Basil Miles, October 21, 1919, Frank Lyon Polk Papers, Manuscripts and Archives, Yale University. ベイジル・マイルズ (Basil Miles) も国務官僚で「家族」の会員であった。

Bacevich, "Family Matters," 408-409 によれば、元ニューヨーク州知事の共和党員で国務長官だったチャールズ・

ヒューズ（Charles E. Hughes）も一七一八番地を対外政策の議論に用いた。

［61］James L. Abrahamson, *American Arms for A New Century: The Making of A Great Military Power* (New York: Free Press, 1981), 68. ローズヴェルトの陸海軍の中央集権化に対する態度については、Matthew M. Oyos, "Theodore Roosevelt, Congress, and the Military: U.S. Civil-Military Relations in the Early Twentieth Century," *Presidential Studies Quarterly*, 30, No.2 (July 2000), 317-321. 陸軍省参謀部の創設過程の詳細については、布施将夫「エリヒュー・ルートの軍制改革——陸軍省参謀部の創設をめぐって」肥後本芳男・山澄亨・小野沢透編『現代アメリカの政治文化と世界——２０世紀初頭から現代まで』昭和堂、二〇一〇年、四-一八頁。

［62］Ernest R. May, "The Development of Political-Military Consultation in the United States," *Political Science Quarterly*, 70, No.2 (June 1955), 163-166; Richard D. Challener, *Admirals, Generals, and American Foreign Policy, 1898-1914* (Princeton: Princeton University Press, 1973), 32-33, 45-53.

第二章

国家効率運動をめぐる対立

第一節　政治体制の世界標準化をめぐる対立

ボストン-ニューヨーク枢軸

建国以来の懸案であった連邦主義の是非をめぐって勃発した南北戦争は、連邦制の維持を掲げた北部の勝利に終わった。内戦の勝者である与党・共和党は、「アメリカ合衆国は国家であって［州から構成される］連盟ではない」と、一八七六年の選挙綱領で高らかに宣言した。南北対立がある程度解消されたことで、アメリカ政治は全国規模での政策の実行を考える段階に至り、国家改革の季節を迎えた。改革の先鞭を付けたのは、北東部ＷＡＳＰ（白人アングロ・サクソン系プロテスタントの略称）の旧家を中核とした、裕福で教育の高い階層の人々であった[1]。

ボストンで言えば、ボストン・ブラミンがその代表格である。ボストン・ブラミンとは、ボストンで知的共同体を形成し教養文化を醸成していた上流階級のことである。彼らは、ニューイングランドの「始祖の家系」の末裔であり、ピューリタンの「高徳者による貴族社会」の継承者であった。彼らの築き上げたコミュニティの中核に位置したのが、キャボット家（Cabot family）、ローウェル家（Lowell family）、リー家（Lee family）、ピーボディ家（Peabody family）、ヒギンソン家（Higginson family）、ジャクソン家（Jackson family）、サルトンストール家（Saltonstall family）などの旧家である。各旧家は婚姻関係を通じて密接に結ばれ、コミュニティ外の人々に対しては概して閉鎖的であった[2]。

閉鎖的なコミュニティの構成員が傲岸不遜に陥ることは珍しくない。ブラミンも例外ではなかったことを証明した一人が、トマス・ジェファソン（Thomas Jefferson）の子孫トマス・ジェファソン・クーリッジである。彼は、自分たちこそアメリカを国家規模で考え政策を立案できる「卓越した階級」だと固く信じていた。そのせいか、次の発言を後世に残すこともやぶさかではなかったようである。

> 無知で貧しい者たちが、［我々のような］教養があり洗練されている者たちと同様に、法を創り統治する権利を持つという原則は全く馬鹿げている[3]。

ブラミンの間に抜きがたく存在していた特権意識は、自分たちは政治的少数者に転落するかもしれないという危機意識の裏返しでもあった。一八七〇年代までには、彼らの拠点都市ボストンは、工業化と都市化に伴う金融資本の登場により、経済の中心地としての地位をニューヨークに奪われた。さらには、一九世紀後半にアイルランド系移民が急増し、WASP以外のボストン市民は一八八三年には市人口の五分の三、一九〇〇年までには四分の三に達した。ゆえに、ヘンリー・アダムズがブラミンを「徐々に政治から締め出されて来た人間の階級」と呼ぶにはそれなりの根拠があった。[4]

内戦後急増した移民労働者が政治的多数を占めることをブラミンが不安に感じた理由は、ヘンリー・アダムズの兄チャールズ・フランシス・アダムズ（Charles Francis Adams, Jr.）によれば、アメリカの国策が移民の出身国の利益に誘導されていき、アメリカに「無知と悪徳の政治」が実現する恐れがあると見なしたからである。当時、アイルランド系移民を選挙基盤としたマシーン政治家たちは、投票の見返りに労働の機会を与えるパトロネージを梃子に政治を牛耳っていたが、政治上の係争問題について無関心であるか、あるいは、十分に理解できていないように見受けられたのである。[5]

そこで、ボストン・ブラミンは、自分たちと同じくマシーン政治に直面していたニューヨーク・パトリシアンと手を結ぶことで自己の勢力を持ち直そうとした。一八六五年、学者や牧師を中心にアメリカ社会科学学会（the American Social Science Association）がボストンで創設された。その初期会員のほとんどが、ボストンかニューヨーク在住の知識層であった。学会の設立趣旨は、アイルランド系移民を政治基盤とするマシーン政治家たちに対抗するために、教育、経済、貿易、財政、法律などの主要分野における英知を結集し、社会問題の解決策を提示することであった。[6]

一八七〇年には、今度はニューヨークに、ニューヨーク市弁護士協会（Association of the Bar of the

City of New York）が創設された。主な初期会員たちの多くが、ハーヴァード大学など北東部の大学で法曹教育を受け、ボストン・ブラミンの教養文化に触れた人々であった。この協会が発足したのは、民主党のタマニー・ホールによる政治汚職を一掃するためであった。会員たちの分析では、政治汚職の原因は、法の適正手続がタマニー・ホールの息のかかった判事たちによって乱されていることにあった。この状況を打開するため、会員たちは法律の専門家集団を形成し、人材を各種の裁判所に送り込むことを目指した[7]。

知的・文化的紐帯によって結ばれたボストン・ブラミンとニューヨーク・パトリシアンは、改革に向けた知的基盤の整備のため連携して各種の改革団体を結成し、一つの政治勢力を形成したのである。同時に彼らは新聞や雑誌を発行して、世論を啓蒙することにより勢力を拡大しようと努めた。ボストンでは『アトランティック・マンスリー（*The Atlantic Monthly*）』や『ノース・アメリカン・レビュー』、ニューヨークでは『ネイション（*The Nation*）』『アウトルック（*The Outlook*）』『ニューヨーク・イブニング・ポスト（*New York Evening Post*）』『ハーパーズ・ウィークリー（*Harper's Weekly*）』などが改革派の主たるメディアであった。

制限選挙論の失敗

こうしてボストンとニューヨークを軸とした改革勢力が形成されたが、それは移民の急増に伴う国内政治上の勢力変化という内的要因だけによるものではない。一九世紀後半から二〇世紀初頭にかけての米英間の「大いなる和解」という外的要因もまた、改革勢力の形成の契機となった。米英間の国際金融・貿易面での相互依存が急速に深化していく中で、アメリカの改革勢力を構成した人々は、イギリスの自由主義者たちと交流を密にしていった。[8] 米英両国の上流階級間の姻戚関係が急増したのもこの頃のことである。借金まみれのイギリス貴族に嫁いだアメリカ人女性は二〇〇人超と言われるが、鉄道王コーネリアス・ヴァンダービルトの曾孫コンスエロ・ヴァンダービルト（Consuelo Vanderbilt）が、一八九五年に第九代マールバラ公チャールズ・スペンサー＝チャーチル（Charles Spencer-Churchill, the 9th Duke of Marlborough）のもとに嫁した一件は大きな話題を呼んだ。

大西洋をまたいだ親密な人的関係が築かれるにつれて、のちの米英の「特殊な二国間関係」の基礎となる知的・精神的な紐帯が結ばれていった。この紐帯を通して、アメリカの改革勢力はエドマンド・バーク（Edmund Burke）やジョン・ステュアート・ミル（John Stuart Mill）などのイギリス思想家からの影響を受ける。その証左の一つが、一八六〇－七〇年代に、「知性と財産」を持つ者が政治で主導権を握れるような政治制度を創ろうとする国家改革である。[9] つまり、公務員制度改革と制限選挙論が唱えられたのである。

先にその成否を問われたのは、「財産」を基準とした制限選挙論であった。そのニューヨークにおける試みが、「ニューヨーク州内都市の統治計画策定委員会」、通称ティルデン委員会（the Tilden Commission）が一八七七年に州議会に提出した州憲法改正案である。同委員会は一八七五年、ニューヨーク市弁護士協会副会長でニューヨーク州知事のサミュエル・ティルデンが、同協会会長ウィリアム・エヴァーツを議長として招集した超党派の諮問機関である。ティルデンとエヴァーツがともにセンチュリーの会員でもあったことは前章で触れた。

ティルデン委員会の州憲法改正案は、明らかにタマニー・ホールの権力基盤の弱体化を狙ったものであった。同案は、民間企業の経営手法を参考にして、「行政府の裁量権と立法府の裁量権の行使を分離すること」を改革の方向性とし、第四条で州内の市長に市政府各局の首脳部の指名および任命の権利と、知事の同意を条件にした解任権とを与えるとともに、第六条で財務委員会に予算作成の権限を与えることを提案した。[10]

タマニー・ホールに格好の反撃材料を与えたのは第五条であった。その内容は、ニューヨーク市をはじめとする州内の人口一〇万人以上の都市では、財務委員会の委員選出権を五〇〇ドル以上の不動産を有する者と、年間二五〇ドルの以上の家賃貸料を支払っている者とに制限するというものであった。[11]すなわち、ティルデン委員会は、共和制民主主義国家たるアメリカにおいて、財産の多寡だけで有権者の資格要件を制限することを唱えたのである。

タマニー・ホールは、この条項こそ、州改正案が資産家による寡頭政治を築きあげる目論見の証拠だと集中的に批判した。この批判は、実際にニューヨークでも名の通った資産家が州改正案を支持したために説得力を得て、州改正案に対する非難を一般有権者の間に喚起した。[12]一八七八年初めの州議会選挙はタマニー派の勝利に終わり、その春、州憲法改正案はあっさり廃案となった。ただでさえ少数派であった改革勢力が、多数派の政治参加を収入の大小によって制限するなどという、はなはだ稚拙な政治手法を用いたことに驚かざるを得ない。

ニューヨークにおける敗北以後、制限選挙論は一八八〇年代のうちに下火になっていった。『ネイションン』誌編集長エドウィン・ゴドキンは、一八八四年になってもなお、無産階級が公的支出に無関心であることから彼らの選挙権を制限すべきだと説いていた。だがその彼ですら、一八九〇年には普通選挙権は「最も文明化された国々の政治制度に非常に固く打ち込まれている」とその正当性を認めざるを得なかったのである。[13]

公務員制度改革の推進

制限選挙論に代わって、改革勢力はもう一つの選択肢たる「知性」を基準とした改革に本腰を入れた。行政府の人事制度に能力主義を導入し、公務員の任用を競争的な能力試験によって行うとする公務員制度改革である。一八八〇年、ニューヨーク公務員制度改革協会（the New York Civil Service Reform Association）が実業家や専門職の人々によって設立された。初代会長には、『ハーパーズ・ウィークリー』編集長ジョージ・ウィリアム・カーティスが就いた。

公務員制度改革の議論自体は、南北戦争が終わって間もない時期から既に始まっていた。一八六八年、ロードアイランド州選出下院議員トマス・ジェンクス（Thomas A. Jenckes）は、イギリス、フランス、ドイツの政治改革の進捗状況を精査した。その過程でのちに普仏戦争に勝利するドイツの官僚制に魅せられた彼は、アメリカだけが職業的な公務員制度を採用していない「文明国」だと連邦議会で改革の必要性を訴えた。だが、猟官制を死守しようとする既成政党は聞く耳を持たなかった。[14]カーティスも、一八七〇年代前半に合衆国公務員制度委員会の初代委員長として改革を試みたが、果たせなかった。[15]

実は、先のティルデン委員会もジェンクスが提議したような公務員制度改革が「望ましい」と考えていたが、タマニー・ホールの抵抗を前にしては実現困難だと判断した。[16] エイブラム・ヒューイット、レヴィ・モートン（Levi P. Morton）、ホワイトロウ・リード、セオドア・ローズヴェルトといったのちの国家改革の指導者たちも、同じ判断に基づいて先述のニューヨーク州憲法改正案に賛同した。つまるところ、財産による制限選挙論は、政治的劣勢に窮した改革勢力の苦し紛れの下策であった。しかしそれは、政治的に現実味のある政策、つまり世論の支持を集められる政策ではなかったのである。

この蹉跌から教訓を得た改革勢力は、公務員制度改革を世論が賛同しやすい形で提示した。すなわち、公務員の任用・昇格の判断にあたっては、出自や財産ではなく能力を基準にし、政治参加への道をおし広げるための改革であることを強調したのである。カーティスは、公務員任用における競争的な能力試験は「全国民に公務員への門戸を開放するという決定」であって、「貴族を創出する計画」ではないと訴えた。ニューヨーク州知事グローヴァー・クリーヴランドもまた「富める者にも貧しき者にも同様に門戸を開放する」と公平性の高さを主張した。[17]

こうした戦略転換の意図は、能力主義に内在する「本質的に民主的な」性格を前面に押し出すことで、改革の実現に必要な正当性を確保し抵抗勢力の反論を封じ込めることにあった。[18] 世論に対する配慮を欠かさないという姿勢が確かに感じられる。改革勢力は制限選挙論での失敗を乗り越えて政治的に成熟したのである。

イギリスをモデルに

公務員制度改革の模範とされたイギリスでは、自由主義の政治指導者ウィリアム・グラッドストーン

(William E. Gladstone) が一八五〇年代から同様の改革を遂行していた。アメリカの改革勢力が、数あるヨーロッパの先進国の中からイギリスを改革のモデルとして選んだ過程に、先述の「大いなる和解」が作用したことは疑い得ない。例えば、当時イギリスを代表するアメリカ史家だったジェイムズ・ブライスは、作家ラドヤード・キプリング (Rudyard Kipling) と並んで、アメリカの改革勢力の間で人気の親米派知識人であった。そのブライスが、アメリカの「知的・社会的に卓越した人々」が公職に占める割合は「ヨーロッパの自由主義諸国」よりも小さいと指摘し、アメリカの友人たちの改革熱に共感を示した。[19]

「大いなる和解」が進行していく中で、アメリカの改革勢力は、イギリスを「ヨーロッパの主要国の中で最も自由で、最も啓蒙された国家」と受けとめるようになった。そして、イギリスがそのような国家たり得たのは、一八五〇年代後半以降「自国の繁栄と安全は、自国の行政府の性格にかかっているという原則に則って着実に行動し」たからだとの認識が改革勢力の間に広がったのである。[20] そうして公務員制度改革が始まった。

しかしながら、これらの改革は遅々として進まなかった。ヨーロッパからの孤立を国是としてきたアメリカだけに、自国の政治制度を神聖不可侵なものとみなし、ヨーロッパの行政改革の成果を自国の政治体制に取り入れていくことに抵抗感を覚える者が少なくなかったからである。彼らに対してカーティスは、イギリスもフランスやドイツに学んで公務員制度に能力主義を取り入れたのであるから、「国籍だけに心を囚われて、人間の本質の中で最も善く最も洗練されたものを我々だけが有していると思うことは、全く野蛮な考えである」とコスモポリタニズムの立場から反論した。[21]

それにしても何故、改革勢力は数々の抵抗を排して公務員制度改革を成し遂げようとしたのか。カーティスと並ぶ改革の先駆者だったドーマン・イートンは、その理由を次のように語っている。「兵力と外交による競争において、あるいは、より次元の高い国際問題において、最も有能で最高の人材が奉職する必要性」に迫られている時代において、「有能な人間によって統治されなければ、国民は繁栄することはできない」。イートンは、アメリカが国際政治から無縁の存在ではいられないことを直感していた。ゆえに、政党から独立した「最良の人間」を行政府に確保することこそ、「国益を踏まえた政治家の在り方」だと信じたのである。[22]

海外市場の制覇

つまり、改革勢力にとっての公務員制度改革とは、アメリカの来たるべき国際政治への参入に向けての統治機構の基盤強化であり、世界大国化への布石であった。そうした気分は改革勢力が展開した自由貿易論によく反映されている。保護関税派たる抵抗勢力が諸外国との経済競争を避け、高関税政策によって国内産業、特に農業を保護し国内市場の充実に国力を傾けようとしたのに対し、自由貿易派たる改革勢力は、より購買力のある海外市場での競争に積極的に参加するために、低関税政策をとった方が国富を潤わせる、と説いたのである。

自由貿易派の議論は、リチャード・コブデン（Richard Cobden）やジョン・ブライト（John Bright）を代表とするイギリスのマンチェスター経済学派が提唱した自由放任主義の影響を色濃く受けていた。けれども、アメリカの自由貿易派が、海外市場においてアメリカが勝利するという見通しを持った最大の要因は、宗教的情熱に根ざした愛国心ゆえであったように思われる。当時の代表的な自由貿易主義者の一人に、イェール大学経済学教授ウィリアム・グラハム・サムナーがいる[23]。

彼も低関税政策を「国家の繁栄のための大いなる方策」としその採用を提唱したが、それは、関税障壁のない自由貿易の推進が、世界規模での経済的相互依存を深化させ、ひいては国際平和の達成へと繋がる「福音」との信条を抱いていたからであった。この経済的自由主義への信奉が愛国心の発露だと言えるのは、サムナーが、この「福音」を世界にもたらす国家はアメリカでなければならないとしたからである。低関税政策の採用を主張するにあたって、彼が強調したのは、アメリカこそ「自由のための全ての戦いにおいて、世界に範を垂れる」国家でなければならないということであった。

サムナーの言葉には、アメリカが世界を主導することは運命だとの響きさえある。彼によれば、アメリカは、大規模な天然資源と増加し続ける人口に加え、「経済および産業に関して［中略］良い国民性を有する」という好条件に恵まれていた。サムナーは、自国の国力への絶対の自信から、アメリカの工業製品は世界市場を席巻すると確信し、またそうでなければならないと信じていたのである。サムナーの愛国心は、改革勢力が等しく抱いたところであり、長い間保護関税を党是としてきた共和党の中にも同調者がいた。例えば、セオドア・ローズヴェルトは、一八八三年にニューヨークの自由貿易クラブ(the Free Trade Club)での演説で、「政治的な死」を覚悟の上で自由貿易論を主張した[24]。

結論から言えば、高関税政策は第一次大戦まで維持された。その理由は、南北戦争以前に世界のトップクラスに達していたアメリカの労働者賃金を支払いながら、生産された工業製品の輸出を他国と競って拡大させるには、重商主義的な保護をするしかなかったからだと言われている。一方で、国内市場の保護という目的以前に、アメリカがわざわざ関税を引き下げる必要はなかったからだという指摘もある。二〇世紀初頭に達する頃のアメリカでは、輸入が国民総生産に占める割合は六％程度に過ぎなかった。圧倒的な輸出超過の状況で、低関税政策へと舵を切ることにどれほどの意味があったろうか、というわけである。[25]

経済学的には、低関税政策はさしたる意味を持たなかったのかもしれない。それでも改革勢力が唱えた自由貿易論には一定の歴史的意義がある。自由貿易論こそが、政治を忌避していた実業家たちが政治参加する契機をつくり出したのである。実業家たちは、一八七〇年頃から改革勢力との間に利害の一致をみていた。地方の利害に根ざす政党によって事業の拡大・発展を拒まれていた彼らにとり、政党政治を超克せんとする改革勢力は援軍そのものであった。[26] そうした中で、アメリカは世界市場を制覇するとの主張がなされたことで、実業家たちはヴィジョンをも改革勢力と共有することになった。かくして、彼らは改革勢力に合流したのである。

国家効率運動の始まり

改革勢力も、従来政治を敬遠気味であった実業家が公務員制度改革に賛同したことを歓迎した。ジョージ・カーティスは、一八八一年に創設された全国公務員制度改革連盟の初代会長に就任した際、同連盟の目的が「行政の経済性と効率性を高度にすること」にあり、それは「公的な実務を民間での実務と同様に処理すること」によって達成されると述べている。[27]

民間企業の経営手法を行政府に取り入れるという主張は、政治を敬遠気味だった実業家をさらに改革勢力へと惹きつける効果を有した。一八八一年にブルックリン市長に就任したセス・ロウはパトリシアンの実業家で、「厳格なビジネスの原則に基づいた」「政党の別のない」市長府づくりを目指した。彼は、政党政治家よりも実業家や専門職の人々の方が都市政治を行うに相応しい能力を備えているとの信念に従って人事を断行した。[28]

実業家が合流したことで、改革勢力は資金源を得て勢いを増す。公務員制度改革は、行政府の組織運営の効率化というより大きな改革の理念を掲げるようになり、行政府への能力主義の導入はその理念を実現する一つの柱と位置付けられた。こうして、アメリカにおける国家効率運動が開始された。その幕開けを告げたのが南北戦争後初めての民主党大統領グローヴァー・クリーヴランドである。彼は、一八八二年にバッファロー市長、一八八三―八五年ニューヨーク州知事を歴任した弁護士で、ニューヨークの改革勢力の中心的人物の一人であった。

そのクリーヴランドが、病床に倒れたサミュエル・ティルデンの後継として一八八四年の大統領選挙の民主党候補となり、激戦を制したのである。クリーヴランドの勝因の一つは、マグワンプによる支持にあった（第一章第二節を参照）。ハーヴァード大学学長チャールズ・エリオット、エドワード・ゴドキン、ジョージ・カーティス、カール・シュルツなどがその代表的な人物である。[29]

グローヴァー・クリーヴランドによる改革

一八八五年大統領に就任したクリーヴランドは、国家効率運動の推進を政権の方針とした。彼は、行政府への能力主義の導入を「国家の安全と繁栄にとって誠に本質的」と述べ、一八八三年に成立したペンドルトン公務員法（the Pendleton Civil Service Act）の原則、つまり「ビジネスの原則」を全面的に支持することを表明した。クリーヴランドが能力主義を連邦政府に導入しようとしたのは、政党の「党派的情熱を適切に制限する」ことがアメリカの「隆盛と繁栄」にとって必要だと信じたからであった。彼は、タマニー・ホールとの対峙の体験から、当時の「公職を占めている階級」たる政党は「党派的情熱」と「私的な利益」によって突き動かされており、「我々の国家の運命を相和して成就させること」を妨げているとみていた。[30]

ここで注意したいのは、改革勢力は政党そのものの存在意義までは否定していなかったことである。クリーヴランドは、カーティスやドーマンと同様に、政党は議会制民主主義の国家における重要な役割を果たすことを原則として認めていた。政党が、主権者である国民の意見を世論として組織化し、その世論を政治に反映させる機能を持っていたからである。しかし、彼らがみたアメリカ政治の現状では、政党は、パトロネージを通じて必要以上の権力を手に入れ、国益よりも党益の増大を優先し、アメリカの世界大国化を阻む原因と化してしまっていた。[31]

クリーヴランドが特に問題視したのは、パトロネージの前提となる猟官制であった。このアメリカ特有の制度の下で、政権を担う政党が交代する度に、国家の政策決定過程を下支えする公務員たちの総入れ替えが行われていた。クリーヴランドにとって、猟官制は、立案・実行に長期間を要する重要な「一貫性」のある「国家政策」を不可能にし、結果として、連邦政府による政策立案・実施の効率性を低下させる厄介な制度であった。そこでクリーヴランドは、連邦政府を「党派心の道具」から、「非政治的性格を有する階級の公務員」によって構成される効率的な行政機関へと改革することにした。[32]

すなわち、連邦政府に能力主義を導入し、超党派の公正中立な行政機関へ転換することにより、政党を連邦行政から切り離すことにしたのである。クリーヴランドは、公務員制度委員会による一括採用試験の実施、その結果を元に作成された採用候補者名簿による各省庁への配属、公務員の勤務評価に応じた等級区分に基づく俸給の支給を命じた。その上で、公務員が政党の主要会議や選挙活動に参加することを禁じることを各省庁の長に求め、公務員が政党と一定の距離をとることを図った。[33]

これらの政策を実行する合衆国公務員制度委員会委員長として、クリーヴランドは、セオドア・ローズヴェルトを前共和党政権から引き続き留任させた。ローズヴェルトは共和党員だったが、ニューヨーク州知事だったクリーヴランドの下でニューヨーク警察本部長として政治浄化に貢献した実績があったため、超党派の姿勢を打ち出したいと願う大統領にとって信頼に足る格好の人材であった。[34] ローズヴェルトの再任をはじめ、猟官制の習慣にそぐわない政治任命には、民主党内から異論が出た。

党内の反対者たちに対して、クリーヴランドは次のように説得を試みる。自分は、所属政党たる民主党の「原則を信奉し」、民主党に対して「忠実である」。さりながら、政党よりも国家が上位にあることは明白であり、したがって、民主党の党首としての立場よりも国家元首としての大統領としての立場が上位にある、と。[35] クリーヴランドは、超党派の協力体制によって猟官制を乗り越えようとしたのである。

ウィリアム・ジェニングズ・ブライアンによる抵抗

ところが、クリーヴランドの説得は党内の議論を統一するには至らなかった。同じ民主党の大物政治家ウィリアム・ジェニングズ・ブライアンを筆頭に、党内のポピュリストたちが公務員制度改革への大々的な反対運動を展開したのである。アメリカ史におけるポピュリストとは、狭義の意味では一八九二年に農民と労働者の様々な要求を掲げて既成政党への挑戦者として現れた人民党の構成員を指す。だが本書においては、より広義の意味を有する用語として用いたい。すなわち、南北戦争後、北部および東部の産業化の流れから取り残されたことによって現状への不満を鬱積させていた、南部および西部の農民と労働者の利益を代表し、北部資本および東部資本に対抗する勢力という意味において、である。[36]

この広義の意味でのポピュリストの首領と呼べる人物がブライアンだったわけだが、彼がクリーヴランドの改革に反対したのは、それが「能力主義に基づく貴族」「恒久的に公職に就く階級」の育成を意図していると睨んだからである。ブライアンによれば、公務員任用試験を通過した者たちは、成功の要因を「自らの能力」と十分な教育を受ける「資金を出してくれた家族」だけに帰し、彼が「仕える人々」つまり国民にはいかなる義務も感じない恐れがあった。そしてブライアンは、「貴族」たちが任用試験問題を作成すれば同種の「貴族」がどんどん採用され、次第に連邦政府は民意から離れ、民意を反映しなくなる、と予感したのである。

ブライアンの言う民意とは、多数の「庶民」からなる「大衆」の意見であった。彼にとって、民主主義とは政治に民意が反映されさえすれば機能する統治制度であり、政府が民意をいかに「効率的」に反映できるかが重要であった。この点では、「大衆」の方が、多数を活かして様々な国民の意見を引き出すことができる立場にあるので、少数の「能力主義に基づく貴族」よりもはるかに優位にあることになる。改革勢力とは全く異なる民主主義観に立っていたブライアンが、「恒久的に公職に就く階級は我が国の政治制度に合わない」とするのは当然である[37]。

したがって、猟官制に対するブライアンの評価も改革勢力のそれとは正反対であった。彼は、猟官制を「公職を大多数の市民に開かれたものにする」ための制度と位置付けたのである。公職の獲得は政党を支持し民意を政府に反映する「大衆」への「報奨」と信じて疑わないブライアンは、猟官制を強化するために、連邦政府の公職を政党の獲得投票の割合と州の人口比によって割り振ることを提案しさえした[38]。彼にとって、猟官制とはいわば議会制民主主義の砦であった。

ブライアンらポピュリストによる抵抗に対応するため、クリーヴランドは、民主党内の改革派に属する人物をできる限り多く政治任用し、党内に対する統制力を強めた。その上で、共和党員からも必要に応じて人材を求め、重要な連邦公務員の地位に就けた。例えば、ニューヨーク弁護士協会会長ジョゼフ・チョートに、同協会から最高裁判事の指名候補を推薦するよう依頼した。クリーヴランドの超党派工作は全体として功を奏す。彼は一八八九年に一度政権を退いたが、一八九三年に大統領職に返り咲き九七年まで改革の旗を振り続けた。その二度目の任期の間に、連邦政府内の公務員のポスト約一七万九〇〇〇のうち約八万七〇〇〇が能力主義に基づいて任用されるに至ったのである[39]。

領事職改革の辛勝

クリーヴランドら改革勢力は一応の勝利を収めたが、完勝とは言い難かった。第二次クリーヴランド政権で試みられた領事職（the Consular Service）任用制度への能力主義の導入はごくわずかな程度にとどまったからである。領事職は、外交官職と並んで、アメリカの外交官制度を支える重要な職であった。だが、いずれの職もペンドルトン公務員法の適用から除外されていた。[40]

最初に改革の対象となったのは領事職であった。クリーヴランドは、領事職をアメリカが海外の市場競争で勝利する情報を収集・配布する非常に重要な役職と捉えていた。「立派で有能な」領事たちが収集する「貿易で起きている変化、諸外国における技術革新と投資状況」に関する「信頼できる情報無くして［中略］ますます激化している貿易競争」を勝ち抜くことはできない、と確信していたからである。[41]

この認識は、改革勢力の間で広く共有されていた。例えば、一八九九年チャールズ・エリオットは、商業に関する政府職員を、海外展開している企業の社員とともに養成する「商業大学院」を創設する必要性について語った。その際エリオットは、今後アメリカが「世界中で繰り広げられている商業競争に本格的に参入したいのであれば」、幅広い教養と知識を備えた人材を結集し、統合した「商業に関するインテリジェンス」が不可欠であると述べている。[42]

改革勢力が志した領事職改革の内容は、領事職の任用、昇給、昇進および外交使節の任命・罷免を、個々の領事の能力と成果に基づいて行うことであった。[43]ところが、連邦議会では、領事職制度に能力主義を導入することは憲法違反であるとの意見が強かった。合衆国憲法第二条第二節の公務員任命権の規定が、大統領による外交使節の任命は連邦上院の助言と同意を必要とすると定めており、連邦議会が領事職をパトロネージに用いる法的根拠となっていたからである。

外交の現場に立つ外交官たちは、領事職が旧態依然のままパトロネージの温床となっている状況が、アメリカの対外競争力を削いでいるとの危機感を持っていた。イギリスやフランスを模範とした領事職制度改革を主張していた外交官ヘンリー・ホワイト（Henry White）は、この危機感を次のように説明している。

> 政治的理由で〔領事の〕任命・罷免が行われる現行制度は、我が国の商業利益にとって非常に有害である。特に、他国の商業利益が、丹念な訓練と長年の経験によって我が国の領事よりも全ての点で優っている領事の手に委ねられている時代、そして、世界のあらゆる場所での貿易を巡って競争が実に激しい時代においては、一層有害である。[44]

だが、アメリカの領事職がヨーロッパの領事職に比べ劣位にあるという改革勢力の説得にも、連邦議会はなかなか応じなかった。クリーヴランドが何とか勝ち獲ったのは、一八九五年の大統領命令によって、一〇〇〇ドルから二五〇〇ドルの年間予算を割り振られた領事のポストに就任する者に限って、能力主義に基づく任用試験を課すことだけであった。[45] 本格的な領事職改革はセオドア・ローズヴェルト政権の発足を待たねばならなかった。

能力主義の勝利

改革勢力がアメリカの強国化のために開始した公務員制度改革は、その内容に民主性を付与したことで、一応の成功を収めることができた。ポピュリストが公務員制度改革を止めることができなかったのは、改革勢力の伸長もさることながら、能力主義に内在する民主性を否定できなかったからである。

公務員制度改革が政府職員の階級の固定化につながるとして論難したブライアンでさえ、ついには、能力主義には「最も謙虚な市民の子たち」に「自身の能力を以て」政界に進出する道を開く面があることを認めざるを得なかったのである。有効な代案を提示することのできなかったブライアンは、公務員の「能力に基づく任命」を盛り込んだ一八九六年の民主党綱領に支持を表明した。能力主義は政府運営の正当な概念として一応受容されたのである。

ただし、ブライアンは、彼が「社会のあらゆる大金融勢力」と呼んで敵視した改革勢力による国家効率運動に対する抵抗を完全にやめたわけではなかった。[46] 彼は公務員制度改革以上に、改革勢力に対する階級的反感を思う存分にぶつけられる主題を見つけていた。それは、もう一つの世界標準たる金本位制の採否をめぐる闘争であった。この闘いによって、ブライアンは「偉大なる庶民」としてアメリカ史にその名をとどめることになったのである。

第二節　経済制度の世界標準化をめぐる対立

アメリカ経済のグローバル化

南北戦争は、連邦議会の両院から南部を基盤とする民主党員を、一時的にではあるが、退場させた。そのことは、道路や鉄道など、北部のために大陸横断の交通網を整備することに反対する一大勢力が一時消滅したことを意味した。交通網がアメリカ大陸に張り巡らされるにつれて都市化・工業化が進行したが、それとともにヨーロッパ資本、特にイギリス資本への依存が深まっていく。アメリカの産業の中でヨーロッパの集中的な投資の対象となったのは鉄道であったが、イギリスは南北戦争以前からアメリカの鉄道会社の社債に多くの資金を投入していた。一八五三年には、アメリカの鉄道債券の二六％を占めるに至る。一八五七年には、既に三億九〇〇〇万ドルのアメリカ鉄道株を保有していた[47]。

これほどのヨーロッパ資本への依存が生じた原因は、アメリカの鉄道会社がその資金調達を証券市場において行わざるを得なかったことにある。一八五六年時点で、ウォール街を経由して発行された証券の総額一四億五七〇〇万ドルのうち、なんと五五％が鉄道会社の発行した社債であった。鉄道会社が財務面で証券市場を頼った背景には次のような銀行制度の不備があった。一九世紀後半、鉄道会社は社債の発行により運転および建設に要する資金を調達するようになっていた。ところが、国法銀行は支店網を持たない単一銀行制度下に置かれたばかりか、その信用供与は準備金を基礎とするよう法的に制限されていたので、大型の産業計画が必要とする大量の長期資金を提供することができなかったのである。

そこで鉄道会社は、個人経営の投資銀行に社債の市中消化を任せることとなった。投資銀行は、貸付金額に制限を受けることがなく、かつ、証券取引において他の追随を許さない実績を有していたからである。投資銀行は鉄道会社の社債を、それを購入するだけの吸収力を有するヨーロッパ市場で販売した。その結果、アメリカの鉄道会社をヨーロッパの国際金融業者が下支えする構造ができ上がったのである。一九世紀末には、アメリカの鉄道会社の株式のうち七〇億ドルもの株を外国が所有し、イギリスが四〇億ドルで最多、次いでドイツが一〇億ドルであった。第一次大戦が開始される一九一四年時点でもまだ、ヨーロッパの資本家はアメリカ鉄道債券の二〇％を有していた[48]。アメリカ証券市場は国際化し、アメリカは債務国としてヨーロッパ金融経済に飲み込まれていたのである。

国際通貨制度としての金本位制

アメリカ経済は二〇世紀を待たずして既にグローバル化していた。ところが、アメリカの通貨政策はその状況に対応したものとはなっていなかった。一八九〇年代には、ヨーロッパでは既に金に裏付けられた国際通貨制度が成立していたのに、アメリカでは未だ金銀複本位制がとられており、金銀の通貨比率をどう決めるかで人々は言い争っていたのである。

イギリスが金本位制を採用したのは一八一九年のことで、ヨーロッパのその他の主要国がイギリスに続いたのは一八七〇年代に入ってからであった。各国が金本位制を採用した背景には次のような事情があった。[49]第一に、世界一の経済大国たるイギリスとの取引関係を有する国にとって、金との兌換によって保証されたポンドを基軸通貨として利用することで得られる利益が大きくなっていた。第二に、普仏戦争の敗北を受けて、パリ市場が金兌換を停止し金融市場としての卓越性を失った結果、ロンドン市場は国際金融の中心地としての地位を確立した。

こうして次第に金との兌換が保証されたポンド建ての国際的な決済ネットワークが形成されていく。アメリカで国際決済するにあたっても、金貨でした方が、銀貨をわざわざ金貨に交換せずに済むため簡便であった。おまけに、一八六〇年代以降銀の生産が急速に増大した結果、銀貨価格は下落する一方であった。そのため、アメリカの国際貿易企業が銀貨で決済する場合には、米欧で大きく異なる金銀の交換比価により大損をすることになる。

国際化していたアメリカ金融資本にとっても、金本位制を採用した方が国際収支上有利であることは自明であった。一八五四年にロンドンのシティに進出したモルガン商会をはじめ、アメリカ金融資本は、鉄道への投資を通じて国際化し、財務コンサルタントとして徐々に大企業の経営に参画するようになっていた。これらの国際金融資本の期待を背負って大統領となった人物が、グローヴァー・クリーヴランドである。彼は、南部および西部の農民層を伝統的な地盤とする民主党から選出されながらも、従来は共和党の専売特許であった金本位制の導入を唱え、時代の大きな変化を象徴した人物である。

大統領就任後の一八八三年一月、クリーヴランドは、元ニューヨーク州知事の五番街の豪邸でニューヨークの社交界でも屈指の名士たちと会食をした。その中には、モルガン商会を率いるピアポント・モルガンをはじめ、当時を代表する国際金融家が集った。この晩餐会の出席者の一人で大統領選挙の指揮を任されたウィリアム・ホイットニーは、一八八五年二月五日時点で、自身の献金も含め四五万三〇〇〇ドルもの政治資金を集めている。[50] クリーヴランドに対する金融資本の期待の大きさがうかがえる金額である。

自由銀運動側からの抵抗

金融資本の期待とは裏腹に、クリーヴランドはなかなか金本位制を採用させることができなかった。民主党の支持層たる南部および西部の農民・労働者たちが銀貨の流通を望んだからである。一八七〇年代以前、彼らは、慢性的な通貨不足がもたらす作物価格の下落と債務利子率の高騰に悩まされていた。この状況の中、七〇年代にネヴァダ州とコロラド州で銀山が開発されたことにより、銀の生産が急増したのである。

これにより、農民・労働者たちは銀インフレへの期待をかけ、政治運動を活発化させた。一八七三年通貨法（the Coinage Act of 1873）が銀を正貨のうちから締め出したのを機に、アメリカ金銀複本位制連盟（the American Bimetallic League）、アメリカ金銀複本位制党（the American Bimetallic Party）といった銀貨流通を提唱する政治組織が創設された。いわゆる自由銀運動（Free Silver Movement）であるが、これを構成した人々が金本位制の実現を阻んでいたのである。

金本位制の採用を政権の第一方針に掲げたクリーヴランドは、第一期最初の就任演説で、一八七八年のブランド・アリソン法（Bland-Allison Act）を廃止することを連邦議会に求めた。同法は財務長官に対して、毎月二〇〇万ドル以上四〇〇〇万ドル以下の銀を市場価格で購入し、これを貨幣として鋳造することを義務付け、同時に銀をもとに銀証券を発行する権限を与えることにより、銀を通貨として復位させることを目指したものであった。クリーヴランドはこの法案の廃止によって、これ以上の銀貨流通を阻止しようとしたのである。

自由銀運動家たちには、大統領の廃止要求は、彼がウォール街の支持を受けていただけに、外国資本との癒着を深める金融資本の陰謀のように思えたようである。ブランド・アリソン法の廃止をめぐる議論の中で、銀山州の一つコロラド州選出の上院議員は「この政府が財政的独立宣言――ヨーロッパに対してのみならず、本邦における組織化された敵どもに対する宣言――を発するか、それが大問題である」とまで述べた。[51]

もちろん、銀貨流通を主張する政治家でさえも、完全な財政的独立、いわば経済上の孤立主義が可能だと思っていたわけではない。ブランド・アリソン法にさえ、大統領に対し、ヨーロッパ諸国などを招待し国際通貨会議を開催して、金銀複本位制を国際的な制度として成立させ、金銀の交換比価を一律化させるよう要請する努力条項が含まれていた。[52] 自由銀運動家たちは、アメリカがヨーロッパの国際通貨制度にキャッチアップするのではなく、むしろヨーロッパが銀貨を鋳造し流通させることによって、アメリカについてくればよいと宣言したのである。

この自由銀運動家たちのヨーロッパに対する超然たる態度こそ、クリーヴランドが問題視した点であった。彼によれば、上記の努力条項は「法案の最も枢要な部分」だが、「絶対に失敗する」運命にあった。何故なら、既述の通りアメリカ経済は既にヨーロッパ経済に編入されていたため、次のように判断していたからである。

商業、貿易、旅行を通じて我々が交流を維持している他国が［金本位制という］問題に対して有する態度を考慮することなくして、通貨についての我々の行動方針が賢明に定まることも持続することも有り得ないことは完全に明白である。[53]

ゆえに、クリーヴランドは、銀を国際通貨として通用させるという自由銀運動の要求を、アメリカ経済の現状と国際経済の現実を踏まえない「内向きの思考」と強く批判した。

この批判は正しかったように思われる。現にアメリカ国内の金融機関でさえ、国際的に通用していない銀貨の購入を敬遠していたのである。しかしながら、ブランド・アリソン法の廃止をめぐる議論は、一年も経たないうちに行き詰まった。与党・民主党内の議論が金本位制で一本化できなかったからである。クリーヴランドは、代わりに、前に触れた公務員制度改革や貿易自由化といった他の主要な政策議題に政策の焦点を移していった。

クリーヴランド対ブライアン

ブランド・アリソン法の廃止を巡る論争は、アメリカ政治において階級間対立が構造化されていたことを示している。先の公務員制度改革がなかなか進まなかったのも、これが原因であった。対立構造がより一層顕在化したのが、一八九〇年のシャーマン銀購買法（Sherman Silver Purchase Act）の撤廃をめぐる論争であった。同法は、オハイオ州選出の共和党下院議員ウィリアム・マッキンリーが提出した保護関税法案の議会通過と引換に成立したものである。この妥協の背景には、一八九〇年までに、モンタナ、ワシントン、アイダホ、ワイオミングの四つの銀州が連邦に加入し、連邦議会において自由銀運動の勢いが盛り返したことがあった。

自由銀運動と保護関税派との間で妥協が成立したことは、金本位制と自由貿易を支持する改革勢力に大変な危機感を与えた。そこで改革勢力は、一八九二年の大統領選挙にあたり、フランシス・ステットソンの法律事務所の顧問として私人の生活を送っていたグローヴァー・クリーヴランドに再登板を求めた。ステットソンは、サミュエル・ティルデンとウィリアム・ホイットニーの友人で、ピアポント・モルガンの顧問弁護士だった改革派の人物である。[54]

クリーヴランドは、再びホイットニーやモルガンらの支援を受けて、一八九三年大統領の地位に返り咲く。だが不幸にも、大統領は就任早々大規模な金融恐慌に直面することになった。一八九三年恐慌である。この恐慌の発端は、一八九〇年一一月ロンドンのベアリング商会（Baring Brothers & Co.）がアルゼンチンへの融資に失敗し、翌年倒産したことにある。これがイギリスの投資家たちに衝撃を与え、彼らは海外投資の焦げ付きを恐れて海外投資を差し控えるようになった。同時にアメリカからの資本引き上げが始まり、金が国外へ流出し始めたのである。

金の国外流出はアメリカ国内でも正貨たる金への兌換請求を強め、大量の金が国庫から引き出された。それに追い打ちをかけたのがシャーマン銀購買法であった。同法は連邦政府に対し、毎月四五〇万オンスの銀を市場価格で買い上げることを命じていたため、国庫は銀と引換に金を放出せざるを得なかった。こうして、一八九三年四月には、国庫の金保有額が法定最低限度額の一億ドルを下回ったのである。国庫からの金の流出により国家財政が危機的な状況を迎える中、クリーヴランドは、非公式の財政顧問を務めるステットソンやクーン・ローブ商会（Kuhn, Loeb & Co.）のジェイコブ・シフ（Jacob H. Schiff）などの専門家たちとの緊密な意見交換を行った。[55]その結果、シャーマン購買法の撤廃によって金の流出を防がねばならないとの結論に至ったのである。

ところが、そこにまたもや、あのウィリアム・ジェニングズ・ブライアンが立ちはだかった。彼は、銀州たるネブラスカ州から選出され、銀山経営者から政治献金を受け、銀貨流通に望みを託す農民を支持基盤としていた。彼が、アメリカ金銀複本位制連盟やアメリカ金銀複本位制党が展開していた自由銀運動の最大の擁護者にして代弁者であったのも頷ける。そのブライアンの通貨論は、簡単に要約すれば次のようなものであった。「一八七三年の［アメリカにおける］銀貨鋳造停止は、世界の基軸通貨の流通量を激減させ、以来二〇年以上の間、［農作物の］価値の縮減をもたらした」[56]。裏を返せば、世界が金本位制に則っていようがいまいが、アメリカが銀貨を鋳造しさえすれば、銀貨が基軸通貨となり農作物の値段も上昇するという議論である。

当時のアメリカ経済全体が置かれていたグローバル化の状況からすれば、ブライアンの議論は無謀と言わざるを得なかった。ゆえに改革勢力は、ブライアンの知性の程度は、彼自身が腐敗の温床として嫌悪したマシーン政治家たちの無知とそれほど変わらないと判断した[57]。それでもブライアンは、改革勢力が無視し得ない迫力を持ち得た。彼が、貧富の格差の拡大に伴い農民や労働者の間に遍く普及していた、金融資本とその傘下にある大企業への反感を糾合し、見事な弁舌で代弁したからである。

ブライアンが目指した国家像は、彼が「東部の民主党‐共和党金同盟」と侮蔑した改革勢力のそれとは全く異なっていた。彼は、都市化・工業化が進行するアメリカにあって猶も、敬愛するトマス・ジェファソンが唱えた農民国家の再生を夢見ていた。彼にとっての国家の将来を決定すべき主権者とは農民・労働者を核とする大衆のことであった。このような国家観に立っていたブライアンは、改革勢力を「合衆国の企業関係者、すなわち富と資本が集中し、横柄で傲岸で冷徹な金持ちたち」とみることしかできなかった[58]。

そして、ブライアンはシャーマン銀購買法の撤廃をめぐる対立を階級間の闘争として捉えたのである。福音主義者たる彼は、「特殊利益に利するよう動く気にさせられている有力者たちに対抗する道徳的勇気」を奮い起こし、「自らの主張を呈してくれる者が誰もいない［中略］無数の群衆、民主党にその名を与え、民主党がその者たちのために語る責任のある人々」の側に立って、「裕福な金本位制論者たちから社会における主導権を奪還する」ことが自らのキリスト者としての信条にかなうことだと信じ、改革勢力に対し宣戦布告した。[59] かくしてブライアンは、アメリカの世界大国化を目指す改革勢力にとって再び不倶戴天の敵となったのである。

ブライアンらポピュリストの抵抗を前に、クリーヴランドは、自らが正しいと信じるアメリカの「経済界の知識」を連邦議会と国民に伝えようとした。すなわち、自由銀運動への支持が大きくなるにつれ、海外の投資家たちは、アメリカがドルを裏付ける貨幣として金をどの程度尊重するつもりなのか判断がつかなくなっており、その結果、海外市場ではアメリカの証券の暴落に対する警戒心が強まり、アメリカの証券がますます大量に売られる状況が起こっている、と説明したのである。

クリーヴランドの危機感は本物であった。彼の状況認識では、国庫からの金の流出は「外国の財務力を増して」おり、それに比例してアメリカは富を失っている。ただでさえ、金本位制を採用しないことで国際決済において損失を出し続けてきたアメリカが、これ以上銀貨流通にこだわり恐慌を放置すれば「第一級の諸国家の中に地位を得ることはもはやできなく」なってしまう。[60] クリーヴランドは野党たる共和党の金本位制支持派と連携し、一八九三年一一月一日シャーマン銀購買法を撤廃した。けれども恐慌は収束せず、なおもブライアンの抵抗は続いた。

ブルックス・アダムズの「反乱」

ブライアンは、クリーヴランドとの「階級闘争」を進めるにあたり、金本位制の採否を、アメリカ国民が「イギリスの植民地人となるか独立国家の国民となるか」の選択だという構図を示した。この戦術は、アメリカ人が抱いていた旧宗主国イギリスに対する反感を掻き立て、凄まじい反響を呼んだ。その様子を、ヘンリー・アダムズは次のように語っている。

私は、この先五年以内にアメリカが［中略］銀本位制に移行しても、きっと驚かないだろう。ヨーロッパからの影響に対する反発はものすごい。完全な没交渉だけがアメリカ国民を満足させるようだ。[61]

ブライアンの戦術は、改革勢力の一角をなしていた建国の父たちの子孫たちに対しても有効であった。彼らは、ニューヨーク金融資本の経済力がアメリカ経済に占める比重を増すにつれ、「金ぴか時代」の物質主義や金権政治が蔓延していく現状を憂慮していた。その根底には、現状のままでは、建国の父たちから受け継いだ共和国の理念とギリシャ・ローマ以来続く古典的な教養文化とを次世代のアメリカ人に継承できなくなるという焦燥があった。[62]

こうした人々の一人が、ヘンリー・アダムズの弟ブルックス・アダムズであった。もともとブルックスも、彼が生来属したボストン・ブラミンの共同体の常識に従って金本位制を支持していた。シャーマン銀購買法にも、同法が通貨価値を下落させ、アメリカの債務状況を悪化させ、ついには社会主義に導くという理由で反対した。したがって、一八九二年の大統領選挙でも民主党員としてグローヴァー・クリーヴランドを支持した。[63]

ところが、先述のベアリング商会破綻の煽りを受けて破産の危機に瀕すると、ブルックスの立場は次第にブライアンに接近していく。ブルックスの見たところでは、自分が債務を返済するには、輸入貿易の拡大とより安価な通貨たる銀貨とが必要だったが、ニューヨーク金融資本はこれに反対していた。この利害対立の構図は、一八九〇年に成立したマッキンレー関税法（Makinley Tariff Act）をめぐる論争の時と同じだ、とブルックスは思った。自由貿易主義者だったブルックスは同法案に反対していたが、ウォール街の金融トラストが保護関税を支持したせいで連邦議会を通過したのだ、との疑いを持っていたのである。

一八九三年恐慌の打撃が彼の財務状態をさらに悪化させ、ニューヨーク金融資本に対する猜疑心をますます掻き立てた。ブルックスは、己の苦境を招いた原因を突き止めようと、ハーヴァード大学教授フランク・タウシッグ（Frank W. Taussig）、ゲッティンゲン大学教授アドルフ・ソートビア（Adolf Soetbeer）といった金本位制支持の経済学者の著作を懸命に読み進めた。やがてブルックスは、一八九三年恐慌は、銀貨の再流通を阻止しようと企む「コガネムシ［金本位制支持者の俗称］」によって故意に仕立て上げられたものであると確信するに至った。[64]

ブルックスの兄ヘンリー・アダムズも、弟との間で議論を繰り返すうちに、一八九三年恐慌は、ウォール街が巧妙な市場操作を通じて引き起こした事態だと信じ込まされた。彼らアダムズ兄弟は、ウォール街の真意について考えを巡らせるうちに、ウォール街は金本位制をとる「イギリスの金貸し業者の一派」であり、一八九三年恐慌もシティのロンバード街の意向に従って「我々に銀貨を諦めさせるための施策に過ぎない」との観念を抱くようになったのである。[65]

この観念に基づいて、アダムズ兄弟は国際金銀複本位制を救国の手段として再解釈した。ヘンリーはブルックスにこう告げている。「自由銀」運動とは「イギリスとの直接の力比べ」によって、「イギリスの北アメリカ大陸における政治的存在が消滅する機会」を到来させる手段、すなわち、ウォール街に対するロンバード街の影響力を排除する「アメリカ政府がとるべき最も威厳ある進路」である、と。「政治的独立とは財政的独立を当然伴う」と述べた時点で、アダムズ兄弟はブライアンと同じ結論に達していたのである。[66]

こうして、ブルックス・アダムズは、国際金銀複本位制の実現に向け奔走し始めた。ところが、ヘンリー・アダムズは、ボストン・ブラミンとしての社会的立場の自覚から「良識ある人間としては、私はコガネムシであり、コガネムシ政府とコガネムシ社会を支持している」との態度を決め込み、「一人でやれ」とブルックスを突き放し、弟に手を貸そうとはほとんどしなかった。[67] ヘンリーの情勢判断では、金銀複本位制の成立の見込は全くないばかりか、それを主張することで失う社会的信用があまりに大きかったからである。

ヘンリーは、「世界を回す二つの方法のうち」、金本位制が自然の帰趨であって、金銀複本位制に先んじているとみていた。それは、「銀貨が諸政党を引き裂いているが、しかし結局は、コガネムシの金と組織が勝つことほど確実なことはない。銀貨を支持するポピュリストの連中は、ジュリアス・シーザー[が元老院の保守派との内戦に勝利するに至るまで]の役回りを演じるのに必要な頭脳、勇気、狡猾さを持っていない」からであった。ゆえに、彼は「私の愚かな弟ブルックスは闘いに参じようとムキになっているが、私は彼に手を引かせたい」と思っていた。[68]

彼が弟ブルックスに国際金銀複本位制への支持を撤回させるべきだと感じたのは、「銀貨についての活動がボストンにおけるブルックスの立場を危機に陥らせ」ることを危惧したからであった。ヘンリーはブルックスにその懸念を伝えた。しかし、ブルックスは兄の忠告をも振り切り、金本位制とそれを支持する「金貸しども」を直截に非難した。その結果、ヘンリー・アダムズの伝記史家の一人はブルックスが「陶片追放」の憂き目をみたと言っている。[69]

国際金銀複本位制の気運の高まり

実際には、ブルックス・アダムズがただちに社会的に阻害されることはなかった。彼は、一八九三年から一八九四年にかけて、ボストンで国際金銀複本位制の実現を目的とする政治団体をいくつか結成した。そのうちの一つ、一八九四年二月創設のボストン・ニューイングランド金銀複本位制主義者委員会(the Bimetallist Committee of Boston and New England) は、ローウェル家、ヒギンソン家といったボストン・ブラミンの名家からも会員を集め、世間を驚かせる。[70]

こうした追い風がブルックスに吹いたのは、国際金銀複本位制が実現する僅かな気運が米英間に見られたからであった。クリーヴランド政権成立の立役者ウィリアム・ホイットニーは、一八九四年の夏イギリスを訪問した際、当地の「科学的な国際金銀複本位制支持者たち」と接触し、「国際金銀複本位制の問題に関し、イギリスに影響を与えうる何か望ましいことが起こる」との感触を得たとクリーヴランドに伝えた。その上で、民主党内の対立を鎮静化するための戦術として、米英間の金銀複本位制についての合意に向けて努力するよう大統領に進言したのである。

ホイットニーは、予てより東部と南部で金本位制をめぐって民主党が分裂することを危惧していた。そこで、イギリスの経済学者ロバート・バークレイ (Robert Barclay) の国際金銀複本位制に関する研究を読むうちに、中国などのアジアにおいては銀本位制がとられていること、そして、国際金銀複本位制の採用がアメリカの対アジア貿易の拡大につながる可能性があることを知ったのであった。[71]

国際金銀複本位制が対アジア貿易を拡大させるという見解は、ブラウン大学政治経済学兼歴史学教授のベンジャミン・アンドリューズ（E. Benjamin Andrews）やマサチューセッツ工科大学学長フランシス・ウォーカー（Francis A. Walker）といったアメリカの金銀複本位制支持の経済学者も同じくするところであった。[72] 複本位制がもたらす利益を提示した彼らの議論は、金融恐慌に終わりが見えず、金本位制か複本位制かの議論にも決着がつかない当時の閉塞状況の中で、打開策としての魅力を増していったのである。

一八九三年、ブルックス・アダムズは同志とともにボストン金銀複本位制クラブ（the Boston Bimetallic Club）を立ち上げた。主な会員には、アンドリューズに加え、メイン州出身で下院議長のトマス・リード（Thomas B. Reed）、マサチューセッツ州選出上院議員ジョージ・ホア（George F. Hoar）といった共和党の政治家がいた。そこに民主党の実力者たるホイットニーが加わったのである。翌年の一八九四年にブルックスが自慢げに語ったところでは、金銀複本位制クラブはボストンの金融街たる「ステイト街の約半数」を会員とした。[73]

アメリカにおける国際金銀複本位制を押す声はイギリスの一部からの好意的な反応を受けて、さらに大きくなった。ホイットニーが「イギリスで今日最も聡明な政治家」と賞賛した財務大臣アーサー・バルフォア（Arthur Balfour）は、ホイットニーの構想した米英間の金銀複本位制協定締結に前向きであった。バルフォアは、ヨーロッパ大陸における帝政ドイツの興隆が目覚しい中で英国の早期衰退を予感し、英帝国運営の次なる鍵は米英協調にあると考えていた。ゆえに、彼はアングロフィルのアメリカ人を饗応し、アメリカ主導による国際金銀複本位制の実現を推奨した。

バルフォアは、親交の深かったアメリカ外交官ヘンリー・ホワイトには、アメリカが、イギリス、フランス、ドイツの主要な経済大国と、銀貨を流通させていたインドを会議に招き、国際金銀複本位制の諸国家連盟を創設すべきだと語った。アメリカ人の反英感情とナショナリズムを知悉していたバルフォアは、時に「何故アメリカは、金銀複本位制が自らの利益となると考えるのであれば、イギリスが好もうと好むまいと、世界に対して金銀複本位制を強制しないのか」とアメリカの友人たちを鼓舞した。[74]

バルフォアに言われるまでもなく、アメリカ連邦議会においても、イギリスに国際金銀複本位制を採用させるべく圧力をかけようという議員が出て来た。ブルックスに勧誘されてボストン金銀複本位制クラブに入会したヘンリー・キャボット・ロッジもその一人である。ロッジは、国際金銀複本位制の採用を唱えた議会演説の中で、イギリスが国際的な銀貨流通を受け容れるまで、アメリカに輸入されるイギリス産品に対する関税を二倍にするという高圧的な対イギリス政策を提案したほとであった。[75]

ロッジの姿勢には、イギリスに対するアメリカの財政的独立を訴えたジェニングズ・ブライアンが見せたのと同じ、イギリスへの対抗心が感じられる。ロッジが極端に攻撃的な対英圧力を口にしたのは、当時のクリーヴランドの外交姿勢に対して不満を感じていたからであった。詳細は第六章第一部において後述するが、ロッジは、大統領がハワイ併合を即時決断せずアメリカ国内で政治問題化させてしまったことで、ハワイが第三国つまりイギリスの手に渡る危険性を生じさせているとみていた。[76]

こうしたロッジの心の綾をより明確に示したのは、ヘンリー・アダムズである。のちに彼は、クリーヴランドに対する不満を要約してこう述べている。

私は、彼をアメリカ人ではなくイギリス人だとみなしている。これまで彼は、全体として金［本位制］のために活動してきた。ハワイにおけるイギリスの国益を増進するために、アメリカの国益を破壊すべく最善の努力を尽くしてきた。[77]

その不満は、クリーヴランドを「あらゆるウォール街とロンバード街の手先の中で最悪の手先」と罵倒するほどに大きかった。今や、国際金銀複本位制を支持した人々のクリーヴランド大統領に対する反感は、ブライアンらポピュリストのそれにかなり接近していたのである。

金本位制の勝利

国際金銀複本位制は、太西洋の両側でそれなりの支持を集めたが、結局のところ実現しなかった。その理由は主に三つある。第一に、イギリスにおいてバルフォアのような国際金銀複本位制の支持者は少数派だったからである。ヘンリー・アダムズは、一八九五年七月、国際金銀複本位制成立の公算を探るべくロンドンに逗留した。そこで目の当たりにしたのは、ロンバート街での議論においてはもちろんのこと、イギリス政府と世論においても、金本位制支持が圧倒的に優勢なことであった。[78]

第二に、クリーヴランド大統領が、金本位制の保持にはアメリカの「国家の名誉」「国家の威信」がかかっているという信念を曲げなかったからである。彼にとって、金本位制の採用は「全ての開明的な文明国」と協調して国際通貨制度を維持するという「意思」の表明に他ならなかった。ゆえに、「いかなる状況においても十分な金準備があることは［中略］アメリカの高徳な国民性の維持にとって不可欠」であり、それがないことは世界に対する「国家の不道徳」であった。[79] したがって、クリーヴランドが、国際金銀複本位制の実現によってブライアンらポピュリストを懐柔しようというホイットニーの進言を入れる余地はなかった。

第三に、金融王ピアポント・モルガンが一八九三年恐慌を解決に導いたからである。クリーヴランドは、一八九五年一月、政府が金塊購入のため資金を調達する手段として、長期国債の発行と販売を財務省に委ねるという政府案を連邦議会に提出した。だが、国際金銀複本位制の支持者が多数を占めた当時の議会は政府案を否決した。窮地に立たされた大統領を救おうと重い腰を上げたのはモルガンであった。

一八九五年二月、モルガンは自らワシントンDCに出向いて、自分とオーガスト・ベルモント(August Belmont)に国際市場での金塊の調達を任せるよう大統領を説得した。[80] モルガン主導で形成されたニューヨークとロンドンのシンジケートは、総額約六二三〇万ドルものアメリカ国債を引き受けた。以後九月まで、このシンジケートはヨーロッパ金融市場からアメリカ国庫に金塊を取り戻し続け、国庫金の不足は解消に向かった。

皮肉にも農民と労働者を苦しめた一八九三年恐慌は、彼らが目の敵にした国際金融資本によって解決されたのである。だが、モルガンに救済措置を求めたことで、かえってクリーヴランドは銀貨流通を支持した者たちから夥しい非難を被ることになった。激務と心労が祟り健康を害し再選への意欲を持ち得なかった大統領は、与党たる民主党に対する統制力を完全に失った。それでも彼は「党の分裂」があろうとも「将来民主党の成功が育つ元になると私が信じている種が救われる」ことを願って、金本位制を一八九六年大統領選挙における党の選挙綱領に入れる努力をした[81]。

この決死の努力は虚しく終わった。民主党は大統領候補としてジェニングズ・ブライアンを指名したのである。大統領候補となったブライアンは、かの有名な「金の十字架」演説において、自由銀運動以来のテーゼを繰り返した。

イギリスが金本位制だから金本位制を採用するのではなく、金銀複本位制を採用しよう。そうして、イギリスに、アメリカが金銀複本位制なのだから金銀複本位制を採用させよう[82]。

これにより、民主党は分裂することになる。

単独行動か国際協調か

ブライアンは選挙戦を進めるにあたって、自らを「単独金銀複本位制主義者」と呼び、改革勢力の「国際金銀複本位制主義者」との間に区別を設ける「必要がある」と述べ、後者との連帯を拒んだ。ブライアンは、「アメリカが独力で金銀複本位制を施行すれば、イギリスの同意がなくとも国際金銀複本位制が実現する」。そうであるならば、「アメリカが金銀複本位制に復帰し、イギリスにはアメリカがそうしているという理由で金銀複本位制に移行させればよい」という持論を展開した[83]。

ブライアンが改革勢力の「国際金銀複本位制主義者」たちとの協力を拒絶したのは、彼らがイギリスとの協調を通じて国際金銀複本位制を実現しようとしていたからである。現に、先に触れたヘンリー・キャボット・ロッジの強硬姿勢の背後で、彼の盟友セオドア・ローズヴェルトは、イギリス社交界に多くの知己を有していた姉アンナ・ローズヴェルト・コールズ（Anna Roosevelt Cowles）を通じて、ロッジの国際金銀複本位制についての見解を、イギリスの貴族・外交官サークルに伝えていた[84]。

ロッジやローズヴェルトも、イギリスとの協調の中でアメリカの国益を守ろうとしていたのである。この点では、二人はブライアンよりもクリーヴランドに近かった。彼らがクリーヴランドに対して不満を感じたのは、クリーヴランドがイギリスと協調したからではなく、彼がイギリスとの協調を重視するあまり、ウォール街の国際金融家たちに引きずられて、アメリカの国益を蔑ろにしているのではないかとの疑念を抱いたからであった。

クリーヴランドには、こういう疑念を理解できなかったのかもしれない。ある時、国務長官リチャード・オルニー（Richard Olney）が、ロッジとの共通の友人だったウィリアム・フィリップスを国務省に引き入れたいと大統領に打診した。大統領は全幅の信頼を寄せる国務長官の提案を拒否するに際し、その理由をこう語った。「ジョン・ヘイ、ヘンリー・アダムズ、キャボット・ロッジのような［中略］政権に仇なすことのみを願っている連中と付き合いがある者が国務省と関係を持つことは、それが誰であれ、私を非常に不快にさせる」[85]。

こうした頑な態度は、クリーヴランドがどれだけ国際金銀複本位制論に苦しめられたかを物語っている。しかし、一八九三年恐慌が過ぎ去れば、ロッジやローズヴェルトには、大統領を退任するクリーヴランドと対立してまで、国際金銀複本位制を訴える必要は全くなかった。共和党員たる二人にとっては、民主党大統領候補となったブライアンを倒すことの方が優先事項となった。そして、それは民主党の中にいた国際金銀複本位制支持者にとっても同じことであった。

民主党の分裂と敗北

一八九六年の大統領選挙において、民主党は分裂した。ブライアンが当選すればアメリカが社会主義化するのではないかという恐れが、民主党の中に、本来であれば敵対すべき対立候補だったウィリアム・マッキンリーの勝利を確実にしようという者たちを登場させたのである。彼らは民主党を脱し国民民主党（National Democratic Party）を立ち上げ、金本位制の実現を旗印に選挙戦を戦った。国民民主党の財務委員会には、ウィリアム・ホイットニー、オーガスト・ベルモントらが名を連ねた。名だたる支持者の中には、チャールズ・フランシス・アダムズ、第四章で取り上げるルイ・ブランダイス（Louis D. Brandeis）、ウッドロウ・ウィルソンがいた。[86]

民主党が分裂したことで、「健全通貨（sound money）」論で団結した共和党は大統領選挙を有利に進めることができた。「健全通貨」論とは、イギリスのポンドと同程度にドルが安定しなければ、アメリカは商業大国の地位を得られないという議論である。共和党の選挙参謀マーク・ハンナ（Mark Hanna）の下には、「金本位制だけが健全通貨の唯一の規準である」と断言したピアポント・モルガンをはじめ、金本位制を支持する財界人たちから多額の選挙資金が送られた。「健全通貨」を支持する大都市の銀行・金融機関、新聞・出版社は、金本位制の支持を訴える広告を全国規模で打った。クリーヴランド政権下の財務省、国務省もマッキンリー陣営に加勢した。[87]

選挙の成り行きを見守っていたヘンリー・アダムズは、「数と団結ゆえに銀行家はアメリカにおける最大の単一権力であり、出来事の成り行きを確実に掌握している」と判断し、彼らの支援を受けたマッキンリーが当選すると確信した。それでも、ヘンリーは弟ブルックスのために、弟と合わせて七〇〇ドルをブライアン陣営に献金した。[88]ブルックスはさらに、ブライアンへの支持を公に表明した。これこそ、彼が「陶片追放」に追い込まれた真の理由であった。

圧倒的に少ない資金で選挙戦を戦わなければならなかったブライアンは、マッキンリーに敗れる。ここに国際金銀複本位制の芽は完全に摘まれることになった。一八九七年のインディアナ貨幣会議を経て、一九〇〇年には通貨法が成立した。アメリカは公式に金本位制を採用し、国際通貨制度の一員となったのである。そして、アメリカはアレグザンダー・ハミルトン（Alexander Hamilton）以来初めての中央銀行制度、すなわち連邦準備制度（Federal Reserve System）への道を歩み始めた。

グローバル・スタンダードとアメリカン・ナショナリズム

金本位制という世界標準の採否をめぐっての対立は、一九世紀後半のアメリカ政治が、階級や党派の別を越えて国家が直面する課題を解決できるまでに成熟していなかったことを如実に示している。一八九三年恐慌の解決がピアポント・モルガンという一民間人の手に委ねられたことが何よりの証拠である。改革勢力が志した国家効率運動の進展を妨げていたのは、自由銀運動家やポピュリストといったアメリカの草の根民主主義を支えた人々であった。彼らは、当時のグローバル・スタンダードであったイギリス主導の金本位制を採用することを拒絶し、代わりに、アメリカン・スタンダードであった金銀複本位制を単独で採用し、イギリスをはじめ世界各国に強制することとさえ主張した。

自由銀運動家とポピュリストの議論は、当時のグローバル化されたアメリカ経済の現状に適応したものではなかった。このことはその後の歴史の経緯からも明らかである。一九〇〇年以後、金本位制は第一次大戦による中断を除いて、曲がりなりにも一九二九年の世界大恐慌まで続いた。第二次大戦後のブレトン・ウッズ体制の成立によりドルが基軸通貨となったが、アメリカが世界最大の金保有国となっていたため、金本位制は間接的に続いた。それが完全に終焉を迎えたのは、一九七一年のニクソン・ショックによってであった[89]。

しかしながら、自由銀運動家とポピュリストたちが示したのは、今まさに世界大国へと飛翔せんとするアメリカ人の気概であった。彼らは、かつて一八世紀のイギリス人が「ブリトン人は決して奴隷にはならない」と謳い上げたように、一九世紀のアメリカ人も決して他の国に追従しないことを、銀貨を自国通貨として防衛することによって国内外に知らしめたのである[90]。

このアメリカン・ナショナリズムは、産業・金融資本家に対して農民や労働者の利益を保護するための階級闘争という構図を通して語られたために、グローヴァー・クリーヴランドや金本位制支持者たちのほとんどに理解されなかった。彼らは、当時のグローバル・スタンダードである金本位制の採用をアメリカが世界大国たるための条件として捉えていた。ゆえに、金本位制を支持しない人々のことを、アメリカを分裂させ世界大国への道を閉ざす障害だとしか思えなかったのである。

わずかな例外は、国際金銀複本位制を支持した人々であった。セオドア・ローズヴェルトやキャボット・ロッジは、ヘンリーとブルックスのアダムズ兄弟をはじめとするアメリカ建国の父たちの子孫との交遊や、当時としては珍しかったアメリカ史研究を通じて、建国の父たちがイギリスからの独立戦争を闘い抜いた記憶を受け継いでいた。それゆえ、ローズヴェルトとロッジは、グローバル・スタンダードをそのまま受容することができないという平均的なアメリカ人の心性をよく理解していたし、ある程度は共有していた。

とはいえ、ローズヴェルトもロッジも、現実の政治に肉薄していた政治家であり、ブルックス・アダムズのように、アメリカの明白な経済的利益を損じてまで銀貨を防衛するほどの反感を金本位制支持者に感じてはいなかった。また、ロッジは一八五〇年、ローズヴェルトは一八五八年生まれであり、いずれも一八三八年生まれのヘンリー・アダムズと異なり、精神形成期を南北戦争後に迎えた内戦後の人間である。さらには、一八八五年に妻を自殺で失い厭世気分を強めていたヘンリー・アダムズに比べ、ローズヴェルトやロッジは、精神的な活力に満ちていた。彼らはヘンリーとブルックスのアダムズ兄弟のように、失われていく栄光の歴史の記憶を寄す処に余生を送るには若すぎたのである。一時の逸脱を経て、ローズヴェルトとロッジは再び改革勢力の本流に合流し、国家効率運動への献身を続けたのである。

外交官制度改革から教育改革へ

ロッジの尽力でウィリアム・マッキンリー政権の副大統領となったローズヴェルトは、一九〇一年にマッキンリーの死去に伴い大統領に昇任した。クリーヴランド政権で芳しい成果を挙げられなかった領事職改革が再開したのは、一九〇五年国務長官エリヒュー・ルートが大統領の意向を受けて改革に着手した時からであった。ルートもまた、領事職に就く者が、派遣先の公用語を駆使できるか、派遣先の政治・経済・社会の状況について知っているかなどの能力を問われることなく、「政治的報奨」か「政治的復讐」によって選ばれがちだったことを憂慮していた。[91]

そこで、ルートは「民主党員であるか共和党員であるかというような質問が問われない」「[政党]政治から分離された」有能な領事職を創設するため、改革に着手した。前任者のジョン・ヘイと異なり連邦議会と良好な関係にあったルートは、クリーヴランドが発した一八九五年の大統領命令の適用対象を年間予算二五〇〇ドル以上の領事にも拡大する一九〇五年の大統領命令を執筆し、大統領がこれを執行した。[92]

さらに一九〇六年、ルートはロッジの助力を得て、領事職に等級制を導入する法案を成立させた。等級制は、昇進を等級の上昇として目に見える形にすることで「良い仕事をする誘因」となると同時に、「領事を、特定の部署に属する者ではなく、[領事職]制度に属する者とする」効果が期待された。[93] ルートは領事職員の間に能力主義を導入するのみならず、国家に対する帰属意識をも普及させようとしたのである。

領事職改革が進む中で、外交官職の改革についても微々たるものではあったが進展が見られた。外交官職改革が領事職改革に遅れをとったのは、クリーヴランド政権当時、「アメリカの実業者団体からの熱心で、積極的で、継続的な支援を得なければ」、連邦議会の反対を押し切ることができない状況にあったからである。そのような状況の中で、領事職のようにアメリカの貿易振興に目に見えて直結することのない外交官職の改革は、財界からの賛同が得られる見込が薄く、時期尚早と判断されたのであった。[94]

ルート国務長官は、この外交官職改革にも僅かにではあるが着手した。一九〇五年、大使館の書記官への任官希望者に試験を課すとの大統領命令を執筆し、これを大統領が承認したのである。その試験内容は領事職に課されたものに比べると初歩的であったが、これが当時の限界であった。ルートは、自らのささやかな改革が今後の外交官職改革の第一歩になることを願って、外交官職改革が「継続し、もっと堅固となれば」、外交官の仕事は「頭脳明晰で有能な若者に非常に良質の機会をもたらすと思う」と友人のセス・ロウに語った。[95]

ルートは、彼が夢見た外交官職改革が成し遂げられるまでの準備として、当時始まっていた政府職員を養成するための教育改革を側面支援した。ルートは、ジョージ・ワシントン大学のリチャード・ハーレン（Richard S. Harlen）やプリンストン大学のアンドリュー・ウェスト（Andrew F. West）を個人的に激励するとともに、政府が未来の外交官を訓練する教育機関を支援すべきだと公に表明した。[96] それは、外交官志望者の教育水準が向上すれば、制度改革を待たずとも自ずと外交官職の効率化が図れると期待したからである。

外交官職改革を進めるにあたって、教育機関における人材養成の重要性を認識していたのはルートだけではなかった。ローズヴェルトやロッジも、母校のハーヴァード大学に、「歴史と経済」を軸にしたカリキュラムを持つ「パリ政治学院に少し類似した、外交官と政府職員を養成する学校」を創設する構想を抱いていた同歴史学部教授アーチボルド・クーリッジと面識を持っていた。クーリッジの構想は諸事情により実を結ばなかったが、全体としてみれば、アメリカの教育改革は改革勢力の期待によく応えたと言ってよい。実際、一八九八年から一九一四年の間ヨーロッパに駐在したアメリカの外交官の三分の二はハーヴァード、イェール、プリンストンの卒業生で占められ、その大半が私立の寄宿舎学校たるプレップ・スクール出身者であったと言われている[97]。

これまでの論述をまとめると、国家効率運動を推進する改革勢力の中には、自らの改革の試みが停滞する原因がグローバル・スタンダードを受容することを拒否するアメリカ人一般のナショナリズムにあることを理解している者がいた。彼らは、公的な政治空間で成し得なかった改革を、民間の私立教育機関という私的空間から実現に向かわせることを狙ったのである。外交官職においては、この狙いは多少なりとも当たった。次章では、このような外交官職の構造転換をもたらした教育改革とはいかなるものであったのかについて語ることとする。

注

［1］ Republican Party Platform of 1876 (June 14, 1876), in Johnson and Potter, National Party Platforms; McFarland, *The Mugwumps*, 28-32.

［2］ 渡辺靖『アフター・アメリカ――ボストニアンの軌跡と〈文化の政治学〉』慶應義塾大学出版会、二〇〇四年、一〇頁; John T. Morse, Jr. ed., *Memoir of Colonel Henry Lee with Selections from His Writings and Speeches* (Boston:

Little, Brown and Co., 1905), 50, 216. なお、ブラミンなる語は古代インドの司祭階級バラモンからの援用である。ボストン・ブラミンの中には、ジョージ・バンクロフト（George Bancroft）やチャールズ・フランシス・アダムズ（Charles Francis Adams）をはじめ、当時を代表する優れた歴史家が数多くいた。

[3] Quoted in Byrnes, *Awakening American Education to the World*, 14.

[4] Barbara Solomon, *Ancestors and Immigrants: A Changing New England Tradition* (Cambridge: Harvard University Press, 1956), 53; Henry Adams, "Civil Service Reform," *The North American Review*, 190, No.225 (Oct. 1869), 456.

[5] Charles Francis Adams, Jr., "The Protection of the Ballot in National Elections," *Journal of Social Science*, 1 (June 1869), 106; George William Curtis, "The Evil and the Remedy," *Harper's Weekly* (October 7, 1871), 930.
マシーン政治家の実態、彼らの移民労働者との結びつきについては、常松洋『ヴィクトリアン・アメリカの社会と政治』昭和堂、二〇〇六年、一二一‐一二八、一四〇‐一四一頁。

[6] The American Social Science Association, *Constitution, Address and List of Members of the American Association for Promoting of Social Science* (Boston: Wright & Potter, 1866), 3.

[7] The Bar Association of the City of New York, *Constitution of the Bar Association of the City of New York* (New York: George F. Nesbitt & Co., 1871); George Whitney Martin, *Causes and Conflicts: the Centennial History of the Association of the Bar of the City of New York, 1870-1970* (New York: Fordham University Press, 1997), 3-15; Michael J. Powell, *From Patrician to Professionalism: the Transformation of the Bar Association of the City of New York* (New York: Russell Sage Foundation, 1988), 6-9.

[8] David D. Hall, "The Victorian Connection," in *Victorian America*, ed. Daniel Walker Howe, 83-87; Erik Goldstein, "Origins of the Anglo-American Special Relationship, 1880-1914," in *Peacemaking, Peacemakers and Diplomacy, 1880-1939: Essays in Honour of Professor Alan Sharp*, ed. Gaynor Johnson (Newcastle upon Tyne, UK: Cambridge Scholars Publishers, 2010), 3-16; Christopher Hitchens, *Blood, Class and Empire: The Enduring Anglo-American Relationship* (New York: Nations Books, 2004), 121-123; Bradford Perkins, *The Great Rapprochement: England and the United States*

1895-1914 (New York: Atheneum, 1969), 149-153.

［9］Arthur Mann, "British Social Thought and American Reformers of the Progressive Era," *The Mississippi Valley Historical Review*, 43, No.4 (Mar. 1956), 672-692; Melvyn Stokes, "American Progressives and the European Left," *Journal of American Studies*, 17, No.1 (April 1983), 5-28; Arthur M. Okun, *Equality and Efficiency: the Big Trade-Off* (Washington DC: Brookings Institution Press, 1976), 7; "Majority Government," *The Nation,* 24 (April 26, 1877), 245-246.

［10］Commission to Devise A Plan for the Government of Cities in the state of New York, *Report of the Commission to Devise A Plan for the Government of Cities in the State of New York: Transmitted to the Legislature March 6, 1877* (Albany: Jerome H. Parmenter State Printer, 1877), 33-35, 39-40.

［11］有権者の資格要件をいかに定めるかについては様々な議論があり、[Edwin L. Godkin,] "Universal Suffrage and Universal Amnesty," *The Nation*, 3 (Nov. 29, 1866), 430-431; Idem., "Congress and the Educational Test," Ibid. (Dec. 20, 1866), 497-498; Adams, "The Protection of the Ballot in National Elections," 109-110. などは、有権者資格を問うための知能試験の実施が求めたが、議論がまとまらず政治上の争点とはならなかった。

［12］Alexander C. Flick, *Samuel Jones Tilden: A Study in Political Sagacity* (New York: New York, Dodd, Mead & Co., 1939), 261-262; Michael E. McGerr, The *Decline of Popular Politics: The American North, 1865-1928* (Oxford: Oxford University Press, 1986), 49-50. 不動産王の息子ジョン・ジェイコブ・アスター（John Jacob Astor III）、砂糖王ヘンリー・ハヴマイヤー（Henry O. Havemeyer）、鉄道王コーネリアス・ヴァンダービルト（Cornelius Vanderbilt）などの実業家が名を連ねた。

［13］E. L. Godkin, "Why the City Government Is Bad?" *The Nation*, 38 (Jan. 10, 1884), 26-27; Edwin Lawrence Godkin, *Problems of Modern Democracy: Political and Economic Essays* (Cambridge: Belknap Press, 1966), 147. イギリスでも制限選挙論はあったが、実際には、一八六七年の第二次選挙法改正では都市労働者に選挙権が付与され、一八八四年の第三次選挙法改正では農業労働者と鉱山労働者に選挙権が拡大されていた。

［14］Thomas A. Jenckes, *Report of Mr. Jenckes of Rhode Island, from Joint Select Committee on Retrenchment made to the House of the Representatives of the United States*, 40th Cong., 2nd sess., May 14, 1868 (Washington: G.P.O., 1868), 28, 104; Thomas A. Jenckes, *Civil Service: Speech of Hon. Thomas A. Jenckes of Rhode Island, delivered in the House of Representatives, April 5th, 1869* (Washington: F. & J. Rives and Geo. A. Bailey, 1869). 公務員制度改革の初期の挫折については、Stephen Skowronek, *Building a New American State: The Expansion of National Administration Capacities, 1877-1920* (Cambridge: Cambridge University Press, 1982), 57-59.

［15］一八八一年には、全国公務員制度改革連盟と名称を変更した。

［16］Commission to Devise A Plan for the Government of Cities in the state of New York, *Report of the Commission to Devise A Plan for the Government of Cities in the State of New York*, 18-19.

［17］Charles Eliot Norton ed., *Orations and Addresses of George William Curtis*, 3 vols. (New York: Harper & Brothers Publishers, 1893-1984), 2:196; S. Grover Cleveland to Dorman B. Eaton, September 11, 1885, Allan Nevins ed., *The Letters of Grover Cleveland: 1850-1905* (New York: Houghton Millfin Company, 1933), 75.

［18］Theodore Roosevelt, "Merit System versus the Patronage System," *Century*, 39 (Feb. 1890), 632.

［19］James Bryce, *American Commonwealth*, 2 vols. (New York: Macmillan, 1888), 2: 37-43. ブライスとキプリングはセンチュリー会員であった。The Centenary Book Committee, *The Century*, 68.

［20］Dorman B. Eaton, *The Civil Service in Great Britain: A History of Abuses and Reform and Their Bearing on American Politics* (New York: Harper & Brothers, 1880), 4-5.

［21］Norton ed., *Orations and Addresses of George William Curtis*, 2:26.

［22］Eaton, *The Civil Service in Great Britain*, 77-79.

［23］以下のサムナーの議論については、William Graham Sumner, *Our Revenue System and the Civil Service: Shall They Be Reformed?* (New York: G. P. Putnam's Sons, 1878), 27-28, 43-44; *Protection and Revenue in 1877* (New York: G. P. Putnam's Sons, 1878), 13-17; *Protectionism, the Ism Which Teaches That Waste Makes Wealth* (New York: Henry Holt and Company, 1878), 49-53, 60-62, 122-123; "Tariff Reform," *The Independent*, August 16, 1888 などを参照。

［24］ Morris, *The Rise of Theodore Roosevelt*, 182.

［25］ 秋元英一『アメリカ経済の歴史　１４９２－１９９３』東京大学出版会、一九九五年、七五頁；岡田泰男『アメリカ経済史』慶應義塾大学出版会、二〇〇〇年、二三九頁。

［26］ Joel H. Siebey, *The American Political Nation, 1838-1893* (Palo Alto: Stanford University Press, 1991), 224-230.

［27］ Norton ed., *Orations and Addresses of George William Curtis*, 2: 325.

［28］ Quoted in Gerald Kurland, *Seth Low: the Reformer in An Urban and Industrial Age* (New York: Ardent Media, 1971), 36-37.

［29］ McFarland, *Mugwumps*, 186-193. この点に関しては、Dalton, *Theodore Roosevelt*, 92-93, 550n50が異論を唱えている。なお、ローズヴェルトはブレインを支持したため、マグワンプたちから非難にさらされた。Hermann Hagedorn ed., *The Works of Theodore Roosevelt*, Memorial Edition, 24 vols. (New York: Charles Scribner's Sons, 1923-1926), 16:69-74.

［30］ Cleveland to Silas W. Burt, November 8, 1885 and Cleveland to P. Henry Surgo, July 1, 1885, Nevins ed., *The Letters of Grover Cleveland,* 66, 92-93; Cleveland, "To the New York Civil Service Reform Association," October 28, 1882, "Second Message to the New York Legislature", January 1, 1884, "Inaugural Address," March 4, 1885, *The Writings and Speeches of Grover Cleveland*, ed. George F. Parker. (New York: Cassell Publishing Company, 1892), 32-37, 38-39, 63-67.

［31］ Dorman P. Eaton, *The Spoils System and Civil Service Reform in the Custom-House and Post Office at New York* (New York: Putnam's Sons Co., 1881), 38-39, 92-95; Norton ed., *Orations and Addresses of George William Curtis*, 2:145-146, 345-346, 387.

［32］ Cleveland to George William Curtis, December 25, 1884 and Cleveland to A Western Politician, August 25, 1885, Nevins ed., *Letters of Grover Cleveland*, 51, 72; Cleveland to Curtis, October 24, 1884, Parker ed., *The Writings and Speeches of Grover Cleveland*, 41

［33］ Cleveland to the United States Civil Service Commission, March 21, 1888, Cleveland to the Congress of the United States, July 23, 1888 and Cleveland to Heads of Departments, July 14, 1886, Parker ed., The *Writings and Speeches of Grover Cleveland.*,

49-50, 54-57, 57-61.

［34］ H. Paul Jeffers, *An Honest President: The Life and Presidencies of Grover Cleveland* (New York: Perennial, 2000), 260-261. ローズヴェルトが、クリーヴランドが信頼を寄せた国務長官リチャード・オルニーのテニス仲間であったことも、留任の後押しになったかもしれない。Dalton, *Theodore Roosevelt*, 143-144.

［35］クリーヴランドの時代から、大統領は所属政党の党首としての地位を確立しつつあった。Daniel Klinghard, "Grover Cleveland, William McKinley, and the Emergence of the President as Party Leader," *Presidential Studies Quarterly*, 35, No.4 (December 2005), 736-751 を参照。

［36］ 有賀貞編著『世界歴史大系　アメリカ史２——１８７７-１９９２年——』山川出版社、一九九三年、六二-八〇頁。

［37］ William Jennings Bryan, *The Old World and Its Ways* (St. Louis: The Thompson Publishing Company, 1907), 487-489; Norton, *Orations and Addresses of George William Curtis*, 2:481-482.

［38］ William Jennings Bryan, *The First Battle: A Story of the Campaign of 1896* (Chicago: W. B. Conkey Company, 1896), 423-425, 459-460.

［39］ Cleveland to Herbert P. Bissell, September 30, 1885, Cleveland to Joseph H. Choate, January 27, 1894, Nevins ed., *The Letters of Grover Cleveland*, 80-81, 346; *The Nation*, 62 (May 14, 1896), 370; *Harper's Weekly* (May 23, 1896), 677-678.

［40］ Andrew L. Steigman, *The Foreign Service of the United States: First Line of Defense* (Boulder: Westview Press, 1985), 18.

［41］ Grover Cleveland, "Second Annual Message to Congress," December 6, 1886, Parker ed., The *Writings and Speeches of Grover Cleveland*, 53-54.

［42］ Charles W. Eliot, "Commercial Education," *Educational Review*, 18, (December 1899), 417-424.

［43］ The National Business League (non-partisan), *Consular Reform and Commercial Expansion: Endorsements of the Lodge Bill, or A Similar Bill for the Reorganization of the Consular Service of the United States, by Prominent Manufacturers, Merchants, Bankers, Educators, Commercial Organizations and the Press* (Chicago: Stromberg, Allen & Co., 1903), 1.

[44] Henry White, "Consular Reforms," *The North American Review*, 159, No.457 (December 1894), 711-721.
[45] Wilbur J. Carr, "The American Consular Service," *The American Journal of International Law*, 1, No. 4 (October, 1907), 904-905. ウィルバー・カー（Wilbur J. Carr）は、ノンキャリアながら領事局長、首席書記官を歴任した人物で、領事職の在るべき姿についてはホワイトとほぼ同じ考え方をしていた。
[46] William Jennings Bryan, *Speeches of William Jennings Bryan*, 2 vols. (New York: Funk & Wagnalls Company, 1909), 1: 212: Bryan, *The First Battle*, 596.
[47] ポール・ジョンソン（別宮貞徳訳）『アメリカ人の歴史』Ⅱ巻、共同通信社、二〇〇二年、一三三、三三二頁；西川純子・松井和夫『アメリカ金融史——建国から1980年まで』有斐閣選書、一九八九年、一五-一六頁。
[48] ロバート・ソーベル（安川七郎訳）『ウォール街二百年——その発展の秘密』東洋経済新報社、一九七〇年、七九頁；秋元『アメリカ経済の歴史』、一一九頁。
[49] アンドリュー・ウォルター（本山美彦監訳）『ワールドパワー&ワールドマネー：ヘゲモニーの役割と国際通貨秩序』三嶺書房、一九九八年、一一三頁；チャールズ・キンドルバーガー（中嶋健二訳）『経済大国興亡史』下巻、岩波書店、一九八二年、二二頁；根元忠宣『基軸通貨の政治経済学』学文社、二〇〇三年、一二九-一三〇頁。
[50] Allan Nevins, *Grover Cleveland: A Study in Courage* (New York: Dodd, Mead & Company, 1932), 128. モルガンとホイットニーの他には、ハミルトン・フィッシュ（Hamilton Fish）、ウィリアム・エヴァーツ、ジョン・ジェイコブ・アスター、リーランド・スタンフォード（Leland Stanford）、ジョゼフ・チョートらが同席した。
選挙資金についてはHirsch, *William C. Whitney*, 239. なお、ホイットニー自身も民主党へのトップクラスの多額献金者であった。
[51] *Congressional Record*, 49th Congress, 1st session, (1886), 2182.
[52] ブランド-アリソン法の提案者の一人リチャード・ブランド（Richard P. Bland）の回想にも国際金銀複本位制の考えが現れている。R. P. Bland and Henry V. Poor, "Debtor and Creditor," *The North American Review*, 127, Issue 263 (July-August, 1878), 117-132; R. P. Bland, "What Shall the Ratio Be? The Question of the Conference," *The North American*

Review, 155, Issue 428 (July 1892), 9-14; "The Financial Situation: I. The Democratic Party and the Currency," *The North American Review*, 156, Issue 437 (July 1892), 485-493 など。

［53］Cleveland, "First Annual Message to Congress," December 8, 1885, Parker ed., *The Writings and Speeches of Grover Cleveland*, 338-340.

［54］Cleveland to E. Ellery Anderson, February 10, 1891, Nevins ed., *The Letters of Grover Cleveland,* 245-246; Nevins, *Grover Cleveland*, 450. ステットソンについては、*The New York Times*, December 6, 1920. なお、ステットソンの弁護士事務所の共同経営者には、モルガンの義弟チャールズ・トレイシー（Charles E. Tracy）がいた。

［55］Francis Lynde Stetson to Cleveland, April 20, 1893, Andrew Carnegie to Cleveland, April 22, 1893, Jacob H. Schiff to Cleveland, August 29, 1893, Nevins ed., *The Letters of Grover Cleveland*, 322-324, 332-333.

［56］William Jennings Bryan and Mary Baird Bryan ed., The *Memoirs of William Jennings Bryan* (Chicago: Kennikat Press, 1925), 113; Samuel De Canio, "Populism, Paranoia, and the Politics of Free Silver," presented at the 2009 annual meeting of the American Political Science Association, 3.

［57］ボスの通貨論に関する無知については、常松『ヴィクトリアン・アメリカ』、一四〇頁を参照のこと。

［58］Bryan, *The First Battle*, 135-146.

［59］Bryan, *The Memoirs of William Jennings Bryan*, 328; Brian's speech, in Nevins, *Grover Cleveland*, 540.

［60］Grover Cleveland, " Special Session Message," August 8, 1893, in "The Papers of Grover Cleveland," ed. Gerhard Peters and John T. Woolley, *The American Presidency Project*, accessed November 25, 2012, http://www.presidency.ucsb.edu/ws/index.php?pid=70788.

［61］Brian's speech, quoted in Michael Kazin, *A Godly Hero: The Life of William Jennings Bryan* (New York: Alfred Knopf, 2006), 39. Adams to Gaskell, June 18, 1894, Worthington Chauncey Ford ed., *Letters of Henry Adams: 1892-1918* (Boston: Houghton Mifflin Company, 1938), 48.

［62］Brooks Adams, *Law of Civilization and Decay: An Essay on History* (New York: The Macmillan Company, 1896), x.

ブルックスの兄ヘンリー・アダムズも、弟同様自分たちブラミンの時代が終わりつつあるとの認識に立っていた。ヘンリーは、一八九三年九月、シカゴ万国博覧会を見学した際、アメリカの産業が生み出した数々の「機械化の帰結」を目にし、そのあまりの「一様さ」つまり多様性のなさにどうしようもない「救いのなさ」を感じた。それと同時に、自分が受けてきた教養教育がやがて通用しなくなることを痛感した。Henry Adams, *The Education of Henry Adams*, 248, 332-344.

［63］Arthur F. Beringause, *Brooks Adams: A Biography* (New York: Alfred A. Knopf, 1955), 98, 303-304; Thornton Anderson, *Brooks Adams: Constructive Conservative* (Ithaca: Cornell University Press, 1951), 213n3-4; Samuels, *Henry Adams*, 119.

［64］Anderson, *Brooks Adams*, 46; Beringause, *Brooks Adams*, 105; Samuels, *Henry Adams*, 113, 126.

［65］Samuels, *Henry Adams*, 126; Henry Adams to Gaskel, August 22, 1893 and Henry Adams to Sir Robert Cunliffe, February 17, 1896, Ford ed., *Letters of Henry Adams*, 30n2, 98-99.

ヘンリー・アダムズは、ロンバード街においてロスチャイルド家をはじめとするユダヤ系資本が強大となった結果、ロンバード街と密接な取引関係にあるウォール街はユダヤ系資本の言いなりになっているという陰謀史観を持っていた。この史観に立って、ヘンリーはクリーヴランドがユダヤ系資本の「手先」にもなっていると判断していた。Henry Adams to Brooks Adams, December 27, 1895, *The Letters of Henry Adams, Volume IV: 1892-1899*, ed. J. C. Levinson, et al. (Cambridge: Harvard University Press, 1999), 350.

［66］Henry Adams to Brooks Adams, June 25, 1895 and December 27, 1895, Ford ed., *Letters of Henry Adams*, 69-70, 92-93.

［67］Henry Adams to Brooks Adams, June 5, 1895, Ford ed., *Letters of Henry Adams*, 69.

［68］Adams to Elizabeth Cameron, July 13, 1894, September 24, 1894 and October 16, 1894, Ford ed., *Letters of Henry Adams*, 52-53, 56n1.

［69］Henry Adams to Cameron, March 14, 1895, in Samuels, *Henry Adams*, 128; Brooks Adams, *Gold Standard: An Historical Study* (Boston: Alfred Budge & Son, 1894).

［70］"Boston Bimetallism," *The New York Times*, February 28, 1984. ヒギンソン家からは、ヘンリー・リー・ヒギン

ソン（Henry Lee Higginson）が参加した。Henry Adams to Cameron, September 18, 1893, Ford ed., *Letters of Henry Adams*, 32.

ブルックスは他に一八九三年秋から冬にかけて、フランシス・ウォーカーやベンジャミン・アンドリューズとともに「国際金銀複本位制主義者（the International Bimetallists）」も結成した。Anderson, *Brooks Adams*, p.49.

［71］Whitney to Cleveland, October 31, 1894, in Hirsch, *William C. Whitney*, 475-476; Whitney to Cleveland, August 30, 1892, Nevins ed., *The Letters of Grover Cleveland*, 304.

［72］E. Benj. Andrews, "The Bimetallist Committee of Boston and New England," *The Quarterly Journal of Economics*, 8, No.3 (April 1894), 319-327; Francis A. Walker, *International Bimetallism* (New York: Henry Holt and Co., 1896), 243-254.

［73］Edward P. Crapol and Howard Schonberger, "The shift to global expansion, 1865-1900," in *From Colony to Empire: Essays in the History of American Foreign Relations*, ed. William Appleman Williams (New York: J. Willy, 1972), 181; Edward P. Crapol, *America for Americans: Economic Nationalism and Anglophobia in the Late Nineteenth Century* (Westport, Conn.: Greenwood Press, 1973), 270; Brooks Adams to Henry Cabot Lodge, April 11, May 6, 1894, in Walter LaFeber, *The New Empire: An Interpretation of American Expansion, 1868-1898* (Ithaca: Cornell University Press, 1963), 157.

［74］Allan Nevins, *Henry White: Thirty Years of American Diplomacy* (New York: Harper & Brothers Publishers, 1930), 109; Jason Tomes, *Balfour and Foreign Policy: The International Thought of a Conservative Statesman* (New York: Cambridge University Press, 1997), 181.

［75］*Congressional Record*, 53rd Congress, 2nd session (1894) 3611-24, 4527.

［76］Lodge, "The Results of Democratic Victory," *The North American Review*, 159, No.454 (September 1894), 277; John A. S. Grenville and George Berkeley Young, *Politics, Strategy, and American Diplomacy: Studies in Foreign Policy, 1873-1917* (New Haven: Yale University Press, 1966), 41, 105.

［77］Henry Adams to Sir Robert Cunliffe, February 17, 1896, Ford ed., *Letters of Henry Adams*, 98-99.

［78］Ford ed., *Letters of Henry Adams*, 57n, 75, 100.

［79］ Grover Cleveland: "Message to Congress on the Need for Action to Restore Confidence in Financial Soundness," January 28, 1895, ed., Peters and Woolley, *The American Presidency Project*, accessed November 25, 2012, http://www.presidency.ucsb.edu/ws/?pid=70650.

［80］ Vincent Philip Carosso, Rose C. Carosso and Vincent P. Carosso, *The Morgans: Private International Bankers, 1854-1913* (Cambridge, Harvard University Press, 1987), 325-327. なお、モルガンにはロバート・ベイコンとステットソンも同行した。

［81］ Cleveland to Don M. Dickinson, March 19, 1896, Nevins ed., *The Letters of Grover Cleveland*, 432.

［82］ William Jennings Brian, "Cross of Gold," in Bryan, *The Memoirs of William Jennings Bryan*, 498-499.

［83］ Bryan, *The First Battle*, 185, 206, 285.

［84］ Morison ed., *The Letters of Theodore Roosevelt*, 1:342-343, 509; Betty Boyd Caroli, *The Roosevelt Woman: A Portrait in Five Generations* (New York: Basic Books, 1998), 101-102. コールズは中でも時の外務次官サー・エドワード・グレイ（Edward Grey）とは大変に親しかったという。

［85］ Cleveland to Olney, September 12, 1895, Nevins ed., *The Letters of Grover Cleveland*, 407.

［86］ Hirsch, *William C. Whitney*, 508; David T. Beito and Linda Royster Beito, "Gold Democrats and the Decline of Classical Liberalism, 1896-1900," *The Independent Review*, 4, No.4 (Spring 2000), 556.

［87］ チャーナウ『モルガン家』上巻、一三九頁。James A. Barnes, "The Gold-Standard Democrats and the Party Conflict," *The Mississippi Valley Historical Review*, 17, No.3 (December 1930), 439-440.

［88］ Henry Adams to Brooks Adams, February 7, 1896, Ford ed., *The Letters of Henry Adams*, 96-97; Beringause, *Brooks Adams*, 150-152; Timothy Paul Donovan, *Henry Adams and Brooks Adams: the Education of Two American Historians* (Norman: University of Oklahoma Press, 1961), 90-93.

［89］ 根本忠宣『基軸通貨の国際政治学』学文社、二〇〇三年、一三二―一四九頁。金本位制の盛衰についての政治経済学的視点からの要約は、田所昌幸『「アメリカ」を超えたドル――金融グローバリゼーションと通貨外交』

中公叢書、二〇〇一年、一六－一八頁を参照。

［90］ James Thompson, "Rule Britannia," *The Works of James Thomson: with His Last Corrections and Improvements* (Strand, UK: A.Miller, 1763), 2:191. 一八世紀半ばのイギリスには、大陸とくにフランスの文化・芸術に対する劣等感にも似た憧れから脱し、自国の文化・芸術を再評価し、自国の精神的独立を勝ち取ろうとする精神的気概が一般的な国民の間にも広がっていた。Gerald Newman, *The Rise of English Nationalism: A Cultural History 1740-1830* (London: Macmillan, 1997), 65-68. リンダ・コリー（川北稔監訳）『イギリス国民の誕生』名古屋大学出版会、二〇〇〇年、三六－三八頁。

［91］ Elihu Root to Philip C. Jessup, September 15, 1930, quoted in Philip C. Jessup, *Elihu Root*, 2 vols. (1964 rep., New York: Archon Books, 1938), 2: 101.

［92］ United States Senate, *Reorganization of the Consular Service*, Report 112, 59th Congress, 1st session (Washington DC: G.P.O., 1906), 40-42.

［93］ Senate, *Reorganization of the Consular Service*, 1, 9.

［94］ Henry Cabot Lodge to Jonathan Lane, December 24, 1894, in Richard Hume Werking, *The Master Architects: Building the United States Foreign Service 1890-1913* (Lexington: The University of Kentucky, 1977), 43.

［95］ Francis B. Loomis, "The Proposed Reorganization of the American Consular Service," *The North American Review*, 182, No. 592 (Mar. 1906), 358-359 によると、書記官希望者に課された試験は、最低一外国語、国際法と外交慣例の基本であった。これに対し、Werking, *The Master Architects*, 100 によると、領事職の任用試験は、一外国語に加え、「特にアメリカと諸外国との貿易を増進・拡大する可能性に関連する、アメリカの天然資源・産業資源・商業資源、アメリカの商業」「政治経済、国際法・商法・海洋法の基本」を含むものとされた。Loomis, Ibid. によると、「容姿、物腰、話し方」も領事職の面接試験で問う適性の範疇に入っていた。Root to Seth Low, December 24, 1906, in Jessup, *Elihu Root*, 2: 107.

［96］ *The Nation*, 88 (March 4, 1909), 220; Jessup, *Elihu Root*, 2:108.『ネイション』誌の記事には、ハーヴァード経営管

理大学院に外交官養成の部署が創られることへの記者の期待が綴られている。しかしながら、この希望は実現しなかった。

［97］ Archibald C. Coolidge to Eliot, December 2, 1899, in Copeland, *And Mark An Era*, 3-4; Byrnes, *Awakening American Education to the World*, 39, 158-160; Waldo H. Heinrichs, *American Ambassador: Joseph C. Grew and the Development of United States Diplomatic Tradition* (New York: Oxford University Press, 1966), 97.

第三章 教育制度の世界標準化による国家指導者層の再編・強化

第一節　チャールズ・エリオットのハーヴァード改革

大学改革の目的

一八七九年、イギリスに身を置くようになっていた小説家ヘンリー・ジェイムズは、「高度な文明の中で、他の［西欧の］国々にはあって、アメリカの暮らし向きに欠けているものを数え上げてみると、まさにないないない尽くし」と嘆いた後、その欠如の例として「国王、宮廷、個人の忠誠心、貴族階級」、「大きな大学やパブリック・スクール――オックスフォード、イートン校、ハロー校」に「政治組織を持った社会、スポーツを愛好する階層」を挙げた[1]。

ジェイムズの悲嘆が真実だとすれば、アメリカにおいては、政治・経済におけるヨーロッパの先進国をモデルとした改革が進む中で、社会・文化の在り方——特に中等・高等教育制度——だけは旧態依然であったかのようである。確かに、アメリカには大統領とホワイトハウスはあっても、国王と宮廷はない。しかし、国家効率運動に参加した知識人や牧師たちは、政治・経済の世界標準化を支援すべく教育制度においても世界標準化へ向けた改革に既に着手していた。本章で以下論じていくように、ヨーロッパをモデルとして中等・高等教育課程——プレップ・スクール、大学およびファイナル・クラブ（一〇〇頁注［16］を参照）——をつくりかえようとしていたのである。

この改革の意図は、アメリカの世界大国化と、それに必要と考えられた政治・経済の世界標準化の実現のために、政界および官界に身を置いて高い能力を発揮する有為の人材を養成することであった。国家効率運動を推進した改革勢力は、そのような人材を社会的地位が高く教養も備えた身内の人々、つまり上流階級に求めた。だが、アメリカでは「尊敬すべき、教育の高い人々——特に若者たちの間での、政治問題についての関心の欠如」は日常的な現象であった[2]。前述のように、アメリカにおける政治家・官僚といった公務員は社会的地位が低く、特に上流階級の間では忌避すべき卑しい職業とみなされる嫌いがあった。そのために、改革勢力は有用な人材を惹きつけることができず、ヨーロッパ、特にイギリスに対して著しい劣位にあると憂慮していたのである。

前章で述べた通り、改革勢力は、イギリスをはじめとしたヨーロッパ諸国の政治・経済改革を見聞きし、それに乗り遅れまいと改革を推進しようとしていた。だが、農民や労働者——改革勢力とは接点がほとんどなかった階層の人々——の利害や意見を代表するポピュリストたちが改革の障壁として立ちはだかる。改革勢力は、この障壁を乗り越えるために、自分たちを支える人的基盤を強化する必要に迫られたのである。アメリカにおける教育制度の世界標準化はこうした目的の下に着手された。その旗手となったのが、国家効率運動における「リーダーシップを発揮して尊敬を集めて」いたチャールズ・エリオットである[3]。

チャールズ・エリオットは、一八三四年三月二〇日、ボストン・コモンの北側を東西に走るビーコン通りに面した家に生まれた。当時ビーコン通り以北のビーコンヒルの一帯は第二章第一節で触れたボストン・ブラミンの居住区であり、エリオット家もまたその一員であった。彼らブラミンは私財を投じて、ヨーロッパの学問・文化・芸術の輸入に励み、コスモポリタンの知的雰囲気を醸成していた。一八五六年にアメリカへ移住したアイルランド系イギリス人のエドウィン・ゴドキンは、ブラミンの文化的貢献を激賞している。彼のような一八五〇—六〇年代にアメリカを訪れたイギリスの自由主義者にとって、ボストンは意気投合できる友人を見つけられる数少ない場所の一つであった[4]。このボストンとその近郊ケンブリッジを中心とするニューイングランド地方が、アメリカにおける教育制度の世界標準化のための改革の震源地となった。

ハーヴァード大学で化学と数学を専攻し、若くしてマサチューセッツ工科大学教授の座に就いていたエリオットが、母校の理事会から学長職に迎えられたのは一八六九年、弱冠三五歳の時である。エリオットは、学長就任演説において自らの運営方針を高らかに宣言した。都市化・工業化に伴い、様々な分野で専門知識がかつてないほど必要とされている当時の要請に応えるべく、ハーヴァードを公共に奉仕する「高度な専門性を備えた専門職のための特別な訓練」機関に改革する、というのである。[5]

エリオットが母校を専門職養成機関へと改革する動機となったのは、他のマグワンプ（第一章第二節を参照）と同様、ヨーロッパの都市運営をつぶさに見学したことであった。一八六三年にハーヴァード大学を卒業し、所謂グランドツアー先のヨーロッパで遊学した際、エリオットはヨーロッパの都市運営が「最高の知性と技術、最高の職業的名誉と実務能力を有する人々」によって「効率的に」行われている様に感銘を受ける。彼の見たところでは、ヨーロッパの公務員がそのような有為の人材たらしめたのは、「長い間有名な学校」が彼らを「公共事業の計画と指揮に向けて訓練」してきたからであった。エリオットはここに母国アメリカで自らが果たすべき使命を見た。すなわち、国家運営に高い能率をもたらすために、国家と産業の発展に情熱を以て献身する有能な指導者たちを育成する場となるよう、全米の大学を改革することである。[6]

学長就任以後エリオットは、母校ハーヴァードをこの遠大な改革の先駆者かつ模範とするために、四〇年にわたって改革の旗を振り続けることになった。彼は宣言通り、一九〇一年には医科大学院の大改造を成し遂げ、一九〇六年には応用科学大学院を創設し、学長として申し分のない業績を残し、一九〇九年に学長の座を退いた。エリオットの名は、ハーヴァード大学をマサチューセッツ州の名門大学から世界に誇る教育・研究拠点へと発展させる礎を築いた学長として、歴史に記憶されることになる。

法科大学院のカリキュラム改革

アメリカはその誕生以来ロイヤーの国であり、法律家は政治立法に欠かせない存在であった。ゆえにエリオットは、法律家の専門性を高めることが国家効率運動の推進に不可欠であると考えていた。その改革への意思は法科大学院長の人選に現れている。彼が白羽の矢を立てたのは弁護士クリストファー・ラングデル（Christopher C. Langdell）であった。エリオットは、学生時代ラングデルとともにハーヴァード大学の有力なファイナル・クラブの一つ、フライ・クラブに属し、彼の資質を買って親しく付き合っていた。[7]

ラングデルは、一八二六年ニューハンプシャー州ニュー・ボストンの生まれで、イングランドからアメリカへ移住してきたスコッチ・アイリッシュの家系の出である。有名なプレップ・スクールの一つ、フィリップス・エクセター校（Philips Academy at Exeter）を一八四八年に出た後、ハーヴァード大学・法科大学院をそれぞれ一八五〇年、一八五四年に卒業・修了した秀才であった。その後ニューヨークに出て弁護士として働いていたが、鬱屈した日々を過ごしていたようである。エリオットから就任要請を受けた頃のラングデルは、ウィリアム・トゥイードをボスとするタマニー・ホール（第一章第一節を参照）が、ニューヨークの司法と政治を腐敗させている状況に嫌気が差していたのである。

腐敗の根源は、タマニー派が、賄賂とパトロネージを通じて弁護士および裁判官と癒着していることにあった。タマニー派はこの癒着関係を利用して、裁判の進行・結果までを好きなように采配した上に、数に物を言わせて議会の司法委員会の椅子をも独占していた。ラングデルが勤務していた法律事務所の代表は先述のドーマン・イートンで、彼はトゥイード・リング（Tweed Ring）への反対キャンペーンを展開したが、それも虚しい結果に終わってしまう。ラングデルは失望し、ニューヨークの弁護士業から離れ、趣味の歴史研究に没頭したいとすら願うようになった。経験も実力もあったラングデルが隠遁生活を望んだのは、無名の自分を非力だと認識していたからである。[8] だが、丁度そこに旧友のエリオットから協力を求める声がかかったのである。

タマニー派に対抗するには、立法と司法の世界に清廉で有能な法律家を大勢送り込む必要があることはラングデルにも自明であった。そのためラングデルはエリオットからの誘いを歓迎したが、ハーヴァードの理事会は無名の自分を受け容れないだろうと悲観していた。けれども、これは杞憂に終わる。ラングデルは一八七〇年デーン記念講座教授に着任し、その後間もなく法科大学院長に昇格した。以後一八九五年まで在任した後、一九〇〇年にはデーン記念講座名誉教授に退き、一九〇六年にケンブリッジで亡くなった。

エリオットの回想によれば、理事会がラングデルの就任を認可したのは、ニューヨーク市弁護士協会で高い権威を認められた二人の弁護士クーリッジ・カーター（J. Coolidge Carter）とジョゼフ・チョートがラングデルを非常に高く評価したからであった。カーターは、チョートと同じく国家効率運動で活躍していた人物で、後の一八九二年には、ニューヨークの都市問題に対処する行政の「効率性」を昂進させることを目的に創設されたシティ・クラブ（the City Club of New York）の初代会長となった。[9]

ニューヨークでの弁護士生活を通じて、ラングデルは、「商業組織の一部」としての「顧問」ばかりを世に送り出している従来の教育方法、すなわち州の弁護士資格試験とその後の法律事務所でのインターンシップだけでは、時代の要請に応える法律家は養成できないとの実感を持つに至っていた。そこで彼は自らの改革目標を、ハーヴァード法科大学院を「国家への貢献」を果たす教育機関として確立することに定めた。すなわち、その修了者が「法の執行」において国家に対し「最高かつ最善の貢献」を果たすに十分な「訓練と学識」を有することを保証する専門職養成機関へと変貌させることに、である。[10]ラングデルが人材育成のモデルとして選んだのは、元上司のドーマンが改革の模範として仰ぎ見たイギリスのバリスター（barrister）であった。バリスターとは、法廷での弁論、証拠調べ等を行う法廷弁護士のことだが、ソリシター（solicitor）と呼ばれる事務弁護士と異なり、依頼人の代理人（attorney）となることはなかった。したがって、事件に関与するのは、法廷での弁論が必要となりソリシターからの委任を受けてからである。しかし、バリスターしか上位裁判所での弁論権を付与されていなかったため、ソリシターは委任の義務を負っていた。

バリスターの地位がソリシターよりも上位に置かれていたのは、彼らが高度な専門的知識と弁論術を有したからである。バリスターの資格は、ロンドンの非営利の弁護士組織たる法曹院（Inn of Court）を修了しなければ得ることができなかった。法曹院は「イングランド第三の大学」と呼称され、古くは貴族やジェントリおよびそれらの子弟が在校生の大半を占めており、その教育水準はオックスブリッジに匹敵していた。[11]教育水準の高さは一九世紀後半以後も変わらず、バリスターは法律的な論点についての専門的助言を与える専門職としての地位を保持し続けた。ラングデルは、このバリスターこそ「学識があり、自由に満ちた最高級の職業」だと語っている。

学術的知性こそ公共に奉仕する法律家に求められる専門性と独立性の鍵だという考えに基づいて、ラングデルは、一八七〇年、教科書の暗記が主体だったカリキュラムを、ソクラティック・メソッド

(Socratic method) と呼ばれる教育方法へと転換した。その特徴は、判例を用いて法律の「原則・法理」を学ぶケース・メソッドにある。そこでは、「学生たちが自らあらゆる素材を考慮に入れたうえで、事例を綿密に分析し、自らがその論理を批判的に検討し、その確実性、健全さを判断するまでは、他人の判断を受け容れないよう要求される」。ラングデルの教え子の一人ルイ・ブランダイスによると、この教育方法は、公正中立な法律家に必要な「知的な独立独行の習慣」を養う効果を持っていた。[12]

法科大学院の教授陣の採用にあたっても、ラングデルは、法律家としての実務経験よりも、法律に関する学術的知識の豊富さを基準にした。例えば、ジェイムズ・バー・エイムズ (James Barr Ames) は実務経験の全くない純然たる法学者であった。オリヴァー・ウェンデル・ホームズ (Oliver Wendell Holmes Jr.) はボストンの海事法・商法を得意とする弁護士だったが、同時に、米英両国で認められたコモン・ローの専門家でもあった。[13]

加えて、ラングデルは進級や入学に関する制度も変更した。一八七一年度に学位希望者は進級試験に及第しなければならないものとし、一八七八年度には進級試験の優秀成績者には名誉学位を授けることとした。一八七八年度に法科大学院の課程年数を三年とし、一八九四年度には入学試験の科目数が一外国語分増加され、大学で学士号を取得していない者には試験を義務付けた。一九〇〇年度には学士以上の学位の所持を入学要件としたが、これはラングデルがもともと、法科大学院は法律の専門知識を集中的に学ぶ場で、法律以外の分野についての教養的知識は学部で獲得すべきものと考えていたためである。[14]

学術的卓越を重視したラングデルの精神は、法科大学院内に能力主義の気風を育んでいった。

一八八七年、ラングデルの名を冠した院生クラブが、院生による法学研究を発表する場として、評論誌『ハーヴァード・ロー・レビュー（*the Harvard Law Review*）』を発行した。法学研究は院内の一部の優等生にしか許されていなかったため、『レビュー』への論文掲載は知性の高さの証左と受けとめられ、院生たちは掲載を目指して学習に励んだ。こうした『レビュー』の効果を、エイムズとブランダイスをはじめとする教授陣や卒業生も歓迎し、『レビュー』の運営費を一部工面している。一九〇二年には、『レビュー』の編集委員も第一学年の成績をもとに選ばれるようになり、能力主義によって鍛えられていた学生たちの競争心を一層刺激した。[15]

ハーヴァード法科大学院での三年間を回顧して、ヘンリー・スティムソン（一八九〇年卒）は「自立的思考」「独自の推論」の尊さを学んだと述べ、ディーン・アチソン（一九一八年卒）は「知的な目覚め」「思考の力の発見」を体験したと述べた。彼ら未来の国家指導者たちは法科大学院での学習を通じて、情報を集めそこから事実を抽出し、筋道を立てて物事を把握し、行動の方針を立てる思考体系を身に付けたのである。ソクラティック・メソッドと学生による法学評論は、その学習効果が認められ、やがて全米のアメリカの法科大学院に普及していった。[16]

ラングデルに全幅の信頼を寄せていたエリオットは、以上の法科大学院改革を後押しした。後年彼は、畏友が達成した業績を次のように称賛した。

ラングデルを法科大学院長に据えたことは、一八七〇年および七一年の医科大学院の再建と、履修選択制度の発展のための長い戦いとを除けば、私がハーヴァード大学のために成した最良の仕事であった。[17]

履修選択制度の制定に込められた壮大な意図

法科大学院のカリキュラム改革は一応の成功を収めたが、エリオットは自らの大学改革が完遂したとは思っていなかった。ラングデル同様エリオットも、法科大学院をはじめとする大学院が高度な専門知を習得する場だとすれば、その基礎となるリベラル・アーツは学士課程を担当するハーヴァード・カレッジ（Harvard College）で行われるべきだと考えていた。ところが、エリオットが学長に就任する以前のハーヴァードでは、未だにリベラル・アーツとは古典の暗記を意味するものでしかなかった。

教授団の中でエリオットの改革案に反対した者たちの間では、大学とは、古典教育によって「オールラウンド型の人間」を育てる場であるべきで、専門職養成に特化すれば「偏った人間」を育成してしまうという意識が根強かった。このため彼らは、学生たちは大学四年間を通じて、それまで通りギリシャ語、ラテン語、ヘブライ語、英語、イタリア語、数学（基礎・応用）、物理学、哲学、倫理学、論理学、修辞学、雄弁術、歴史・自然史等を履修すべきだとし、かつ、それらの履修選択は全てチューターの指導に従って行われるべきだと主張した。

これに対してエリオットは、アメリカの大学は、ヨーロッパ、特にドイツの大学に遅れることなく、専門職を育成する教育機関に生まれ変わらなければならないと信じていた。彼にとって、何の時代的考慮もなく古典教育に固陋し、しかも学生たちの興味・関心を無視して履修させることは視野狭窄以外の何物でもなかったのである。エリオットは『紳士になる』ためには古典の学習が必要だという低俗な議論は軽蔑にさえ値しない」と、自らの改革案に対する反対意見を一蹴した[18]。かくして、履修選択制度は一八七三年度にハーヴァード・カレッジに導入された。

配当された科目群は八つで、そのうち三つは、上述した古典教育の科目にサンスクリット語を加えた「古典」「数学」「物理学」である。残りの五つが新設科目で、エリオットが考える新時代の教養が反映された。すなわち、「現代言語（英語・イタリア語に加え、ドイツ語、フランス語、スペイン語が新設された）」「政治学」「化学」「自然史（新たに地理学、解剖学および生理学、動物学、地質学が盛り込まれた）」「音楽」である。以後もハーヴァード・カレッジの科目群の数は増え続け、それに対応して教養教育を提供する人文・科学学部（the Faculty of Arts and Sciences）も増員された。一八八六年度までには、一五三の通年科目、六一の半期科目および集中科目が開講され、一八六八年度には二三人しかいなかった人文・科学学部の教員数も六一名にまで増えた[19]。

エリオットは、履修選択制度を実施した理由を四つほど述べている。第一に、増設された科目群の名称からも明らかなように、彼が開設を目指していた専門職大学院で必要となる基礎知識を学生たちに伝授し、大学院で提供する専門教育への興味・関心を喚起するためであった。第二に、学生たちが自分の興味・関心、そして習熟の段階に応じて科目選択をした方が、科目内容を効率良く理解でき、深い探究心と高い専門性が養われると考えたからである[20]。

これらの理由は、専門職大学院を大学の中心に据えようとしたエリオットにすれば、ごく自然な理由と言えよう。だがここで、彼の大学改革のそもそもの目的は、高度な専門性を備えた専門職を国政の主たる担い手として送り出すことにあることを想起されたい。大学教育における専門性を向上させただけでは、この目的を達成することはできない。このことはエリオットも十二分に考慮していた。彼が履修選択制度を導入した理由をさらに分け入ってみていけば、彼が壮大な構想をもって母校を改革していったことが了解されるであろう。

第三は、学生たちに自らの「知性と人格」により履修選択をするという「責任を課す」ためであった。それによって、彼らが「自己指導および自己管理に求められる能力」つまり「精神力」を獲得することを期待したのである。専門知識・技術を獲得するには、観察力・熟考力・感受性などの資質が欠かせないが、エリオットはこれらの資質の根源を「精神力」と呼んだ。言い換えれば、自己管理能力のない者は専門職たりえないと考えたのである。そういうわけで彼は、たとえ医科大学院や応用科学大学院のような新しい科学分野の専門家を養成する機関であっても、その教育理念においては「精神を積極的に鍛えることが至上目標」と定めた。[21]

個人の精神生活を重んじるユニテリアンらしさが溢れる教育目標である。この内面重視の姿勢にこそ、エリオットが本質的には古典的な教育思想の持ち主だったことがみてとれよう。彼は旧態依然の古典教育に異を唱えながらも、教育が目指すべき「最高の到達点」は依然として「人格」の陶冶であり続けると固く信じていた。[22] 教育が伝えるべき精神的価値観について、エリオットは次のように述べている。

> 民主主義国がその全ての子どもたちに教えるべき［中略］倫理的原則は、他者に対してなされる奉仕こそが、自身の充足と幸福の最も確実な源だという、我々にもなじみの深いキリスト教の教義である。

［中略］子どもたちは、大いに公の役に立ちたいという願望こそ、あらゆる大志の中で最も尊いことを学ぶべきである。彼らは、大なる奉仕をなしてきた男女が［中略］永続的な感謝と名誉を獲得してきたことを伝記や歴史［の学習］において示されるべきである。[23]

エリオットはここに示されている公僕のエートスを「美徳」と呼んだが、ここにもやはり古典志向が顔を出している。確かに、「美徳」の伝授は専門職養成に欠かすことのできないプロセスであろう。だがそこで敢えて、歴史的事例から帰納的に学ばせるという方法論を強く推奨するところに彼の深遠な意図が込められている。実際、彼の歴史尊重は一貫したスタンスであった。彼は歴史教育に「格別の注意」を払うことを繰り返し求め、理系専攻者にさえ「歴史を十分に知っていること」を要求している。[24]歴史へのこだわりは、エリオットの出自によるところが大きい。彼は、己の体内を流れる血が、マサチューセッツ州植民地の始祖たちから脈々と受け継がれてきたことを強く意識していた。このことをうかがわせるのが次の一節である。

我々は、父祖たちがとても賢明に築いた堅固な古い家の土台［＝植民地時代以来築かれてきた価値観の体系］を削りとってはならない。［中略］我々の子孫たちに何世代にもわたって伝えよう。父祖たちから受け継いだ宗教・教育・慈善活動という計り知れないほどの価値を有する文化制度を。そして、子孫たちに伝えよう。真心をこめてこれらの制度を大切にすることによって、強靭で十分なままにしておくにとどまらず、さらに大きく、美しく、豊かなものにして。[25]

エリオットによれば、右記の「文化制度」は「アメリカ諸州の歴史的基礎であり、今日［アメリカが］依って立つ主たるもの」だが、この制度の核心として代々受け継がれてきたのが「美徳」なのである。祖国が世界規模での国家間競争の時代へと突入しようとする中で、彼は「美徳」を歴史的観点から見つめ直した。その成果として、「美徳」の維持が民主主義国の繁栄の必要条件であり、当時の時代状況下で一層その価値を高めているとの確信を得た。[26] この確信から、学生たちに歴史の学習を通じて「美徳」を学ばせるべきだとの結論が導き出されたのである。

エリオットの言う「美徳」とは、端的に言えばボストン・ブラミンが「高徳者」として振舞っていた旧時代の精神的遺産である。第一章第一節で触れたように、彼はアメリカ史の教官にヘンリー・アダムズを選んだが、その出自は「美徳」の伝道者に相応しいものであった。アダムズは、その姓が示す通り、建国の父の一人ジョン・アダムズ（John Adams）を輩出し、ジョン・クインシー・アダムズ（John Quincy Adams）と合わせて二人の大統領を送り出した名門アダムズ家の一員である。

ただし、エリオットを懐古趣味のマグワンプと見くびってはならない。実家の破産を体験した彼は、かつてのボストン・ブラミンの栄華が再び咲き誇ると信じるほど純真ではなかった。成熟した知識人で、時代を冷静に見つめる目をもっていた。その冷静さは、古い指導者層がやがて活力を失い、新しい指導者層に取って代わられる必然性を、いや必要性を認めるに十分であった。ドイツの王族を招いての公式晩餐会の開宴演説で、彼は次のように述べている。

民主主義は旧家を保存し活用する。民主主義は海外出身の強い血も活用する。〔中略〕民主主義の社会的流動性こそが、個人の優秀さが受け継いだものであろうとなかろうと、それに相応しい地位を与えられることを可能にし、かつて優秀であった世代の無用な子孫たちを静かに排除することを可能にするのである。[27]

社会的流動性こそ、かつてエリオットを没落の危機に陥れた主たる原因だった。しかし彼は、それこそが民主主義国の統治機構を再活性化させる強みなのだと肯定している。さらに踏み込んで彼は、社会的流動性をアメリカがヨーロッパ先進国を凌駕する制度的根拠としても捉えている。[28]アメリカは階級が固定化されていないからこそ、それが固定的なヨーロッパよりも多くの優れた国家指導者を輩出する潜在能力を有すると考えたのである。

社会的流動性を肯定しながらも建国の父たちの末裔としての矜持を失わなかったところに、エリオットの偉大さがあると言えるかもしれない。精神的活力にあふれる彼は、「旧家」たる旧指導者層の没落がただちに、その文化的・精神的資産たる「美徳」を無効化すると短絡しなかった。その反対に、「海外出身」の移民を含む新指導者層にも伝授すべき価値観として「美徳」を再評価している。それとともに、旧指導者層にも、「美徳」を新指導者層へと伝授するという役割を果たすという点で、存在し続ける価値があると結論した。この新境地に至ったエリオットは、ある一つの壮大な構想を思い描いた。

もし社会が全体として流動的、開放的であることによって進歩していくものであるなら、成功して

> 人に抜きん出た人々はそのまま代々引き継がれるべきである。それによって、高水準の社会は絶えず拡大され、由緒正しく高潔で洗練された人々が着実に増えていく。そして次々と誕生してくる新興の人材が、これらの上位の階級を強化する役目を果たすだろう。［中略］他に抜きん出た家族が確実に存続することは、このような家族が次々と誕生することと同様に重要なことである。[29]

エリオットが母校ハーヴァードから大学改革の狼煙を上げたのは、新旧の指導者層を大学という知的空間に集め、そこで一つの国家指導者層として再編・強化することを夢見たからである。これが彼なりの「美徳」の実行であった。彼の議論が正しければ、新しい高等教育課程を経て創成される国家指導者層は、その精神性と専門性の高さによりアメリカの発展を支え、やがて世界の頂点へと導く原動力となるはずだからである。

そのように考えると、履修選択制度導入の第四の理由に、年齢や学年の異なる学生――下級生と上級生、学部生と大学院生――が一堂に会することが挙げられた意味がより明確になる。学生たちが互いの様々な差異を超えて学び合い教え合うことで、「共に出席している科目を修得するという目的の下に一致団結し」、「知的追究における共感」を通じて友情を育み、知的刺激を与え合うことをエリオットは期待した。この共通体験の記憶が新旧指導者層の「美徳」を媒介とした一体化にとって不可欠だと考えていたからである。

> 民主的な共同体における教育は［中略］全ての子どもに対して、その共同体を構成する個人が、たと

え［社会において果たす］役割、能力や業績において際限なく多様であったとしても、共同体が本質的には統一体であるという観念を植え付けるべきである。[30]

共同体の統一性――共通体験の記憶によって強化された「美徳」による連帯――が欠如したまま、個人の多様性――新旧指導者層がただ入り乱れた状態――だけが増していけば、民主主義は機能しなくなり、共同体は解体へと向かうことは必然であろう。エリオットは民主主義の本質を深く理解した上で、国家指導者層の再編・強化に乗り出したのである。

ハーヴァード・カレッジの入試制度改革

より強力で規模の大きい国家指導者層を創出するためには、従来は高等教育を受ける機会をあまり有しなかった人々をもハーヴァードに呼びこむ必要があることは論をまたない。ゆえにエリオットは、「いかなる国家においても、高等教育機関は国家の歴史と国民性とを常に鋭敏に反映する正確な鏡であるべきだ」と、アメリカの大学の民主化を訴えた。[31]この点で最もその改革が急務とされた制度は、ハーヴァード・カレッジの入学試験制度である。

エリオットが学長就任後キャンパスで眼にしたのは、プレップ・スクール出身の学生たちがハーヴァード・カレッジを「牛耳っている」様であった。プレップ・スクールには何度か言及してきたが、北東部を中心に創立された私立の寄宿舎学校で、長老派教会（the Presbyterian Church）や聖公会教会（the Episcopal Church）といったアメリカのプロテスタント宗派を母体とする中等教育機関を指す。在籍生徒も裕福な上流階級の子どもが圧倒的に多かった。

実際のところ、当時のハーヴァード・カレッジの入学者の大半はプレップ・スクール出身者であった。一八六九年度から一八七四年度のハーヴァード・カレッジへの入学者数は年平均で一八八・六であった。出身校種別の入学者数は、同じく年平均で、公立学校出身者は五八、アカデミー（endowed School / academy）出身者は四八・六、私立学校（private school）出身者八二・七、家庭教師による個人指導を経た者は三九・七、他の大学出身者は七・五となっている。[32] この統計には若干分かりづらいところがあるので、ハーヴァード大学学長の理事会に対する年次報告書の説明に沿って補足しておく。

まず学校の種類についてであるが、アカデミーは、寄付金によって運営され、貧しい家庭の子どもに対して授業料免除あるいは減免する特別措置を有していた私立学校である。アカデミー以外の「私立学校」とは、私有財産によって運営され、そのような特別措置を有していなかった私立学校である。けれども、この区別にはあまり意味がなく、両者を合わせてプレップ・スクールとして統計すべきだったと思われる。何故なら、アカデミー以外の私立学校も寄付金を募っていたからである。しかも、上述の期間で最も多くの卒業生をハーヴァードへ進学させた学校はフィリップス・エクセター校（一七七一年創設）というアカデミーであり、そのライバル校フィリップス・アンドーヴァー校（Phillips Academy Andover, 一七七八年創設）もアカデミーであった。[33] いずれも今なお大変高名なプレップ・スクールである。

次に統計の数字についてだが、困ったことに、アカデミー出身者数と私立学校出身者数との間に重複があることが、年次報告書執筆者自身によって度々断り書きがなされている。これもまたアカデミーとアカデミー以外の私立学校を区別することの無意味さを裏付けている。さらに、私立学校出身者と家庭教師による個人指導を経た者との間にも重複があることも断られている。この原因は、家庭教師による個人指導は、プレップ・スクールへの入学が常態化する以前は上流階級の子どもの教育の常であったことや、プレップ・スクール卒業生でいわゆる「大学浪人」をすることになった上流階級の子どもが家庭教師を頼っていたこと等であろう[34]。

統計の不正確さからは、エリオットを長とするハーヴァード大学当局による統計の手法がかなり拙かったことが推察される。だが、大学当局が入学者の入学以前の教育歴を調査していたのは、ハーヴァード・カレッジへの入学者数のうち、公立学校出身者が三分の一にも満たないという状況を問題視し、それを客観的な指標で示そうとしたからである。公立学校は基本的に税金によって運営費が賄われているため、生徒が通学するのに高額の授業料の支払を要しない。これに対して、プレップ・スクールは次節で後述するように高額の授業料を要する私立学校であった。そのプレップ・スクール出身者がハーヴァードにおいて多数派にあったということは、中等教育にお金をかけることのできる富裕層の子どもがハーヴァードのキャンパスにおいて数的優位にあったことを示している。

数において公立学校出身者を圧倒するプレップ・スクール出身者は、キャンパス内のクラブ社会の中で優勢を誇っていた。エリオットは、学生クラブは健全に運営されさえすれば、学生間の同輩関係を醸成し、知的な切磋琢磨を充実させる最高の教育機関足り得ると述べており、学生クラブの教育的効果そのものは決して否定しなかった[35]。しかし、当時のクラブ社会には、学問的卓越と人格形成という大学本来の目的から逸脱する嫌いがあるとエリオットは感じていた。特にエリオットが問題視したのは、前述のポーセリアン・クラブの在り方であった。

エリオットのポーセリアンに対する反感は、彼がまだハーヴァード・カレッジの学生だった時から始まっている。ボストン・ブラミンの旧家に生まれ頭脳明晰だった彼は、学生たちの間でも一目置かれた存在であった。だが、学部の最終学年に進んだエリオットは、キャンパス内のクラブ社会を驚天動地させる一つの事件を引き起こし、自らの高踏を示した。ポーセリアンからの入会の勧誘を拒絶し、フライへの入会を選択したのである。ユニテリアンだった彼は、後年この勇断の動機についてピューリタニズム溢れる説明をしている。ただでさえ社交生活に明け暮れる「同級生を軽蔑していた」が、ポーセリアンの会員たちに至っては酒盛りなどの「放蕩」に耽けっていたからだ、と。[36]

さらに悪いことに、学生たちの間では、ポーセリアンは究極的には出自やコネを基準に会員を選抜していると思われていた。エリオットと同じくポーセリアンではなくフライを選んだ人物にジョゼフ・グルーがいるが、彼の証言では、フライは「家族のコネクションよりも個人の業績や人気」を元に会員を募っており、ポーセリアンよりも「民主的」なクラブであった。[37] つまり、ポーセリアンの会員に選ばれるための学生間競争は開かれたものではなく、したがって、真の能力主義に則っていないとみなされていたのである。

にもかかわらず、ポーセリアンがハーヴァードのクラブ社会に君臨していたところに、エリオットは自らの目指す国家指導者層の再編・強化を阻害する要因をみたのである。ポーセリアンの地位が不動なものである限り、言い換えれば、クラブ社会に構造変化がもたらされない限りは、学問的卓越の軽視が助長され、能力主義に基づく学生間競争が阻害される恐れが常にあった。ここに、もっと幅広い階層の子どもたちから学生を募うことにより、キャンパス内の学生の階層構成を組み替える必要性があったのである。

学長となったエリオットは、公立学校出身者の入学数を増やすことによって、「教授、牧師、地方の内科医、弁護士」の子どもから「農民、機械工、熟練工、事務員、小売商」の子どもまでハーヴァード・カレッジに集うようにしたいと、大学を民主化させる意向を表明した。その実行のネックとなったのが、入試科目にギリシャ語、ラテン語が含まれていたことである。これらの言語は、プレップ・スクールでは必修科目だったが、公立学校では配当がないことが多く、生徒たちは学ぶ機会を与えられていないことがしばしばであった。そのため、公立学校出身の生徒たちは初めからハンディキャップを背負うことになっていた。

ギリシャ語やラテン語は古典を原典で学ぶには必須であったが、大学を専門職養成機関にしたいエリオットからすれば、ギリシャ語、ラテン語の代わりにフランス語やドイツ語などの「現在使われているヨーロッパ言語」を教えた方が有用であった。古典は英語でも読めたからである。エリオットは種々の抵抗を退け、一八八六年にギリシャ語を、一八九八年にラテン語を入試の必須科目から除くことに成功した。その結果、一九一三年までには「従来はハーヴァードに入る準備をしていなかった」公立学校出身の優秀な生徒が入学者のおよそ四割を占めるようになったのである。[38]

「隔離状態（segregation）」の発生

チャールズ・エリオットは、国家指導者層の再編・強化のために大学の民主化を推し進めるべく、公立学校出身者にもハーヴァード大学への門戸を開き機会の平等を実現しようとした。ところが、この改革は思わぬ副産物を産んだ。それをエリオットに指摘したのはローレンス・ローウェルである。ローウェルは、一八七七年にハーヴァード・カレッジを最優等で卒業し、一八八〇年に同法科大学院を修了した俊英であった。

彼はボストンで弁護士となったが、国家効率運動の一環たる公務員制度改革への強い関心から政治学研究に勤しんだ。その成果として、一八八九年にはウッドロウ・ウィルソンの『議会政治（*the Congressional Government*）』に対する反論として『政治随想（*Essays on Government*）』を、一八九六年にはヨーロッパの政党政治に関する著作をそれぞれ上梓して、政治学上の業績を認められた。ローウェルは、一八九七年にマサチューセッツ工科大学の信託者の一人となったが、同じ年にエリオットの要請で母校の講師となって、ヨーロッパの現行政治制度に関する授業を担当した。一九〇〇年には再びエリオットの要請に応えて政治学教授へ昇進した。一九〇三年には自ら希望したドーマン・イートンを記念した政治学講座の教授に就任した。後にローウェルは、一九〇九年にエリオットの後を継いでハーヴァード大学学長に就任し、一九三三年まで同職を務めることになる[39]。

実に輝かしいキャリアであるが、「ローウェル家はキャボット家とのみ会話し、キャボット家は神とのみ会話する」とまで唱われたボストン・ブラミンの名門ローウェル家の一員だったローウェルにとっては、さして驚くにあたらない経歴に過ぎなかったかもしれない。その彼が、一九〇二年のエリオットへの書簡の中でこう警鐘を鳴らしたのである。ハーヴァード大学のキャンパス内において、「大学の基礎にあるべき民主的感情の喪失」につながる、学生たちが「富」を持てるか持たざるかという「俗物根性で分裂するという大いなる危機」が生じている、と。[40]

ハーヴァードにおける分裂の危機とは、キャンパス内で学生間の隔離状態が発生したことであった。公立学校出身の学生が増えるに連れて、多数派としての地位を失いつつあった特権的な階層出身の学生たちは、マウント・オーバーン街に集中的に居住した。そうして「ゴールド・コースト」と呼ばれる自分たちだけの居住区域を創り上げ、特権的でない階層出身の学生たちを自分たちのコミュニティから排除したのである。

ウッドロウ・ウィルソンの敗北

キャンパス内の分裂状況を前に、ローウェルは学生寮を増設し、全学生の居住を命じることを提案する。分裂状況の原因が、当時学生数の増加に見合うだけの学生寮がなく、学生に居住の自由を認めていたことにある、と考えてのことであった。エリオットも学生寮の増設の必要性を認識していたが、しかし、医科大学院の拡充、応用科学大学院の新設に多大な費用がかかるため、収入源とはならない学生寮を増設することを渋った。[41] 学生寮の建設はエリオットの後任たるローウェルの手に託されることになった。

けれども、エリオットが学生寮の建設を急がなかったのは、予算だけが理由ではない。既に述べたように、彼は、上流階級が織りなすクラブ社会の教養文化に一定の教育的効果を認め、大学の民主化を通じてそれをより幅広い階層にも普及させようとした。つまり、彼の改革の意図はクラブ社会自体の根絶ではなく、それをもっと民主的な知的共同体へと発展させることにあった。ゆえにエリオットは、学生の忠誠心の対象がクラブから大学へと自然と移ろっていくのを待つことにして、専門職大学院の設置を優先したのである。[42]

他方、ニュージャージー州にあるプリンストン大学では、一九〇二年、クラブ社会の教育的効果を正面切って否定する政治学者が学長に就任した。ウッドロウ・ウィルソンである。彼もまた国家効率運動に献身した一人だったが、彼には忘れ得ない一つの思い出があった。一九〇一年六月、当時プリンストン大学教授だったウィルソンが、セオドア・ローズヴェルトのサガモア・ヒルの自宅で開催された会議に招待された時のことである。

その会議は、能力主義に基づく公務員制度改革に賛同する関係者が集められていた。ホストを務めていたローズヴェルトは、会議の最中ウィルソンにこう声をかけた。エンディコット・ピーボディや自分とともに、ハーヴァード、イエールそしてプリンストンそれぞれの大学当局に対して、それらの大学に属する学生たちが政治の世界に入るよう協力を要請しよう、と。ウィルソンは、サガモア・ヒルの会議での収穫を「多くの理念にとても勇気づけられた」と振り返っている。[43]

プリンストン学長となったウィルソンは、イギリスのオックスブリッジを模範にした「プリンストンの知的発展と学問の再活性化」を目指して精力的に改革に取り組んだ。ローレンス・ローウェルがハーヴァードに導入するよりも早くに、プリンストンで開始されたチューター制度（the tutorial system）はその成果の一つである。勢いに乗ったウィルソンは、エリオットでさえも成し得なかった大胆な改革を断行しようと行動に出る。[44]

その改革とは、一九〇六年一二月ウィルソンがプリンストン大学理事会に提示した「中庭計画（the

Quadrangle Plan)」である。同計画は、一年生から四年生までの全学年の学部生が、一つの中庭に面する長方形の学生寮に居住することを義務付けることを提案していた。ここでもウィルソンは、ハーヴァードでのローウェルによる学生寮設置を先取りしたのである。「中庭計画」の実施理由としてウィルソンは、ローウェルと同じく、学内におけるクラブ社会の増大に伴い「大学の古き民主的精神が衰退し、社会的分裂が進展・増大している」ことを挙げている。

当時のプリンストンでは、プレップ・スクール出身の学生を中心に、ファイナル・クラブに類するイーティング・クラブ（eating club）の創設が相次いでいた。その数は一九〇二年までに一一、一九一〇年までに一四と増え続けていた。こうしたキャンパス内の状況を前に、ウィルソンは次のような憂慮を深めていた。

峻烈な社会的競争が続いており、学生の大部分はそれに自らの幸福を賭けている。競争は年々規模を拡げ過熱しており、その競争に敗れた学生たちは、大学生活が本来提供する最善にして最も愉快な事柄――最良の学友関係、個人同士が最も自由に感化し合うこと、天性の才能と人格の力によって常に獲得されるべき社会的尊敬を得る最高の機会――からますます疎外されている。[45]

いかなる方法で調査したのかは不明だが、ウィルソンが理事会に報告したところでは、イーティング・クラブの会員選出の手続は非民主的で、明らかにプレップ・スクール卒業生やスポーツ選手が優遇されていた。その結果、会員となれたのは上流階級出身の学生七五％だけで、残りの学生は完全に取り残される状況が生じていたという。[46] これは、プリンストンがハーヴァードやイェールと並んで国家指導者を輩出しなければならないと信じるウィルソンにとって、あるまじき事態であった。

イーティング・クラブがもたらした学内の分裂状況に、ウィルソンは「国家が衰亡し始める」危険性を感じとった。上流階級がその門戸を「きつく閉ざす時はいつでも」、民主主義社会における階級が固定化されてしまい、優れた能力を持ちながら恵まれた階層の出身ではない「個人の価値が抑制され、個人の機会が絶たれる」からである。[47] そうなれば、アメリカの国家指導者層の再編・強化は成り得ない。これがウィルソンのスタンスであった。

ウィルソンにとって、プリンストンは「民主的思考」によって「有機化」された大学でなければならなかった。彼の言う「民主的思考」とは、「全ての人間」を、「出自」や「影響力」においてではなく、「能力においてのみ、信頼性においてのみ、品格においてのみ、自分の仲間とは違っているとみなすこと」であった。つまりウィルソンは、「能力」「信頼性」「品格」において秀でた者がキャンパス内、ひいては社会において高い評価を受け、高い地位に就くべきだとする能力主義者であった。

ウィルソンがイーティング・クラブを攻撃したのは、健全な意味での能力主義に基づく学生間競争が、「出自」とそれに伴う「影響力」によって妨げられるからであった。ここでウィルソンが想定した能力とは、グローバル化の時代の専門職に相応しい学問的卓越である。ところが、ウィルソンの見解では、イーティング・クラブは「知的目的や理念」を完全に欠いたもので「学問的なものとは何の有機的な関係も」なかった。[48]

ゆえに、ウィルソンは「優等生はクラブの外にいる。教授団はクラブの外にいる。大学はクラブの外にある。よって、クラブは有機的な再組織化のあらゆる計画を阻止している」と結論した。この結論に基づいて彼は、イーティング・クラブを「廃止」に追い込むか、あるいは、学生寮の中に「吸収」するために、学部生の居住空間を一つにすることを提案した。それによって、クラブ社会における「あらゆる排他の原則と実践」を「消去」し、「学部生の全社会生活を大学本体との有機的な関係へと転換」しようとしたのである[49]。

崇高な理念を掲げ提議された「中庭計画」だったが、この計画は頓挫した。理事会の大勢は、先に外交官職改革のところで触れたアンドリュー・ウェストと、ウェストが一九〇四年に信託者として招聘した元大統領グローヴァー・クリーヴランドとの意見に従った。その意見とは、チャールズ・エリオットと同様、現在は専門職大学院への予算投下を優先すべきで、多大な費用を要する学生寮建設に着手すべきではない、というものであった[50]。

別の信託者で、ウィルソンを支持していた民主党員クリーヴランド・ドッジ（Cleveland H. Dodge）は学長と理事会の対立を危惧し、現行のクラブ制度を全ての学生がいずれかのクラブ会員となれるように改編するとの妥協案を出した。だが、今度はウィルソンが首肯しなかった。自らの改革案の大義名分の正しさを信じて疑わなかった彼は、政治的妥協を排したのである。そして、「中庭計画」は理事会の否決によって葬り去られた。晩年のヴェルサイユ条約批准の否決を彷彿とさせる顚末である。

ウィルソンの挫折によって明らかにされたことは、国家効率運動を推進した改革勢力が、国家指導者層の再編・強化を目指し大学改革を実行するにあたって、民主化よりも専門職養成を優先事項にしていたということである。ウィルソンは、世紀転換期の改革勢力の中では例外的存在であった。改革勢力は大学の民主化を軽視したわけではないが、専門職養成の方を急務とした。つまり、大学の民主化に対する改革勢力の態度は漸進主義的であった。

この態度は、改革勢力の外部にある人々からみれば、非民主的と映った。例えば、「偉大なる庶民」ウィリアム・ジェニングズ・ブライアンは、プリンストンでのウィルソンの蛮勇に感嘆した一人である。ブライアンの細君によれば、彼はウィルソンの「プリンストンを民主化するための闘い」には、アメリカにおける「金を美化する強い傾向」ひいては「金権政治への移行」を阻止するという大義がかかっているとし、ウィルソンの孤軍奮闘に喝采を送ったという[51]。

ブライアンは、後にウィルソンが大統領となることに協力した。人気に陰りが見え始めていたとはいえ、民主党内で未だ大きな支持を集めていたブライアンの支持がなければ、ウィルソンがクリーヴランド以来の民主党大統領になることはなかったであろう。国家効率運動に参画したウィルソンが、国家効率運動の天敵だったブライアンを「彼には知能がなく［中略］知的な指針がない」と蛇蝎の如く敵視していたことを思えば、「中庭計画」がウィルソンに遺した政治的資産の大きさが知れよう[52]。

けれども、ブライアンのウィルソン学長による「中庭計画」への賞賛には、そのような政治史的意義を超えた意味がある。それは、改革勢力が大学の民主化を優先しなかったことで、国家効率運動に反対する人々が統治機構改革に対して抱いていた階級的反発を晴らすことができなくなったということである。ブライアンらポピュリストは、公務員制度改革を基本的には特権階級による権益擁護の動きとして捉えていたことは既に述べた。そこに、改革勢力による改革が進行中の大学において階級間分裂が生じているとと報じられた。ポピュリスト側からすれば自らの論理の正しさを証明する格好の材料が与えられたのである。

もしも改革勢力が公務員制度改革を完遂したかったのであれば、たとえ専門職大学院の設置に支障をきたしたとしても、ウィルソンに続いて学内のクラブ社会と戦う姿勢をポピュリストたちに示さなければならなかったであろう。そうすることで、改革の意義への理解が広がり、国家効率運動に対する支持も飛躍的に増大しただろうからである。けれども、改革勢力はそうした選択肢を選ばずクラブ社会との正面衝突を避けた。大学内のクラブ社会に教育的効果を認めていたからである。

大学のクラブ社会に期待された教育的効果の一つが、エリオットの言う新旧指導者層からなる国家指導者層の間での文化的・精神的資源の継承だったことは既に触れた。もう一つの効果は、学生たちが全人格的な競争を体験し、国家改革をめぐる対立構造を乗り越えるに足る力強さを体得することであったように思われる。事実、大学のクラブ社会は競争性を極限にまで高めた社会であった。以下では、プレップ・スクールとファイナル・クラブという二つの絡まり合った教育制度について検討し、それらの競争社会としての在り方について論じていく。

第二節　エンディコット・ピーボディのグロートン校

グロートン校の創設

ハーヴァードのキャンパスで発生した、特権的な階層出身の学生たちによる「隔離状態」は、自分たちがキャンパス内に築いていたクラブ社会を防衛するための対抗措置であった。この措置自体、彼らの熱意の大半がクラブ生活に捧げられていたことを示すが、その原因は大学で提供される教育の水準の低さにあったらしい。プレップ・スクール出身の学生たちの回想では、学部に相当するカレッジの講義は、母校のプレップ・スクールで既習した内容の繰り返し程度に過ぎず、「時間の無駄」「無意味」であったという[53]。

この回想からは、プレップ・スクールでの教育がかなりの高水準にあったこと、そして、プレップ・スクールとキャンパス内のクラブ社会が密接に連関していたことが推察される。そこで本節では、グロートン校を例にプレップ・スクールにおける教育を見ていくこととしたい。グロートン校を例にとるのは、この学校がチャールズ・エリオットと同じく国家指導者層の再編・強化という目標を掲げて創立され、他ならぬエリオットが信託者の一人に名を連ねたからである。

グロートン校創設の第一歩は、ボストンの聖公会教会の一つ、エマニュエル教会（Emmanuel Church）のリートン・パークス（Leighton Parks）の一言であったと言われている。彼は、一八八二年から八三年にかけての冬の間に、年若き同僚エンディコット・ピーボディに自分で学校を始めてみてはどうかと示唆した。ピーボディは、マサチューセッツ州セイラムの名門ピーボディ家の出身で、イギリスのチェルテナム・カレッジ、ケンブリッジ大学トリニティ・カレッジで学んだ「完全なヴィクトリアン」であった[54]。

ピーボディは予てからイギリスのパブリック・スクールをアメリカにも開設したいとの抱負を持っていたが、パークスの示唆に従って行動を開始した。彼がまず向かったのは、ボストンのトリニティ教会（Trinity Church）主教フィリップス・ブルックス（Philips Brooks）と、聖公会神学校（the Episcopal

Theological School）校長ウィリアム・ローレンス（William Lawrence）のところであった。

ブルックスは、ボストンで最も有力な宗派となっていた聖公会教会で影響力の大きかった牧師である。彼の説教は大変な人気で、ハーヴァードの学生だったセオドア・ローズヴェルトも好んで聴いていたと言われている。ピーボディにとって、ブルックスは、実家の銀行業ではなく聖公会教会の牧師への道を選ばせ、ローレンスの教会の門を叩かせた人生の師であった。ブルックスは、相談を持ちかけてきた愛弟子の新設校構想を心から支持し、ローレンスとともに信託者として名を連ねることに同意した。[55]

聖公会教会がピーボディへの支援を約束したことで、グロートン校の精神的な後ろ盾は得られた。ピーボディの次なる課題は、学校の開設資金を集めることであったが、これもあっさり片が付く。金融王ピアポント・モルガンが、校舎用地の購入資金約四万ドルを気前よく出した上に、グロートンの信託者の一員となることに同意したからである。[56]モルガンは聖公会教会のパトロンで、自身の経験からヨーロッパ型の教育を信頼し、しかもモルガン家とピーボディ家はかつて共同経営者の間柄であった。

モルガンは、若い頃聖公会教会の牧師の署名を集めるという変わった趣味を持つほどの熱心な聖公会信徒であった。[57]彼は慈善事業に並々ならぬ情熱を傾け、積極的に多額の寄付を行ったことで知られているが、その最たる対象は聖公会教会であった。次々に教区教会や大聖堂の修繕・建築費用を寄付する彼は、個人でありながら聖公会教会の運営の大きな資金源となっていた。

また、モルガンは、息子を国際金融家として育成しようと考えていた父ジュニアス（Junius S. Morgan）の意向で、コネティカット州の聖公会教会の寄宿舎学校に入学して以降学校教育を受け続け、ついには一九世紀の世界で学問の最先端を走っていたドイツの名門ゲッティンゲン大学にまで留学した。モルガンは大学の学位こそ取得しなかったが、その学歴は、同世代の「ロバーバロン」がほとんど学校教育を受けていなかったことと比べると、著しい対照をなしていた。[58]

加えて、ピーボディの父サミュエル・ピーボディ（Samuel Endicott Peabody）は、ロンドンで国際金融業を営んでいたモルガンの父ジュニアスが、共同経営者としてアメリカからスカウトした人物である。つまり、ピアポント・モルガンとエンディコット・ピーボディの間には、父親の世代から続く家族ぐるみの親しい付き合いがあった。

かような次第で、モルガンが、パブリック・スクールを模範とした聖公会教会のプレップ・スクールをアメリカにつくるというピーボディの構想に反対するはずはなかった。金融界に君臨するモルガンがグロートンの信託者の一人となったことの効果は絶大で、ピーボディは他の資産家たちからも信用を得て、資金援助を受けることができた。[59]かくして一八八四年、ピーボディは、マサチューセッツ州グロートンに生徒数平均わずか一八〇名の男子校を開設した。

国家指導者になるための試練

ピーボディが掲げたグロートン校の校訓は、「奉仕することは義務である」「奉仕することは王たること」「奉仕することは完全なる自由である」であった。一般に校訓というものは、創立当初の情熱が次第に失われた結果、単なるお題目になることもしばしばある。ところが、この校訓はそうはならなかった。何故なら、ピーボディが六〇年もの長きに亘って校長を務め、その間、絶えず生徒たちに向かって国家への奉仕の精神を鼓吹し続けたからである。牧師たるピーボディは自ら聖書講読の授業を担当したが、その内容は、「自己に忠実となり、両親の収入に頼る階級から抜け出し」、国家効率運動の中核たる「専門職の世界に入り、ウォール街から離れよ」という奨励であった[60]。

ピーボディは、自らの奨励が実現するには「男らしく、キリスト教徒に相応しい人格を形成すること」が必要だと考え、その醸成を教育目標に定めた。「男らしさ」と言えば、マッチョイズムのように思われるかもしれない。だが、ハーヴァード大学解剖学教授のウィリアム・ジェイムズ（William James）が学生たちに熱く語ったように、「男らしさ」とは「高次のイデア」であった。

当時「男らしさ」のモデルとされたのは、我が身の犠牲も顧みず人間の魂の救済のためにその原罪を背負った救世主イエス・キリストである。当時のマサチューセッツ州の精神空間では、行動主義に基づく社会的福音の実現が高徳な精神の具現化だと高く評価されていた。ピーボディの師ブルックスは、キリストの姿から「あらゆる怯懦の根幹にあるのは自意識過剰である。自己について考えれば、いかなる高貴な事柄についても本物の思考を行えなくなる」と説き、自己を滅却し社会に奉仕すべきだと聴衆に語っている[61]。

キリスト後の現実の世界で、この「男らしさ」を発揮するに相応しいとまず考えられる舞台は貧民救済であろう。だが、ピーボディは、公職という試練の世界に身を投じることを教え子たちに求めた。それは、彼がアングロ・サクソン優位の社会的ダーウィニズムの申し子の一人で、アメリカを「神の国」と信じ、アメリカこそ世界の指導国でなければならないと信じていたからである。ピーボディは「世界の善」のためには「アングロ・サクソン人種が世界の卓越した人種となるべきである」が、「他の諸国家がそれを阻止しようとしているのを観て残念に思う」という対外観を有していた。ピーボディの国際認識では、「可哀想なイギリスは、深い水の底に沈んでいって」いるため、アメリカがイギリスに代わって世界の頂点に立つことは、人類救済のための急務であった。[62]

だが、ピーボディから見れば、当時のアメリカでは、彼のイギリスの友人たちのような「洗練された人種の人間たち」、つまり国家指導者層は少数であった。そこで彼は、競争こそが国家・民族の進歩を約束するという社会的ダーウィニズムに基づいて、次のような結論に至る。曰く、次世代の若者たちを「世界における奉仕に備え」させるには、国内での指導者の地位を巡っての競争、そして、国外での「正義」のための競争に打ち克つだけの強い人格を獲得させるよう、中等教育に能力主義を導入し、学生間競争の中で鍛え上げなければならない、と。[63]

ピーボディが学生間競争の種目としてまず選んだのは、スポーツであった。グロートンでは、身体障害などの明確な理由がない限りスポーツに取り組むことを、校内規則ではなく「道徳的説得」によって命じられたと言われている。思うに道徳的説得とは、スポーツをしなければグロートン生にあらず、という雰囲気が教師や生徒の間に行き渡っていたことを指すのであろう。

奨励されたスポーツには、校長自ら授業を担当したフットボールの他、クリケット、ボート、乗馬などがあった。いずれの種目においても教育目標は、生徒たちに「男らしい品格」を習得させることであった。ピーボディは、スポーツにおける品格を、「自己を滅却」してチームの一員としてチームに貢献することと、自らがどれだけ誠実にそして公平に全力を尽くせたかを美徳とする「スポーツマンシップ」から成っていると定義している。[64]

ピーボディがスポーツに求めた品格を説明する格好の事例がある。ピーボディの敬愛する友人セオドア・ローズヴェルトは、ハーヴァード・カレッジ在学中の一八七九年、学内ボクシングのタイトルマッチに臨んでいた。試合終了の合図が鳴ったにもかかわらず、興奮していた相手は彼の鼻に猛烈な一撃を加え、血しぶきが飛んだ。観衆から非難のこもった罵声が飛んだが、ローズヴェルトはこれを素早く手をかざして制した。そして、観衆に対して、試合相手は試合終了の合図が聞こえなかったのだ、と落ち着いた説得力のある口調で説明した。そして、流れる血を拭いもせず試合相手と握手をした。[65]

このエピソードは、ピーボディの求めた品格の有無が、たとえスポーツという感情の激しやすい活動の最中においても、どれだけ自己を制御し得るかにかかっていたことを物語っている。ゆえに、品格は試合の勝敗や獲得した点数の多寡とは関係がないので、万人に明快で即座に判明する類のものではなかった。しかも、品格はスポーツをしている最中にのみ保持していればよいものではなく、したがってその間だけ保持していれば良いという時間の区切りもなかった。品格とは、始まりも終わりもなくひたすらに、自己の責任において自己の感情を統御するという厳しい自己抑制を自らに課す者だけが体現し得る態度であった。

にもかかわらず、ピーボディは、パブリック・スクールで行われていた投票による生徒の表彰制度を参考にして「監督生徒制度」を導入し、この品格の有無を生徒どうしで評価させた。この制度は、生徒たちが、最上級生で一人だけなれる「上級監督生徒」を頂点に幾人かの「監督生徒」を選ぶという仕組になっていた。「監督生徒」になるためには、品格が皆に認められていることが条件とされたが、実際に選出された者は、スポーツか学業で、時に両方で優秀な成績を収めた者が多かったという。[66]

グロートンは、品格を保ちなおかつ競争にも勝つという試練を生徒たちに強いたのである。この試練は、思春期の子どもたちにとって並大抵の辛さではなかったようである。聖公会教会の牧師の息子だったディーン・アチソン（一九一一年卒）は、後年グロートンで過ごした六年間の「不幸せな日々」を振り返ってこう述べている。「気ままで自由な少年期から、用意周到な規律によって」がんじがらめにされていた「寄宿舎学校での思春期に移ったことは好転ではなかった」と。[67]

エリオットとの差異

エンディコット・ピーボディは、生徒たちに国家指導者に相応しい精神の強さを身に付けさせるために、グロートン校を試練の場とした。彼の教育の目的と手法は、ハーヴァード大学を改革していたチャールズ・エリオットのそれと相通ずるものがある。それが、教育改革を通じて国家指導者層を再編・強化するという大目標において、両者が一致していたからであることは言うまでもない。

しかし、ピーボディの教育対象とカリキュラムは、エリオットのそれらとは大きく異なる点があった。第一の差異は、ピーボディが時代の要請に応じたカリキュラムを編成しながらも、あくまでもジェネラリスト養成の古典教育を教育の基礎に位置づけたことである。第二の差異は、ピーボディが再編・強化される国家指導者層の対象となる生徒の出自を基本的に上流階級に限定し、その対象をせいぜい新興富裕層や聖職者にまでしか拡張しなかったことである。

第一の差異についてみると、グロートン校で実施されていた教科カリキュラムのほとんどは、パブリック・スクール同様の「イギリスの古典」であった。米西戦争の頃でさえ、ラテン語、ギリシャ語、イングランド史、ギリシャ・ローマ史を中心とした古典教育が行われていた。ギリシャ・ローマ史では、人間について深く考えさせる教材が取り上げられた。例えば、生徒たちは、プラトンの『饗宴』に友情を、トゥキュディデスの『戦史』に文明の衰亡の歴史を、それぞれ原著で学んでいた。

一九一〇年代になると、アメリカ史、数学、物理、科学の比重が増えたが、それでも主たる教育は古典教育であった[68]。ピーボディの古典重視の教育姿勢は、エリオットが専門的・学術的知識を有するスペシャリストを養成するために、ハーヴァード大学での教育を専門教育へとシフトさせようとしていたのとは対照的である。古典教育は一見時代遅れとも思えるが、ピーボディはそれを通じて、国家指導者としてのエートスと精神的な強さを備えたジェネラリストを育成しようとしていたことは理解しておかなければならない。

そうでなければ、ピーボディが時代を反映した先端的なカリキュラムを、高学年に設定した理由が分からなくなってしまうからである。グロートン校では、古典教育にある程度習熟した生徒を対象に、現代の国内・国際政治への関心を喚起すべく、当時喧々諤々の議論が行われていた問題を授業で取り上げた。例えば、一九〇〇年度には「政治経済、銀行業、通貨論、トラスト、地方自治、対外政治」の授業が実施されている。このうち対外政治については、当時世上を賑わせていた問題を議題にして校内討論会も開催された。ピーボディを終生の師と仰いだフランクリン・ローズヴェルト（一九〇〇年卒）によると、海軍の増強、ハワイ併合、米英による中国の統一の維持、フィリピンの独立、ボーア戦争等が議題に上がったという[69]。

さらに、アメリカが誇る政治・外交指導者や戦略理論家を招いて講演会を開催することもあった。母校への愛着を生涯忘れなかったジョゼフ・グルー（一八九八年卒）は、シーパワー論で世界的名声を博したアルフレッド・マハンや、ニューヨークで警察改革に取り組んでいたセオドア・ローズヴェルトの講演を聴き、胸を高鳴らせた。講壇上のローズヴェルトは、ピーボディからグロートン校の信託者になって欲しいと要請されただけあって、ピーボディが常日頃生徒たちに伝えてきたことを見事に繰り返した。曰く、成功は失敗から生まれ、全てのアメリカ人の義務は「行動者となることであって、傍観者になることでは決してない」[70]。

グロートン校の教育を通じてピーボディは、現実の政治へと参画する「試練ある人生」をローズヴェルトとともに生きることを若者たちに説いたのである。この説得によって、少なからぬ生徒たちが「より大きな世界の大きな問題」に目覚め、アメリカの「世界的役割」を信じるようになった。彼らはピーボディの呼びかけに応えて公職の道を選び、それもかなり高い地位に就いた。このピーボディの貢献を、国家効率運動を推進していた改革勢力も高く評価した。その一人が他ならぬローズヴェルトである。グロートン校の教育に感激した彼は、息子たちをハーヴァード大学以上にグロートン校に行かせたいという思いを強くしたとピーボディに告げ、実際にその言葉通りになった[71]。

ただし、ピーボディの尽力にもかかわらず、アメリカの上流階級の政治に対する忌避感を完全に和らげるには至らなかった。グロートン校の卒業生の大部分は、ウォール街などで父親たち同様「今日の世界を動かす実業家」となったと言われている[72]。けれども、その実業家の中からもアヴェレル・ハリマン(一九〇九年卒)のような国家指導者が登場したことに、ピーボディの意図した教育の成果を見ることができよう。

高名な新旧のプレップ・スクール――ヒル校(一八五一年創設)、セント・ポール校(St. Paul School,

一八五六年創設)、チョート校 (Choate School, 一八九〇年創設)、フィリップス・アンドーヴァー校、フィリップス・エクセター校など――も、グロートンと多少の違いはありつつも、ほぼ同規模で同様の教育を提供していった。公職に就いたそれぞれの学校の卒業生数を合わせれば、かなりの数に昇る。[73] プレップ・スクールは、まさしく次世代の国家指導者の養成課程であった。

しかしながら、先述の第二の差異、すなわち、プレップ・スクールが大学に比べ門戸をごく一部の階層にしか開放しなかったことで、そこで養成される国家指導者の階層は極めて限定されたものとなった。プレップ・スクールの閉鎖的な姿勢は、学費の設定に端的に現れている。グロートン校の場合、創設当初の生徒一人あたりの学費は、授業料と寮費を合わせて年間五〇〇ドルと設定された。この額は二〇一〇年度時点の価値に換算すると約一万二〇〇〇ドルであり、現代日本の私立の中高一貫校で生徒寮を有する学校よりも若干安い。けれども、一八八四年と貨幣価値がほぼ同一の一九〇九年当時、アメリカの全産業の被雇用者の平均年収が六二六ドルだったことからすれば、年間五〇〇ドルの学費は相当に高額であったことが分かる。[74]

この高額の学費設定は生徒募集枠から逆算して設定されたものである。グロートン校は、生徒募集にあたって、いわゆる「古株 (old stock)」の名門、新興富裕層やキリスト教聖職者の子どもたちを対象にした。この結果、グロートン校には「自分がアメリカの上流階級の出で［中略］国富の大きな部分は自分の父親たちのものだ」と思っている少年たちが数多く詰めかけることになった。[75] 公立学校出身者をも国家指導者層に育成しようとしたエリオットに比べ、ピーボディは国家指導者層に組み込む階層をはるかに狭く設定したのである。

代わりに、ピーボディが広めに設定したのは、募集する生徒の出身地域やキリスト教宗派であった。シカゴやサンフランシスコなど北東部以外の大都市からも入学者を募り、聖公会教会以外の宗派に属する者も数多く受け容れた。[76] そうして生徒全員を校地内の寄宿舎に居住させ、共同生活を営ませた。寄宿舎内も生徒たちにとっては試練の場であった。各学年の「長官」「顧問」を中心とする自治に委ねられた寮内は、生徒同士の厳しい上下関係によって統制されており、入学早々顔も知らぬ先輩に顔を殴られた後輩は数知れなかった。さらに寄宿舎内では、生徒は金銭を持つことが基本的に許されていなかった。裕福な親の庇護の下で何の不自由もなく育った子どもが、わずか一ドルも気ままに使えないという不自由な環境の中に意図的に放り込まれたのである。

つまり、ピーボディは全国の大都市から富裕層の子どもを集め、彼らが音を上げるほどのスパルタ教育を一様に施すことによって、政争を戦い抜くに足るだけの精神の強さを体得させ、国家指導者層の再編・強化を図ろうとしたのである。けれども、繰り返しになるが、グロートン校は、聖職者の子どもを除いては、いわゆる市井の人々に対しては門戸を開かなかった。その点では、グロートン校はいわば閉ざされた世界であった。ピーボディは、当初エリオットと同じく、国家指導者層の再編・強化という目的の下で学生間競争を活性化させるためにグロートン校を創設した。生徒・学生の人格形成を重視した点など、ピーボディが設定した教育内容もエリオットのそれと本質的に重なり合う部分を持っていた。しかしピーボディが、エリオットのように階層を横断して生徒を募集することはなかった。

こうした状況は、他のプレップ・スクールにおいても大同小異であった。プレップ・スクールが私立学校である以上、生徒の募集方針の設定は各々の学校の自由である。運営も民間資金によって行われるため、充実した環境で優れた教育を施そうと思えば、学費の設定も高額になるのも無理はない。しかし、プレップ・スクールが生徒の階層を限定し、その階層以外からは生徒をとらない方針を立てたことは、前節で触れたハーヴァード大学内の「隔離政策」と平仄が合っている。つまり、プレップ・スクールは、国家指導者層の再編・強化のプロセスに階級による区別という性格を与えたのである。

第三節　イェール大学とハーヴァード大学のファイナル・クラブ

ファイナル・クラブの意義

将来の大統領ウッドロウ・ウィルソンがプリンストン大学の学部教授団に加わった一八九〇年、大学進学率は三%に過ぎず、大学は未だ狭き門であった。その三%のうちの五人中一人が、当時「アメリカの名門大学」と言われていた一四校のいずれかに通学していたと言われている。グロートン校などのプレップ・スクールになると、卒業生の大部分がハーヴァードかイェール、次いでプリンストンに進学するのが慣例であった。[77]

プレップ・スクール出身の学生にとって、それらの大学のキャンパスは母校の延長線上にあるように思われたに違いない。例えば、イェール大学の学士課程を担当するイェール・カレッジ（Yale College）の場合、学部二年生が新入の一年生を徹底的にしごいて学内の規則を叩き込む「矯正」と呼ばれる風習が示す通り、上級生が下級生に対し厳しい服従を強いることによってキャンパス内の秩序を管理する体制が築かれていた。そして、この秩序の中でもまた学生間競争が激しく行われていた。イェール・カレッジには、成績の平均点をもとにして学生を評価する「叙任」という制度があったが、その主旨は、学生たちの間に、他の学生よりも上に立ちたいという意欲を掻き立て、競争を煽る雰囲気を生み出すためであった。

こうしたキャンパス内の管理された競争社会は、プレップ・スクールと瓜二つである。やがてイェール・カレッジの学生たちは、学年の首席で学部を卒業することや、討論会や運動競技で勝利することだけでは満足できなくなっていった。プレップ・スクールを「生き抜いた」学生であれば、物足りなささえ募らせていたかもしれない。学生たちの競争への渇望から来る欲求不満を解消してくれたのが、ファイナル・クラブであった。本書においては、ファイナル・クラブを、最終学年の学部生のうち、選ばれたごく少数の学生のみが入会することのできる学生結社の総称として用いている。

イェール・カレッジで最初に創設されたファイナル・クラブは、一八三二年創設のスカル・アンド・ボーンズ［以下ボーンズ］である。ボーンズの創設者は、ウィリアム・タフト（一八七八年卒）の父アルフォンソ（Alphonso Taft, 一八三三年卒）とハンティントン・ラッセル（W. Huntington Russell, 一八三三年卒）の二人である。創設の詳細な経緯は不明だが、一八三一－三二年ドイツに留学したラッセルが、帰国後イェール・カレッジの教授団の質に大きな不満を抱く学生集団の一員となったことが、事の発端だと言われている。[78] ボーンズ以後イェールには次々とファイナル・クラブが創設されていった。

ファイナル・クラブ創設の意義は、大学キャンパス内の学生間競争をさらに活性化させたことにある。ボーンズや、ボーンズの覇権に対抗して一八四二年に創設されたスクロール・アンド・キー（Scroll and Key［以下キー］）の場合、それぞれ年間一五名しか入会を認められなかった。プレップ・スクール一校あたりの生徒数は一八〇名から二〇〇名程度だったが、ファイナル・クラブはさらに狭い選抜枠をめぐる学生間競争を大学のキャンパスにもたらしたのである。限られた者しかファイナル・クラブに入れないということが、学生たちの競争意欲を刺激した。

早くも一九世紀後半には、ファイナル・クラブの会員に選ばれることは「イェールマンが仲間から受け取ることのできる最高の名誉」として「大学における他のどんな賞や栄誉よりも重んじられる」ようになった。彼らがそんなにもファイナル・クラブに惹きつけられたのは、そこに入ることが教授団からの評価ではなく、「仲間が評価した結果」だったからである。だからこそ、学生たちは「文章を書く者、討論する者、研究を行う者、運動選手、それぞれがその能力を目一杯発揮するよう駆り立てられ」、ファイナル・クラブへの道を駆け上がった。かくして、「運動競技や討論や社会生活の様々な局面で、ニューヘイヴンで最高の成果をあげるための努力が系統化された」のである[79]。

ファイナル・クラブの狭い上にも狭い門に辿り着くための学生間競争は熾烈を極め、そこに選出される以前の段階の競争も厳しさを増した。イェール大学の学内誌『イェール・ニューズ（*the Yale News*）』や『イェール・リット（*the Yale Literary Magazine*）』の編集部への入部を巡ってさえ、「実社会にも存在しない」ほどの凄まじい競争が行われていたという[80]。紳士たるものは大学での評価（特に学業成績）は気にしないものだという意味の「ジェントルマンズ・シー」という言葉は、日本でも知られていよう。だがこの言葉の背景には、ファイナル・クラブを抱える大学のキャンパスがプレップ・スクール以上に全力で競争を闘い抜く場だったという事実が厳然と存在していたのである。

スクロール・アンド・キーの会員教育

熾烈な競争の中から、将来の国家指導者たちが巣立っていった。最も多くの国家指導者を輩出したファイナル・クラブはボーンズである。ボーンズは、三人の大統領――ウィリアム・タフト、ジョージ・ブッシュ父子――を筆頭に、数々の連邦・州政府高官、連邦・州最高裁判事、連邦・州議会の上・下院議員、高等教育・研究機関の長を輩出した。海軍長官ウィリアム・ホイットニー、財務長官フランクリン・マクヴィ、国務・陸軍長官ヘンリー・スティムソン、イエール大学総長チャールズ・シーモア（Charles Seymour, 一九〇八年卒）、国防長官ロバート・ロヴェット、駐ソ・駐英大使アヴェレル・ハリマンらはその一員である。[81]

この実績ゆえに、ボーンズは、イエール・カレッジで最高の権威を誇り、その会員への選出はキャンパスを越えて世間の耳目を集めた。今日の一般向けの書籍や映画においても、ボーンズの神秘的な秘密性と権力との近接性がまことしやかに語られたため、ボーンズの存在は公然のものとなっている。ハイ・ストリート六四番地のクラブハウスがボーンズのトゥーム（the Tomb）であることは、ニューヘイヴンの観光ガイドにすら書いてある。[82]

ボーンズが注目を集めたことで、ファイナル・クラブの存在が広く知られるようになった。が、その逆効果として、ボーンズ以外のファイナル・クラブはほとんど知られていないという現象が起きている。ボーンズのライバルであるキーでさえその例外ではない。一九世紀のアメリカ文学を代表する小説家の一人マーク・トウェインがキーから講演に招かれ、その返礼として名誉会員に選ばれたにもかかわらず、である。[83]

しかも、キーからも、多くのアメリカの政治・外交指導者が巣立っていった。ウッドロウ・ウィルソン政権で国務長官代行を務めたフランク・ポーク（一八九四年卒）、初代ソ連大使ウィリアム・ブリット（William C. Bullitt, 一九一三年卒）、国務長官ディーン・アチソン（一九一五年卒）がその代表的なOBたちである。[84] とすれば、キーもその存在を無視し得ないファイナル・クラブであると言わねばなるまい。

キーの創立者たちが新たなファイナル・クラブの開設にあたって念頭に置いたのは、イェールには「世界が欲する実業家のみならず、世界が求める政治家を〔中略〕送り出す」使命があるという自らの信条であった。この信条に従って、キーの設立趣旨書には、「スポーツ文化、男らしい振る舞い」をはじめ「資質を様々に備えている」学生に、「該博な知識だけではなく、壮大な衝動と立派な大志、そして、現実的な処世の知恵と洞察力をも備えさせる」ことが謳われた。[85]

キーは、会員の選抜にあたっては、「社会的な美徳、社会に奉仕する人物であるか」に着目し、「成績よりも潜在力を重視した」と会員の一人が語っている。だが実際には、出自や人格、特技のみならず、成績も相当に考慮されたようである。例えば、フランク・ポークの場合、フットボールで大学代表に選出された上に、学業優等な学生が選ばれる友愛会「サイ・ユプシロン（Psi Upsilon Fraternity）」の会員に選ばれている。[86]

キーの会員になるためには、全人格的な学生間競争を勝ち抜いた上に、社会に献身する品格の持ち主でなければならなかったのである。それだけに、キーズ（キー会員）となることは、ボーンズメン（ボーンズ会員）になることに劣らぬ「学部生としてのキャリアの絶頂」であり、学内のクラブ社会の頂点に登り詰めた勝者になることを意味した。[87] 激戦の勝者たちを待ち受けていたのは、極めて排他性と機密性の高いクラブハウスであった。そこには会員以外は誰も入ることができず、原則として外部に一切の情報を漏らしてはならない。ゆえに、クラブハウスの中で会員たちが何をしているのかが、外部の人間には知り得なかったのである。このこともまた、イェール・カレッジの学生たちがファイナル・クラブへの好奇心を掻き立てられる一因であった。

外部者に対して硬く扉を閉ざしたクラブハウスの中では、気心の知れた陽気な学生たちが親睦を深めていた。一説によると、キーでは、ハーヴァードのポーセリアン・クラブと同様「酒盛り」が繰り返されたため、荘重で厳粛な雰囲気のあったボーンズに比べると世俗的だったと揶揄されていたという。[88] けれども、この「酒盛り」から斟酌すべきは、キーでは、会員が胸襟を開いて語り合い互いを感化し合う雰囲気が醸成されていたのではないか、ということである。現にキーの公式史は、指導者養成の在り方について、会員は「自分自身で考え行動しなければならら」ず、集団的な強制によって会員個人の「意見を修正させようとすることは決して」ない、と強調している。組織内での個人主義の徹底は組織に内部崩壊をもたらす恐れがあるが、キーにはその心配がなかったのであろう。

残念ながら、ボーンズに比べると、キーの会員がどのような気質や性格を持った人間群だったのかはあまり分かっていない。だが、彼らが要職在職中に残した史料からは、彼らがキーの中で相互に培っていた同輩関係には、世代を越えて共通するものがあったことがうかがわれる。例えば、フランク・ポークの国務省時代の補佐官ゴードン・オーキンクロス（Gordon Auchincloss, 一九〇八年卒）の個人文書はその一つである。

オーキンクロスは、ポークよりも一四期下のキー会員だった。年齢差が大きかったためか、キー在籍時代ポークと面識があった形跡はない。けれども、岳父エドワード・ハウスに付いてニューヨーク政界に入ったオーキンクロスは、同地の地方自治改革に尽力していたポークと日常的に接触するようになった。オーキンクロスはわざわざ多忙な公務の合間を縫って、ポークについて、パブリシティを求めない無私の態度で始終職務に忠実であり、礼儀作法も優雅で「大変に好感の持てる」人物だと数日にわたって綴っており、余程ポークに親しみを感じたとみえる。[89]

キーのみならず、無論ボーンズにおいても同輩関係は培われていた。ボーンズマンだったスティムソンによると、その同輩関係はチャールズ・エリオットやクリストファー・ラングデルが学生たちに授けんとした学問的卓越をはるかに上回る価値を有していたという。イェールで培った同輩関係は「人生にとって最も重要」であり、そこで学んだ「人間に対する信頼」は「ハーヴァード法科大学院で獲得した、いかなる信念よりも偉大で強力」であった、とスティムソンは確信のこもった筆致で記している。[90]

ファイナル・クラブで培われた深い同輩関係は非常に強い持続性を有しており、キャンパスを去ったOBたちが各界の指導者になってからも続いた。彼らはファイナル・クラブの晩餐会に出席するため母校に出向くことがあったが、そこでは秘密保持が絶対条件とされていたため、余人はおろか、家族にさえ決して明かせない国家機密までも語り合えたとの証言が残されている。[91] ファイナル・クラブでは、それほどの濃密な人間関係が構築されたのである。

濃密な同輩関係に憧れて学生たちはファイナル・クラブを目指したのだが、努力が届かず苦い挫折感を味わう者もいた。こう聴けば、世界最大のSNSフェイスブック（Facebook）創始者マーク・ザッカーバーグ（Mark Zuckerberg, 二〇〇六年卒）がハーヴァード大学在学中、ポーセリアン・クラブに憧れながら、結局いかなるファイナル・クラブにも入会することができなかったという、真偽の定かでない物語を思い浮かべる方も多いかもしれない[92]。

しかし、ファイナル・クラブの歴史上おそらく最も有名な蹉跌の実例は、アメリカを世界の超大国へと導いた大統領フランクリン・ローズヴェルト（一九〇三年卒）が、ポーセリアン会員になれなかったことであろう。ポーセリアン会員の四名から八名までに選ばれることは、若き日のフランクリン・ローズヴェルトにとって夢そのものであった。彼がポーセリアンに憧れたのは、ポーセリアンが他の追随を許さない別格のファイナル・クラブだったからというだけではない。他ならぬ自分の父が、尊敬する親族セオドア・ローズヴェルト（一八八〇年卒）が、恩師たるエンディコット・ピーボディが、ポーセリアンのＯＢだったからである[93]。

青年フランクリンにはずば抜けて優秀なところはなかったが、ポーセリアン会員になるために彼がなした懸命な努力は周囲も認めるところであった。ハーヴァード・カレッジでは、早くも二年生の段階で「一七七〇年の機関（the Institute of 1770）」に入れる一〇〇人が選別され、その一〇〇人も一〇人ごとの一〇段階にレベル分けされていた。フランクリンはどうにか上位の段階につけて、ハーヴァード大学の学内新聞『ハーヴァード・クリムソン（*the Harvard Crimson*）』の編集長にも選ばれた[94]。

ところが、努力の甲斐もなく、フランクリンの肩がポーセリアンからタップ（入会の誘いの合図は肩叩きであった）されることはなかった。彼はやむなくフライに入会した。常人であれば、フライに選ばれたことに小躍りしたろう。だが、フランクリンにとっては、敗北以外の何物でもなかった。彼の挫折感を決定的にしたのは、セオドアの娘アリス（Alice Roosevelt Longworth）と一九〇六年二月に結婚したニコラス・ロングワース（Nicholas Longworth、一八九一年卒）もまたポーセリアン会員だったことに加え、セオドアがグロートン校に送った二人の息子がポーセリアン会員に選出されたことであった。フランクリンの妻エレノア（Eleanor Roosevelt）によると、ポーセリアンによる「拒絶」が彼女の夫に拭い難い「劣等感」を刻み込んだという。

言うまでもなく、その後フランクリンは、セオドアに続いて政治の世界へと入り、ウッドロウ・ウィルソン政権ではセオドアがかつて務めた海軍次官に就任した。それでもまだ、フランクリンにとっては、ポーセリアンに選ばれなかったことは「人生最大の失望だった」と周囲に漏らすほどの屈辱であり続けた[95]。逆に言えば、ポーセリアン会員となることには、それほどの意義が認められていたのである。ファイナル・クラブが学生間競争を活性化させてあまりあったことの何よりの証左であろう。

引き裂かれた教育制度

チャールズ・エリオットによる改革が進行中であった当時のハーヴァードは、イェールやプリンストンに比べれば、排他的なクラブ社会ではなくなりつつあったと言われている。二〇世紀アメリカを代表するジャーナリスト、ウォルター・リップマン（一九一〇年卒）の大学生活はその適例である。彼も入学当初はクラブ社会での競争に参加したが、ユダヤ人であるがゆえにそこから閉め出され失望を味わった。けれども彼は、自らの方針を転換し知的生活に没頭した。その結果、教授団に学問的卓越を評価され、人生を悲観することなくキャンパス内を闊歩できた[96]。

しかし、そのハーヴァードにおいてさえ、ファイナル・クラブを頂点に序列化されたクラブ社会は厳然として存在し、リップマンがその社会から排除されたという事実は、アメリカの主導的地位にある大学が、少なくとも当時は、専門職養成課程という公的な教育制度とクラブ社会という私的な教育制度に引き裂かれていたことを示している。そして、先にそれらの大学の学生たちの熱中の対象となったのはクラブ社会の方であった。このことは、ファイナル・クラブの会員枠をめぐっての学生間競争の過熱ぶりによって証明されている。

ファイナル・クラブが国家指導者層の再編・強化のプロセスにもたらしたものは学生間競争の活性化だけではない。本書で列挙したファイナル・クラブの会員だけ見ても、彼らはほぼ上流階級の人間であり、その大半がプレップ・スクール出身者であった。[97]ここから推察されることは、プレップ・スクール卒業生と彼らに類する学生たちが、アメリカの有力大学のクラブ社会の勝者かつ主宰者だったということである。プレップ・スクールが国家指導者層の再編・強化のプロセスに階級による区別という性格を与えたと先に述べたが、ファイナル・クラブはその区別をより強力なものにしたのである。その区別によって、国家指導者の養成課程は、それを受ける若者を統治階級（the governing class）という一つの閉じられた階級へとまとめ上げるという性格を強めてしまった。

国家指導者層すなわちエスタブリッシュメントを肯定的に評価する研究のほとんどは、エスタブリッシュメントは上流階級に限定されたものではなく、下流・中流からも有能な人材を受け容れるため、社会的流動性のない閉鎖的な階級ではないと主張している。[98]しかし、本節でみたように、プレップ・スクールは基本的に上流階級のみを教育対象とし、ファイナル・クラブはその出身者を中心とした極めて機密性が高い集団であった。こうした教育制度の閉鎖的な在り方には、上流階級特有の排他性が確かに感じられる。したがって、下流・中流階級出身の人材は、階級上昇によって上流階級の仲間入りを果たしたと見る方が正しい見方ではなかろうか。

では、国家指導者の養成課程が階級的排他性を帯びたことによって、国家効率運動にはどのような影響が及んだのか。この問題を、次章と次々章で扱いたい。

注

［1］Henry James, *Hawthorne* (London: Macmillan & Co., 1879), 43-44.

［2］Morison, ed., *The Letters of Theodore Roosevelt*, 1:57n.

［3］Jacob Schiff to Charles W. Eliot, 1914, Charles W. Eliot, *The Road toward Peace: A Contribution to the Study of the Causes of the European War and of the Means of Preventing War in the Future* (Boston: Houghton Mifflin & Co., 1915), 134.

［4］William M. Armstrong, ed., *The Guided Age Letters of E. L. Godkin* (Albany: State University of New York Press, 1974), 4; Allan Stanley Horlick, *Patricians, Professors, and Public Schools: The Origins of Modern Educational Thought in America* (Leiden, Netherlands: E. J. Brill, 1994), 51-52, 75.

［5］Harvard University, *Addresses at the Inauguration of Charles William Eliot, President of Harvard College, Oct. 19, 1869* (Cambridge: Sever & Francis, 1869), 33, 39, 45.

［6］Charles W. Eliot, "One Remedy for Municipal Misgovernment (1891)," in *American Contributions to Civilization and Other Essays and Addresses* (New York: The Century Co., 1898), 184; Charles W. Eliot, *Education for Efficiency, and the New*

Definition of the Cultivated Men (Boston: Houghton Mifflin Company, 1909), 1, 22, 27.

［7］Charles W. Eliot, “The New Education: Its Organization, I,” *Atlantic Monthly*, 23 (Boston: Fields, Osgoods & Co. 1869), 206; Henry James, *Charles W. Eliot: President of Harvard University 1869-1909*, 2 vols. (Boston: Houghton Mifflin Company, 1930), 1:2, 256.

［8］Bruce A. Kimball, *The Inception of Modern Professional Education; C. C. Langdell, 1826-1906* (Chapel Hill: The University of North Carolina Press, 2009), 68-72.

［9］Charles W. Eliot, “Langdell and the Law School,” *Harvard Law Review*, 33, No.4 (Feb. 1920), 518; William Howe Tolman, *Municipal Reform Movements in the United States* (New York: Fleming H. Revell Company, 1895), 70-71.

［10］Harvard University, *Fifty-second Annual Report of the President and Treasurer of the Harvard College*, 1876-1877 (Cambridge: John Wilson and Sons, 1878), 89-92.

［11］Clare Ryder, “The Inns of Court and Inns of Chancery and Their Records,” *Archives*, 24, No.101 (1999), in The Honourable Society of the Inner Temple, Historical Articles, accessed October 5, 2012, http://www.innertemple.org.uk/index.php?option=com_content&view=article&id=36&Itemid=30&showall=1.

［12］柳田幸男、ダニエル・H・フット『ハーバード卓越の秘密：ハーバードＬＳの叡智に学ぶ』有斐閣、二〇一〇年、一三一一四頁。

［13］Eliot, “Langdell and the Law School,” 520. なお、ホームズもポーセリアン・クラブ会員であった。Henry D. Sheldon, *Student Life and Customs* (1971 rep., New York: Arno Press, 1901), 171.

［14］C. C. Langdell, “History of Harvard Law School: 1869-1894,” *Harvard Graduates' Magazine*, 2 (June1894), 494-495.

［15］Erwin N. Griswold, “The Harvard Law Review—Glimpses of Its History as Seen by an Aficionado,” *Harvard Law Review: Centennial Album,* 1 (1987), accessed May 5, 2011, http://www.harvardlawreview.org/hlr_497.php.

［16］Stimson, *On Active Service*, xv; McMahon, *Dean Acheson*, 11; Roger C. Crumton, “The Most Remarkable Institution: The American Law School Review,” *Journal of Legal Education*, 32 (1986), 3-4; John Seligman, *The High Citadel: the Influence of Harvard Law School* (Boston: Houghton Mifflin Co., 1978), 43-45.

［17］Charles W. Eliot to Henry S. Pritchett, April 13, 1915 in Bruce A. Kimball, "'Warn Students That I Entertain Heretical Opinions, Which They Are Not to Takeas Law': The Inception of Case Method Teaching in the Classroom of the Early C. C. Langdell, 1870-1883," *Harvard Law & History Review*, 17, No.1 (1999), 66n37.

［18］Eliot, "The New Education, I," 218; Charles W. Eliot, "The New Education: Its Organization, II," *Atlantic Monthly*, 23 (Boston: Fields, Osgoods & Co. 1869), 359. 履修選択制度におけるドイツの影響については、Richard Hofstadter and Walter Metzger, *The Development of Academic Freedom in the United States* (New York: Columbia University Press, 1955), chap. 8.

［19］J. Anthony Lucas, "80 Years of Curriculum Changes Produces Extensive Areas," *The Harvard Crimson*, January 8, 1953; Samuel Eliot Morison, *Three Centuries of Harvard: 1636-1926* (Cambridge: Harvard University Press, 1936), 344-346.

［20］Charles W. Eliot, *University Administration* (Boston: Houghton Mifflin Company, 1909), 134-139.

［21］Eliot, "The New Education, I," 218; Eliot, *University Administration*, 142.

［22］Charles W. Eliot, "The Function of Education in Democratic Society (1897)," in *Educational Reform*, 406.

［23］Eliot, "The Function of Education in Democratic Society," 416-417.

［24］エリオットは、「アメリカの大部分の大学で歴史はほとんど教えられておらず」、ダートマスやプリンストンといったアイヴィーリーグでさえ状況はあまり変わらなかったことを嘆いていた。Charles W. Eliot, "What is a Liberal Education? (1879)," *Educational Reform: Speeches and Addresses* (New York: The Century Co., 1898), 104-106; Charles W. Eliot, "Medical Education of the Future (1896)", Ibid, 364; Charles W. Eliot, "A Wider Range of Electives in College Admission Requirements (1896)," Ibid., 376-379.

［25］Eliot, "The Exemption from Taxation (1874)," *American Contributions to Civilization*, 342-343.

［26］Eliot, "Family Stocks in A Democracy (1890)," *American Contributions to Civilization*, 139; Charles W. Eliot, "The Function in Democratic Society (1897)," *Educational Reform*, 417-418; Eliot, *Education for Efficiency*, 40-41.

[27] Eliot, "American Democracy," *Harvard Graduates' Magazine*, 10, No.40 (June 1902), 506.
[28] Charles W. Eliot, "The Working of American Democracy (1888)," *American Contributions to Civilization*, 78.
[29] Eliot, "Family Stocks in A Democracy," 136-138.
[30] Eliot, "The Function of Education in Democratic Society," 417-418.
[31] Eliot, *University Administration*, 341.
[32] Harvard University, *Forty-Ninth Annual Report of the President of Harvard College, 1873-1874* (Cambridge: Press of John Wilson and Son, 1875), 8.
[33] Ibid., 82-84. 二〇世紀に入ると、フィリップス・エクセター校、フィリップス・アンドーヴァー校出身のハーヴァード・カレッジへの入学者数は、他のプレップ・スクールの入学者数によって追い上げられた。けれども、依然として両校はハーヴァードに卒業生を送り出す名門で在り続けた。Harvard University, *Annual Reports of the President and Tresurer of Harvard College, 1904-1905* (Cambridge: Harvard University, 1906), 365-370.
[34] Harvard University, *Annual Reports of the President and Tresurer of Harvard College, 1887-1888* (Cambridge: Harvard University, 1889), 7; Harvard University, *Annual Reports of the President and Treasurer of Harvard College, 1894-1895* (Cambridge: Harvard University, 1896), 11; Harvard University, *Annual Reports of the President and Tresurer of Harvard College, 1899-1900* (Cambridge: Harvard University, 1901), 7. なお、これらの引用箇所には、エリオットによる改革の進行に伴い、公立学校出身者が増えていく様子が数字によって表現されている。
[35] Eliot, *University Administration*, 220-225.
[36] Hawkins, *Between Harvard and America*, 12.
[37] Waldo H. Heinrichs, Jr., *American Ambassador: Joseph C. Grew and the Development of United States Diplomatic Tradition* (New York: Oxford University Press, 1966), 7.
[38] Eliot, "The New Education," 204-205; Hawkins, *Between Harvard and America*, 173-177, 363 n3. なお、一八七六年以後のボストン・イングリッシュ高校（Boston English High School）のように、ボストンの公立学校でもラテン語を

教えるようになっていた。

　公立学校出身の入学者の増加については、Gerome Karabel, *The Chosen: The Hidden History of Admission and Exclusion at Harvard, Yale, and Princeton* (Boston: Houghton Mifflin Co., 2005), 50. なお、一九一〇年代に入ってもなお、プレップ・スクール出身者はハーヴァード・カレッジの学生数の過半数を占めていた。Harvard University, *Annual Reports of the Presindent and Tresurer of Harvard Colldge, 1913-1914* (Cambridge: Harvard University, 1915), 274; Harvard University, *Annual Reports of the Presindent and Tresurer of Harvard Colldge, 1915-1916* (Cambridge: Harvard University, 1917), 292.

［39］Henry Aaron Yeomans, *Abbott Lawrence Lowell, 1856-1943* (New York: Arno Press, 1977), 52-54, 58-61.

［40］John Collins Bossidy, "Toast, Holy Cross College alumni dinner (1910)", in Ted Clarke, *Beacon Hill, Back Bay and the Building of Boston's Golden Age* (Charleston: The History Press, 2010), 13; A. Lawrence Lowell to Charles W. Eliot, April 2, 1902, in Yeomans, *Lawrence Lowell*, 165-166.

［41］Morison, *Three Centuries of Harvard*, 419-421, 441; Harvard University, *Annual Report of the President and Treasurer of the Harvard College, 1905-1906* (Cambridge: Harvard University, 1907), 50-51.

［42］Eliot, *University Administration*, 142.

［43］T. Woodrow Wilson to Roosevelt, July 28, 1901; Roosevelt to Endicott Peabody, May 7 and July 12, 18, 1901, in Dalton, *Theodore Roosevelt*, 198.

［44］以前のウィルソンは、民主主義における平等を熱心に説くような知識人では決してなかった。「中庭計画」を擁護する彼の言動は、その内容以上に彼の立場の豹変ぶりを印象付ける。この劇的な転換について、歴史家たちは、学長業務による過労がもたらした一九〇六年の心臓発作が原因だとの見解で一致している。Henry Wilkinson Bragdon, *Woodrow Wilson: The Academic Years* (Cambridge: The Belknap Press, 1967), 329; John H. Mulder, *Woodrow Wilson: The Years of Preparation* (Princeton: Princeton University Press, 1978), 191.

［45］A Supplement Report to the Trustee (December 13, 1906), Arthur Link ed., *The Papers of Woodrow Wilson*, 69 vols.

(Princeton: Princeton University Press, 1969-1994)［以下 PWW と略記する］.

［46］“Report on the Social Coordination of the University,” July 6, 1907, PWW.

［47］“Speech to the Princeton Club of Chicago,” March 12, 1908, PWW.

［48］“Abstract of Wilson's Speech prepared by Andrew Fleming West”, October 7, 1907, PWW.

［49］“Report on the Social Coordination of the University”; “Abstract of Wilson's Speech prepared by Andrew Fleming West”; Wilson to George Corning Frazer, April 16, 1907, PWW.

［50］Henry Burling Thompson to Cleveland H. Dodge, February 18, 1907; Wilson to Cleveland H. Dodge, February 20, 1907, PWW.

［51］Bryan, *The Memoirs of William Jennings Bryan*, 331.

［52］Quoted in John Milton Cooper, Jr., *Woodrow Wilson: A Biography* (New York: Alfred P. Knopf, 2009), 87.

［53］Stimson, *On Active Service*, xiv-xv; Isaacson and Thomas, *The Wise Men*, 86.

［54］Frank D. Ashburn, *Peabody of Groton: A Portrait* (New York: Coward McCann, 1944), 8-36. 以後のピーボディ個人に関する情報については、唯一の伝記である本書に依拠した。

なお、グロートン校創設を誰がピーボディに勧めたかについては諸説ある。Baltzell, *The Protestant Establishment*, 113は、最初に創設の構想をピーボディに勧めた人物はブルックスだとしている。だが、Frank Davis Ashburn, *Fifty Years On: Groton School 1884-1934* (New York: Gosden Head, 1934), 13によると、ブルックスは、ピーボディに一八五六年創設の聖公会を宗旨とする寄宿舎学校セントポール校に行くように示唆していたという。ここでは、ピーボディの教え子で、生涯を通じて非常に親しい仲にあったアシュバーンの説に従った。

［55］Ashburn, *Fifty Years On*, 14-15. ちなみに、他のグロートン校の理事には、第一次クリーヴランド政権の陸軍長官ウィリアム・エンディコット（William C. Endicott）がいる。彼はイギリスの国家指導者の一人ジョゼフ・チェンバレン（Joseph Chamberlain）の岳父であった。

なお、ボストンはもともとチャールズ・エリオットが帰依したユニテリアンの街であったが、聖公会教会の街へと変貌した。それは、後者の方が世俗化への対応において優れていたからだと言われている。Kit Konolige and Frederica Konolige, *The Power of Their Glory: America's Ruling Class, the Episcopalians* (New York: Wyden Books, 1978), 62. によれば、聖公会教会は、英国国教会の形式張った儀式を気楽でありながら荘重な儀礼に代え、宗教的情熱を薄め教義を希釈化したという。

[56] Ashburn, *Fifty Years On*, 86-87; *Peabody of Groton*, 66-68.

[57] Frederick Lew Allen, *The Great Pierpont Morgan* (New York: Harper & Row, Publishers, 1965), 13.

[58] チャールズ・R・ガイスト（中山良雄訳）『ウォールストリートの歴史』フォレスト出版、二〇〇一年、一〇三頁。

[59] Ashburn, *Peabody of Groton*, 70.

[60] George Martin, "Preface to a Schoolmaster's Biography," *Harper's*, 188 (Jan. 1944), 161.

[61] Philips Brooks, *Essays and Addresses Religious, Literary and Social* (New York: E. P. Dutton and Co., 1894), 334; Morison, *Three Centuries of Harvard*, 367-368.

[62] Endicott Peabody Diary, January 5, 1896, in Ashburn, *Peabody of Groton*, 116-117.

[63] "Endicott Peabody's Comparison of American and English Schools," (n.d.), in Ashburn, *Peabody of Groton*, 423-425.

[64] Endicott Peabody letters, in Ashburn, *Peabody of Groton*, 72-76.

[65] Wister, *Roosevelt*, 4-5; Paul Russell Cutright, *Theodore Roosevelt: the Naturalist* (New York: Harper's, 1956), 3-8.

[66] Ashburn, *Fifty Years On*, 126-127.

[67] Dean Acheson, *Morning and Moon: A Memoir* (Boston: Houghton Mifflin and Company, 1965), 25-26. しかし、アチソンはグロートン校の教育を高く評価していた。そのことは、息子のデイヴィッド（David Acheson）をグロートンへ送ったことに明らかである。Chase, *Acheson*, 22-25.

[68] Ashburn, *Fifty Years On*, 95-100.

[69] Robert Dullek, *Franklin D. Roosevelt and American Foreign Policy, 1932-1945* (New York: Oxford University Press, 1979), 4.

[70] Heinrichs Jr., *American Ambassador*, 5-6.

[71] Theodore Roosevelt to Endicott Peabody, November 16, 1894, September 1, 1903, in Ashburn, *Peabody of Groton*, 174-175.

[72] Ashburn, *Fifty Years On*, 165-166.

[73] John Lears, "The Managerial Revitalization of the Rich," in, *Ruling America: A History of Wealth and Power in A Democracy*, eds. Steve Fraser and Gary Gerstle (Cambridge: Harvard University Press, 2005), 194. ローズヴェルトの弟エリオット(Elliott Roosevelt)は、グロートンと並んでスパルタ教育でならしたセントポール校に入学したが、あまりの厳格さにヒステリーを起こし退学を命じられた。Dalton, *Theodore Roosevelt*, 59.

[74] Ashburn, *Fifty Years On*, 16n1, 17; The Staff of National Bureau of Economic Research, *Income in the United States: Its Amount and Distribution, 1909-1919*, Vol.1 (New York: Harcourt, Brace and Company, 1921), 102-103. ドルの現在価値への換算、一八八四年と一九〇九年との貨幣価値の比較は、S. Morgan Freedman, "The Inflation Calculator," http://www.westegg.com/inflation/, 2012にて計算した。ちなみに、ピーボディの校長としての月収が一、二〇〇ドルであった。なお、グロートン校の二〇一二年度学術年度の時点で一年間にかかる授業料・寮費は計四九、八一〇ドルである。Groton School, "Groton Essentials," accessed August 6, 2012, http://www.groton.org/about/essentials.

日本の私立中高一貫校で寮制度をとる学校の学費については、鹿児島にある私立ラ・サール高等学校を参考にした。ラ・サールの場合、二〇一二年度の同経費は計一、五七九、八〇〇円である。La Salle High School「入学のご案内：経費」、二〇一二年八月六日アクセス、http://www.lasalle.ed.jp/admission.html#keihi。

[75] George Biddle, "As I Remember Groton School: a chapter of autography 1898-1904," *Harper's Magazine* (August 1939), 292-300.

[76] Ashburn, *Fifty Years On*, 87; *Peabody of Groton*, 217-219.

[77] Ashburn, *Fifty Years On*, 132-150.

[78] アレクサンドラ・ロビンズ（太田龍訳）『スカル＆ボーンズ――秘密クラブは権力への通路』、成甲書房、二〇〇四年、一一〇頁。なお、ボーンズは、ラッセルがドイツで知遇を得た学生クラブのアメリカ支部として創

始されたことが確認されている。

［79］Lyman Hotchkiss Bagg, *Four Years at Yale* (New Haven: Charles C. Chatfield & Co., 1871), 690; Henry E. Howland, "Undergraduate Life at Yale," *Scribner's Magazine*, 12, No.1 (1897), 21-22.

［80］Owen Johnson, *Stover at Yale* (1931rep., Boston: Brown, Little and Company, 1911), 243.

［81］"Education: Skull & Bones," *Time*, May 20, 1940.

［82］Antony C. Sutton, *America's Secret Establishment: An Introduction to the Order of Skull & Bones* (Billings, MO: Liberty House Press, 1977); ロビンス『スカル＆ボーンズ』；越智道雄『秘密結社――アメリカのエリート結社と陰謀史観の相克』ビジネス社、二〇〇五年、第二章；David Robarge, et al., "The Good Shepherd: A movie directed by Robert De Niro, screenplay by Eric Roth. Universal Pictures. 2006," *Studies in Intelligence*, 51, No.1 (Center for Studies of Intelligence, CIA, June 26, 2008), accessed November 22, 2012, https://www.cia.gov/library/center-for-the-study-of-intelligence/csi-publications/csi-studies/studies/vol51no1/the-good-shepherd.html.

［83］Samuel L. Clemens [Mark Twain] to the President of the Scroll and Key Society, Yale College, November 18, 1868, in *Mark Twain's Letters, Vol.2: 1867-1868*, ed. Harriet Elinor Smith, Richard Bucciand Lin Salamo (Berkeley: University of California Press, 1990), 281; Mack Maynard, *History of Scroll and Key: 1842-1942* (USA: Scroll and Key, 1978), 46, 214-215 n1.

［84］Will Brownell and Richard N. Billings, *So Close to Greatness: A Biography of William C. Bullitt* (New York: Macmillan Publishing Company, 1987), 29-31.

［85］Mack, *A History of Scroll and Key*, 59, 113-114 n1-2, 115 n7-8, 120-122, 141. 以下のキーに関する引用はこの公式史の上記の箇所による。

［86］Yale University, *Obituary Record of Graduates of Yale University Deceased during the Year 1942-1943, Series 40, Number 1* (New Haven: Yale University Library, 1944), 42-43, 98-99.

ボーンズ会員だったウィリアム・ホイットニー（一八六三年卒）、ヘンリー・スティムソン（一八八八年卒）、アヴェレル・ハリマン（一九一三年卒）もサイ・ユプシロンの会員であった。Hirsch, *William C. Whitney*, 17; Psi Upsilon Fraternity, "About Psi Upsilon: History," accessed September 24, 2010, http://www.psiu.org/about/history.html.

［87］McMahon, *Dean Acheson*, 10.

［88］Isaacson & Thomas, *The Wise Men*, 86. ポーセリアンについては、Carleton Putnam, *Theodore Roosevelt: The Formative Years, 1858-1886* (New York: Scribner's, 1958), 171; Morris, *The Rise of Theodore Roosevelt*, 79 および Cass Canfield, *Up and Down and Around: A Publisher Recollects the Time of His Life* (New York: Harper's Magazine Press,1971), 32-35. を参照のこと。

［89］Gordon Auchincloss Diary, December 14, 1914 and March 8 to 20, 1917, Gordon Auchincloss Papers, Manuscripts and Archives, Yale University Library.

［90］Stimson, *On Active Service*, xv-xvi.

［91］ファイナル・クラブの晩餐会については、Auchincloss Diary, November 12, 1915. ファイナル・クラブの秘密保持については、Isaacson & Thomas, *The Wise Men*, 82.

［92］David Fincher, *The Social Network* (USA: Columbia Pictures, 2010). けれども、この映画の描写はしばしば事実と異なる点が指摘されている。例えば "Person of the Year 2010: Mark Zuckerberg," *Time*, December 15, 2010 を参照。

ちなみに、ザッカーバーグは、母校フィリップス・エクセターでは最優秀の部類に入る生徒であった。ギリシャ語、ラテン語、ヘブライ語を読み書きでき、数学や物理学でも賞を受けた。学業のみならず、フェンシング部の主将であり有力な選手であった。にもかかわらず、ザッカーバーグがハーヴァードで入会を認められたのは、アルファ・エプシロン・ファイ（Alpha Epsilon Pi）という、ユダヤ人学生の国際的友愛会であった。David Kirkpatrick, *The Facebook Effect: The Inside Story of the Company that Is Connecting World* (New York: Simon and Schuster, 2010), 20-21, 30.

［93］Geoffrey C. Ward, *Before the Trumpet: Young Roosevelt, 1882-1905* (New York: Harper & Row Publishers, 1985), 235-236; Ted Morgan, *FDR: A Biography* (New York: Simon and Schuster, 1985), 81.

［94］Kenneth S. Davis, *FDR, the Beckoning of Destiny, 1882-1928: A History* (New York: Random House), 136.

［95］Geoffrey C. Ward, *A First Class Temperament: the Emergence of Franklin Roosevelt* (New York: Harper & Row,1989), 46-47, 432.

［96］ロナルド・スティール（浅野輔訳）『現代史の目撃者――リップマンとアメリカの世紀』上巻、ＴＢＳブリタニカ、一九八二年、二六-二七頁。

［97］ハンティントン・ラッセルはヴァーモント州ノーウィッチにあるアメリカ文学・科学・軍学校（the American Literary, Scientific and Military School）という軍隊式の私立学校の卒業生であるが、彼の家系はニューイングランドの「古株」の聖職者の家系であった。先祖の一人には、イェール大学の創立者で理事のノアディア・ラッセル（Noadiah Russell）がいた。N. G. Osborn, *Men of Mark in Connecticut: Ideals of American Life Told in Biographies and Autobiographies of Eminent Living Americans*, Vol.2 (Hartford: W. R. Godspeed, 1906) 410-423.

ウィリアム・タフトはウッドウォード高校（Woodward High School）という公立学校の出身だが、そこは数学、ギリシャ語、ラテン語、文学、歴史学などの講座を持っており、学術的卓越を誇っている学校であった。また、タフトの父アルフォンソも公立学校の出身者だが、アマースト・カレッジ（Amherst College）経由でイェール・カレッジに入っている。David H. Burton, *Taft, Roosevelt, and the Limits of Friendship* (Madison, NJ: Fairleigh Dickinson University Press, 2005), 17-19; Lewis Alexander Leonard, *Life of Alphonso Taft* (New York: Hawke Publishing Company, 1920), 28-29.

ウィリアム・ブリットは、グロートン校に行くことになっていたが、「僕の知っているグロートンの奴はみんな俗物だ」と述べて入学を拒絶し、地元フィラデルフィアの私立学校ドゥランシー校（the Delancey School）に進学した。そこは「寄宿舎学校の利点のほとんど全てをフィラデルフィア市の少年たちに」提供する通学校であったと言われている。しかし後に彼は、グロートン卒業生のフランクリン・ローズヴェルトのサロンであった「真実の家（the House of Truth）」の頻繁な訪問者となる。そして彼は、エドワード・ハウスを通じてローズヴェルトの一時的信頼を勝ち取り、ソ連承認の必要性を力説し、ついには初代駐ソ大使となった。Brownell and Billings,

So Close to Greatness, 19-20, 132-137; Beatrice Farnsworth, *William C. Bullitt and the Soviet Union* (Bloomington: Indiana University Press, 1967), 77-78; James Srodes, *On Dupont Circle: Franklin and Eleanor Roosevelt and the Progressives Who Shaped Our World* (Berkeley: Counterpoint, 2012), 8, 174, 179, 217-225.

［98］John Dumbrell and David M. Barrett, *The Making of US Foreign Policy,* Second Edition (Manchester: Manchester University Press, 1997), 184 などを参照のこと。

第四章　国家効率運動の拡大の限界

第一節　チャールズ・ボナパルト

前章では、国家効率運動を推進する改革勢力が、支持基盤の強化を狙って、アメリカの私立中等・高等教育機関をヨーロッパ先進国にならって改編し、国家指導者の養成課程へと変貌させていく過程をみた。この国家指導者層の再編・強化の試みは、限定的であるが一定の成果を収めた。だがその一方で、民主的平等性の面では大きく立ち遅れたことを確認した。

本章では、国家指導者の養成課程が階級的な排他性を帯びたことで国家効率運動の展開にいかなる影響を与えたのかを探るべく、二人の代表的人物の半生を振り返る。チャールズ・ボナパルトとルイ・ブランダイスである。この二人を取り上げるのは、ともにマイノリティでありながら、前章でみたハーヴァード大学改革の申し子として国家効率運動に参画したという共通点を持ち、しかし、最終的には国家効率運動に対して決定的に異なる姿勢をみせるからである。

ボナパルトは全米地方自治連盟(the National Municipal League［以下NML］)の執行委員会の委員長として、ブランダイスは委員として、ともに同連盟の創設に立ち会った。NMLは地方レベルだった国家効率運動が真に全国規模となったことを象徴する組織の一つである。一八九三年、一三州二一都市——南はニューオリンズ、西はミネアポリスまで——の改革団体の代表がフィラデルフィアに集い共同会議を開催し、その翌年の九四年に加盟形式の連合体を結成したのがNMLである。

NMLの創設メンバーには、既に言及した改革勢力の著名人が名を連ねている。初代会長クーリッジ・カーター、財務責任者フルトン・カッティングを筆頭に、チャールズ・フランシス・アダムズ、チャールズ・エリオット、シカゴ大学創立者マーシャル・フィールド(Marshall Field)、フランクリン・マクヴィ、チャールズ・エリオット・ノートン、セオドア・ローズヴェルトらである。

これらの並み居る歴々の中で、ボナパルトとブランダイスは明らかに「変わり種」であった。国家効率運動の主導者たちは、そのほとんどがプロテスタントの聖公会、ユニテリアン、長老派のいずれかの宗派に属するWASPであった。ところが、ボナパルトはボストンの聖公会教会の礼拝を受けないほどの敬虔なカトリック教徒で、ブランダイスは後にシオニスト運動の指導者となるチェコ系ユダヤ人であった。[1]

国家効率運動の改革勢力の中ではともに周縁に位置した二人だが、次第に国家効率運動に対する態度を異にしていく。ボナパルトは一九〇三年から一九一〇年までNMLの会長職を務める。他方ブランダイスは、これと言って目立つ役職に就かないばかりか、ついには国家効率運動から離脱することになる。したがって、ボナパルトとブランダイスの半生を振り返ることには、国家効率運動の中核勢力とは異なる宗教・宗派に属する人物が、一連の教育課程を経て、どのように変化していったのかをも知ることができるという意義もある。まずはボナパルトの半生から話を進めたい。

ハーヴァードでの好戦的な少数派

チャールズ・ボナパルトは、一八五一年六月九日、メリーランド州ボルティモアに生まれた。ボナパルトの名は、フランス皇帝ナポレオン・ボナパルト（Napoleon Bonaparte）の弟ジェローム（Jerome Bonaparte）に由来しており、チャールズはジェロームの孫にあたる。ボナパルトの父母はともにボルティモアの大富豪の血筋を引いていたため、ボナパルト家は裕福な生活を営んでいた。ボナパルトは六歳から一二歳までボルティモア近郊のフランス系の寄宿舎学校で過ごし、その後五年間家庭教師の下で学びながらボルティモアの私立高校に通った。およそ一二年間に及ぶ教育の中で、ボナパルトは、英語、フランス語、数学に加え、ラテン語、ギリシャ語を習得した。[2]

一八六九年には父の母校ハーヴァード・カレッジに入学し、そこを最優等のファイ・ベータ・カッパ（Phi Beta Kappa）で卒業した（一八七四年卒）。学長チャールズ・エリオットによると、学生時代のボナパルトは「同級生と教師にとって大いなる興味の対象」であったという。それは、彼が「強い精神力、思考の機敏さ、機転の速さ」で際立っていたからというだけではなく、「ハーヴァード大学の理事、教員や学生にも、ほとんどカトリック教徒を見つけることができなかった」からでもある[3]。

ハーヴァードにおいてカトリックが圧倒的に少数だった背景には、一九世紀以後のアイルランド系移民の大規模な流入に反発したプロテスタントの反カトリシズムが考えられる。それは大都市を中心にして巻き起こったが、その代表的な都市がボストンであった。そこでは、第二章第一節でみたように、ボストン・ブラミンが極めて排他的なコミュニティを築き上げていた。その排他主義がいかに峻烈を極めたかは、キャボット家の血を引いたヘンリー・キャボット・ロッジですら、ブラミンには「専断的で非寛容になる傾向」があり、「自分たちをより高次で別格の階級の一員として見なす傾向」がある、とヒギンソン家の一員に警告したことで了解されよう[4]。

ブラミンは、ハーヴァードの理事会や教授団に籍を置くことを長い間慣習としてきたため、それらの組織もそのコミュニティの中に包摂されていた。したがって、ボナパルトのようなカトリックが当時のハーヴァードのキャンパスで圧倒的少数派に属することは、ほとんど宿命であった。彼がアイリッシュ・カトリックではなくフレンチ・カトリックであったことや、彼の母親が長老派教会に帰依していたことは、彼のカトリシズムに対するプロテスタント側の忌避感を多少なりとも減じたかもしれない。だが、それがどうであれ、彼が不利な立場に置かれていたことに変わりはない。

そんなボナパルトにとって、幼少期から思春期をメリーランド州で過ごしたことは幸運だったと言ってよい。メリーランドは、イギリス国王チャールズ一世の后アンリエット・マリー（Henrietta Marie of France）にちなんで命名された、アメリカにおける最初のカトリック植民地だったからである。メリーランドは、建設当初こそ「新大陸における異種文化圏」として批判されたが、間もなく「宗教的寛容の土地としての信用を築いた」[5]。そこでは、カトリックは、反カトリシズムという時代の風潮を免れられ、自らのカトリック信仰に対する確信を躊躇なく保ち得た。ゆえにボナパルトは、ハーヴァードに形成されていたクラブ社会に対して、臆することも背を向けることもせず、堂々と自らの原則《プリンシプル》を掲げて立ち向えたのである。

そのことを象徴したのが、ボナパルトが創設した玉璽会（the Signet Society）というファイナル・クラブである。玉璽会創設のそもそもの動機は、ボナパルトがハーヴァードの「軽薄で俗物的な」クラブ社会に一石を投じたいと思ったことにあった。彼の見たところ、カレッジの学年役員の選出において「紳士にあるまじき恥ずべき」策略が繰り広げられ、キャンパスには「我が国の政治においてますます広く普及しているのと同じ、根回し・追従・虚偽の慣習」が蔓延していた。その黒幕は「我が学年の『政治』を実に巧妙に統制している秘密の友愛会」であり、そこは「ボストンの第一級の家系」の子どもたちの独壇場であった[6]。

ボナパルトは、こうしたクラブ社会の不条理に義憤を憶え、得意のボクシングやフェンシングで養われた好戦性を発揮し、果敢な抗議行動に打って出た。「秘密の友愛会」からの「影響とは無縁のクラブ」として玉璽会を結成したのである。ボナパルトは能力主義に基づいて、会の趣旨を「道徳的および知的成長」と定め、会員は純粋に「能力を理由に」選出すると表明した。ここで注意したいことは、玉璽会もまた会員制の「秘密クラブ」だったということである。ボナパルトも、学生間競争を活性化させるというファイナル・クラブの意義そのものは否定しなかったのである。彼の意図はあくまでも、クラブ社会が、学友たちのいずれにも納得の行く尺度によって、つまり能力主義に基づいて運営されていないことに対する異議申立てにあった。

この玉璽会の一件は、ボナパルトがエリオットの大学改革の申し子だったことを示している。玉璽会の創設の動機、設立趣旨、会員の選出基準、クラブ社会に対する態度のどれをとっても、ボナパルトはエリオットの大学改革の基本方針をほぼそのまま踏襲している。ゆえに、エリオット学長と教授団も「好戦的なクラブ」たる玉璽会の創設を「全面的に支持してくれた」のである。ボナパルトの奮戦は、建国の「ピューリタンの子孫である貴族たちを大いに驚かせた」ばかりでなく、「少なからぬ同級生」がボナパルトに倣ってクラブ社会に抗議を表明するという成果をもたらした。[7]

ボナパルトは、大義名分のもとクラブ社会の不条理に正面から戦いを挑んだことで、キャンパス内でひとかどの人物として広く認められるようになった。後年ボナパルトは、ハーヴァード大学同窓会によって同大学の理事に二度選ばれた。国家指導者層の再編・強化に向けて学生の出身階層を広げたいと思っていたエリオットは、ボナパルトが敬虔なカトリックだったがゆえに、彼が一二年間理事職にあったことは「なお一層有益で興味深い奉仕」となったと回顧している。[8] ボナパルトはローマ・カトリック教会への信仰をあくまでも貫いて、ハーヴァードのクラブ社会に自らの存在価値を認めさせたのである。

こうした受容体験がボナパルトのアメリカへの帰属意識をさらに強くしていった。彼はカトリック教会関連団体でしばしば演説したが、その中で「真に良き市民でない者は誰も良きカトリックとはなり得ない」と述べている。つまり、同胞たるカトリック教徒に対し、プロテスタントを主たる宗教とするアメリカに対する愛国心と、信仰としてのカトリシズムは矛盾なく両立することができ、またそうでなければならないとボナパルトは説いたのである。[9]

国家効率運動への参画

ハーヴァード・カレッジ卒業後、ボナパルトはハーヴァード法科大学院に進学し、そこでも優秀な成績を収めた（一八七六年卒）。その後地元ボルティモアで弁護士となったが、間もなく政界入りした。ニューヨーク同様「民主党のボスたち」によって支配されていたボルティモア政治を浄化する運動を皮切りに、地方自治の効率化改革に参じたのである。[10] ボナパルトは持ち前の行動力でめきめきと頭角を表し、彼の政治活動範囲はボルティモアを越え、一八八一年には全米公務員制度改革連盟の創設に立ち会うまでになった。この連盟での活動を通じて彼は、当時合衆国公務員制度委員会委員長だったセオドア・ローズヴェルトと生涯にわたって続く盟友の絆を結んだ。こうしてボナパルトは国家効率運動の指導者の一人となった。

ボナパルトの改革姿勢は在任中のNML会長演説に示されている。それによると彼は、国家の効率化をめぐる問題とは「本質的には道徳の問題であり、付随的に政治的な問題であるに過ぎない」との見解を長年の持論としていた。「誠実で、効率的で、経済的な行政府を確保する」には、「憲法の条項、法律、政令や、行政府の制度や規則」よりも、政治浄化によって公職を「魅力的で有益な」仕事とすることで「自らの義務を理解し遂行する、徹底して高潔で良識に満ち、かつ十分に知的で十分に教育の高い」人材を政治に携わらせることが必要だという見解である。[11]

NMLを知る者にとって、ボナパルトの見解は少々奇異である。この連盟には、改革勢力を代表する政治学者や行政学者——コロンビア大学政治学部のフランク・グッドノー（Frank J. Goodnow）、ローレンス・ローウェル、アルバート・ハートなど——が数多く参集した。彼らは、地方自治に関するデータ分析を世に広く提供し、かつ、シティ・マネージャー制や予算委員会の権限強化など、イギリスをはじめとするヨーロッパをモデルとした地方自治の改革案を提案した。[12] つまりNMLは、知識集団による行政府改革への貢献によって認められた組織で、今日のシンクタンクに近い組織であった。

だが、ボナパルトは並み居る専門家たちを前に、国家効率運動の本質は、専門家による制度改革というよりも能力主義による人材登用だ、と説いたのである。「王党派は王以上に王的である」という言葉がある。これになぞらえれば、ボナパルトは、WASPの国家効率運動の主唱者たち以上に徹底して「立派で尊敬される人材」が政治に参加することの必要性を説いたのである。彼は、その必要性は連邦政治においても本質的には変わらないと言い切っている。[13]

猟官制に対する再解釈

ボナパルトが、専門家による制度改革よりも能力主義による人材登用にこだわった理由は二つある。一つは、彼の理想の政治が、ジョージ・カーティスやヘンリー・アダムズと同様に、貴紳を中心に国家運営が行われた建国期の共和政治にあったからである。ボナパルトは、「金ぴか時代」のウォール街の金融・銀行業界を好ましく思っていなかった。もう一つの理由は、ボナパルトが自身の政治体験から、現実の政治体制を踏まえた上で国家効率運動を展開しなければならないという結論に至っていたからであった。彼は、過去三〇年間の行政の脱政党化を目指した国家効率運動を総括して、その試みはほとんど成功しなかったと見ていた。それは、民主政治において政党には「有用性」があったからである。ボナパルトの考えでは、巨大な人口を抱える近代の民主主義国家において、有権者が自らの政治的要求を通すためには要求を同じくする者たちと団結する他ない。政党はその必要性に応じて成立したものであった。すなわち、政党は有権者の政治的意思を汲み取り、実現を可能にする集合体であった。したがって、政党制度を除去すれば、政治空間に「空白」が生じ、民主政治が停滞することは避け得ない。これでは、国家効率運動の趣旨に反した結果が生じてしまうことになる。

そこでボナパルトは、政党が民主政治にとって不可欠なものだと認めた上で、政党を本来の規律ある姿に戻すことを唱えた。彼の目から観て、政党は「無知で、無能で、利己的で、不謹慎な人材」によって腐敗させられ、政党本来の「公平で私心のない」国家の政策を実行する機能を失っていた。ボナパルトは、政党に「第一級の人材」を数多く参加せしめ、政党から過度の「党派心」を除去することにより、政党を「有益な機関」へと転換することが、国家の効率化にとって最も能率的な方途だと考えたのである[14]。

国家効率運動にとって、これは大変に重要な発想の転換であった。何故なら、ボナパルト自身は明言を避けたが、もしも政党に有能な人材が集まり、彼らが政党で影響力を持つ勢力へと成長したとすれば、専門家たちが廃止を訴えていた猟官制さえも国家効率運動の目的に資することになる。そのことをボナパルトは競売に喩えてこう言っている。国家効率運動の推進にとって最善の手段は、共和・民主の「両党から、自分たちの［それぞれの政党に対する］支援に高値を付けてもらい、優秀な人材の「公職への」指名と善良な法案の支持を競り落とすことを求め、最高の競値で落札してもらうこと」である、と[15]。

この競売の喩えは冗談ではなかった。ボナパルトは、政党の力がその選出に強く影響する公務員、特に政府高官や議員に、民間企業に劣らない給与を与え、「慎み深い、尊敬すべき人々」として接遇することが必要だと論じた。恩師エリオットに劣らず清廉潔白だった彼が公務員の給与をも問題にしたのは、その額が民間企業での給与に比べ著しく低く、ただでさえ政治を忌避している「一流の人材」が公職に就く誘因を一層弱いものにしているのではないかと懸念したからである。

ボナパルトによると、前任の司法長官の年間給与は八千ドルで、退職後赴いた民間企業は彼に年間八万ドルを支払っていた。他の政治任命職にしても、民間企業に籍を置いた方が多額の給与をもらえた。そのために優秀な人材は民間に流れ、「我が国の公務員を、大企業の社員や巨大な富を有する個人に仕える者たちと［能力面で］比較した場合［中略］競り負け」ているという状況が生じていた。かと言って、公務員の給与の増額に対する大衆の支持を得ることが容易ではないことはボナパルトにも自明であった。そこで彼は、政府職員の能力が民間企業のそれに劣ったままでは、アメリカはローマと同じ末路をたどることになる、と警告を発した。曰く、アメリカの政治は、共和制末期の「ローマと同様に［中略］独立した生活手段を有するものだけが極めて重要な職務を占めることのできる」金権政治に陥ってしまう。そしてついには、「富める者とも貧しき者とも皆『公平な取引』をする」という「良心」を失うであろう、と。[16]

大衆感情に配慮した言辞だが、この大衆の存在もまた、ボナパルトが政党に有為な人材を引き入れようとした要因である。アメリカでは、社会の産業化と人口増加により、大衆が形成する世論が国家の意思決定に占める比重は日に日に大きくなっていた。ボナパルトはこの状況に危機感を抱いた一人だった。何故なら、「ますます増えている大衆は、誰かが彼らに教えるまで自分が何を考えているかが分からない。別の誰かによって彼らに向けて意見が表明された時、それが自分自身の意見だと分かる」ので、どんな意見にでも染まり得る集団だと見なしたからである。

ポピュリストの政見を大衆が支持するさまに、ボナパルトは、アメリカにおける階級対立が連邦を南北戦争以来再び二分させるのではないかと憂慮を深めていた。

「資本家」か「労働者」［中略］、「財閥」か「無産階級（私［ボナパルト］はそれがアメリカに存在するとは信じないが）」［中略］、東部か西部、あるいは北部か南部に世論を二分することはあってはならない。[17]

国家の分裂の危機を未然に防ぎつつ国家効率運動を推進するための施策が、政党に優秀な人材を呼び入れることであった。ボナパルトが彼らに期待した役割は、すなわち、大衆に国家効率運動の意義を説き、その支持を獲得する啓蒙活動家となることである。彼は、大衆が「良き市民」へと教え導かれることによって、富をめぐる階級間の対立は協調へと転換し、結果として、アメリカも「良き政府」を持つに至ることを期待した。[18] 被治者が治者の下に結集し、両者が一丸となって国家の発展に寄与するというこの考え方は、のちに盟友セオドア・ローズヴェルトが提唱したニュー・ナショナリズム（New Nationalism）と本質において一致している。

ボナパルトはNML会長の座にある間、ローズヴェルト政権で司法長官と海軍長官の二つの要職を歴任した。大統領からの信任はとても厚く、ボナパルトも彼によく仕えた。大統領にとってボナパルトは、「エイブラハム・リンカンの精神で正義のために戦っている」同志であり、「高位の公職における私の公的生活において、特に親しい友人で助言者」にして、「私の社会・産業計画に理解に満ちた共感」を持っている仲間であった。[19]

ボナパルトの方も大統領を「彼は断固とした義務感、崇高な目的とピューリタンの厳格な道徳を有し［中略］紳士の天性と名誉ある人間の本能によって自制していた」と絶賛している。[20] 両者の連帯は本物であった。一九一二年の大統領選挙に際し、彼はローズヴェルトと共に共和党を脱党し進歩党（the Progressive Party）を結成した。二人は、不偏不党の新しい国家指導者層が大きな政府を運営し、大衆を教え導いて国内の秩序を保ち、アメリカを世界大国へと発展させることを目指したのである。

第二節　ルイ・ブランダイス——人民の弁護士

ハーヴァード法科大学院の奇跡

ルイ・ブランダイスは、一八五八年ケンタッキー州ルイヴィルで成功を収めていた穀物商人の家庭に生まれた。二親とも、一八四八年の革命を逃れてプラハから一八五一年に移民してきたユダヤ人だったが、ユダヤ教の教えを厳格に守ることはなく、子どもたちもキリスト教の風習に倣って育てた。ただし、ブランダイス家のドイツ音楽・美術・文学への愛好は変わりなく続き、家庭内ではドイツ語で会話が交わされていた。このようなドイツ教養主義への愛着は、ブランダイスの中等教育にも投影される。彼は、ドイツ語英語アカデミー（the German and English Academy）でドイツ語能力を磨いた後、一八七三年秋にドレスデンのアネン実業学校（the Annen-Realschule）に進んだ。ドレスデンでの生活は、ブランダイスにドイツの文化的・経済的達成への敬意を植えつけたと言われている。

この留学中にブランダイスは、母の弟で成功した弁護士ルイス・デムビッツ（Lewis N. Dembitz）と同じ職業に就く決意を固めた。デムビッツは幼少期のブランダイスに最も大きな影響を与えた人物だと言われている。彼は活動的な共和党員で、エイブラハム・リンカンを大統領候補に選出した一八六〇年の共和党全国大会への州代表である。デムビッツはまた、ルイヴィルの知識人サークルの中心人物でもあったが、その内輪ではエドウィン・ゴドキンやカール・シュルツといったマグワンプが尊敬を集めていた。

このような経緯からすれば、ブランダイスがチャールズ・エリオットのハーヴァードを進学先に選んだのは自然な選択であったと言えよう。一八七五年の九月に帰米した彼は法科大学院に弱冠一九歳で入学した。彼はクリストファー・ラングデルが導入したソクラティック・メソッドによく適応し、抜群の討論力によってクラス内で頭角を表す。大学院内の成績優秀者が集う討論サークル、パウワウ・クラブ（the Pow Wow Law Club）の会員にもなっている。

ブランダイスの明晰な頭脳には、彼が最高の教師と称えたジェイムズ・バー・エイムズをはじめ法科大学院の教授団も一目置いた。その例として修了間際のちょっとした騒ぎは適当であろう。当時の法科大学院の課程は二年間で、ブランダイスは一八七七年九月に修了見込であった。ところが、彼の年齢が学位授与の年齢制限二一歳を下回っていたため、留年を余儀なくされそうになる。しかしながら、ラングデル法科大学院長による強い嘆願をエリオット学長が後押ししたことで、例外的に学位授与が認められたのである。首席だったブランダイスは名誉ある卒業生総代に選ばれたが、修了時の学業成績は法科大学院創設以来最高の平均点で、以後約八〇年間破られることのない大記録であった。[21]

クラブ社会からの排除

ブランダイスは紛れもなく最優等の学生であった。だが、彼がいかに俊秀であっても、ボストン-ケンブリッジの主流たるボストン・ブラミンが織り成すクラブ社会には受け容れられなかった。法科大学院の教授団を除くと、ハーヴァードでのブランダイスの交友関係はごく狭い範囲に限られていた。ほとんどの友人はケンタッキー出身かドイツ系の人々で、所属したクラブもドイツ系アメリカ人向けのクラブであった。

ブランダイスを受け入れたブラミンの唯一の例外が、法科大学院での学友サミュエル・ウォーレン（Samuel D. Warren）である。彼は学部在籍時にポーセリアン会員に選ばれており、ブランダイスとは全く異なるコミュニティに属していた。だが、法科大学院で彼と知り合い、その卓越した能力を買って、ボストンに新規開設する法律事務所の共同経営者に選んだのである。この縁のおかげで、クラブ社会への扉はわずかながらも開かれる。ウォーレン家の推薦により、ブランダイスは、デダム・ポロ・クラブ（the Dedham Polo Club）、ユニオン・ボート・クラブ（the Union Boat Club）、ユニオン・クラブ（the Union Club）という三つのマサチューセッツ州の紳士クラブに属した。[22]

それでもクラブ社会の壁は厚く、他の権威あるクラブからは入会が認められなかった。ウォーレンとの親睦だけでは、ブランダイスの社会的孤立はさほど和らげられなかったのである。ブランダイスがここまでマサチューセッツ社交界から排斥されたのは、彼がウォルター・リップマンと同じユダヤ系アメリカ人だったからだと思われる。当時アメリカの反ユダヤ主義は、特に上流階級間で深刻の度合いを増していた。後の一九二二年にはニューヨークのコロンビア大学に続いて、ハーヴァードにおいてもユダヤ人学生の入学制限論争が巻き起こる。[23]

ゆえに、ウォーレンが父親の事業を引き継ぐため法律事務所の共同経営から手を引くと、ブランダイスは顧客探しに奔走しなければならなくなった。鉄道や銀行といった大資本が、ブランダイスに法務を依頼することはなかった。彼の顧客層は、昔から馴染みのあるドイツ系ユダヤ人の共同体か、製紙業者や靴製造業者などの相対的に小さな資本に限られていた。それでもブランダイスは努力を続け、弁護士としてはまずまずの成功を収めた。だが、ハーヴァードの教授団に愛されつつ、社交界で疎外され続けたという体験は、ブランダイスの政治人生をチャールズ・ボナパルトとは異なる複雑なものにしていくことになる。

ブライアンからの尊敬

ブランダイスが国家効率運動に参画するようになったのは、チャールズ・エリオットの導きによるところが大きい。ブランダイスにとって、彼は「道徳」「良き市民精神」「高徳な理念」の体現者であり、学生の時分から深く敬愛するメンターであった。その恩師が彼の法学者としての高い能力を買って、一八八二年ハーヴァード法科大学院の講師に招聘した。この申し出は、クラブ社会から疎まれ続けて傷ついたブランダイスの自尊心を多少なりとも癒したに違いない。

このような間柄からすれば、ブランダイスの政治に対する態度にもエリオットの影響が及ぶのは当然である。一八八四年の大統領選挙でブランダイスは、グローヴァー・クリーヴランドを支持し、エリオットの後を追って共和党から民主党に党籍を変更した。ブランダイスは、クリーヴランドが唱えた国家改革の三つの柱——公務員制度改革、自由貿易、金本位制——を支援するボストンの各種団体に所属し、精力的に活動した。[24]

クリーヴランドの宿敵ジェニングズ・ブライアンへの徹底した対決姿勢も、エリオットと一致していた。ブランダイスは、一八九六年の大統領選挙では、反ブライアンの民主党員が結成した国民民主党の創設に関与した。一九〇四年には、民主党候補選でのブライアンの対立候補アルトン・パーカー（Alton B. Parker）の選挙を支援した。一九〇八年には「クリーヴランド型の」政治家として一目置いた共和党大統領候補ウィリアム・タフトに投票した。

ブランダイスがブライアンを支持しなかったのは、ブランダイスが金本位制支持者だったからである。彼の通貨観は、幼なじみの親戚でハーヴァードを代表する経済学者だったフランク・タウシッグに負うところが大きいと言われている。ブランダイスは彼の論説「アメリカにおける銀の状況（"Silver Question in the United States"）」を、金本位制を廃止することによって、アメリカにいかなる経済的不利益がもたらされるかを説いた「非常に明晰な言説」として珍重した。[25]

ところが、ブライアンの方はブランダイスを尊敬していた。一九一二年、大統領ウッドロウ・ウィルソンがブランダイスを閣内に司法長官として入れる意向を示した際、ブライアンは、彼ほど司法長官に相応しい人物はいないと絶賛した。その訳は、エドワード・ハウスがブランダイスの閣内入りを阻止した理由と同じであった。[26] すなわち、その頃のブランダイスは既に、ブライアンと同じく国家効率運動に反対する知識人として認知されていたのである。

「人民の弁護士」へ

ブランダイスが国家効率運動に反対しているとみなされるようになったのは、彼が労働者の権利を保護する運動へと傾斜していったからである。ブランダイスが本格的に労働問題に取り組み始めたのは、一八九二年ペンシルヴァニア州ホームステッドで発生した、鉄・鉄鋼・錫労働者合同組合（the Amalgamated Association of Iron, Steel and Tin Workers）の組合員によるストライキからだと言われている。

舞台となったのは、アンドリュー・カーネギー（Andrew Carnegie）が買収し、ヘンリー・クレイ・フリック（Henry Clay Frick）に監督させていた巨大な鉄鋼所であった。この二人は、有名な私立探偵事務所ピンカートン社を使って労働組合員たちを実力で鉄鋼所から排除した上に、ペンシルヴァニア州知事に州軍の出動を要請して、ストライキと組合を壊滅させた。この事件は全米の新聞に掲載されたが、ブランダイスも記事を読んだ一人であった。[27] のちに彼は自らの労働問題への目覚めについて次のように語っている。

最初に労働問題について私に真剣に考えさせたのはホームステッドの事件でした。［中略］ある朝、新聞が、はしけ船に乗ったピンカートン社の社員と、川岸にバリケードを張っていた鉄鋼労働者との戦闘を伝えておりました。〔中略〕私はすぐにコモン・ローが、より単純な生活条件の下で創案されたために、現代の工場システムが持つ複雑な人と人の関わり方の調整の基礎となるには不十分だと分かりました。〔中略〕私が労働者と産業の関係を綿密に調べる考えへと明確に転換するには、あの事件の衝撃――組織化された資本家が民間の軍隊を雇って、専断的な賃金削減に抵抗する組織化された労働者を射撃させた事件の衝撃を要したのです。[28]

ブランダイスの「転換」を後押ししたのは、彼と同じようにボストン・ブラミンの世界から排斥されていたアイルランド系の労働運動家たちであった。ブランダイスは、一八九〇年代半ば、メアリ（Mary K. O'Sullivan）とジョン（John F. O'Sullivan）のオサリヴァン夫妻との知遇を得た。メアリはホームステッド・ストライキの参加者で、シカゴを拠点に活発な労働運動を展開していた。ジョンは『ボストン・グローブ（*the Boston Globe*）』紙の労働関係の専門記者で、イギリスの労働運動家にも顔が利いた。オサリヴァン夫妻との交遊を通じて、ブランダイスは労働運動の世界に知己を増やし、労働組合の在り方について見識を深めていった。[29]

ブランダイスが自らの目標として掲げたのは労使協調であった。この目標は、彼がチャールズ・エリオットとともに属した国家効率運動の有力団体の一つ、全米市民連盟（the National Civic Federation〔以下ＮＣＦ〕）のそれと一見同じであった。ＮＣＦは、一八九三年恐慌で生じた混乱に対処するため、ライマン・ゲイジ（Lyman J. Gage）やフランクリン・マクヴィといった資本家の支援でシカゴに結成されたシカゴ市民連盟（the Chicago Civic Federation）を母体として一九〇〇年に創立された。[30] NCFは数ある国家効率運動の団体の中でも特別に高い権威を認められ、豊かな財源を有していた。

権威の源は、一九〇一年に大統領に昇格したセオドア・ローズヴェルトと彼の閣僚たちがNCFを強力に後援するか、あるいは、そこで活躍していたことである。彼らの中には、エリヒュー・ルート、ウィリアム・タフト、そしてチャールズ・ボナパルトなどがいた。豊かな財源はアメリカの代表的な財界人からの出資に拠っていた。カーネギー、ヴィンセント・アスター（W. Vincent Astor）、オーガスト・ベルモント、モルガン商会重役ジョージ・パーキンス（George W. Perkins）、ニューヨーク・メトロポリタン・オペラ株式会社社長オットー・カーン（Otto H. Kahn）といった大資本家たちはNCFの活動趣旨に賛同し、多額の寄付依頼に快く応じたのである。[31]

NCFはのちに移民問題、トラスト問題、労働者補償問題などについての社会・公共政策の提言機関へと発展していったが、もともとの活動趣旨は、頻発する労働運動が階級対立へと発展せぬよう、強力な連邦政府が第三者機関として労使間に介入し仲裁するよう促すことであった。[32] ゆえに、NCFはその初代副会長にアメリカ労働総同盟（American Federation of Labor）会長サミュエル・ゴンパース（Samuel Gompers）を迎え、彼のパイプを通じて労働運動側にも連邦政府あるいはNCFの仲裁に応じるよう働きかけたのである。

これに対し、ブランダイスは、第三者による仲裁を好ましくない手段だとみた。労使双方が自ら規律を保ち、互いのニーズと問題点をつぶさに観察することを妨げると考えていたからである。代わりに彼が提案したのは、「強力で安定した労働組合」を前提とした「労使間の直接交渉」であった。ブランダイスは、雇用者に対して、労働組合を被用者の代表団体と認め経営会議における発言権を与えるように要求した。その際彼は、当時経営者たちの間で流行していた科学的経営の理念に訴えてこう述べた。

労働者の協力がなければ無駄なコストの削減はできない。［中略］科学的経営を導入し適用する過程において、労働組合が「経営方針の決定の場において」代表されることが絶対的に不可欠である。[33]

つまりブランダイスは、労働組合そのものの立場を強化することを唱えたのである。この立場を彼は「産業民主主義」と呼んだが、自らが顧問弁護士を務める顧客の中からもその賛同者を得ていた。ボストンのユダヤ系企業フィレン・サンズ社（the Filene Sons & Co.）はその一つである。フィレン家は、フィレン労使提携組合（Filene Cooperation Association）などの労使参加の団体を創設し、労働関係の改善に努めた慈善事業家としても知られていた。ブランダイスは、「フィレン家の労使提携と産業民主主義における試みの成果」は「全米の注目」となるべきだと高く評価し、実際に自らの演説で全米に知らしめた。[34]

ボストン・ブラミンとの戦い

以後もブランダイスは絶えず明確に労働者の側に立って、企業経営の効率化という理念を活用しながら、労働者の地位の向上の必要性を訴え続けた。立ち位置からして既に、ブランダイスは同時代の国家効率運動の担い手と異なっていた。したがって、彼の説いた効率化の原理も自ずと、労使協調を唱えた他の知識人や指導者たちが説いたそれとは違うものになった。彼は産業社会における大企業の不可避性を決して信じなかったのである。

ハーバート・クローリー（Herbert Croly）やジョージ・パーキンスは、大企業が持つ効率性について次のように称えている。曰く、「野蛮な競争から逃れるために促進した［トラストという］目標それ自体は正当と認められ、状況を改善させる」ものである。「全体的に規制されていなかった競争」はしばしば相互破壊になりかねなかったが、「トラストは［その競争に］必然的に伴っていた無駄の量を確実に減らしてきた」。その理由は「大企業は、最高品質の生産機構を持つ余裕があり、潤沢な資本を管理し、重要な製品やサーヴィスの生産と販売の一切の委曲を周到に節約しながら計画できるので、［自社の］生産コストを最小限にまで減らすことが実際にできる」のみならず、社会全体の生産力が最も効率的になるように仕向けるように企業同士を「協力」せしめつつ、「建設的で向上的で」友好的な競争を保つことができるからである、という[35]。

つまり、クローリーやパーキンスは、大企業の存在をアメリカ経済の拡大・発展の原動力の一つとして評価していた。一方ブランダイスは、彼らの議論は「本質的に論拠が薄弱である」と述べて、「競争による無駄はとるに足りないものである。トラストの節約行為は実体がなく、空想に過ぎない。独占による効率性はせいぜい一時的である」と反論した。ブランダイスが特に強調したのは、大きな組織が効率的であるという前提自体が誤りだということであった。

ありとあらゆる事業には、最大効率の単位がある。規模がもたらす種々の不利が、その利点と拮抗する時に最大効率の単位は達成される。規模による種々の不利益がその利益を上回る時は行き過ぎたものとなる。[36]
そのため、組織の規模は大きすぎても小さすぎても効率化を阻害する、というわけである。

ブランダイスが組織の規模と効率の関係について上記のような持論を持つに至ったのは、一九〇七年から一九一三年にかけて、ボストンのリー・ヒギンソン商会（Lee, Higginson & Company）によるボストン・メイン鉄道（Boston Maine Railway）の経営権売却への反対運動の先頭に立った際のことだった。売却先は、ニューヨーク・ニューヘイヴン・ハートフォード鉄道会社（the New York, New Haven and Hartford Railroad Company〔以下ニューヘイヴン鉄道〕）であった。同社はモルガン商会の系列にあたり、ピアポント・モルガンの選択と集中の良い例であった。

すなわち、ニューヘイヴン鉄道は、ニューイングランド地方の汽船、都市連絡トロリー、都市高速鉄道などの輸送機関を手当たり次第に買収し、ロードアイランド州、コネティカット州、マサチューセッツ州南部の鉄道も全て併呑した巨大独占体だったのである。そのため、ブランダイスは、ニューヘイヴン鉄道がボストン・メイン鉄道を手中に収めれば、次のような事態を招くと危惧した。

マサチューセッツ州の全輸送システムが単一の独占企業体に譲渡され、その独占企業体は、門外漢——実質、スタンダード石油（the Standard Oil Company）とモルガン系列である——によって、すなわち、他の州に大きな利害関係を持っており、マサチューセッツ州にはほとんど利害関係を持たず、我々

［マサチューセッツ州人］の伝統に馴染まない連中によって統制される。[37]

ブランダイスは続けて、独占には二つの種類があるという議論を展開した。彼は、基本的には独占が競争を阻害すると考えていたが、水道・ガス・電気などの公共事業における地域密着型の独占は、隣接分野の関連事業を傘下に収めない限りにおいて容認した。彼の分析では、地域密着型の独占企業は州の統制に服し、地域住民の「共同体」としての「州が創り出し、州に仕えるもの」で有り得た。つまり、地域密着型の独占体は効率を保てる組織規模に留まれるとしたのである。

しかし、ブランダイスは地域横断型の独占体には断固反対した。ボストン・メイン鉄道の合併計画に即して、彼の反論を要約すれば次のようになる。もし合併が成功すれば、ボストン・メイン鉄道はその営業地域であるマサチューセッツ州ではなく、それを経営する「ウォール街の投資家たち」の意向に服することになる。彼らは様々な州にまたがる権益を有するため、経営方針の優先順位の変化によっては、マサチューセッツ州の利益に低い順位しか与えられないことが在り得る。[38]

ブランダイスは、地域横断型の独占体は大き過ぎて非効率な組織と化し、地域の利益を損なうとみたのである。そして彼はマサチューセッツ反合併連盟（the Massachusetts Anti-merger League）を設立し、鉄道合併を阻止すべく徹底抗戦の構えを見せた。そこに立ちはだかったのは、かつてブランダイスをクラブ社会から排斥し、彼に苦渋と屈辱の日々を強いたボストン・ブラミンであった。

一九〇八年、ブランダイスが、ボストン・メイン鉄道をめぐる紛糾を危惧したローズヴェルト大統領と面会した時のことである。面会の報せに接したリー・ヒギンソン商会の経営者ヘンリー・リー・ヒギンソンは、大統領がブランダイスの意見に影響されぬよう、大統領の親友キャボット・ロッジに、ブランダイスは自分のスポンサーの資金を使って虚偽の宣伝をしていると中傷する書簡を送った。[39]

ボストン・メインの一件で、ブランダイスはボストン・ブラミンによる個人攻撃の矢面に立たされた。ブラミンによる彼への非難がそこまで至ってしまった主な原因は、三つ考えられる。第一は、彼がニューイングランドの経済的衰退を正しく理解していなかったことである。マサチューセッツ州と他の北東部の州は、産業発展の全国化と西部への労働力の移住によって、かつての経済的優越を失いつつあった。[40]そのため、ニューイングランドに強力で統一された鉄道網ができ上がることは、その苦境を打開する糸口になると期待を集めていた。

第二は、ボストン・メイン鉄道の経営状況を把握し切れていなかったからである。同鉄道について、ブランダイスは「偉大なる鉄道網」であり、自力で発展する「堅固な基礎を有している」と判断した。だが実際には、ボストン・メインは以前から、経営状況の改善に向けての資金繰りのために、ニューヨーク・アメリカン・エクスプレス（the American Express of New York）を中心に、州外の企業に自社の優先株を販売していた。だが、アメリカン・エクスプレスはその保有株を売却する方針を決め、リー・ヒギンソン商会に株式売却を委託したのである。[41]

第三は、ブランダイスが、「ボストンとニューイングランド北部の利益」の一部をニューヘイヴン鉄道が支えていた事実を無視し、その利益は「ニューヨーク市の利益とは多くの点で反している」と断じたことである。一八七二年以降ニューヘイヴン鉄道の発行株は、年利八％以上の高配当を維持する優良投資銘柄であった。同鉄道に対するこれほどの高い信用を創造したのは、その経営母体がモルガン商会だったからである。いわばピアポント・モルガンの威光が、ニューイングランドの人々に同鉄道に対する投資が安定した収益をもたらすと確信させたのである。ニューイングランドの大学、寄宿舎学校、教会基金までもこぞってニューヘイヴン鉄道株を購入し、自らの運営資金に充てたほとであった。[42]

以上のボストン・メインをめぐる状況は、本来ならばニューヘイヴン鉄道による独占に反対するだろうと予想された人々からも理解されていた。ローズヴェルト大統領は一九〇八年、この買収劇につき釈明したモルガンに暗黙の同意を与えていた。後任のタフト大統領もこの方針を踏襲し、一九一一年初めには鉄道合併に賛成する雰囲気が満ちていた。フィレン社のエドワード・フィレン（Edward A. Filene）をはじめ、ブランダイスの支持者たちでさえ合併を是とした。[43]

要するに、ブランダイスが「社会の大黒柱」と呼んだボストン・ブラミンの鉄道合併計画には、ニューイングランド全体の利益が関わっており、それなりの経済合理性が存在していた。そのことを理解しなかったブランダイスの主張は、ボストン・ブラミンたちからすれば、社会全体の「包括的利益」を増大させるには「輸送業であれ、政治であれ、組織体全体の経済的な運営のために、常に一時的あるいは局所的犠牲が伴う」という大所高所に立った視点を全く欠いたように思えたに違いない。[44]

ピアポント・モルガンへの反駁

しかし結論から言えば、ニューヘイヴン鉄道はニューイングランドの投資家たちの期待に沿うような企業ではなかった。というのは、同鉄道社長チャールズ・メレン（Charles S. Mellen）が悪徳経営者の典型で、経営収支の改竄や、自社の宣伝のための収賄などの違法行為を頻繁に行っていたからである。

これが祟って、ニューヘイヴン鉄道は過大な負債を抱えて経営が行き詰まった。窮したメレンは無理な人員整理に走ったため、同鉄道は一九一一年以後事故を頻発するようになった。

事態を重くみた州際通商委員会（the Interstate Commerce Commission）は、複数の州を跨いで経営されている鉄道の規制を管掌とする独立行政機関として、ニューヘイヴン鉄道の調査に乗り出す。これがやがて、モルガン商会をはじめとする大型の国際金融業者に対する追及へと発展した。一九一二年五月、連邦下院は有名なプジョー委員会（the Pujo Committee）を招集し、ピアポント・モルガンを含む大物国際金融家に対する証人喚問を行った。

プジョー委員会は一九一三年一月まで開催されたが、その間にチャールズ・メレンは連邦大陪審からシャーマン反トラスト法（Sherman Anti trust Act）違反容疑で訴追された。同年三月にピアポント・モルガンが死去した。新たに発足したウッドロウ・ウィルソン政権はニューヘイヴン鉄道に対する民事・刑事訴訟を準備し始めた。モルガンの後継者ジャック・モルガン（"Jack" John Pierpont Morgan, Jr.）は同年七月の州際通商委員会の警告に従って、メレンを解雇した。同年一二月、ニューヘイヴン鉄道は初めて株式配当を払えなかった。一九一四年一月、モルガン商会の重役たちはニューヘイヴン鉄道の経営から一斉に手を引いた。

かくしてボストン・メイン鉄道の合併計画は頓挫し、ブランダイスの「七年戦争」は勝利に終わった。一九一一年から一九一四年のニューヘイヴン鉄道が世間に晒した醜態は、ブランダイスが「巨大さの呪縛」と呼んだトラストの弊害を実証したかのようであった。他ならぬモルガン商会自体がブランダイスを無視し得ない敵と認めたことが世に広く知られたことで、彼のトラストバスターとしての名声はマサチューセッツ州をはるかに越えて、今や偉大なる「人民の弁護士」として仰ぎ見られるまでになった。[45]

そして、ブランダイスは、ピアポント・モルガンがかつて、アメリカ企業がとるべき方針として提示した選択と集中の概念を糾弾するに及んだ。ブランダイスは、モルガン商会をはじめとする巨大金融資本が銀行本来の役割を果たしていないと批判した。その役割とは、客観的な第三者として融資先の企業の経営状況を精査し、これに基づいて助言と融資を行うということであった。ところが、巨大金融資本は、モルガンが考案した役員兼任制を通じて、融資先の企業を実質上支配していた。支配の規模は空前絶後であった。モルガン商会、ニューヨーク・ファースト・ナショナル・バンク（First National Bank of New York）とナショナル・シティ・バンクの三社は、一九一二年時点で一一二の投資先の企業に三四一名もの自行の社員を役員として送り込んでいたのである。[46]

パーキンスやクローリーは、こうした独占状況が、大企業を過当競争から解放し、「公的利益」を追求するゆとりを与えるのだと主張した。曰く、大企業の経営者が「自らが代表する公的資本と、彼らが雇用する公的労働との間で何が公平で何が正義であるかについての、可能な限りの幅広い見地に立って［中略］全ての労働問題を鳥瞰する」余裕を与える。この余裕こそ、大企業の経営者に「公的責任」を自覚させ、労働者に「着実な雇用と高賃金」をもたらし、連邦政府の正当な規制の下で「準公営の営利企業」としての責任を果たさせる要因である、という。[47]

これに対し、ブランダイスは、独占は三つの大きな弊害を生じさせていると反駁した。第一に、経営陣が責任を以て運営できる適正な規模を超え、巨大金融資本の力を以てしても経営管理が行き届かない可能性が生じている。第二に、自主経営に委ねられるべき企業まで合併されているため、巨大金融資本の融資方針の優先順位によっては、本来それらの企業のサーヴィスを受けられるはずだった消費者に損害が及ぶ恐れがある。第三に、巨大金融資本は独占を保持するために、市場への新規参入を妨害し、画期的な発明・発想への投資を停滞させる、という。[48]

いずれの意見が正しいかは差し当たり問題ではない。大切なのは、ブランダイスが当時流行していた企業経営の効率化概念——組織の大規模化による効率上昇——に対してあくまでも反抗し続けたことである。彼の反骨精神の根底にあったのは、トラストによる産業支配が、個人の経済的自由の抑圧を通じて、政治の領域にまで及んでいるという認識であった。

我々の金融面での少数独裁は、我々が専制政治の歴史を通じて知悉した路線を辿っている。［中略］まるで異なった［統治］機能を巧妙に、しかもしばしば秘かに結合させている。それらの機能は別個に管理されれば有益で、同じ人間群に集中した場合にのみ危険となる。金融面での少数独裁は、カエサル・アウグストゥスがローマの主人［皇帝］となったのと同じ過程を辿っている。アメリカ合衆国憲法の創案者たちは、統治権の分立を非常に慎重に規定した際、我々の政治的自由に対する同様の危機を念頭に置いていたのである。[49]

ブランダイスは、反トラスト運動が、ＮＣＦのように資本家から提供された資金に依存して運営された結果、本来その保護対象として想定された人々、つまり「小規模だが独立した」個人の自由を守れなくなってきたと感じていた。そこにブランダイスは、富の集中が権力の集中に至る危険性をみた。ゆえに彼は、個人の自由には「産業的」自由つまり経済的自由のみならず、「政治的自由」も含まれると述べたのである。[50]

国家効率運動からの脱却

ここに至って、ブランダイスは、個人の自由が組織の「効率性よりもはるかに重要」との立場を明確にした。個人の自由を富と権力による抑圧から防衛するために彼が書いた処方箋は、行政府に集中しつつあった権力を分散し、権力のバランスを建国時の権力分立の状態にまで押し戻すため、国家効率運動が推進してきた大きな政府を解消して小さな政府へと回帰することであった。[51]

半世紀前、全てのアメリカの少年は、農民か機械工か、商売人か専門職かのいずれになるにせよ、独立していることを夢見ていた。［中略］今日ほとんどのアメリカの少年は、生きている間じゅう、私企業であろうと政府であろうと、他人の被雇用者としてある程度の権限を持って働くのだと信じるに足る理由がある。［中略］この革命的な変化は、農業に比べて製造業、鉱山業が大きく成長したこと、トラストやその他の大財閥が形成されたこと、［中略］政府の諸機能が著しく増大したことによって生じている。[52]

かくしてブランダイスは、セオドア・ローズヴェルトやチャールズ・ボナパルトが説いた「公平な取引」とは異なる結論に至ったのである。彼らは、大統領府の権限を強化し連邦政府の管掌する範囲を拡大することによって、巨大な金融資本との均衡を図ることの必要性を説いた。これに対してブランダイスは、金融資本を解体するのみならず、政府もまた小規模なものに留めることによって、政財間の均衡をとろうとした。それは、「小規模だが独立した」個人が、石油王ジョン・ロックフェラー（John D. Rockefeller）や、金融王ピアポント・モルガンほど「天賦の才を持たなくとも、彼らよりも上手に、指導し、監督し、統治し、運営できる［中略］適切な労働条件」を人為的に産み出すためであった。[53]

これに加えて、ブランダイスは、連邦の州に対する優越を認めない州権論の立場を表明した。彼によれば、州権論には二つの長所があった。一つは、地域に密着した州政府の方が地域横断型の連邦政府よりも地元の利益を正しく把握し、効果的な対処ができること。もう一つは、州という比較的小さな単位に政治的権力が分散した州権論の方が、政府の活動を監視しやすいため安定した統治を実現できることであった。後者の長所についてブランダイスは、

五〇の州と準州が織り成す英知、分別、誠実さは、ワシントンで任命された一人の人間［大統領］の卓越よりも評価される。州政府による管理は、その委員会の［数ある委員の中で］最優秀の人物の能力によって、良くも悪くもなる。連邦政府による管理は、対等な公務員の活動によって抑制されない一人の人間［大統領］の質によって、良くも悪くもなる。[54]

と述べて、州単位の方が権力者の質が低かった場合の損失が少ないと主張した。

さらにブランダイスは、国家効率運動の特色であった専門家集団による上からの改革に反対した。兼ねてから彼は専門職の一つたる弁護士の在り方に不満を感じていた。

有能な弁護士たちは、富豪と人民の間で独立した位置を保ち、双方の行き過ぎを抑制することに備えるのではなく、大企業の付属物となるに身を任せ、人民を保護するために自らの力を使うという義務を無視している。我々は「企業弁護士」についてはよく聞くけれども、「人民の弁護士」については全く聞いた試しがない[55]。

ゆえに、ブランダイスは専門家が政策決定で主導的役割を果たすという考え方にも反対した。彼は「少人数の［専門家］集団が、社会制度を発展させることも、その制度の重要な要素を進展させることも信じていな」かった。彼の考えでは、草の根の国民から起こる政策要求こそ本当に国家にとって必要なものであり、かつ、その要求された政策こそが国家に定着し、着実な成果を生み得るものであった[56]。だからこそ、ブランダイスは草の根「民主主義がもたらす無駄は、最大の明白なる無駄の一つである」ことを認めつつも、草の根民主主義には「その無駄をはるかに凌駕し、［草の根］民主主義を絶対主義よりも効率的にする」利点が確実に内在し、「相対的には、［草の根民主主義の］無駄は重要ではない」と断言し、あくまでも下からの改革にこだわったのである[57]。ブランダイスの立場からすれば、専門家の役割は、法案についての開放的な討論を維持し、利点のある法案を奨励し、論拠の薄弱な議論を封じるという補佐的な範囲に制限されるべきであった。

フェリックス・フランクファーターとの違い

専門家集団による政治主導へのブランダイスの批判に対し、ブランダイスと同じくユダヤ系アメリカ人でのちの最高裁判事フェリックス・フランクファーター（Felix Frankfurter）はこう反論した。

専門家による統治に対する嘲笑は［中略］有害である。何故ならばアメリカにおいては、真の学問的専門性がもつ、慎重な思慮深さと事実に即した真実性とが極めて必要とされているからである。[58]

この批判には、国家効率運動に参画した専門家たちに共通していた、学問的専門性に対する自負が込められている。

その一人ローレンス・ローウェルによれば、専門家たちは、自分たちが草の根の国民よりも優れている根拠として、「長い経験によって自らの職務を学び、［中略］他の人間の追随を許さないほどに職務上の問題を掌握することができるまで、彼の思考と労働の主たる部分をそれに捧げる職業とする」ことを挙げている。彼らが自らの政治参加によってアメリカ政治にもたらしたいと望んでいたのは、たとえ行政府の長が「訓練された専門家ではなくとも」、専門家たちが有する「専門的知識と専門職としての態度」が長に「及ぶことはほとんど不可避」となるに至るほどに、専門家を政府に数多く配置することであった。[59]

フランクファーターも専門家による統治を待ち望む一人だったが、その経歴はブランダイスのそれによく似ている。フランクファーターは、一八八二年一一月一五日ウィーンに生まれ、一八九四年にニューヨークのロウアー・イースト・サイドに移住した。フランクファーター家はブランダイス家に比べると豊かとは言えなかった。抜群の学業成績を誇りながら、志望先だったコロンビア大学ではなく、ニューヨーク市立大学（the City College of New York）に進学せざるを得なかったのも家庭の経済的事情ゆえであった（一九〇二年卒）。[60]

それでもフランクファーターは苦学して、ハーヴァード法科大学院に進学した。社交性に恵まれた彼の法科大学院での生活は充実そのものであった。彼の交友関係は幅広く、ウォルター・リップマンのような自分によく似た境遇の者だけではなく、「ゴールド・コースト」に住む上流階級の息子たちとも親しく付き合った。学業成績は入学以来一貫して首席であり、『ハーヴァード・ロー・レビュー』編集長に選ばれている。一九〇六年の修了成績はブランダイス以来の最高点であった。[61]

フランクファーターがブランダイスを知ったのは法科大学院在学中であったが、二人が年齢の壁をこえて親しく付き合い始めたのは一九一一年のことである。その二年後、フランクファーターは陸軍省島嶼局（Bureau of Insular Affairs）を辞しハーヴァード法科大学院に教授として戻るが、これを実現させたのはブランダイスであった。他方フランクファーターも、ブランダイスの「忍耐力と雅量の大きさ」を尊敬し、当時最高裁判事を務めていた彼に教え子ディーン・アチソンを助手として預けた。[62]

このように、フランクファーターとブランダイスは共通点を数多く有し、互いを心ある法律家として認め合った間柄であった。だが、フランクファーターは国家効率運動の中核に居続けた。この違いをもたらしたのは、スティムソンとの出会いであった。一九〇六年、当時ニューヨーク州南部地区連邦検事だったスティムソンは、ハーヴァード法科大学院長ジェイムズ・バー・エイムズに優秀な人材を推薦するよう依頼し、フランクファーターを自らの補佐官の一人とした。[63]

以来六年ハーヴァードに戻るまでの間、フランクファーターはスティムソンに忠実な部下として仕えた。両者の関係は単なる上司・部下の関係ではなく、公私を問わぬ師弟関係であった。若きフランクファーターにとって、法律家として国家に献身するスティムソンは、ハーヴァードで教わった国家指導者層のエートスの体現者であり、その下で働くことは「若く情熱に溢れた青年にとって必要な全て」であり「知的そして精神的な滋養」であった。フランクファーターはメンターへの深い敬愛の念から「スティムソン・マン」と自称した。[64]

ただし、スティムソンがフランクファーターを股肱の臣としたのは、ユダヤ人に対する偏見を免れていたからではない。スティムソンはある時、コロンビア大学の「雰囲気」を好まないと語ったが、その理由として、同大学の哲学教授ジョン・デューイ（John Dewey）や歴史学教授チャールズ・ベアード（Charles A. Beard）といった「ラディカルな思想家たち」の「悪影響」と並んで、当時コロンビア大学に大勢入学していた「ユダヤ人の夥しい影響」を挙げた。[65]

それでもスティムソンがフランクファーターを可愛がったのは、フランクファーターが有能な後輩で、「物事の核心に関心を持ち続けること――行動し思考している人間に共感しつつその本心を知ること」に対する並々ならぬ才能に恵まれていたからであるとともに、彼がスポーツを好み、「書籍や芸術を愛好する［中略］教養ある人々」の一人だからであった。生涯子どもを授かることができなかったスティムソンにすれば、フランクファーターのような有能な若者たちは息子のように思えたのであろう。[66]

一九一二年の共和党の分裂に際して、フランクファーターはスティムソンと別行動をとったのだが、そのことが師弟の信頼関係に支障をきたすことはなかった。タフト政権の閣僚だったスティムソンに比べれば自由な立場にあったフランクファーターは、セオドア・ローズヴェルトの「屈強で忠誠心に溢れた、有能な男たちの集団」の一員となりたいと願い、チャールズ・ボナパルトとともに進歩党に馳せ参じた。フランクファーターは一九〇九年以来、後の一九一四年に『ニュー・リパブリック（*the New Republic*）』誌を創刊するハーバート・クローリーの論説の熱心な読者で、ニュー・ナショナリズムに共鳴したからである。[67]

かくして、フランクファーターは「ブランダイスの小ささへの信念はあまりに厳格で厳重すぎる」と不満を漏らしていたローズヴェルトの側近たちの一人であり続けた。フランクファーターは、ブランダイスの主張した「州権論、権力分立」は「今日の社会・経済問題を解決する適切な手段」ではないと断言した。フランクファーターは、大きな政府と大統領権限の強化こそがその手段だと考えていたのである。[68] 彼のブランダイス評は、ニュー・リベラリズムをウィルソンに説諭した頃のブランダイスが、国家効率運動の本筋からどれほど乖離したかを物語っている。

ブランダイスは、ボストン・ブラミンによって社交界の辺縁に追いやられ続ける中で、労働運動家との接点を持ち社会福祉運動への傾斜を深めていった。その過程で、彼は効率そのものの意味を再解釈し、国家効率運動の主流派とは異なる効率化概念を獲得した。それは、大きな連邦政府への中央集権化よりも、比較的小さな州政府への地方分権を維持する方が、民衆の要求を政策に反映しやすく、その分だけ政府が実施する政策に対する民衆の支持を集めやすいので、結果として安定した統治が望めるというものであった。かくして、ブランダイスは国家効率運動の基本方針を否定したのである。

国家効率運動の限界

ブランダイスの半生をボナパルトのそれと比べた時、国家効率運動の拡大の限界点が現れてくる。前章で述べたように、国家効率運動を推進した改革勢力は、国家指導者層の再編・強化という目的を持ちながら、階級間の社会的流動性を最大化しようとはしなかった。改革勢力の主流派はあくまでもWASP上流階級であり、人種および宗教・宗派の異なる者は異端派に位置した。ただし、異端派にも主流派から歓迎される異端とされざる異端があり、ボナパルトは前者で、ブランダイスは後者であった。

若き日の二人は、出自や家庭環境こそ主流派とは異なっていたが、共に国家指導者層に属すに十分な資質を持っていた。二人とも俊英にして有能であり、能力においても主流派に劣ることは決してなかった。どちらの人物も自らの正義と原則に則って堂々と行動する品格ある紳士であった。そして、彼らは師エリオットの教えを守ってアメリカの発展に献身しようと国家効率運動に参加した。にもかかわらず、その後ボナパルトは主流派の一員となることを選び、ブランダイスは誇り高き異端となることを選んだ。

二人の選択を分けたのは、主流派の異端派に対する寛容度と、両者の異なる資質であったと言えよう。もしも国家効率運動の改革勢力の一翼を担ったボストン・ブラミンが、ボルティモアにおいて見られたような宗教的寛容の気風を培っていたならば、ブランダイスとて国家効率運動から離脱することはなかったかもしれない。あるいは、ブランダイスが、フランクファーターのように、人種的偏見を乗り越えるだけの社交性に恵まれ、社会に対する問題意識が固定化されない比較的若年の間に、スティムソンのような国家指導者に師事する機会を与えられていたとしたら、ブランダイスも国家効率運動の主流派として活躍し続けていたかもしれない。

いずれにせよ、現実には、ブランダイスは主流派に排除され続け異端派に転じ、国家効率運動の拡大の限界を例証した。すなわち、国家効率運動は階級保持の性格を色濃く持ち、その担い手たる改革勢力は彼我の間に階級の分断線を引いてしまったのである。ゆえに、国家指導者層は統治階級という一つの階級を形成し、階級的反発を避け得なくなった。だが、この階級保持の営みが国家指導者層の吸引力と凝集力を高め、短期的にはその再編・強化に結実したのである。そのことについて、次章において述べたい。

注

［1］Joseph Bucklin Bishop, *Charles Joseph Bonaparte: His Life and Public Services* (New York: C. Scribner's Sons, 1922), 32.
［2］Ibid., 24-25, 29-30.
［3］"Appreciation: Charles W. Eliot," Ibid., 254, 257-258.
［4］Henry Cabot Lodge to Thomas Wentworth Higginson, October 10, 1907, in Dalton, *Theodore Roosevelt*, 71.
［5］A・E・マクグラス（佐柳史男訳）『プロテスタント思想文化史——16世紀から21世紀まで』教文館、

二〇〇九年、一七一-一七二、一七八-一七九頁。

［6］Charles J. Bonaparte to Susan Bonaparte [Bonaparte's mother], November 12 and December 11, 1870, in Bishop, *Charles Joseph Bonaparte*, 33-36.

［7］Bonaparte to Susan Bonaparte, January 21, 1871, in Ibid., 39.

［8］"Appreciation: Charles W. Eliot," in Ibid., 257.

［9］Charles Bonaparte's address, "The Indian Problem," delivered in Brooklyn on March 19, 1905, in Ibid., 246. 後にボナパルトは、第一次大戦において、大勢のカトリックがアメリカ軍に志願し「兵士として［中略］市民としての義務を意気揚々として十全に果たし」たことは、カトリックにとってアメリカほど「模範に近い国家や政治制度」が世界のどこにも見つけられないことの証明である、と述べている。Bonaparte, "Why are Catholic Loyal?," address before the Holy Name Society in Baltimore, April 28, 1918, in Ibid., 248-249.

［10］James J. Hennesey, *American Catholics: A History of the Roman Catholic Community in the United States* (New York: Oxford University Press, 1981), 184.

［11］Bonaparte, "The Field of Labor of the National Municipal League," *Proceedings of the National Conference for Good City Government and Annual Meeting of the National Municipal League, 1905*, ed. Clinton Roger Woodruff. (Philadelphia: National Municipal League, 1905), 47-48. 全米地方自治連盟の議事録は、以下「*Proceedings*（発行年）」と略記する。Bonaparte, "The Movement for Honest Government," *Proceedings* (1901), 258; "The Essential Element in City Government," *Proceedings* (1900), 91.

［12］Frank Mann Stewart, *A Half Century of Municipal Reform: The History of the National Municipal League* (Berkeley: University of California Press, 1950), 38-39, 61-62.

［13］Charles J. Bonaparte, "The Essential Element in City Government," *Proceedings* (1900), 88, 90

［14］Bonaparte, "Partisanship in Municipal Politics," *Proceedings* (1904), 75-81.

［15］Ibid., 84.

［16］Bonaparte, "Why We Have Unsatisfactory Public Servants," *Proceedings* (1906), 71-76.

［17］Bonaparte, "Government by Public Opinion," *Proceedings* (1907), 89, 93.

［18］Bonaparte, "The Essential Element in City Government," *Proceedings* (1900), 88-89. ＮＭＬの年次総会議事録や機関誌『ナショナル・ミュニシパル・レビュー（the National Municipal Review）』を発行・配布したのも、同じ理由による。

［19］Roosevelt, *An Autobiography*, 465; Roosevelt to Bonaparte, January 2, 1908, in Ibid., 475. この書簡の中で、ローズヴェルトはウォール街に近い弁護士を敵対勢力として批判している。

［20］Quoted in Bishop, *Charles Joseph Bonaparte*, 187.

［21］Philippa Strum, *Louis D. Brandeis: Justice for the People* (Cambridge: Harvard University, 1984), 23-24; Leonard Baker, *Brandeis and Frankfurter: A Dual Biography* (New York: Harper & Row, 1984), 24.

［22］Allon Gal, *Brandeis of Boston* (Cambridge: Harvard University Press, 1980), 35-41.

［23］論争の原因は、ローレンス・ローウェル学長が公立学校出身の入学者数を増やそうとした結果、一九〇八年には六％に過ぎなかったユダヤ人入学者の入学者数全体に占める割合が、一九二二年に二二％に到達したことにある。ハーヴァードよりも先にユダヤ人学生の増加が起こっていたコロンビア大学においては、上流階級が子どもを入学させることを渋るという事態が発生していた。これがローウェルとハーヴァード大学理事会に危機感を与えたのである。Oliver B. Pollack, "Antisemitism, the Harvard Plan, and the Roots of Reverse Discrimination," *Jewish Social Studies*, 45 (1983), 114-6.

［24］Quoted in Gal, *Brandeis of Boston*, 11; Alpheus Thomas Mason, *Brandeis: A Freeman's Life* (New York: the Viking Press, 1946), 48, 65, 88-89, 113.

［25］Mason, *Brandeis*, 25; Louis D. Brandeis to E. G. Evans, August 6, 1896, *Letters of Louis D. Brandeis*, 5 Vols. ed. Melvin I. Urofsky and David W. Levy. (Albany: State University of New York, 1971-1978), 1:123-124; Brandeis to Alfred Brandeis, November 4, 1908, Ibid., 2:213.

[26] William Jennings Bryan to Wilson, December 25, 1912, PWW; Edward Mandell House Diary, January 17 and 24, 1913, Edward Mandell House Papers, Manuscripts and Archives, Yale University.

[27] Mason, *Brandeis*, 141. ホームステッド・ストライキについては、Paul Krausem, *The Battle for Homestead, 1880-1892: Politics, Culture, and Steel* (Pittsburgh: University of Pittsburgh Press, 1992), part 1.

[28] Brandeis interviewed by Livy S. Richard, "Up from Aristocracy," *Independent*, July 27, 1914, 130-132.

[29] Alfred Lief, *Brandeis: The Personal History of an American Ideal* (1964 rep., New York: Harrisburg, Pa., 1964), 33-34, 39-40.

[30] James Weinstein, *The Corporate Ideal in the Liberal State, 1900-1918* (Boston: Beacon Press, 1968), 8-9.

[31] Christopher J. Cyphers, *The National Civic Federation and the Making of A New Liberalism, 1900-1915* (Westport: Praeger, 2002), 28-29.

[32] Weinstein, *The Corporate Ideal in the Liberal State*, 7; Cyphers, *The National Civic Federation*, 32-33; John A. Garraty, *Right-Hand Man: The Life of George W. Perkins* (New York: Harper & Brothers, Publishers, 1960), 218, 244-245.

[33] Brandeis, "The Employer and Trade Unions (1904)," Louis D. Brandeis, *Business: A Profession* (Boston: Small, Maynard and Company, 1914) 19-21; Brandeis, "How Far Have We Come on the Road to Industrial Democracy?—An Interview (1913)," *The Curse of Bigness: Miscellaneous Paper of Louis D. Brandeis* ed. Osmond K. Fraenkel. (New York: Viking Press, 1934), p.45; Brandeis,"Efficiency Systems and Labor (1914)," Fraenkel, The *Curse of Bigness*, 48.

[34] Brandeis to Edward A. Filene, June 25, 1906, Urofsky and Levy, ed., *The Letters of Louis D. Brandeis*, 1:447; Brandeis, "Business—A Profession," *Business*, pp.9-12.

[35] Herbert Croly, *The Promise of American Life* (New York: The Macmillan Company, 1910), 115; Garraty, *Right-Hand Man*, 217.

[36] Brandeis, "Shall We Abandon the Policy of Competition? (1912)," Fraenkel, *The Curse of Bigness*, 105, 116; Brandeis, "Trusts and Efficiency (1912)," Brandeis, *Business*, 199-200.

［37］Brandeis to Edward A. Filene, June 29, 1907, Urofsky and Levy ed., *The Letters of Louis D. Brandeis*, 1:592. ニューヨークの金融資本は、慈善事業を通じて、マサチューセッツ州に対して相当の地域貢献をしていた。しかし、管見の限りでは、ブランダイスがそのことに言及したことはない。ブランダイスがマサチューセッツ州の経済について考える際、ニューヨークの金融資本による慈善事業は、考慮に値する事実ではなかったのである。

［38］Brandeis, "The New England Transportation Monopoly (1908)," *Business*, 267-270; "New Haven — An Unregulated Monopoly (1912)," Ibid., 282-287.

［39］Quoted in Gal, *Brandeis of Boston*, 109-110.

［40］ブランダイスが生涯愛した母校ハーヴァード大学さえ、改革を成し遂げるには、ジョン・ロックフェラーやピアポント・モルガンをはじめとするニューヨーク資本による援助を仰がなければならなかったことを想起されたい。

［41］Brandeis, "The New England Transportation Monopoly," *Business*, 275;. Richard M. Abrams, "Brandeis and the New Haven-Boston & Maine Merger Battle Revisited," *Business History Review*, 36 (1962), 425.

［42］Melvin I. Urofsky, *Louis D. Brandeis: A Life* (New York: Pantheon Books, 2009), 191-193. ただし、この配当利率はニューヘイヴン鉄道の経営実態に比して四%ほど超過しており、後にニューヘイヴン鉄道の経営を行き詰まらせる一つの原因となる。

［43］ローズヴェルトが、一九〇七年の金融恐慌の解決という大きな借りをモルガンに持っていたことも同意の理由の一つかもしれない。だが、後にローズヴェルトは「犯罪行為を大目に見たのは適正の域を超えていた」と告白した。フィレンについては、Urofsky, *Louis D. Brandeis*, 279.

［44］「社会の大黒柱」についてはBrandeis to Alfred Brandeis, July 19, 1913, Urofsky and Levy ed., *The Letters of Louis D. Brandeis*, 3:43.

「包括的利益」については、Croly, *The Promise of American Life*, 362. ただし、クローリーは自分が「社会の大黒柱」側の人間だとは思っていなかった。フェリックス・フランクファーターがハーヴァード法科大学院の教官になるかを迷っていた頃、意見を求められたクローリーは、フランクファーターが「社会の大黒柱になってしまうことを恐れる」と反対した。Felix Frankfurter to Learned Hand, July 8, 1913, in Michael E. Parrish, *Felix Frankfurter and His Times: The Reform Years* (New York: The Free Press, 1982), 61.

[45] 一九一三年、モルガン商会重役トマス・ラモントはブランダイスに自分との対談を要請した。その中で、ブランダイスは、一九一三年のニューヘイヴン鉄道について調べるうちにメレンの放漫経営の実態を知って同鉄道の経営破綻を予見し、ボストンの投資銀行家たちにそのことを伝えに行ったことを明かしている。その際彼らから返ってきた言葉は、ニューヘイヴン鉄道は「モルガン氏が特に大事にしている会社」だから、下手な口出しをすると、今後モルガンが音頭をとる債券引受シンジケートから締め出されかねない、というものであった。Extracted in Paul P. Abrahams, "Brandeis and Lamont on Finance Capitalism," *The Business History Review*, 47, No. 1 (Spring, 1973), 72-94.

[46] Louis D. Brandeis, *Our People's Money: and How the Bankers Use It* (New York: Frederick A. Stokes Company, 1913), 4-9; Arsene P. Pujo, *Report of the Committee Appointed Pursuant to House Resolutions 429 and Investigate the Concentration of Control of Money and Credit*, 62nd Cong., 3rd Sess., House of Representatives (Washington, DC: G.P.O., 1913), 979-1003.

[47] George W. Perkins, "The Modern Corporation (1908)," in Garraty, *Right-Hand Man*, 217-218; Croly, *The Promise of American Life*, 359.

[48] Brandeis, *Other People's Money*, 51-57, 150-152, 189-207.

[49] Ibid., 6.

[50] Ibid., 48-49, 62.

[51] Ibid., 99-102, 180-181, 191, 199, 218-219.

[52] Brandeis, "Our New Peonage: Discretionary Pensions (1912)," Brandeis, *Business*, 65. 傍点は引用者。

[53] Brandeis, *Our People's Money*, 99-102, 180-181, 207-208, 218-219.

[54] Brandeis, "Life Insurance: the Abuses and the Remedies (1905)," *Business*, 136. ジェニングス・ブライアンは、

一九〇五年から〇六年の外遊の途上で、ドイツの国有鉄道に印象付けられ、アメリカ国内の鉄道の政府所有を主張したが、ブランダイスは政府による企業管理は「社会主義」化を進めてしまうとし、反対した。

[55] Brandeis, "The Opportunity in the Law (1905)," Brandies, *Business*, 321. これはハーヴァード法科大学院で開催された講演で、フランクファーターも聴衆の一人であった。

[56] Brandeis to Felix Frankfurter, January 28, 1913 in Parrish, *Felix Frankfurter and His Times*, 53; Urofsky, *Louis D. Brandeis*, 349.

[57] Brandeis, "Shall We Abandon the Policy of Competition?," 105.

[58] Frankfurter to Learned Hand, September 3, 1912, quoted in Parrish, *Frankfurter and His Times*, 56-57; Frankfurter to Henry Stimson, December 9, 1913, in H. N. Hirsch, *The Enigma of Felix Frankfurter* (New York: Basic Books, Inc., Publishers, 1981), 41.

[59] Abbott Lawrence Lowell, "Experts in Municipal Government and the New Model Charter," *A New Municipal Program* ed. Clinton Rogers Woodruff (New York: D. Appleton Company, 1919), 33, 45. 同様の考えは、Lowell, "Permanent Officials in Municipal Government," *Proceedings* (1908), 215-222. にも見られる。

[60] Harlan B. Philips ed., *Felix Frankfurter Reminiscences* (New York: Reynal & Company, 1960), 10.

[61] Parrish, *Felix Frankfurter and His Times*, 19.

[62] この際、ヘンリー・スティムソンは、フランクファーターの才能が「現実の世界」から遠く離れた大学に埋れることを惜しんで反対した。スティムソンを納得させたのがブランダイスである。Nelson L. Dawson, "Brandeis and the New Deal," Nelson L. Dawson ed., *Brandeis and America* (Lexington: University of Kentucky, 1989), 41-42; Brandeis to Denison, July 12, 1913, Urofsky and Levy ed., *The Letters of Louis D. Brandeis*, 3:134; Parrish, *Felix Frankfurter and His Times*, 40; McLellan, *Dean Acheson*, 13.

[63] Morison, *Turmoil and Tradition*, 78-79.

[64] Phillips, *Felix Frankfurter Reminiscences*, 38-66, 85-86; G. Edward White, *Justice Oliver Wendell Holmes: Law and the*

Inner Self (New York: Oxford University Press, 1995), 356-357.

［65］Henry Stimson Diary, March 19, 1931, Henry Lewis Stimson Papers, Manuscripts and Archives, Yale University.

［66］Martin Meyer, *Emory Buckner: A Biography* (New York: Harper & Row, 1964), 4, 28-29, 32; Stimson to Frankfurter, June28, 1913, in Parrish, *Felix Frankfurter and His Times*, 60.

フランクファーターとスティムソンの師弟関係は、世界史的にも重要である。フランクファーターこそ、後に共和党の大御所スティムソンがフランクリン・ローズヴェルト民主党政権に陸軍長官として入閣する契機を創り出し、対外政策に関する超党派のコンセンサスを用意した人物だからである。Stimson, *On Active Service*, 289-292.

［67］Felix Frankfurter, "Herbert Croly and American Political Opinion," *New Republic* (July 16, 1930), 247. スティムソンは、ローズヴェルトとの友情に後ろ髪を引かれながらも、共和党に残り続けた理由を四つ挙げている。第一に、彼自身のメンターであるエリヒュー・ルートがタフトを支持したこと、第二に、「私人」ではなくタフト政権の陸軍長官であり、自分を重用してくれた大統領に対する忠誠を裏切れなかったこと、第三に、「タフト氏とローズヴェルト氏を分け隔てたのは、原則ではなく性格であり、目的ではなく方法だった」こと、第四に、ローズヴェルト自身がタフトの下で国家のために尽力するよう書簡をスティムソンに送ったことである。Stimson, *On Active Service*, 50-54; Morison, *Turmoil and Tradition*, 147-148.

［68］Felix Frankfurter Diary, November 6, 1911, in Parrish, *Felix Frankfurter and His Times*, 51.

ブランダイスに対するローズヴェルトの側近たちの評価については、Arthur M. Schlesinger, Jr., *The Politics of Upheaval* (Boston: Houghton Mifflin Company, 1960), 387.

第五章

国家効率運動の地域的拡大

第一節　階級上昇のカリキュラム

国家効率運動を推進した改革勢力は、国家指導者層の再編・強化を目指して教育改革を実施した。彼らは教育を通じて、公職に就き国家効率運動に参加することを美徳とみなす精神的態度を若者たちの間に規範として浸透させることを図った。けれども、彼らが創り上げた一連の教育課程は民主化を徹底できず、改革勢力の間に存在した階級意識を温存した。そのために、その教育課程を経た者であっても、国家効率運動から離脱する者が出てきた。それでも国家効率運動は、全体としてみれば多くの人材を自らの勢力の中に引き入れて規模を拡大した。それは、国家指導者の養成課程を受け、そこで教えられた美徳を実践することが、上流化した家庭がその地位をより確かなものにするための効果的な手段の一つになっていったからである。

フランク・ヴァンダーリップ

国家指導者養成のための教育課程は、それほど時間の経たないうちに、上流化した資本家層の子どもたちにとって受けるべき一つの「カリキュラム」として認知を受けた。教育改革の有力な後援者の一人だったピアポント・モルガンは、跡取り息子のジャックをニューハンプシャー州コンコードにある聖公会教会のプレップ・スクール、セント・ポール校に送り、ハーヴァード・カレッジに学ばせ（一八八九年卒）、モルガン家で初めて学士号を取得させている。[1]

ニューヨークで経済面での階級上昇を果たした新興資本家も、モルガンに倣った。一つの適例は、一九〇九年から一九一九年までナショナル・シティ・バンク頭取を務めたフランク・ヴァンダーリップである。彼はイリノイ州の農村の生まれで、実家の農業を手伝う傍ら『ハーパーズ・ウィークリー』や『サタデイ・イブニング・ポスト（*the Saturday Evening Post*）』を読んで、都会に憧れた少年だった。[2]一八八六年二二歳になったヴァンダーリップはシカゴに飛び出し、その三年後『シカゴ・トリビューン（*the Chicago Tribune*）』の記者となり金融ジャーナリストとして名を挙げた。記者生活の最中、ファースト・ナショナル・バンク頭取ライマン・ゲイジの知遇を得たことで、ヴァンダーリップの人生は大きく変わった。

マッキンリー政権の財務長官となったゲイジは、大統領にヴァンダーリップを同次官として政治任用するように求めた。その結果、ヴァンダーリップは、一八九七年から一九〇一年にかけて財務次官を務めた。退官後はナショナル・シティ・バンク頭取だったジェイムズ・スティルマンに請われてウォール街に移り、やがてウォール街の最上層の一角にまで登り詰める。[3]

ヴァンダーリップは己の腕一本で這い上がった人物だったわけだが、学校教育は、記者時代にシカゴ大学で経済、金融などの授業を聴講した他は、特に受けていなかった。後年彼は「教育こそ私が常に渇望してきたもの」で、自分の子どもには必ず受けさせたかったものだと語っている。彼は、自宅があったニューヨーク州のスカボローに学校を創り、六人の子どもたちを皆そこへ行かせた。そのうち、父の期待に最も応えたのは一九〇七年生まれのフランク・ヴァンダーリップ・ジュニア（Frank A. Vanderlip, Jr.）であろう。彼は、フィリップス・アンドーヴァー校に進学し、ハーヴァード大学で経済学と建築学を専攻し一九三〇年に卒業した。父同様投資家の道を歩んだが、慈善活動家としても知られ、ＮＭＬの評議員として活躍した。[4]

エドワード・ハリマン

エドワード・ハリマンもヴァンダーリップによく似た経歴の持ち主である。ニューヨーク州の聖公会教会の牧師の下に生まれたが、一四歳で学校教育を自主的に放棄し、ウォール街に飛び込んだ。一八七〇年、弱冠二二歳でニューヨーク証券取引所の会員となり、株式市場での投機によって巨万の富を得て、ヴァンダービルト家、ベルモント家、カッティング家やフィッシュ家などの名家の委託業務を取り扱うまでにのし上がった。[5]

一八八三年以降、ハリマンは、モルガン商会をはじめとする投資銀行が鉄道投資によって発展したのにならって鉄道業に投資したが、フィッシュ家の招きによりニューヨーク社交界入りを果たす。一八九七年からは鉄道網を全国へ広げていたユニオン・パシフィック鉄道（the Union Pacific Railroad）の経営陣に入り、一九〇三年には社長となった。ハリマンは、ユダヤ系資本の雄クーン・ローブ商会を率いたジェイコブ・シフや、スタンダード石油を率いたジョン・ロックフェラーの弟ウィリアム（William R. Rockefeller）と手を組み、モルガンと鉄道界の覇権を巡って争ったため「鉄道王」と呼ばれた。[6]

そんなハリマンも跡継ぎ息子のアヴェレルをグロートン校、イェール大学で学ばせた。ハリマンの鉄道経営の右腕で後事を託されたロバート・ロヴェット「判事」（"Judge" Robert S. Lovett）は、ハリマンの子どもの教育にかける情熱を次のように回想している。

子どもたちの幸せと教育が最優先であった。［実業を含めて］何事も、子どもたちの学校への訪問や、子どもたちの鍛錬と幸福に影響を与える調査や事業に、絶対に干渉できなかった。[7]

こうした教育熱心さを、せめて子どもには立派な教育を受けさせたいという親心の現れとしてのみ受け取るのは間違いである。さらなる上流化を望む親にとって、第三章でみた一連の教育課程――北東部のプレップ・スクール、伝統ある名門大学に学び、そこでファイナル・クラブに属すること――は、自分の子どもに通過して欲しい登竜門となっていたのである。

バーナード・バルーク

言い換えれば、巨万の富を得るだけでは上流階級の仲間入りはできなかったのである。投機家バーナード・バルーク（Bernard M. Baruch）は、このことを物語る格好の人物の一人である。バルークは、一八七〇年サウス・カロライナ州に、東欧ユダヤ系移民の両親の息子として生まれた。父は、自分はユダヤ人である前にアメリカ人であると信じた、いわゆる同化したユダヤ人であった。母は独立戦争を戦った祖先を持ち「アメリカ革命の娘たち（the Daughters of American Revolution）」に属していたが、敬虔なユダヤ教徒であった。バルークは父の在り方に従った。

南北戦争中は、父母ともに熱烈な南部支持者で、父は軍医として南部連合軍に従軍し「失われた大義」に生涯の忠誠を誓った。母は「アメリカ南部連合国の娘たち（the United Daughters of the Confedercy）」に入会した。戦後、父は内科医として成功し一万八〇〇〇ドル相当の財産を有していた。だが、母が南部で続いていた混乱を避けてより豊かな生活を送りたいと懇願するのに応えるため、バルーク家は一八八一年にニューヨークへと移住した。[8]

バルークは一貫して公立学校で教育を受けた。彼はニューヨーク市立学校（New York Public School）を次席で卒業し、一八八四年、フェリックス・フランクファーターの母校でもあるニューヨーク市立大学に一四歳で入学する。当時高等教育を望むニューヨーク在住のユダヤ系アメリカ人にとって、市立大学に通うことは一般的であった。市立大学には、アイルランド系、ドイツ系、ロシア系、イタリア系、ハンガリー系、ユダヤ系の中流階級出身の学生が少なからず通学したようだが、その大部分はニューヨーク市内で最貧層の家庭の子どもであったと言われている。そのため、市立大学は慈悲深くも、授業料を免除した上、学生に教科書、ノート、鉛筆も支給した[9]。

当時の市立大学は、改革の季節を迎えておらず、リベラル・アーツに重きを置いたジェネラリスト養成の場であった。学生は古典課程か科学課程のいずれかを選択できたが、バルークは古典課程を選んだ。その理由はおそらく、市立大学ではギリシャ文学のクラブが「重要な役割を果たしていた」からであろう。しかし、バルークがギリシャ文学のクラブから声をかけられることはなかった。その理由を彼は「これらのクラブは、ユダヤ人に対して一線を画していた」からだと述べている。もっとも、バルークの場合、家庭教師の助けでかろうじて及第するほど古典を大の苦手としたので、どのみち勧誘されなかったかもしれない。

バルークが入会できたのは、ギリシャ文学系に次いで権威を持っていた英米文学と討論のクラブであった。だが彼は、生涯を通じてゴーストライターの世話になるほどに英語ができず、読書量も少なかった。生来の恥ずかしがり屋で、大勢の人々の前で自分の考えを披瀝することはおろか、パーティーも大の苦手であった。同じく討論クラブに属したフランクファーターが、卓越した演説者かつ討論者に成長していったのとは対照的であった。バルークのキャンパスライフは決して快適なものではなかったのである[10]。

バルークは、勉学よりもラクロスや野球、ボクシングなどのスポーツに励む学生であった。ただし、ジョージ・ニューカム（George B. Newcomb）の政治経済学だけは別であった。当時の政治経済学は、政治学、社会学、経済学、統計学の全ての要素を含む分野であり、ニューカムの講義はバルークの生涯にわたる政治・経済への関心を形作った。一八八九年大学を卒業したバルークは、ユダヤ人投資家の下で金融のイロハを学び、一八九一年本格的にウォール街の住人となった[11]。

バルークは、投資対象となる企業の価値や為替の変動についての情報収集に長け、統計と数字から各国の金融市場を分析する才能を有しており、一八九七年にはニューヨーク証券取引所に自分の席を得た。一八九八年には、カトリック教徒の一匹狼で、ユニオン・タバコ（the Union Tobacco Co.）を拡大し、タバコ業界での覇権を握ろうとしていたトマス・フォーチュン・ライアン（Thomas Fortune Ryan）を援助したことにより、ウォール街に存在感を示した[12]。以後もバルークの資本は増え続け、階級の階段を駆け上がっていった。

バルークは一八九七年に結婚したが、妻の父親は、バルークが入会できなかったユニバーシティ・クラブ（the University Club）の会員で、聖公会牧師の息子であった。一八九九年から一九〇五年の間に、三人の子どもが生まれたが、そのうち二人の娘を母親にならって聖公会教徒とし、息子の信仰は本人の意思に委ねた。子どもが生まれたのに合わせて、住居を念願の五番街に移した。その北のアップタウン側は、一八八〇年代以降ニューヨークの大富豪が邸宅を連ねた場所である。若き日々、母と五番街を歩いた際、母がバルークに「あなたはいつかあそこに住むのよ」と指さしたウィリアム・ホイットニーの邸宅は五七番通の角にあった。バルークは初めに西八六番通角に、次に西五二番通に邸宅を構えた[13]。

一般的に見れば成功者の部類に入ったバルークだが、彼が憧れた上流社会では投機家に過ぎないと見下されていた。一九〇九年彼が、テキサス州の溶岩ドームに含まれる硫黄成分の構成表を携えて、ピアポント・モルガンと念願の商談に臨んだ時のことである。バルークにとって、モルガンはウォール街に君臨する最高実力者であり、モルガンとの取引は、脚光を浴び名声を得て更なる高みへと昇る絶好の機会であった。それゆえ、バルークがこの取引に並々ならぬ情熱を感じ、硫黄の掘削にかかる費用の半分を提供したいと意気込んだのも無理はない。

ところが、バルークがこの事業を「ギャンブル」と呼んだ途端、モルガンはたった一言「私はギャンブルをしない」と高らかに言い放ち、バルークの商談を一蹴する合図をした。これが、バルークがモルガンと交わした唯一の会話であった。モルガンは、自社の取締役たちにも取引先にも「紳士の行動規範に則っている自分と同類の人々」であること、つまりギャンブルをしない人々であることを要求した。より具体的に言えば、「責任感に溢れ、高い能力を備えた、効率的なマネジメントを通じて、安定を促進すること、そして企業の所有者や株主に対する自らの責務を自覚していること」が、モルガンの実業家としての原則であり、他の実業家にも求めた紳士の条件であった。[14]

モルガンのこの原則と条件が如何に揺るぎないものであったかは、彼のニューヨーク社交界での超然主義が物語っている。モルガンが父の跡を継いで国際金融業で辣腕を振るっていた頃、ニューヨークの社交界に君臨していたのは、アスター家当主夫人キャロライン・アスター（Caroline W. S. Astor）とウォード・マカリスター（Ward McAllister）を頂点とする「四〇〇人（the Four Hundred）」であった。ところが、モルガンは彼らが主催するサロンに入ることを自ら拒絶した。新興資本家たちの間で五番街沿いに派手で俗っぽい豪邸を建てることが流行した時も、マディソン街三六番通角にある褐色砂岩造りの簡素な旧宅から動こうとはしなかった。[15]

ところが、バルークは自ら思わず口に出してしまったように、ギャンブラーであった。当時のバルークは、「富の創造者」ではなく「社会に対して有益な存在であるか疑わしい」投機家だとみなされていた。すなわち、彼は、投資する企業を支援し発展させる責任感を有せず、ただ個人財産を増やすために価値を吊り上げ、自分の都合の良い時に売却し、株式市場を混乱させる無法者だと考えられていた。ＷＡＳＰ系資本だったモルガン家のみならず、バルークと同じユダヤ系資本だったウォーバーグ家(Warburg family)さえバルークを投資家だとは認めなかったのである。[16]

後年になってもバルークは、モルガンによる拒絶の原因が、自分が言葉の選択を誤ったからだ、と考えていた。バルークは優れた能力の持ち主であったが、モルガンの求める規範意識を身につける機会がなかったために、同じウォール街の住人でありながらモルガンが体現した上流階級の美意識が理解できなかったのである。逆に言えば、上流社会の外部に在る人々にとっては、上流階級の美意識とその有無はそれだけ見えにくいものだったのだろう。ウォール街の人物群像を知らない者、例えばジェニングズ・ブライアンのような「偉大なる庶民」にとっては、モルガンにせよバルークにせよ、二人とも金融業で法外な大金を儲けた大富豪としか思えなかったに違いない。

階級上昇を望む人々がこのわかり辛い上流社会の行動規範を習得できる有力な制度の一つが、プレップ・スクール、名門大学およびファイナル・クラブであった。だからこそ、上流階級化を確かなものにしたいと願っていた人々は、これらの教育機関に子どもを送り込んだのである。そして、その子どもは国家への奉仕や公職への情熱といったエートスを教師たちから叩き込まれて公職に就き、さらなる階級上昇を果たしていったのである。

第二節　南部から北上した民主党員

改革勢力によって創設された教育課程を体験し、国家効率運動に参画することは階級上昇の経路として確立した。ニューヨークを中心とする北東部の富に引き寄せられて移住した他の地域出身者もまた、先人たちが築いたこの経路をたどって階級の階段を駆け上がった。彼らの中には、民主党の地盤たる南部からの移住者たちが大勢いた。その例として、南北戦争後の疲弊した南部から富を求めて、ニューヨークに北上した一つの親子の物語を取り上げよう。その親子とは、前述のフランク・ポークとその父ウィリアム・ポーク（William M. Polk）である。父子の混同を避けるため、以下暫くの間、彼らの名をファーストネームで記す。

南部からの北上者

ウィリアムの父レオニダス（Leonidas Polk）は第一一代合衆国大統領ジェイムズ・ポーク（James K. Polk）の又従兄弟で、ルイジアナ州の聖公会教会の主教であった。レオニダスは、南北戦争ではウェストポイントの陸軍士官学校で同期だったジェファソン・デイヴィス（Jefferson F. Davis）に請われて、南軍の極西部国境方面司令官として従軍した。ウィリアムも父に従って、テネシー州軍監察長官として南軍に参じた。

しかし南軍は北軍の動員力と物量の前に敗北し、南部は荒廃し貧窮に喘いだ。一八七〇年頃から一九〇〇年頃にかけての南部の若者にとって、ニューヨークに集積する富はあまりにも魅力的であった。一八八五年ノースカロライナ州ローリーから移住し、第一次大戦期に駐英大使を務めたウォルター・ハインズ・ペイジ（Walter Hines Page）もその一人である。一八九〇年には南部出身者がニューヨークの人口一五〇万人のうち約五％を占めるまでに至った。内戦後間もなく移住したウィリアムは北上する南部人の先駆けだったわけである。

ニューヨーク南部協会

増え続ける南部からの居住者を北部も歓迎していた。ニューヨークの場合、それを体現した組織は一八八六年創設のニューヨーク南部協会（the New York Southern Society）である。その創設者はアルガーノン・サリヴァン（Algernon S. Sullivan）であった。彼はパナマ運河の建設につき重要な役割を果した法律事務所サリヴァン＆クロムウェル（Sullivan & Cromwell）の創立者として有名だが、民主党員でトゥイード・リングと戦っていた連邦地区検事でもあった[17]。

サリヴァンは南北戦争において南部に深い同情を示した人物であり、戦後ニューヨークに移住してきた南部出身者とその子孫のための社交場にと、南部協会をつくった。協会の目的は「南部人男性の親睦を深め、南部の伝統を維持すること」であった。協会に集った会員たちの数は、一八九九年に三六〇名ほど、一九〇七年にはその二倍、一九一二年には三倍にと順調に増えていった。北部人であるサリヴァンの心遣いは、南部人にも感じるところが大きかったようである。南部協会は創設当初から、「国家の名誉と威信を高め」、過去の「紛争の歴史」と「政治的、党派的差異」を清算することを謳った。すなわち、南北戦争における対立の過去を超えて、アメリカを偉大な連邦国家とならしめるために結束しようと会員たちに呼びかけたのである。

この超党派精神は、ヴァージニア州出身の政治学者ウッドロウ・ウィルソンが大統領になる頃も続いていた。一九一二年度の南部協会会長で同政権の財務長官となるウィリアム・マカドゥは、アスター・ギャラリーでウィルソンを来賓にして開催された年次食事会の席上で、南部協会が南北の垣根を超えた「超党派」の協会であったことを自賛した。マカドゥは、同胞の南部人たちには、南北対立を忘れ北部勝利後のアメリカに適応するよう説く一方で、南部協会にアメリカのあらゆる地域の出身者たちが入会するよう勧誘していた。いわゆる「ニューサウス」という概念をニューヨークの南部出身者の間に宣伝したのも南部協会であった。[18] こうした南北の融和を説く姿勢は、マカドゥの個人的背景から生じたものである。

ウィリアム・マカドゥの立身出世

ジョージア州の豊かではない教師だったマカドゥの父は、奴隷制には反対で奴隷解放を支持していたが、南北戦争においては連邦離脱を支持した。戦後マカドゥは苦学して、テネシー州で有能な弁護士として評判となる。一八八〇年代後半彼は、シティズン・ストリート鉄道会社（the Citizen Street Railway Company）を経営していたが、資金繰りのためニューヨーク、ボストン、フィラデルフィアを駆け回っていた。一八九二年、その資金繰りがついに追い付かなくなった時、「機会が全米で最も大きい」と考えたニューヨークに移住する。そこで鉄道投資の代理人業務などを通じて借金を返した。

一九〇二年、マカドゥは、ハドソン川にトンネルを通しニューヨーク州とニュージャージー州間を結ぶ鉄道を開通させる計画を思いついた。実行するため投資元を探し、ギャランティ・トラスト（the Guranty Trust）社長ウォルター・オークマン（Walter G. Oakman）の援助と支持を獲得する。これにより、USスティール（the United States Steel Corporation）の取締役会長エルバート・ギャリー（Elbert H. Gary）、そしてピアポント・モルガンからも多額の融資を勝ち得た。かくして一九〇五年にマカドゥは、ハドソン・マンハッタン鉄道会社（the Hudson and Manhattan Railroad Company）の創業者となった。同鉄道会社は総工費七二〇〇万ドルの大工事を経て、一九〇八年に大統領セオドア・ローズヴェルトの手によって開通の合図のボタンが押されるという栄誉を受けて開通した。[19]

ウィリアム・ポークの立身出世

マカドゥよりもずっと早くにニューヨークへ移住したウィリアム・ポークは、立身出世の道として医師を選んだ。一九世紀後半、医師は高等教育によって養成される専門職へと変貌しつつある有望な職業であった。このことは、ピアポント・モルガンやジョン・ロックフェラーが、チャールズ・エリオットの要請に応えてハーヴァード医科大学院の拡充に多大な寄付をしたことで了解されるであろう。

一八六九年コロンビア大学で医学を修めたウィリアムは、産婦人科医としてこの専門職化の時流に乗り、一八八〇年にはニューヨーク大学産婦人科学部教授、一八九八年にはコーネル大学初代医学部長と着々と出世し、ついにはニューヨーク医学アカデミー会長に就任した。彼の医学者としての名声はヨーロッパにも及び、パリ英米医学会（the Anglo-American Medical Society of Paris）副会長、イギリス王立医学会（Royal Medical Society）会員などにも選ばれている。

数々の栄誉に輝いたウィリアムは、ニューヨークの社交界においても相当の地位に登り詰めた。ウィリアムはトリニティ教会（Trinity Wall Street）の教区委員兼信託者になったが、この地位に就くことは並大抵のことではなかった。ウォール街の先端に立つこの教会には、金融王ピアポント・モルガンが帰依し、その上級教区委員（senior warden）を務めていたからである。成功はウィリアムに文字通り巨万の富をもたらした。彼の遺産は当時の金額で一〇〇万ドル近かった。[20]

そしてウィリアムも、国家効率運動を推進する改革勢力が集う各種団体に入会した。目立つところでは、センチュリー、ニューヨーク公務員改革連盟に加えて、アメリカ政治学会（the American Political Science Association）、アメリカ政治・社会科学学会（the American Association of Political and Social Science）などである。[21] 医師である彼がこれらの団体に所属したところに、国家効率運動への参画が階級上昇のプロセスにおいて非常に重要な通過点となっていたことがうかがえる。

フランク・ポークの立身出世

ウィリアムの息子フランクは父の成功の恩恵を受けて、グロートン校（一八九〇年卒）、イェール・カレッジ（一八九四年卒）、コロンビア大学法科大学院（一八九七年修了）とアメリカでも最高級の学歴を手にした。[22] ポーク家もまた、北部が謳歌した経済的繁栄から取り残された地域から富を求めて経済の中心地へと移住し、階級上昇の「カリキュラム」を受け容れた家庭の一つだったのである。

フランクは弁護士の道を選んだが、弁護士は建国以来最も高貴な職業の一つであった。アメリカ合衆国憲法を制定したヴァージニア会議の出席者五五名のうち、三四名が弁護士であったことは有名な事実である[23]。したがって、一九世紀末の上流階級あるいは上層の中流階級の子どもにとっても、弁護士は銀行家と並んで職業の自然な選択肢であり続けた。このことを示すのに格好のエピソードがある。

ウッドロウ・ウィルソン政権下の国務省でフランクの部下だったウィリアム・フィリップスの若き日のことである。外交史家アーチボルド・クーリッジに学び、セオドア・ローズヴェルトに憧れたフィリップスは、「実業家としてのキャリアに魅力を覚えなかった」。そこで、「家族」（第一章第二節を参照）のクラブハウスに住んでいたジョン・ヘイに会い、外交官職への斡旋を頼んだ。ところが、ヘイは莞爾として法科大学院への進学を勧め、若き友人の依頼を断った[24]。

法務博士号を授与されたフランクは、ほとんど同時に、ニューヨークでも指折りの名門法律事務所エヴァーツ・チョート（Evarts, Choate & Beaman）に入所した。ハーヴァードやイェール、コロンビアといった伝統ある法科大学院を卒業した者にとって就職は大変たやすかった。フランクの同窓でモルガン商会重役のドワイト・モロー（Dwight W. Morrow）によると、法科大学院在学中に「貴族的な友人の父親」から卒業後の進路の話をもちかけられることもしばしばであったという[25]。

エヴァーツ・チョートは、ウィリアム・エヴァーツとジョゼフ・チョートという改革勢力の大物二人が筆頭経営者であった。こうした環境にあったため、フランクは父親以上に積極的に効率運動に関与した。一八九八年勃発した米西戦争のプエルト・リコ戦線に従軍した後、NMLおよびNCFの会員となり、実際にニューヨーク市政府に入り活動する。一九〇六―〇七年教育委員会（Board of Education）委員、一九〇七―〇九年地方公務員制度委員会（Municipal Civil Service Commission）委員（〇八年から委員長）を務め、一九一一―一三年には、地方自治研究局（Bureau of Municipal Research）の出納官を務めている[26]。

地方自治研究局

この地方自治研究局は、一九〇七年、市政の効率化に必要な知的支援を行うべく、独立組織として創設された研究機関である。きっかけは、拡大する都市の諸問題の解決に向けて、経営学者ウィリアム・アレン（William H. Allen）が金融家フルトン・カッティングに超党派の専門家集団を組織することを提案したことであった。そのカッティングがアンドリュー・カーネギーとジョン・ロックフェラーから出資を得たことで創設にこぎつけた。[27]

初代局長には政治学者アンリ・ブリュレ（Henry J. Bruere）が選ばれた。ブリュレは、科学的経営を導入し、正確なデータに基づいて組織を再編して個々の政策実行を合理化することを目指し、予算の見直しを重点的に提案した。その際に彼は、市政府の各部署がどのように機能しているかについての事実をかき集め、専門家が情報分析を施し、報告書にまとめ、上層部に配布するプロセスを重視した。実業界で先行して導入された上意下達の中央集権化の鍵は、専門家による情報の収集・分析および指導者への集約にある、と考えたわけである。[28]

情報機関のようにインテリジェンス・サイクルを重視することによって、地方自治研究局は、地方自治に関する情報集積・公開で評価を受けた。それに伴って、国家効率運動を支持する政府職員と民間のエリートたちが集い、情報交換などで親睦を深める場所となった。市政府の他部局への人材の供給源としてのみならず、シカゴやフィラデルフィアなどにもノウハウの提供を求められた。地方自治研究局はやがてワシントンに移転し、政府研究所（the Institution of Governmental Research）と改称する。これがのちのブルッキングス研究所である。

ニューヨークからワシントン、そして世界へ

フランクは地方自治研究局の予算を取り仕切る重要な職務を実行していたが、このことが連邦政治との接点をつくった。フランクを連邦政府に求めたのは、大統領ウッドロウ・ウィルソンであった。大統領選挙を取り仕切っていたウィリアム・マカドゥとエドワード・ハウスが、ニューヨーク港税関局長(Collector of the Port of New York)の候補として、フランクを推挙したのである。

マカドゥとフランクを繋いだのは南部協会であった。フランクの父ウィリアムは会長歴任者の一人で、フランクもマカドゥの下で執行委員会に席を置いていた。マカドゥが、自分と似た窮境から這い上がったウィリアムとその息子に親近感を抱くのは自然であった。マカドゥは、フランクと「長く親密な間柄」にあり、ともにニューヨークの効率運動に参加した経験から、フランクを「信頼しその能力を買って」いるとウィルソンに語っている[29]。

ニューヨーク港税関局長は、ウィルソンにとって「個人的成功がかかった」「財務次官よりも重要なポスト」であった。ニューヨーク港は一九〇八年ロンドンを抜いて世界最大の商業港となり、一九一六年にはアメリカの外国貿易総額の約五一%を取引していた。その税関は早くも一九〇〇年には、アメリカの総関税収入の約六五%を占めていた。フランクの来歴を調べ上げたウィルソンは、フランクを「求めていた人材そのもの」と判断し、任命に踏み切ろうとした。だが、この要職をパトロネージとして是非とも利用したいと考えていたタマニー・ホール(第一章第一節を参照)がフランクの任命に反対する。ウィルソンは妥協を余儀なくされ、結局フランクは指名されなかった[30]。

連邦政府入りを阻まれたフランクは代わりに、一九一四年ニューヨーク市司法局長(Corporate

Counsel of the City of New York）に就任した。[31] 司法局長はニューヨーク市行政の司法面の一切を請け負う要職で、連邦政府入りに向けた踏み台という意味合いがあった。前任者の中にも国家効率運動において名を成し連邦政府の高官となる人々がいた。その一人にウィリアム・ホイットニーがいる。彼は一八七五年から一八八二年までの任期の間、「トゥイード・リングの取引から生じる多くの訴訟を処理した」と言われている。ホイットニーは、「司法局の仕事を専門化する必要性を認識した最初の司法局長」で、司法局全体を係争の種類に沿っていくつかの部に分割し、各部の特殊な性格の訴訟は特別補佐官に担当させるという改革を行った。特別補佐官の一人がフランシス・ステットソンであった。ステットソンは、フランクが司法局長に就任したその年に転職した法律事務所の筆頭経営者である。[32]

フランクは在任一年あまりで司法局長の職を辞し、一九一五年九月国務省顧問（Counselor of the Department of State）に指名され、連邦上院の承認を受けた。顧問職は一九年七月に次官職へ名称を変更したことからも分かる通り、国務省内で長官に次ぐ地位にあたり、国務長官が病欠した場合には長官職を長期間代行することもある。フランクが国務省顧問に指名されたのは、再びハウスが彼をウィルソン大統領に推挙したからであった。ハウスは、大統領と同じく国務省顧問を「第一級の重要性」を持つ職だと見なしていた。顧問の「臨機応変の才、意志の堅固さ、法律に関する能力」に「交戦国との公的な関係の如何が大きく拠っていた」からである。ハウスはこれら三つの要件をフランクが満たしていると判断した。[33]

アメリカ外交を自らの手で主導したいと考えていたハウスにとって、フランクはさらに見逃し難い資質を有していた。それは、無私の忠誠心、政治活動で培った交渉術と人脈、そして国家指導者の養成課程で育まれた豊かな教養である。これらの資質は、連邦議会への根回しや国務省内の人心掌握に打って付けであった。ハウスは、国務長官ロバート・ランシング（Robert Lansing）にフランクを次のように評した。

後任の司法局長の選出を懸命に助けることを市長への義務と忠誠だと考え［中略］野心のない男だ。［中略］立派な政治的才能を持ち、議員とも話せる。［中略］教養ある紳士で［中略］外交官職と遣り取りする際にも大変役立つ。

ランシングはのちに、この賛辞が正しかったことを自分の目で確認することになる。[34]

国務省内の職業外交官の先駆者たちも、ワシントン・メトロポリタン・クラブや「家族」でフランクと交遊し、彼を敬愛してよく仕えた。ウィリアム・フィリップスは、フランクは「外交での成功に求められる全ての資質を有していた［中略］理想の国務次官」と絶賛した。彼によれば、フランクは「人を愛し、人に愛された。判断において頭の回転が早く洞察力に富み、将来を見通しており、口頭での議論においては達人であった」。ジョゼフ・グルーは、フランクが「常に紳士的かつ優雅な作法で」パリ講和会議における大国間外交を戦い抜き「他国の代表たちから尊敬された」と伝えている。[35]

こうしたフランクに対する高評価は、大統領にも共有された。再選を賭けた一九一六年の大統領選挙に際し、ウィルソンはフランクを選挙戦の総元締たる民主党全国委員会委員長に強く望んだ。その三年後、パリ講和会議中、あくまでも自分の代理人として各国首脳と交渉に当たっていたはずのハウスが独断専行したことに激怒したウィルソンは、ハウスにそれまで与えていた全幅の信頼を撤回した。大統領がハウスの代わりに後事を託したのがフランクであった。ウィルソンがアメリカへ帰国した後、フランクは、パリ講和会議首席全権委員兼アメリカ講和交渉使節団長に着任した。[36]

ヴェルサイユ条約の批准が失敗に終わりウィルソン政権が解散した後、フランクは私人に戻り、ジョン・デイヴィスと一緒にステットソンの法律事務所を継承し、新たにデイヴィス・ポーク法律事務所(Davis Polk & Wardwell)として改組した。彼は一九一九年に神経を患い心臓に失調を来して以来健康が思わしくなくなったためか、フランク・ポークの名は、ニューヨーク市政への貢献を除いては、公の舞台ではほとんど見られなくなる。[37] 彼の遺した最後の確かな足跡は、アメリカ初の対外政策シンクタンクCFRの創設である。

CFR創設

一九二一年、ポークはCFRの規約と準則を、ローズ奨学金受領者で「調査機関」の一員だったウィリアム・シェパードソン(William H. Shepardson)と共同で起草し、そのまま理事に就任した(〜一九三九年)。[38] ポークの理事としての功績は、ニューヨークの紳士クラブに過ぎなかったCFRを、本当の意味での超党派の対外政策シンクタンクへと成長する契機を創り出したことである。

一九二三年、CFR専務理事で学者層と常駐スタッフを率いたハミルトン・フィッシュ・アームストロング(Hamilton Fish Armstrong)が、孤立主義者の議員を招待することを提議した際のことである。前連邦準備制度理事会理事ポール・ウォーバーグや前金融担当財務次官ラッセル・レフィングウェルら大物財界人は、国際金融も分からぬ書生風情が何を言うか、と言わんばかりの高圧的な態度でアームストロングの提議を退けようとした[39]。

劣勢に立たされた若きアームストロングを支持する者の中で、目立った人物だったのが地理学者アイザイア・バウマンとポークであった。「調査機関」の実質的な最高責任者だったバウマンは、ポークにとって、パリ講和会議における「戦友」の一人であった。ポークは、東欧および中東の地域秩序の再編について、イギリス外相アーサー・バルフォアやフランス首相ジョルジュ・クレマンソー（Georges Clemenceau）ら戦勝国首脳と交渉した。そこでポークが痛感したのは、専門家が提供する「純粋に学問的な性格」の情報の不可欠さであった[40]。

したがって、ポークがアームストロングを助けたのは、アメリカの対外政策決定過程に関わるアクターの国際政治に対する見識を深めるためであった。アームストロングとバウマンは、様々な政治的意見を持つ政治家や財界人が一堂に会し、国際関係の専門家たちと国際情勢について恒常的に意見を交換し合うことによって、アメリカ対外政策の知的基盤を強化しなければならないと考えていた[41]。ポークもこの二人の大志に賛同したのである。

そして、同じ一九二三年のうちに、ポークはセンチュリーへの入会が認められ、一九一八年に亡くなった父ウィリアムについに追いついた[42]。親子二代続けてセンチュリーへの入会を認められたことは、ニューヨークの上流階級としての地位が確立した証である。同年、彼はチャールズ・ボナパルトと同じNML会長職に就任し、二七年までこれを務めた（二九―四一年は名誉副会長）。他には、法律事務所の共同経営者デイヴィスが民主党候補として出馬した一九二四年の大統領選挙を取り仕切った。一九二六年には地方自治研究局の全国版たる地方行政局（the Municipal Administration Service）を創設し、その業務を監督した。[43]ポークは一九四三年に亡くなるが、在野の人となっても国家効率運動への献身を続けたのである。

第三節　民主党におけるローズヴェルティアン

国家効率運動は、アメリカ経済の中心であった北東部の商業・工業・港湾都市を主要拠点としたが、中西部および西部の同種の都市においても富が集積されるようになると、そこも新たな拠点となっていった。都市名で言えば、ボストン、ニューヨーク、フィラデルフィアに始まった国家効率運動は、シカゴ、クリーヴランド、さらにはサンフランシスコにも波及したのである。[44]

一見してこれらの都市はみな産業化・工業化を進めていた北部の都市である。ゆえに、農業主体の南部は辺縁地域として取り残されたとする学説もある。[45]だが実際には、国家効率運動は地域的拡大の過程で、かつて北部の連邦主義に対して反旗を翻した南部をも取り込んでいったのである。北部と南部の間を媒介し、国家効率運動の地理的範囲を拡げたファクターもやはり富であった。

一八七〇年代後半、潤沢な資金を持ち投資先を探していた北部資本は、南部に商機を見出した。北部からの投資を南部の経済復興に活用しようと試みた若い世代は「ニューサウス」を提唱する。この考え方が一八八〇年代から広く普及し、北部からの投資を得た鉄道が発達した。これにつれて、ジョージア州アトランタ、アラバマ州バーミンガム、ノースカロライナ州ダーラムなどがニューサウスの商業都市として発達した。

マスメディアも北部と南部の提携を支援した。一八七〇年代には『ハーパーズ』『スクリブナーズ（*the Scribner's*）』などの雑誌で南部に関する記事や特集が組まれ、南部作家による詩や短編小説も掲載されるようになった。ミズーリ州出身の作家マーク・トウェインは、こうした時流に乗った一人である。一八八〇年代には南部を主題とした作品が多く描かれ、やがて南部は工業化・都市化以前の牧歌的な風景を残す理想郷として描かれるようになった[46]。

南部資本が北部資本と経済・文化面で結びつきを深めるにつれて、国家効率運動に共鳴する南部民主党員が現れてきた。その代表的な人物の一人がエドワード・ハウスである。彼は世紀転換期テキサス州の政治を采配し、後に大統領ウッドロウ・ウィルソンの「右腕」として、ウィルソン政権の運営および第一次大戦期のアメリカ外交を主導した人物である。彼についてはこれまでも何度か言及してきたが、ここで改めてその半生をたどろう。

父トマス・ハウス

ハウスは南北戦争勃発の三年前の一八五八年、貿易商トマス・ハウス（Thomas W. House）の七人兄弟の末っ子として生まれた。ハウス家はもともとオランダ人で、一六世紀からおよそ三世紀間イギリスのサマーセットシャー州に住んでいたと言われている。トマスが一八三六年にメキシコ統治下のテキサスに移住した後、米墨戦争にアメリカ側として参加し、以後ヒューストンに定住した。彼はボストンを中継地点とした国際貿易で財をなした人で、北東部に数多くの友人を有していた。貯金の大半はイギリスの銀行に金貨建てで預金されており、ロンドンのベアリング商会の口座には三〇万ドルが預けられていた。南北戦争中は、北軍の海上封鎖をかいくぐって綿花を海上輸送したり軍需品を持ち帰ったりしたものの、奴隷制には反対であった。[47]

ボストンに経済拠点を有していたトマスは、毎年六月に子どもたちを連れて北東部へ行き、一〇月まで滞在する習慣を持っていた。その滞在中にイェール大学学長ノア・ポーター（Noah Porter, Jr.）と知己となり、ハウスをイェールに進学させたいと思い立ち、一四歳からヴァージニアの寄宿舎学校に通わせた。ところが、ハウスに面会したポーターは、ハウスがイェール・カレッジの主要な入試科目だったラテン語やギリシャ語が読めないことを知ると、トマスにコネティカット州ニューヘイヴンにあるホプキンス・グラマースクール（the Hopkins Grammar School）に進学することを奨めた。[48]

政治との出会い

ハウスは、一六歳でホプキンスに入学したが、最下位近くの成績しか取れず、イェールへの進学には時間がかかり過ぎると断念した。代わりに彼が志すようになったのは政治の世界であった。ホプキンスで親友となったオリヴァー・モートン（Oliver T. Morton）はインディアナ州選出の共和党上院議員の息子であった。二人は、しばしばワシントンやニューヨークへ出かけ政治の現場を見学した。そこでハウスは、悪名高い「一八七七年の妥協」を目撃したが、敗者となった民主党大統領候補サミュエル・ティルデンを「賢明なる政治家」と評している。[49]

この政治体験は、ハウスに「私の全キャリアを変えた」と言わしめるほどの印象を残した。彼の眼に映った政治の世界では、「上院の二、三名と下院の二、三名そして大統領が政府を運営し［中略］他の者たちは単なる表看板」に過ぎなかった。ハウスは、幼少期に家族を次々と亡くし、自身も死の淵を彷徨したせいもあってか、自分は表舞台に立つ運命にはないと達観していた。けれども、政治は表舞台に立たずとも大きな影響力を行使する機会をもたらしてくれるかのように彼には思えたのである。[50] 以後パリ講和会議までの間ハウスは、チャールズ・カルバーソン（Charles A. Culberson）のテキサス州知事選挙の選対委員長を除いては、一度も公職に就かない。常に政治の舞台裏から表舞台を動かす黒子に徹することになる。

ホプキンスからコーネル大学へ進学したハウスは、アルファ・デルタ・ファイ（Alpha Delta Phi）の会員に選出されるなど順調な学生生活を送っていた。クラブ生活と政治見学に明け暮れるばかりで、勉強熱心には程遠かったらしい。一八八〇年父が心臓発作で死去したのを機に、大学を中退し故郷のヒューストンへ戻った。父トマスは、ハウスに五〇万ドル相当の肥沃な地所を遺した。それだけの多額の遺産が残ったのは、父トマスが、広大な所有地で栽培した綿花の輸出に加えて、ヒューストンの産業都市化に貢献したからである。ハウスは父が、発電・送電システムの建設、テキサスで最初の鉄道の敷設に参加、ヒューストン港の水深を深くするための浚渫などを成し遂げたことを誇っている。

父親の遺産のおかげで、ハウスの懐にはプランテーションから上がる莫大な農業収入が入った。当時の額にして少なくとも平均一万七五〇〇ドル（現在の貨幣価値で約五〇〇万ドル）の年収であった。つまり、ハウスは汗水垂らして働く必要から解放されたのである。一八八一年ハウスは結婚し、一年間ヨーロッパへ新婚旅行に出かけた。以後ハウス夫妻は、余裕があれば年に一度ヨーロッパを旅した。一八八六年にはハウス家はオースティンに転住したが、そこにいたのはもっぱら冬だけであった。テキサスが暑くなる夏の時期は、幼き日々と同じように、ニューヨークかマサチューセッツに滞在する生活を送っていた。[51]

テキサス政治の掌握

オースティンに転居した頃から、ハウスはテキサス政治への関与を始めた。彼が州内で実力政治家として認められたのは、一八九二年のジェイムズ・ホッグ知事（James S. Hogg）の再選の立役者となってからである。ホッグは、一度目の知事選挙から鉄道規制を選挙の争点として戦い、一八九一年にテキサス鉄道規制委員会（the Railroad Commission of Texas）を創設した人物である。そのため、「テキサスのあらゆる鉄道会社とほとんどの富裕層」に加え、大方の新聞もホッグを落選させようとしていた。[52]

これに対抗して選挙戦を切り盛りし、ホッグを当選させたのがハウスであった。だがこのことは、ハウスが、ホッグ流の革新主義の改革に賛同していたことを意味するわけではない。ハウスは、テキサス州内の都市で導入された、知事府の権限を強化する委員会制度には大きな評価を置いていた。[53] しかし、ホッグが有していた北東部の資本家への敵意も企業規制への情熱も持ち合わせてはいなかった。労働者保護に特別な注意を向けた形跡もない。つまり、ハウスは革新主義運動が内包した弱者救済にはほとんど関心を持たなかった。

なのにハウスがホッグを支援したのは、ホッグが全国に先駆けて革新主義的立法を成功させる先駆的存在とみたからである。元来ハウスは「市や州の政治には全く興味がなく、全国政治に専心し続けていた」。[54] ゆえに、ホッグの革新主義運動への支援も、それへの自分の貢献が、自らのテキサスでの政治的影響力を強め、連邦政治の舞台に上がる足がかりとなることを期待してのことであった。

であるから、ホッグの利用価値がなくればハウスが袂を分かつのは必然であった。その機会をもたらしたのは自由銀運動（第二章第二節を参照）である。ホッグが銀の自由鋳造に強く傾いていったのに対し、ハウスはこれに反対した。彼は、州司法長官で鉄道規制委員会の責任者チャールズ・カルバーソンから、次の知事選での自分の選挙運営を頼みたいという打診を受けた。カルバーソンは自由銀運動に断固反対の立場をとっていたため、ハウスはこの依頼を快諾した。

一八九四年、ハウスが「革新主義勢力」と呼んだ勢力が、州民主党の綱領に金銀比価を一六対一とする旨を明記するか否かをめぐって、賛成派のホッグが支持した候補者ジョン・リーガン（John H. Reagan）と反対派のカルバーソンとの間で分裂した。この時、ハウスは、双方の陣営を集め、「革新主義勢力内で分裂」すれば「ホッグの下で成された改革、立法化された法律の一切が無益になってしまう」と説得し、銀貨鋳造量が金と同量であることを条件に妥協を成立させ、リーガンの立候補を取り下げさせた。[55] その結果、カルバーソンは知事となった。

一八九八年の州知事選挙では、ハウスは南北戦争の英雄で州下院議員のジョゼフ・セイヤーズ（Joseph P. Sayers）を支援した。ハウスによると、彼の「政治的な友人たち」はカルバーソンの後継者と目されていたマーティン・クレイン（Martin M. Crane）を支持していたが、「個人的な友人たちは概してセイヤーズ支持だった」という。クレインはもともと農民同盟（the Farmers Alliance）に近い立場にあり、ホッグの支持を受けて、州内のポピュリストを民主党陣営に引き入れようとしていた。ハウスの回想によると、クレインは自由銀運動を選挙の争点にすることを求めてきたが、これに対してセイヤーズは、自由銀運動について「クレインよりも私に近い」立場にあった。[56] こうしてハウスの支援を受けたセイヤーズは、クレインを破って当選した。

ハウスのテキサスでの政治活動を概観すると、彼が、州民主党右派に属し、テキサスの革新主義運動を支援しつつ、そこにポピュリスト的要素が過度に入り込むことを防ごうとしたことが分かる。これに対し、ホッグを頂点とする州民主党左派は、資本家に対する圧力を強めるためにポピュリストと同盟しようとした。この両陣営の対立が決定的になったのは一九〇二年である。ハウスは、ホッグが推したトマス・キャンベル（Thomas M. Campbell）を民主党候補にさせないため、サミュエル・ランハム（Samuel W. T. Lanham）を支援し見事当選させた。ランハムは、州民主党内の知事候補をめぐってカルバーソンと争った経験を持っていたが、ハウスにとっては「能力が限られ」「特色のない」人間だったので操りやすかったのである。[57]

ハウスのテキサス政治における影響力は、この時が頂点であった。彼自身、「テキサスでの我々のグループの威光は非常なもので、人並みの知性があれば誰も［当選が確実な我々の候補に］対抗して出馬しようとは思わない」と豪語している。しかし、一九〇六年頃からハウスがテキサス政治における影響力を失っていくにつれて、州民主党内ではキャンベルが率いる左派が強くなり、やがてポピュリストとの間で和解が成立した。[58]

ハウスがテキサス政治における統制力を減じていった一つの理由は、彼がテキサス政治に飽き始め、徐々に手を引いていたからである。彼は、一八九六年の大統領選挙の時には、テキサスでの地盤固めが終わり、ついに民主党の全国委員会で望んでいた地位――大統領誕生の立役者――を占める準備ができたと思っていた。ところが、自由銀運動最大の擁護者ウィリアム・ジェニングズ・ブライアンが民主党候補となったため、機会を見送ることにした。[59]

つまりハウスは、「テキサス政治では私が考えていた立法面での問題のほとんどは法制化されていた」ためこれ以上することがないと思いつつ、知事選を差配して自らが当選させた知事たちに助言をし、時を待っていたのである。ハウスがセイヤーズ知事に対し、行政ポストへの政治任命に際しても被任命者の能力を重視するよう助言し、受け容れさせたのも、連邦政治が視野に入っていたことの現れである。[60]

ボストン・ブラミンとの親交

政治の代わりにハウスが情熱を向けたのは、資産の増加であった。彼は父同様、資産運用をボストンの銀行に委託した。ボストンの銀行家たちの中でハウスが親密な関係を築いた人物は、オールド・コロニー・トラスト（the Old Colony Trust Company）のトマス・ジェファソン・クーリッジ・ジュニア（Thomas Jefferson Coolidge Jr.）であった。この銀行家は、その名の通り、先述のトマス・ジェファソン・クーリッジの息子である。ハウスとクーリッジ・ジュニアとの関係は遅くとも一八九九年には始まっていた。

ハウスは、同時代人の富めるテキサス人と同様、一九〇一年に発見されたスピンドルトップ油田（Spindletop）に商機を感じ、そこから程近い街ビューモントから北へノース・テキサスまで鉄道を通すという計画を温めていた。この計画を実行に移せたのは、クーリッジ・ジュニアが資金援助をしたからであった。[61] 一九〇二年にはトリニティ・ブラゾズ・ヴァリー鉄道会社（Trinity and Brazos Valley Railway Company）を創設し、ハウスは取締役会長に就任した。ニューヨークでの鉄道投資で成功を収めたウィリアム・マカドゥの例と重ねて考えると、鉄道は、南部人が北部にいようと南部にいようと、彼らを北部資本と結ぶ媒介だったことが分かる。

ハウスとクーリッジ・ジュニアは油田掘削への投資などでも行動を共にした。やがてハウスは、マサチューセッツ州ノース・ショアにあるクーリッジ家所有のコテージを借りられるほどの信頼をクーリッジ・ジュニアから得る。この信頼が、ハウスに北東部や中西部の上流階級の知遇を与えた。トリニティ・ブラゾズ・ヴァリー鉄道会社の設立資金を集めていた最中、「ボストンの友人たちが手始めとして五〇万ドルを限度に我々と手を組むことを決めた」際に、テキサスの友人に「ボストンやシカゴで最も裕福な人々とともにいる」と喜びを綴っている。[62]

国家効率運動の指導者たちとの出会い

ハウスは、ワシントンに滞在した際には、「南部のことを知りたがっていた」セオドア・ローズヴェルト大統領とホワイトハウスで会談した。再選を果たしたばかりの大統領は、南部と北部の連帯を訴え、南北戦争時の南軍兵士の武勇を誉め称えた。米西戦争で率いたラフ・ライダーズの半分以上が南軍兵士の父を持っていたと明かし、自身の母も南部人だったことに言及した。統一された新しいアメリカを創ろうとしたローズヴェルトにとって、南部の信頼を獲得することは極めて重要であった。[63] そこには、民主党の下で結束していた南部に風穴を開け共和党の勢力圏を築く意図が含まれていた。だが大きく見れば、党派や地域の別を超えた国家統合を目指した努力の一環と言ってよい。ハウスはその環の中に入っていったのである。

北東部の資本家たちとの絆の深まりは、ハウスに国家効率運動の提唱者たちとの知遇を与えた。オースティンの自宅にも北部から多くの著名人が訪れたが、中でもハウスが「最も尊敬している」と特記したのは、「ハーヴァードのチャールズ・エリオット博士」であった。ハウスはエリオットから受けた感銘を回顧録にこう記している。

彼の人生と彼の公職への献身は私にとって驚異であった。彼は公共善のための奉仕を最大化するように、自らの人生を律しているようであった。[64]

ハウスが以前よりも明確に国家効率運動へ接近していったことを示すのは、州内の大学に対する彼の態度である。ハウスは、セイヤーズが知事となる頃まで、大学の学長職や理事職を自分に仕えた者たちへの「報奨」だと見なしていた。そのため、テキサス農業・機械大学（the Agricultural and Mechanical College of Texas）の学長職にも、自分の代わりに名目上の選挙委員長を務めた者を推薦した。[65] けれども、ランサムが知事になる頃から、ハウスはテキサス州内の「大学とその他の高等教育機関を政治から切り離す」ことに尽力し始める。

具体的には、テキサス大学（the University of Texas）が州議会から予算を得る見返りに、その理事職や教授陣に州議会の息がかかった人物を入れるという悪習を絶つことを試みている。ハウスは、知事が理事会の構成員を全面的に交替させることができないように、理事の任期を制限することに成功した。しかし、大学が州議会に運営資金を求めないで済むようにするために、州内に数多くある工場に課す州税を導入することはできなかった。ハウスはこの失敗の原因について、自分がテキサス政治から遠ざかりつつあったからだと悔しがっている。[66]

ローズヴェルト的指導者への憧れ

ハウスの効率化概念は、彼が一九一二年に匿名で上梓した政治小説『フィリップ・ドルー（*Philip Dru, Administrator: A Story of Tomorrow 1920-1935*）』にまとめられている。一九一一年ハウスは、ウッドロウ・ウィルソンと初めて面談した後すぐに、この小説の執筆にとりかかった。執筆にあたっては、テキサス大学の改革の試みを通じて知り合った二人の学者、デイヴィッド・ヒューストン（David F. Houston）とシドニー・メッジーズ（Sidney E. Mezes）から助言を得た、とハウスは回顧している。

この小説は、一般に駄作だと言われているが、歴史家からは重要な小説と見なされ繰り返し読まれてきた。なぜなら、主人公のドルーは「著者自身がなりたかった人物そのものであり、彼がそうなれなかった者」とハウスが認めた人物であることに加え、大統領選を終えたばかりのウィルソンがバミューダ諸島での休暇に持参して読み、ハウスへの信頼を深めたとされるからである。[67]

小説の概略はこうである。共和党とウォール街を模した「高圧的で傲岸な富裕層」に支配された連邦政治の腐敗ゆえに、内乱が起こった。ウェストポイントを卒業しマンハッタンで働いていた青年ドルーは、共和国を救うため、現実では民主党の地盤であった中西部と南部で募兵して陸軍を編成し、ワシントンを制圧する。そして、立法、行政、司法の統治三権を掌握した「共和国行政官」として国家改造を主導する、という物語である。ドルーが決起した動機は国家の効率化を果たすことであった。

我々の文明は、特にそれが効率を制限している限りにおいて、根本的に間違っている。すなわち、もし社会が適切に組織されていれば、十分な衣服と食事を与えられていない者はいないはずである。流布している法・慣習・倫理的訓練こそ、少数派と多数派の差異を生んだ元凶である。そのような諸条件の結果として、国民の大部分が非効率的になり、教養は無知へと転じ、そして、啓蒙的で公平無私の法律が偏見に満ちた利己的な法律となる比率を各国家で異ならしめている。[68]

ハウスが労働者への配慮を文面に滲ませたのは、国家が効率化するためには、分裂しつつある国内の秩序を安定させることが必要だと考えていたからである。南北戦争後のアメリカは、一部の金融資本に富が集中する一方で、貧富の差は拡大し、労働者たちは不満を募らせていた。一八九三年の金融恐慌によって労働賃金が削減されるに至ると、労働者は資本家に対抗するため団結を始めた。その年のうちに、アメリカ史上初の労働組合たるアメリカ鉄道労働者組合（the American Railway Union）がユージン・デブズ（Eugene V. Debs）によって創設された。

翌年、アメリカ鉄道労働者組合がイリノイ州で引き起こしたプルマン・ストライキは、労働者の怒りがどれほど大きなものだったかを世に知らしめた。[69] プルマン社（the Pullman Palace Car Company）は、アメリカ国内の輸送の主力であった鉄道の車両生産を請け負っている有力企業の一つであった。ところが、賃金削減に反対する組合員たちは車両の生産ラインを止めたのみならず、実際に鉄道で利用されていたプルマン社製の車両を連結することを拒否した。プルマン・ストライキは全米の労働者の同情を集め、瞬く間に広がっていった。

時の大統領グローヴァー・クリーヴランドは、宿敵ジェニングズ・ブライアンの非難をよそに、プルマン社の車両が合衆国郵便の貨物を配送していることを理由に、裁判所からインジャンクション命令を取り付け、合衆国陸軍を出動させ事態を収拾した。[70] その結果、七〇名の死傷者という尊い犠牲と約三四万ドル（現在価値で約八八二万ドル）の経済的損害を出して、秩序は回復した。労働者の不満はもはや看過できない時代になっていたのである。

こうした時代状況を反映した『フィリップ・ドルー』の世界で、主人公ドルーは国内の秩序を取り戻すために、前カナダ総督エドワード・グレイと同じく、労使協調を実現した。[71] すなわち、独占禁止、州際取引の取締などの企業規制を通じて労働者の不満を和らげ、労働関係を修復したのである。ドルーは、労働団結権の保護、ストライキの禁止および労使間仲裁の義務付けを含んだ「連邦会社法」なる企業法を成立させた。

ただし、ドルー（ハウス）は、国民の「大企業に対する偏見を抑える」ために労働者の権利を認めたのである。彼にとって、大企業が「誠実に、株主と公衆の利益になるように運営され」さえすれば、その規模の大きさゆえに、「個人によるビジネスよりも［中略］公衆にとってより有益となる」ので、「大企業の結成はむしろ歓迎されるべき」であった。ゆえに、大企業はアメリカの国富を増加させる効率的な商業組織であり、大企業に対する過度の規制はアメリカの国力を弱める害悪であった。[72]

この見解は、かつてセオドア・ローズヴェルトが連邦議会においてなした演説を思い起こさせる。彼は、「現代は合同の時代であり、全ての合同を阻止しようとする努力は無益であるのみならず、結局は誤りである」と述べた。それは大企業が国力の増強という面で「計り知れないほどの善」をもたらし、ひいては「公衆に奉仕している」からである。この見地からすれば、「反トラスト法は、国民に対して何ら不正を行わないトラストを禁止すべきではないし、全体として国民の利益になるような企業連合の存在ともなればなおさら」であり、トラストの取締にあたっては、「不正を行うトラストと、善行を行うトラストを峻別」しなければならなかった。[73]

国家効率運動の指導者たちにとって、労働者保護や大企業規制は、富の不平等が国家の効率化を妨げぬよう制度整備を図るための手段であった。ドルー（ハウス）もローズヴェルトも、労働者と資本家の間の仲裁者としてアメリカ国内の秩序を維持しようとした。そのバランサーとしての基本原則は、労使いずれの側にも加担せず公平を保つことだ、とローズヴェルトは言っている。

アメリカ政府を金満家による政府か、大衆による政府にすれば、既に滅亡した世界の嘆かわしい失敗の数々を大規模に繰り返すことになる。我々はあらゆる暴政に対して、それが少数者によるものであれ多数者によるものであれ、立ち上がらなければならない。[74]

以上見てきたように、ハウスがドルーに仮託した国家指導者像は、ローズヴェルトに酷似していた。ドルーは、秩序の混乱と国家の非効率性を解消するためには非常時の政治が必要だと考え、国家改造が済めば直ちに平時の立憲政治に回帰することを約束し、超憲法的な独裁者となることを宣言している。[75]こうしたクーデターは現実には有り得ないが、ハウスが立法府や司法府よりも強い行政府を求めたことを、南部人が大事にしてきた男らしさを以て端的に表現したものであろう。

一方のローズヴェルトは、大統領が公正中立な調停者にして秩序維持の担い手となるためには、行政に関し専権を有する必要があると考えていた。彼はそのことを、興隆するアメリカの国力への自負を込めてこう表現している。

大統領職には、現代のあらゆる共和政の大国や立憲君主制の大国に存在する、いかなる職位よりも大きな力が備わっている。〔中略〕私は強い行政府を信じ、権力を信じる。[76]

大統領職の強大化が唱えられた背景には、連邦議会が社会の複雑化に対応した効果的な政策をタイムリーに打ち出せないでいたことがある。ローズヴェルトにとって、立法府たる議会が怠慢なままならば、立法権限すらも行政府たる大統領府が行使するのは当然であった。

理論上は、行政府は立法とは何の関係もない。実際上は、現状がそうであるように、行政府は、特に全体としての国民の代表者であり、或いはそうあるべきである。しばしば行政府の行動は、国民が求める、あるいは有するべき法律を成立させる唯一の手段を提供している。それゆえ、現在のアメリカの政治状況の下で、良い行政府の長は、正しい種類の立法を成立させること、加えて公衆の幸福だけを考えて行政上の義務を果たすことに、非常に活き活きとした関心を持っていなければならない。[77]

ローズヴェルトの強力な国家指導はしばしば批判を招いた。よく聞かれたのは、立法権限をも兼ね備えた大統領府は合衆国憲法の権力分立の原則に反しているという議論であった。これに対するローズヴェルトの反論は、大統領職は「国民のためにできること全てを、活発にかつ積極的に行うよう義務付けられている、国民の執事である」。憲法が明示的に禁じていない限りは「国家の種々の必要性が要請することなら何でも」行える、というものであった。

ローズヴェルトが理想とする大統領職は君主に近かった。ウォルター・リップマンによれば、ローズヴェルトは「ローズヴェルト的人物でないという理由でその後の大統領にいささか公正を欠く判断を下す」と言わしめるほどまでに大統領職を個人化した。ゆえに、伝記史家エドマンド・モリス（Edmund Morris）は、ローズヴェルトを「国王セオドア」と呼んだ。[78] ローズヴェルトが理想とする大統領職を君主と隔てるのは、その権源が有権者による選挙にあること、したがって権限行使の期限が数年間に限定されていることだけである。だが彼は、この制約だけでも専制を生じさせないのに十分な歯止めとなると楽観していた。

権力の保持者が一定の明確に区切られた期間を超えて権力を保持しないのであれば、一人の人間の両手に権力が集中しても何ら害は生じない。[79]

しかし「国王セオドア」の前に障壁として立ちはだかったのは、合衆国憲法であった。ローズヴェルトは、大統領就任当初から、連邦政府による州際取引の取締など、高度産業社会における「秩序ある成長」にとって必要な施策を連邦政府が行えるよう、憲法修正あるいは解釈変更を繰り返し訴えていた。[80]だが、そこに立ちはだかったのは憲法の番人たる裁判所であった。大統領退任後ローズヴェルトは、憲法が違憲立法審査権を裁判所に委ねていることを修正すべきだと唱え始める。その理由は以下のようなものであった。

「裁判所が憲法の精神を［中略］文字の狭義の解釈のために犠牲にしないよう、我々の政体の古く本質的で基礎的な原則を、新しく完全に異なる諸条件に適用すべきであるということは、現代の産業主義の広大で複雑な成長により、我々の国民にとって決定的に重要なものになっている」が、「時代の大きな行政的要求を完全に知悉した［中略］先見の明のある政治家」の要素を備えた裁判官はほとんどおらず、大抵の場合、国家運営の効率化に必要な方向とは「真反対に」憲法を解釈している。

そこでローズヴェルトは、裁判所を非難したのとほとんど同じ言葉で罵倒した連邦議会に違憲立法審査権を委ねる方が良いとし、憲法修正をより簡便な方法で達成できるようにすべきだと提唱した。アメリカを分裂の危機から救ったエイブラハム・リンカンの後継者を自任していた彼は、裁判所は動かせずとも、民衆の支持を得て議会を動かすことはできると考えていたのかもしれない。[81]

このようなローズヴェルトの憲法観は、ハウスにも共有されていた。彼もまた、合衆国憲法をアメリカの現状に合わせて修正しなければならないとみていた。それでドルーに次の一節を語らせたのである。

もしかすると、我々の政府は、ほとんど全ての文明国の政府よりも、国民の意思に応えていないかもしれない。我々の憲法と法律は建国以来最初の一〇〇年間よく機能してきたかもしれないが、今日の諸条件の下では、それらは時代遅れであるのみならず、奇怪でさえある。[82]

ドルーは、ローズヴェルトよりもずっと大胆な方法で三権を掌握した後、自分の右腕にデイヴィッド・ヒューストンと思しき政治経済学者を付け、その意見に深く依拠しつつ、ローズヴェルトにとっても懸案であった司法機構・制度の改革に取り組んでいく。ハウスがドルーにとらせた改革手法の際立った特徴は、少数精鋭の専門家集団を行政府に登用し、政策決定を彼らに独占的に委ねることであった。

まず、ドルーは、五人の有能な弁護士からなる司法制度委員会を組織し、あらゆる連邦および州の裁判所の権限を定義するとともに、司法機構を効率化しようとした。司法制度委員会は、裁判所にかかる予算を三分の二まで削減し、必要のない裁判所を解体し、徹底的に無駄をなくした。そして、上下両院の三分の二の同意で裁判官を罷免できるようにし、裁判所の違憲立法審査権を否定した。[83]

次にドルーは、別の五人の弁護士からなる司法手続委員会を組織した。この委員会は、連邦および州における司法手続を簡便化することに加え、連邦および州の法律を精査し、内容が曖昧なものや矛盾するものを廃棄し、残った法律の字句を庶民にも分かりやすい表現に改めることを任務とした。連邦の強制介入によって州法の修正がなされたわけだが、ドルーはやがて州憲法の修正を行い、州政治そのものにも介入する。

最後にドルーは、ニューヨーク市の地方自治研究局をモデルとして、上述の新設された二つの委員会の活動を監視する専門家委員会を設置する。この委員会は、両委員会の活動につき評価報告書および改善提案書を作成し、直接ドルーに提出することが義務付けられた。さらに、イギリス、フランス、ドイツから招聘された専門家によって補助を受けることになっていた。ちなみに、監視対象となる両委員会も、これらの国々、特にイギリスの制度を参考にしたものである。[84]

以下同じ手法で、ドルーは、税制改革（所得税、法人税、年金の導入）、企業・鉄道規制（州際取引の取締、独占禁止）、労働者保護（労働保険の導入、労働組合代表の取締役会入り）など、一般によく知られている革新主義の進歩的な改革を施した。しかし、この一連の改革の過程で、草の根の世論の意見が問われたことは一度もなかった。議院内閣制を採用し、下院の上院に対する優越を認めたことで下院が支配的な立法機関になったが、下院はドルーと各種専門家の委員会が既に作成した改革案を事実上追認するだけであった。[85]

ハウスは、ドルーとその部下たちを通じて、強大な権限を有する国家指導者とその下に参集した専門家集団によって、国家運営の効率化が図られていくという自らの理想とする政治の在り方を描いた。その鍵となるのはやはり、有能な人間がどれだけ行政府に集まるかであった。ドルーは能力主義に基づき、無能な公務員を整理解雇することにより政府職員の人数を削減した上で、「能力の高い人材が公務を引き受けるよう誘導するために、公務員に高い給与を払う」ことを提案した。[86]ローズヴェルトが信頼したチャールズ・ボナパルトも同じ提案をしたことは第四章第一節でみた通りである。

ニューヨークへの移住

『フィリップ・ドルー』を次期大統領ウッドロウ・ウィルソンが読み終えた一九一二年、ハウスは、ニューヨーク・パトリシアンの名家オーキンクロス家と姻戚関係を結んだ。ハウスの愛娘ジャネット(Janet House)は、一九〇九年のヨーロッパ旅行中にゴードン・オーキンクロスと出会い恋に落ちた。二人はその二年後に婚約し、ついにこの年結婚したのである。オーキンクロスは、鉄道資本家サミュエル・スローン(Samuel Sloan)の孫で、グロートン校(一九〇四年卒)、イェール・カレッジでスクロール・アンド・キー会員に選ばれ(一九〇八年卒)、ハーヴァード法科大学院(一九一一年卒)を経て、政府金融の取扱で著名な法律事務所ホーキンズ・デラフィールド(Hawkins Delafield & Longfellow)に勤め始めた将来有望な弁護士であった[87]。

義理の息子のこの毛並みの良さは、それだけハウスがニューヨークの社交界で認められたことを意味する。以後ハウスはニューヨークに住居を構え、ニューヨークとワシントンDCを行き来するようになる。ウィルソン政権発足後、ハウスは、閣僚をはじめとする政治任命職の割り振りを指揮した後、予てからの念願であった連邦準備制度の成立に尽力した。彼の果たした役割は、ウォール街への世論の反感ゆえにウィルソンが公に接触ができなかった、大物国際金融家たちとの意見調整であったと見られる。連邦準備制度の青写真を描いたポール・ウォーバーグとヘンリー・デイヴィソンに加え、ジャック・モルガン、ヘンリー・クレイ・フリック、オットー・カーンなどの当時のアメリカ金融界を代表する人物と度々私的な会合を持った[88]。

連邦準備制度が開始された一九一三年、ハウスは、ウィルソン大統領への影響力を認められてか、センチュリー、ニューヨーク・メトロポリタン、そしてワシントン・メトロポリタンへの入会が認められた。[89] ハウスは、ウィルソンの大統領在任中のほとんどの時間をニューヨークの自宅かホワイトハウスで過ごした。第一次大戦勃発後は、フランク・ポークやオーキンクロスをはじめ彼の元に集った俊英たちを手足のように動かし、アメリカの世界政治への参画を主導した。

民主党の転換

以上見てきたように、南部から生活の向上を求めて北上した民主党員たちと、北部と経済的・文化的に連携した南部民主党員たちもまた、北部の改革勢力が創出した階級上昇のカリキュラムを受容した。これによって、国家効率運動は「大政党（共和党の尊称）」を中心とした運動から、超党派の国家改革へ発展していったのである。

本書において既に指摘したように、グローヴァー・クリーヴランドをはじめ、一九世紀末の民主党内にも国家効率運動に参画した国家指導者たちが少なからず存在した。されど、党内において圧倒的多数を形成するには至らず、ジェニングズ・ブライアン率いるポピュリストたちにしばしば党の主導権を奪われた。けれども、ブライアンが共和党から政権を奪還できなかったために、彼の自党に対する統制力は次第に失われていった。

一九一二年の大統領選挙において、ブライアンに残された最善の選択肢は、ニュージャージー州知事ウッドロウ・ウィルソンを民主党大統領候補として一緒に支援しようという友人エドワード・ハウスの助言に従うことだけであった。民主党内におけるポピュリストの勢力に代わって党の主導権を握ったのは、ローズヴェルティアンだったのである。

注

［1］チャーナウ『モルガン家』上巻、一一六頁。

［2］Frank A. Vanderlip, *From Farm Boy to the Financier* (London: D. Appleton-Century Co., 1935), 10-11, 26-27.

［3］Ibid., 51-52, 64-65, 93-95.

［4］Ibid., 222; *The New York Times*, April 27, 1993.

［5］George Kennan, *Edward Henry Harriman: A Biography*, 2 vols. (Boston: Houghton Mifflin Company, 1922), 1:4-20; C. M.Keys, "Harriman: The Man in the Making," *The World's Work*, 13:8455-8464.

［6］Kennan, *Edward Henry Harriman*, 1:76-80, 97-103; "Harriman: the Railroad Aristocrat," *The World's Work*, 13:8488-8489; C. M. Keys, "Harriman: The Building of His Empire," Ibid., 8537-8552; Keys, "Harriman: The Spinner of Golden Webs," Ibid., 8651-8664; Keys, "Harriman: Salvage of the Two Pacifics," Ibid., 8791-8803.

［7］Quoted in Kennan, *Edward Henry Harriman*, 2:375.

［8］Bernard M. Baruch, *My Own Story* (New York: Henry Holt and Company, 1957), 1-2, 32-47, 50-51; Margaret L. Coit, *Mr. Baruch* (Boston: Houghton Mifflin Company, 1957), 13-14, 37. バルークの父はクー・クラックス・クラン（the Ku Klux Klan）の会員であった。

［9］Parrish, *Felix Frankfurter and His Times*, 14; Baruch, *My Own Story*, 54. ただし、バルーク自身はイェールへ進学したかったが、母が手元から離そうとしなかったと回想している。

Baruch, *My Own Story*, 53.

[10] Baruch, *My Own Story*, 58-59; Phillips, *Felix Frankfurter Reminiscences*, 12; Jordan A. Schwarz, *The Speculator: Bernard M. Baruch in Washington, 1917-1965* (Chapel Hill: The University of North Carolina Press, 1981), 13-14; Liva Baker, *Felix Frankfurter* (New York: Coward-McCann, 1969), 20; John P. Lashed., *From the Diaries of Felix Frankfurter: with a Biographical Essay and Notes* (New York: Norton, 1975), 3.

[11] Baruch, *My Own Story*, 71-72, 76-78, 85-88; Coit, *Mr. Baruch*, 48-49.

[12] Baruch, *My Own Story*, 104, 109-119; Coit, *Mr. Baruch*, 77-83.

[13] Baruch, *My Own Story*, 72, 103-104.

[14] Ibid., 233-236; Carosso, *The Morgans*, 288; Allen, *The Great Pierpont Morgan*, 78, 166.

[15] Porzelt, *The Metropolitan Club of New York*, 10-12.

[16] Richard Washburn Child, "Baruch and the Grim Job," *The World's Work*, 36 (1918), 188; Schwarz, *The Speculator*, 20, 33.

[17] 南部協会の他にも、南部出身者の友愛組織は存在したが、南部協会が最も勢力が強かった。Daniel E. Sutherland, "Southern Fraternal Organizations in the North," *The Journal of Southern History*, 53, No.4 (Nov., 1987), 602; Nancy Lisagor & Frank Lipsius, *A Law unto Itself: the Untold Story of the Law Firm Sullivan & Cromwell* (New York: William Morrow and Company, 1988), 17-20. 蛇足だが、サリヴァン&クロムウェルは、ジョン・フォスター・ダレスが籍を置いていたことでも知られている。彼は、第一次大戦中から戦後にかけて経済情報収集・分析を担当し、フランクと親交があった。

[18] The New York Southern Society, *Year Book of the New York Southern Society: For the Year of 1911-1912* (New York: New Southern Society, 1911), 27-29, 44, 57［以下、「*Year Book*（会計年度）」と記す］; John J. Broesamle, *William Gibbs McAdoo: A Passion for Change, 1863-1917* (Port Washington, NY: Kennikat Press, 1973), 35. なお、別の年度食事会も大体アスター系列のホテル――ウォルドルフ・アストリア（the Waldolf Astoria）やアスター・ホテル（the Astor Hotel）――で開催されている。

［19］William G. McAdoo, *Crowded Years: the Reminiscences of William G. McAdoo* (Boston and New York: Houghton Mifflin Company, 1931), 74-75, 94-96.

［20］*Year Book* (1919-1920), 76; William R. Polk, *Polk's Folly: An American Family History* (New York: Anchor Books, 2001), 269-279, 315-316. ちなみに、モルガンはトリニティ教会の教区委員に自分のよく知らない者が就くと聞くやいなや烈火のごとく怒ったという逸話が残っている。

［21］*Year Book* (1919-1920), 77.

［22］アメリカのインテリジェンス・コミュニティの最上層の一角に立っていたが、ポークは自分の考えや感情については記録をほとんど残しておらず、学生生活についても多くは分かっていない。だが、彼は一九二六-二七年と二八-二九年、グロートン校の理事に名を連ね、一九二六-二八年、スクロール・アンド・キーの信託基金キングスレー・トラスト（the Kingsley Trust Association）の会長を務めており、相当に順調な学生生活を送っていたことが推察される。Ashburn, *Fifty Years On*, 196; Ashburn, *Peabody of Groton*, 277; Yale University, *Obituary Record of Graduates of Yale University Deceased during the Year 1942-1943*, 43.

［23］阿川尚之『憲法で読むアメリカ史』上巻、ＰＨＰ新書、二〇〇四年、六四-六五頁。

［24］Philips, *Ventures in Diplomacy*, 5-6.

［25］Harold Nicolson, *Dwight Morrow* (New York: Harcourt, Brace and Company, 1935), 58. 一方で、祖父のジョン・フォスター（John W. Foster）が国務長官となったために、ジョージ・ワシントン大学法科大学院に進まざるを得なかったジョン・フォスター・ダレスは、ハーヴァードやイェール、プリンストン出身者に比べると、就職に多少苦労した。Townsend Hoopes, *The Devil and John Foster Dulles* (Boston: Little, Brown and Company, 1973), 25.

［26］「地方自治研究局」は、「市政調査会」あるいは「都市問題研究局」と訳されることもあるが、ここでは、シンクタンクの先駆けとして扱う意味合いも込めて直訳調に訳した。

［27］前身は一九〇五年に創設された都市改善局（Bureau of City Betterment）である。

［28］Henry Bruere ed., *The New City Government: A Discussion of Municipal Administration Based on A Survey of Ten Commission

Governed Cities (New York: D. Appleton and Company, 1912), 11.

［29］ *Year Book* (1911-1912), 8-9; *Year Book* (1914-1915), 7-9; McAdoo, *Crowded Years*, 44-53; John J. Broesamle, *William Gibbs McAdoo: A Passion for Change* (Port Washington: Kennikat Press, 1967), *1863-1917*, 12-13; T. Woodrow Wilson to James A. O'Gorman, Apr. 20, 1913, PWW.

［30］ *The New York Times*, April 3, 1910, December 30, 1916; Alexander Hamilton U.S. Customs House, New York City, "History of the U.S. Customs Service at the Port of New York," accessed July 18, 2009, http://oldnycustomhouse.gov/history/; Woodrow Wilson to O'Gorman, Apr. 20, Edward M. House to Wilson, May 4, 1913, PWW; House Diary, April 11, 18 and May 1, 1913; *The New York Times*, April 18, 1913.

［31］ John H. Greener, *A History of the Office of the Corporation Counsel and the Law Department of the City of New York*, 3rd edition (New York: s. n., 1925), 42-43.

［32］ John H. Greener [Assistant Chief Clark], *A History of the Office of the Corporation Counsel and the Law Department of the City of New York*, 1st edition (New York: Martin B. Brown Company, 1907), 8-10, 37, 61. ホイットニー退官後であるが、エリヒュー・ルートもこの特別補佐官を務めた。

なお、一九二〇年三月、病を理由に国務省を辞したフランク・ポークは、フランシス・ステットソンの法律事務所を継承し筆頭経営者となった。共同経営者に前駐英大使ジョン・デイヴィスを招き、事務所をデイヴィス・ポークとして改組した。William H. Harbaugh, *Lawyer's Lawyer: The Life of John W. Davis* (Charlottesville: University of Virginia Press, 1990), 182-183; "The Firm: History," Davis Polk & Wardwell, accessed November 25, 2012, http://www.davispolk.com/firm/history/. デイヴィス・ポークは、コロンビア法科大学院でのポークの先輩だったポール・クラヴァスのクラヴァス法律事務所（the Cravath Firm）と並んで、今現在もニューヨークで最も権威ある法律事務所の一つである。

［33］ Woodrow Wilson to Edward M. House, August 4, 1915, PWW; Charles S. Seymour ed., *The Intimate Papers of Colonel House*, 4 vols. (Boston: Houghton Mifflin Company, 1926-1928), 2:9, 11. フランク・ポークの補佐官でハウスの義理の

息子だったゴードン・オーキンクロスは、ポークの顧問職就任をハウスと自分が私的な「閣議」を行った結果だと自慢している。Auchincloss Diary, July 30, 1915.

［34］House to Robert Lansing, August 14, 1915, PWW; Robert Lansing, *War Memoirs of Robert Lansing, Secretary of State* (Indianapolis: Bobbs-Merrill, 1935), 362-363.

［35］Philips, *Ventures in Diplomacy*, 73-74; Grew, *Turbulent Era*, 1:403; Charlick, *The Metropolitan Club of Washington*, 215, 229n.

［36］民主党全国委員会委員長の一件については、House to Wilson, May 14, 15 19, 28 and June 2, 6, 15, 1916, Wilson to House, May 29, 1916, PWW; House Diary, March 29 and May 4, 1916. ただし、この希望は、ハウスやランシングらが、フランクを顧問職から外すことはアメリカ外交にとって損失となるとして反対したため、実現しなかった。ポークの代任は、後の戦時貿易局で議長を務めたヴァンス・マコーミック（Vance C. McCormick）であった。

パリ講和会議全権の一件については、Frank Lyon Polk Diary, July 10, 11, 16, 1919, Polk Papers; Auchincloss Diary, July 12 and August 3, 1919. アメリカ講和交渉使節団は、ハウスが去って以後、人材が枯渇し著しい非効率に陥っていた。その上、ほとんど何の指令も受けずにパリに到着したため、ポークは「しばしば他国の代表に対し一方的な負け戦に、時に自らの立場を支えるには余りに弱い議論を以て、臨むことを余儀なくされた」という。Grew, *Turbulent Era*, 1:403.

［37］ポークは一九二二―二三年ニューヨーク憲章委員会（the New York Charter Commission）委員を務めた。同憲章委員会の活動経緯については、Joseph Francis Zimmerman, *The Government and Politics of New York State* (New York: State University of New York Press, 2008), 26-27; Gerald Benjamin and Charles Brecher, *The Two New Yorks: State-City Relations in the Changing Federal System* (New York: Russell Sage Foundation, 1988), 117-118.

同憲章委員会が提議した州憲法修正案のホームルール条項については、Franklin W. H. Cutcheon, *Home Rule Charter for the City of New York with Explanatory Memorandum, proposed to the New York Charter Commission* (New York: New York Charter Commission, November 4, 1922); Robert F. Wesser, *Charles Evans Hughes: Politics and Reform in New*

York, 1905-1910 (Ithaca: Cornell University Press, 2009), 19; Joseph L. Weiner, "Home Rule in New York," *Columbia Law Review*, 37, No.3 (April 1937), 561; "Municipal Home Rule in New York," *Brooklyn Law Review*, 201, No.20 (1953-1954), 205-206.

ホームルール条項における効率化については、State of New York, *In Senate, No.35: Report of An Investigation of the Municipal Civil Service Commission and of the Administration of the Civil Service Law and Rules in the City of New York, Transmitted to the Legislature February 1, 1915* (Albany: J. B. Lyon Company, 1915), 3-5, 78-79, 105-106.

[38] Shepardson, *Early History of the Council on Foreign Relations*, 15; The Council on Foreign Relations, *A Record of Fifteen Years 1921-1936*, 4, 45.

[39] Schulzinger, *The Wise Men of Foreign Affairs*, 17-19.

[40] Frank Lyon Polk to William Philips, August 14 and October 27, 1919, Polk to Isaiah Bowman, March 30, 1920, Polk Papers; Polk to Bowman, November 8, 1920, in Neil Smith, *American Empire: Roosevelt's Geographer and the Prelude to Globalization* (Berkeley:University of California Press, 2003), 170.

国務省の情報機関を率いていたポークは、情報分析機関たる「調査機関」と第一次大戦中から密接な関係にあったが、それが戦後も続いていたと推察される。例えば、ポークは、一九二一年には戦時中の「調査機関」の本拠地だったニューヨーク市立図書館（the New York Public Library）の理事に就任した（二一–四三年理事長）。また、バウマンが会長を務めたアメリカ地理学会の顧問にも就き、バウマンに学会の運営方針について助言している。

[41] Bowman to Hamilton Fish Armstrong, January 20, 1923, in Smith, *American Empire*, 206.

[42] The Centenary Book Committee, *The Century*, 92-93, 100-101, 398.

[43] Stewart, *A Half Century of Municipal Reform*, 142-143, 175.

[44] 一九世紀末以降のアメリカにおける中核–辺縁の関係については、Richard Franklin Bensel, *Sectionalism and American Political Development: 1880-1980* (Madison: The University of Wisconsin Press, 1984), 37, 49-52 を参照。中西部の革新主義については、Kenneth Finegold, *Experts and Politicians: Reform Challenges to Machine Politics in New York,*

Cleveland and Chicago (Ewing: Princeton University Press, 1992), parts 3-4 を参照。西部の革新主義については、Philip J. Ethington, *The Public City: the Political Construction of Urban Life in San Francisco, 1850-1900* (2001 rep., Berkeley: University of California Press, 1994), chaps. 7-8 を参照。

［45］南部における国家効率運動の全体像については、Dewey W. Grantham, *The Reconciliation of Progress and Tradition* (Knoxville: The University of Tennessee Press, 1983), chap.7.

［46］奥田暁代『アメリカ大統領と南部――合衆国史の光と影』慶応義塾大学出版会、二〇一〇年、一八六－一八九頁。トウェインは、一八六五年にニューヨークの雑誌『サタデイ・プレス（*the Saturday Press*）』に自作が掲載され一躍時の人となり、一八六九年にはニューヨークに移住した。Smith, Bucci and Salamo ed., *Mark Twain's Letters*, 281.

［47］Edward M. House, "Reminiscences," (July 1916), Edward Mandell House Papers, Manuscripts and Archives, Yale University, 1-7. トマス・ハウスの生涯については、Julia Beazley, "Thomas William House," *The Handbook of Texas Online*, accessed October 29. 2010, http://www.tshaonline.org/handbook/online/articles/fho68.

［48］Edward M. House, "Memories" (1928), House Papers, 13-14. ハウスは後に、コーネルに進んだ理由を、ホプキンスでの学友に勧められたためだと述べている。House, "Reminiscences," 17.

［49］House, "Reminiscences," 8-10; House, "Memories," 15-16.

［50］House, "Reminiscences," 11; House, "Memories," 10, 45.

［51］House, "Memories," 38; House, "Reminiscences," 6; Hodgson, *Woodrow Wilson's Right Hand*, 26.

［52］William R. Childs, *The Texas Railroad Commission: Understanding Regulation in America to the Mid-twentieth Century* (College Station: Texas A&M University Press, 2005), 56-85; House, "Reminiscences," 12.

［53］House, "Reminiscences," 23.

［54］Ibid., 10-11; House, "Memories," 36.

［55］House, "Memories," 46-47; House, "Reminiscences," 15-16.

［56］House, "Reminiscences," 20.

［57］Rupert N. Richardson, *Colonel Edward M. House: The Texas Years, 1858-1912* (Abilene: Hardin-Simmons University, 1964), 180-184; House, "Reminiscences," 26.

［58］James A. Tingley ed., *Letters from the Colonel: Edward M. House to Frank Andrews, 1899-1902* (Houston: *Texas Gulf Coast Historical Association, 1960*), 3; Worth Robert Miller, "Building a Progressive Coalition in Texas: The Populist-Reform Democrat Rapprochement, 1900-1907," *The Journal of Southern History*, 52, No.2 (May 1986), 163-182.

［59］House, "Reminiscences," 27-28.

［60］Ibid., 23-24.

［61］Cal Jillson, *Texas Politics: Governing the Lone Star State* (New York: Taylor & Francis, 2011), 10; House, "Reminiscences," 37; Charles E. Neu, "House, Edward Mandell," accessed October 20, 2010, *The Handbook of Texas Online*, http://www.tshaonline.org/handbook/online/articles/fho66.

［62］House to Frank Andrews, February 10, 1902, Tingley ed., "Letters from the Colonel."

［63］Theodore Roosevelt to George M. Trevelyan, November 8, 1905, Joseph Bucklin Bishop ed., *Theodore Roosevelt and His Time Shown in His Own Letters*, Part Two (New York: C. Scribner's Sons, 1920), 154-155; Theodore Roosevelt, "Fellow Feeling as A Political Actor," "Brotherhood and the Heroic Virtues," *The Strenuous Life: Essays and Addresses* (New York: The Century Co., 1905), 66-68. 266-268.

［64］House, "Reminiscences," 32, 42.

［65］Ibid., 45-46.

［66］House, "Memories," 50; House, "Reminiscences," 45.

［67］House, "Reminiscences," 53-54; House to Mrs. F. Lee Higginson, September 1915, in Alexander L. George and Juliette L. George, *Woodrow Wilson and Colonel House: Personality Study* (1964 rep., New York: Dover Publications, Inc., 1959), 131; Phyllis Lee Levin, *Edith and Woodrow: The Wilson White House* (New York: Simon and Schuster, 2001), 92-93.

［68］Edward M. House, *Philip Dru, Administrator: A Story of Tomorrow 1920-1935* (New York: P. W. Huebsch, 1912), 57-58.

［69］David Ray Papke, *The Pullman Case: The Clash of Labor and Capital in Industrial America. Landmark Law Cases & American Society* (Lawrence: University Press of Kansas, 1999), 35-37.

［70］Kazin, *A Godly Hero*, 40-41.

［71］Edward Gray, "What Cooperation Can Do," in House, *Philip Dru Administrator*, 302

［72］House, *Philip Dru Administrator*, 183-84, 188-189. ドルーは、保護主義の放棄と関税自由化によって大企業の海外輸出の拡大を支援した。

［73］Theodore Roosevelt, "State of the Union Message," (December 5, 1905); "State of the Union Message," (December 3, 1906); "State of the Union Message," (December 3, 1907), The Almanac of Theodore Roosevelt, "Primary Speeches, Addresses and Essays by Theodore Roosevelt," accessed November 25, 2012, http://www.theodore-roosevelt.com/trspeeches.html.

［74］Roosevelt, "The Right of the People to Rule," (March 20, 1912), Ibid.

［75］House, *Philip Dru, Administrator*, 152-156.

［76］Roosevelt to John St. Loe Strachey, February 12, 1906, Morison ed., *The Letters of Theodore Roosevelt*, 5:151.

［77］Roosevelt, *An Autobiography*, 282.

［78］Walter Lippmann, "A Tribute to Theodore Roosevelt (1935)," in *The Essential Lippmann: A Political Philosophy for Liberal Democracy*, ed. Clinton Rossiter and James Lare (Cambridge: Harvard University Press, 1982), 484; Edmund Morris, *Theodore Rex* (New York: Random House, 2001).

［79］Quoted in John Morton Blum, *The Republican Roosevelt* (1965 rep., New York: Atheneum, 1954), 107-108, 122. 大統領の任期が最高でも二期で満了する慣習は、もう一人のローズヴェルト、フランクリン・ローズヴェルトが四選し在職中に亡くなるまでは暗黙の了解に過ぎなかった。

［80］例えば、Theodore Roosevelt, "State of the Union Message" (December 3, 1901), The Almanac of Theodore Roosevelt, "Primary Speeches, Addresses and Essays by Theodore Roosevelt"; Roosevelt, "At St.Louis, Missouri" (October 2, 1907), The Almanac of Theodore Roosevelt, "The Complete Speeches and Addresses of Theodore Roosevelt: Speeches, Addresses,

Statements, Messages, and Testimonies," accessed November 25, 2012, http://www.theodore-roosevelt.com/images/research/txtspeeches/260.txt. 他年度の一般教書演説でも繰り返し語られている。

［81］Theodore Roosevelt, "The Loss of A Great Public Servant," *The Outlook* (November 5, 1910); Roosevelt, "Democratic Ideals", *The Outlook* (November 15, 1913); Roosevelt, "Radical Movement under the Conservative Direction," (December 13, 1910), The Almanac of Theodore Roosevelt, "The Complete Speeches and Addresses of Theodore Roosevelt," accessed November 25, 2012, http://www.theodore-roosevelt.com/images/research/txtspeeches/792.pdf.
しかし、ローズヴェルトの司法府への攻撃は、彼のかつての同志たち――ウィリアム・タフトやエリヒュー・ルートら法律家――による「法廷の反知性的で党派的な擁護」を引き起こし、彼らを離反させていった。Roosevelt to Henry L. Stimson, February 5, 1912, Morison ed., *The Letters of Theodore Roosevelt*, 7:495.

［82］House, *Philip Dru, Administrator*, 174, 222.

［83］Ibid., 167-171. 裁判所という障壁を取り除いたドルーは、合衆国憲法を改正し、イギリスの議院内閣制を採り入れた大統領と内閣の並立制に移行するが、これはハウスがウィルソンの政治学者時代の業績を知っていたからであろう。

［84］Ibid., 172-175.

［85］Ibid., 176-190, 221-232, 242-243

［86］Ibid., 248.

［87］Auchincloss Diary, December 1 and 5, 1914.

［88］連邦準備制度への道は、一九〇八年に設置された全国金融委員会（the National Monetary Commission）の委員長でロード・アイランド州選出上院議員だったネルソン・オルドリッチ（Nelson W. Aldrich）が、イギリス、フランス、ドイツの中央銀行制度の視察を通じて中央銀行の必要性を認識したところに始まる。オルドリッチは、一九一〇年一一月、モルガンとロックフェラーの私有リゾートだったジキル島に、ウォーバーグ、デイヴィソン、ベンジャミン・ストロング、フランク・ヴァンダーリップ、ハーヴァード大学教授ピアット・アンドリュー（A. Piatt

Andrew）とともに集まり、一九一一年一月にオルドリッチ計画書と呼ばれる中央銀行の設立を提案する文書を公表した。Elmus Wicker, *The Great Debate on Banking Reform: Nelson Aldrich and the Origins of the Fed* (Columbus: The Ohio State University Press, 2005); Roger T. Johnson, *Historical Beginnings . . . The Federal Reserve* (Boston: The Federal Reserve Bank of Boston, 1999).

ポール・ウォーバーグの活躍については、Michael M. Whitehouse, *Paul Warburg's Crusade to Establish a Central Bank in the United States* (Minneapolis: The Federal Reserve Bank of Minneapolis, 1989).

［89］ House Diary, November 30, 1912,; Charlick, *The Metropolitan Club of Washington*, 215.

第六章　対外政策の世界標準化をめぐる対立

第一節　ハワイ併合問題

大英帝国の後継者

第三章から第五章までを通じて、国家効率運動を推進する改革勢力が、一定以上の階級の若者たちを地域・党派を超えて国家指導者層として再編・強化し、自陣営の拡大に努めてきたことを見てきた。それによって、改革勢力は、ポピュリストの大きな抵抗を乗り越え、国内の統治機構の在り方を徐々に変革していった。では、そうした改革の行き着く先はどこだったのであろうか。すなわち、改革勢力はアメリカに世界とどのような関わりを持たせ、いかなる世界大国へと導こうとしたのであろうか。

改革勢力の国家効率運動の動機を振り返るに、彼らの間には、アメリカの国力の上昇に対する不敵とも言えるほどの自信、そして、その国際的地位の向上への燃えるような意欲が分かち合われていた。それもそのはずで、南北戦争以後のアメリカ経済は成長し続けていた。一八八〇年代には、製造業の生産高で世界一となり、それまで世界の工場とみなされていたイギリスを超えた。一九世紀が終わる頃には、ドイツ、フランス、オーストリア、ハンガリー、ロシア、日本およびイタリア全部を合わせた以上のエネルギーを消費していた。南北戦争から世紀の変わり目までの間に、アメリカの石炭生産高は八〇〇%上昇し、鋼材は五二三%、鉄道総マイル数は五六七%、小麦生産高は二五六%増加した。人口は移民の増加などにより倍増した。[1] 世紀転換期のアメリカは少なくとも経済的には既に世界大国に達し、なおも成長を続けていたのである。

こうした右肩上がりの状況の中で、改革勢力は、興隆するアメリカが衰退するイギリスに代わって世界の主導権を担うことをあたかも神から定められた運命であるかのように語り始めた。この全能感を表現した言葉は枚挙に暇がないが、歴史家エドウィン・ゲイは「英帝国を我々の相続財産として考える際、私は自然な相続権を思うのみだ。最終的な継承は不可避だ」と壮語した。外交官ジョン・ヘイは極端な英国びいきで、対外政策において「イギリスが関係している場合」には彼の意見を「信用することができなかった」とセオドア・ローズヴェルトが回顧したほどのアングロフィルであった。だが、そのヘイでさえも、「世界がこれまでに知った最も偉大なる運命は我々のものだ」と豪語し、アメリカが覇権国へと登り詰めることを当然のこととして受けとめていた。[2]

分断された改革勢力

一般に、教育を受けたアメリカ人の間では、大英帝国の後継者としての意識の芽生えとともに、一八八〇年代初期までは共有されていた反植民地主義、すなわち、植民地の価値を疑い、他国を征服する努力を道徳的に間違っているというコンセンサスが崩れ始めたと言われている。[3] しかし、この意識は、原初的な感覚に過ぎず、アメリカの対外関与の在り方をどうすべきかという国家課題に対する確固とした解答をもたらさなかった。少なくとも、改革勢力にとって、当時の国際政治におけるグローバル・スタンダードであった帝国主義に則り、海外植民地を精力的に獲得し世界版図を広げることは明快な解答たり得なかった。

物理的に考えてみれば、このことは当然の帰結だと言える。何故なら、既に西欧列強が世界中で各々の植民地を確立し、その経営に勤しんでいたため、後発国たるアメリカは、ドイツと同様、大規模な対外進出の余地をほとんど失っていたからである。アメリカのフィリピン領有に激しく反対したマグワンプ（第一章第一節を参照）の碩学カール・シュルツは、そのような状況の中でアメリカが大帝国への道を歩めば「限りない征服の過程に着手した時のナポレオン」のようになると警告した。[4] シュルツは、領土拡大のための進軍はやがて他の列強によって阻まれ、アメリカが侵略者としての汚名を勝者によって着せられたまま、歴史の彼方に消えていくことを恐れたのである。

当時の世界にはアメリカが入り込むだけの「力の空白」はそれほど少なかった。にもかかわらず、改革勢力の中には、対外政策上の世界標準たる帝国主義への未練を捨てきれずにいる勢力が存在した。そして、改革勢力はわずかな「力の空白」の一つだったフィリピンの領有をめぐって、二つの勢力に分断されたのである。本章では、フィリピン領有に積極的に賛成した勢力を、その代表的人物の一人セオドア・ローズヴェルトが自称した「膨張主義者」と呼び、これに積極的に反対した勢力を「反膨張主義者」と統一して呼ぶ。このような呼称を用いるのは、彼らがそれぞれ「帝国主義者（imperialist）」「反帝国主義者（anti-imperialist）」と呼び得るほどには確信的な立場をとっていなかったからである。

この二つの勢力のうち、先述の国家課題すなわちアメリカの対外関与はどうあるべきかという問いに対して多国間主義的膨張主義という解答を提示したのは、膨張主義者の方であった。この解答についての詳細は次章に譲り、本章では、膨張主義者たちがそこに至るまでの前段階として、フィリピン領有論争と、その前史としてのハワイ併合論争とにおいて膨張主義者と反膨張主義者を隔てた要因とは何だったのかを探り、膨張主義者たちが感じた帝国主義への未練の所在を明らかにしたい。時系列に沿ってハワイ併合から検討を進める。

ハワイ併合の経緯

ハワイ併合問題の発端は一八九三年一月に起きたハワイ王国でのクーデターである。一八九一年に即位したリリウオカラニ女王（Queen Liliuokalani）は、王権を著しく制限し米欧系の在留外国人に完全な選挙権を与えた一八八七年憲法を撤廃し、王権を回復する動きを見せた。これに強く反発した米欧系商人からなる安全委員会（the Committee of Safety）は、同委員会と気脈を通じていた駐ハワイ公使ジョン・スティーヴンス（John L. Stevens）を通して海兵隊一六〇名の派兵を取り付け、女王に圧力をかけ廃位させ、暫定政府（the Provisional Government）を樹立する。

ハワイ暫定政府は、ハワイのアメリカへの併合を約す条約の締結を連邦政府に要求し、米上院においてその審議が進められた。大統領就任間もないグローヴァー・クリーヴランドは、条約審議を中断させ、三月、元下院外交委員会委員長ジェイムズ・ブロント（James H. Blount）に特別調査を命じる。ブロントは、大海軍の建設にもパナマ運河開設にも反対の姿勢で知られた人物であった。その調査報告書も、前評判通りハワイ併合に明確に反対した内容で、ハワイの混乱の主要因を不在地主の砂糖権益に求めた。[5] クリーヴランドは、この報告書に基づいて、スティーブンスを解任し、リリウオカラニの復位を上院に要求した。

ところが上院は、大統領がブロントを上院の承認なしで任命したことに反発し、その要求を不服とした。当時の上院では民主党が多数党であったが、王権支配に反対する者が多く、王権回復の方針は支持されなかったのである。上院は、同外交委員会委員長ジョン・モルガン（John T. Morgan）に調査を命じ、その報告書によってブロント報告書を実質上無効化させた。上院を説得する見込みがないと悟ったクリーヴランドは、一切を議会に委ねた。その結果、ハワイの暫定政府が設立したハワイ共和国が国家承認された。[6]

この間、議会の外でも喧々諤々の議論が行われた。改革勢力内部の対立もあったが、併合賛成派が有力であった。マグワンプの代表格であったカール・シュルツやエドウィン・ゴドキンは反対し続けたが、ブルックス・アダムズ、ジェファソン・クーリッジ、ジョゼフ・チョート、フレデリック・コーダート（Frederic René Coudart, Sr.）、ウィリアム・エヴァーツ、ヘンリー・キャボット・ロッジ、ホワイトロウ・リード、セオドア・ローズヴェルトは賛成した。[7] それでもクリーヴランド大統領は在任中にハワイ併合を認めなかった。ハワイがアメリカ領土となったのは、一八九八年、後任の共和党大統領ウィリアム・マッキンリーの政権下であった。

クリーヴランドの反対論

以上がハワイ併合問題の概略であるが、クリーヴランド大統領は一貫してハワイ併合に反対だったことが目を引く。その理由をよく説明しているのは、「ハワイ演説」の名で知られる一八九三年一二月の特別演説である。[8] 大統領はこの中で、クーデターは「ハワイ諸島の人民による」革命ではなく「武力による侵攻」であり、「人民の同意なしで設立され」たハワイ暫定政府も正当性を欠いた「寡頭政治」に過ぎず、いずれも「アメリカの名誉、誠実、道徳」に反していると非難した。大統領にとって、クーデターの首謀者たちは、「国際道徳のようなものはなく、強い国家のための法もあれば弱い国家のための法もあり［中略］強国は罰されることなく弱国からその領土を奪い取ってよい」と言っているも同然の、「非常に不愉快なドクトリン」に則っている者たちだったのである。

こうした「ハワイ演説」の高らかな道徳主義の表明は、アルバート・ショーをはじめクリーヴランドの支持者たちを喜ばせた。例えば、オスカー・ストラウス（Oscar S. Straus）は「自由で公正な国民としての我々の栄光を高める［中略］国際道徳の福音」であると賞賛した。自らも内政不干渉の原則を不可侵のものとして提唱していたチャールズ・フランシス・アダムズに至っては、大統領は、「アフリカのボーア人に対する［イギリスの政治家ウィリアム・］グラッドストン」と同様に「道徳的に深遠で威厳ある立場」を保ち、「イギリスやフランスが準文明化された原住民や諸人種を遇するに際して実行している力の政策に［アメリカが］抗議する」道徳的根拠を守り得た、と絶賛した。[9]

けれども、フィリピン領有問題との関連で言えば、「ハワイ演説」には、クリーヴランドが対外関与の在り方について膨張主義者と異なるスタンスをとっていたことを示す、より重要な見解が含まれていた。クリーヴランドは、「我が国とは異なる政府形態に対する不満が我々の行動を律する」必要はなく、たとえ「共和主義政体」ではなくとも、外国に対しては内政不干渉を旨とし、現地の人民に承認された政府を国家承認することが望ましいと明言したのである。つまり、クリーヴランドは、アメリカの対外政策は膨張主義者たちが口々に唱えていた「白人の責務（the white man's burden）」とは無縁であるべきで、積極的な対外行動によって民主主義を普及させる必要もないと述べたのである。この態度については後で再び触れることになろう。

海軍増強の必要性

クリーヴランドは、帝国主義のパワー・ポリティクスの論理に反対していたが、結局のところ、ハワイ併合問題においては自分の立場を貫徹しなかった。最終的には自身の反対姿勢を、ハワイの国民——王位を簒奪したアメリカ人を含む——によって決せられるべきとの立場にまで後退させ、併合に関する議論の帰趨を連邦上院の手に委ねた。上院にはヘンリー・キャボット・ロッジをはじめ併合を声高に唱える共和党員が数多くいた。

つまり、クリーヴランドは事実上ハワイ併合に暗黙の了解を与えたのである。その理由は二つある。一つは、彼が、アメリカの安全保障環境の変化に伴い、海上防衛の強化の必要性が高まっていると認識していたからである。アメリカは、大西洋と太平洋によって他の強国から隔てられ、広大な大陸を有する。ゆえにアメリカ人の多くは、「アメリカの安全な地位にあまりにも慣れすぎていたため［中略］イギリスの海軍とその大陸外交によって庇護されているアメリカの地位を、旧世界の浅ましい争いに干与しないというアメリカの優れた知性と徳性の結果であると誤解していた」。しかし大統領は、このような人々とは一線を画していたのである。[10]

一八八五年、クリーヴランドは連邦議会に対し、「長い沿岸防衛線を持つ」アメリカの海軍は「効率的」で「いかなる重要な国家の第一級の艦船に対しても領海を防衛できるだけの艦船」を有さなければならないと訴えた。そうした海軍がなければ「公正と正義の感覚によって命じられる条件を強制する状態にないゆえに、自国の対外政策は必ずや弱くなり、その対外交渉は不利に進められる」という不名誉をアメリカが被るからである。こうした考えに基づいて、同年大統領は、陸海軍軍人および文民からなる「防備会議（the Board of Fortifications）」を結成させ、アメリカ沿岸部の防備状況の調査を命じた。同会議は沿岸防衛の強化を訴えた。[11]

さらにクリーヴランドは、自分と同じ海軍観を有していたウィリアム・ホイットニーを海軍長官に据えた。ホイットニーは海軍を、「アメリカの商船隊を保護し［中略］その健全なる発展を支援するために存在する防衛線としてのみ存在するものとは考えなかった。長官は、アメリカ海軍にイギリスをはじめとする西洋列強と伍するだけの「戦争準備が欠如」していることは、「世界水準に昇りつめつつある」アメリカにとっての「国家の退廃」であると『海軍長官年次報告書』に記している。[12]

西洋列強に対する海軍力の相対的な弱体が「国家の退廃」であるという言い回しは、クリーヴランドも用いたものである。大統領もまた、「地上の諸国家における我が国の地位に相応しいもの」となっていない海軍は「退廃」の兆候だと語った。海軍をそのような状態のまま放置しておいた元凶は、彼の見たところ、アメリカ人が世界からの長い経済的孤立の中で「偏狭な根性」に陥り、「アメリカの国家としての義務と機能に対する見解を狭め」、ついには国際関係において自立するに足る強い「国民性」を持たなくなったことにあった。[13]

クリーヴランドは、アメリカの世界大国化に向けての国家改革が遅々として進まないのは、全てこの元凶ゆえだと考えていた。大統領にとって、海軍を非効率で弱体なものにした原因は、念願だった関税自由化が進まず、領事職への能力主義の導入が「不十分」な程度にとどまっている原因と全く同一のものであった（第二章を参照）。ホイットニー長官も同様の見解に立って、海軍をアメリカの対外政策を支えるに足る存在へと変革しようとしたのである。[14]

クリーヴランドがホイットニーと共有した海軍観は、彼らがハワイ併合をめぐって対峙したヘンリー・キャボット・ロッジやセオドア・ローズヴェルトのそれとほぼ同一であった。二人ともアルフレッド・セイヤー・マハンが一八九〇年に『海上権力史論（*The Influence of Sea Power upon History, 1660-1783*）』を上梓する以前からの海軍増強論者であった。ローズヴェルトとロッジは、ともに名の知られた歴史家で、一八一二年の米英戦争の歴史に深い関心を寄せ、その研究からアメリカの安全保障環境について一つの教訓を得ていた。それは、アメリカが、東部国境は大西洋と接し、北部国境はカナダと接するという地理的脆弱性を抱えているため、たとえ小規模であっても「高度に有能な艦隊」を持たなければならないということであった。[15]

二人の海軍の性格についての見解はのちに若干ずれるようになるが、彼らがさしあたって説いた海軍増強の理由は、クリーヴランドのそれと同様であった。ロッジの言葉を借りると、海外貿易は「海軍以外によっては防衛することができない」ため、その発展は海軍力の充実がもたらす「海上における優越の結果として起こる」。そして、外交はそれを「後方支援」する軍事力たる海軍を必要とするのであった。[16] ハワイ併合の賛否をめぐって、ローズヴェルトとロッジは大統領と激しく対立したが、海軍を交易と外交の成功にとって重要な軍事力の裏付けと捉える点では意見を同じくしていたのである。

この海軍観の背景には、技術革新により艦船が米英間を六日間で行き来できるようになったというアメリカの安全保障環境の変化があった。これについて、海軍大将デイヴィッド・ポーター（David D. Porter）は、大西洋が「ハイウェイ」と化した現在の状況において、連邦議会が海軍増強に予算を付けなければ「アメリカのために［神によって］打ち立てられた偉大なる運命」を達成できなくなると、増強に反対する議員たちに警告した。[17]

ハワイの地政学的重要性

クリーヴランドがハワイ併合に暗黙の了解を与えたもう一つの理由は、彼がハワイの地政学的重要性についてもローズヴェルトやロッジとほぼ同じ認識を有していたからである。かつて大統領は、ハワイは「東洋およびオーストラリア貿易の通商路上にあって、事実上アメリカの商業の出先であり、増大する太平洋貿易への踏み台」であり、「我が国の太平洋岸に関して、ハワイ諸島の地理的位置は、相互依存的および互恵的利益」を生み出す戦略拠点である、と演説した。この見解には、パナマ運河によって太平洋と大西洋とが一つの海となれば、ハワイを経由して行われる海上貿易の利益は太平洋岸のみならず大西洋岸にももたらされるとの期待も込められていた。[18]

しかも、ハワイ諸島は西洋列強に併呑されていないほとんど唯一の貿易拠点であった。そのためクリーヴランドは、ハワイについて、アメリカが他に優越した影響力を有し得る「脆弱ではあるが優位に立つ地歩」という明確な地政学的認識を有していたのである。これに基づいて大統領は、一八八七年にハワイの真珠湾にアメリカ海軍に補給するための石炭基地を置き、イギリスのハワイ政府への二〇〇万ドルの借款も阻止し、ホノルルとの間に海底電線を敷設することを決した。[19]

これらの措置は、ローズヴェルトやロッジにも満足行く対応であったろう。彼らにとっても、ハワイは「太平洋における大規模な貿易と商業」の増進にとっての重要拠点であり、かつ、その海上通商を防衛する海軍の維持にとって不可欠な「海軍基地すなわち海軍を保護し補給することのできる強固な拠点」であった。そして、ハワイは、サモアやヴァージン諸島と並んで、アメリカを両洋大国たらしめる戦略拠点、すなわちパナマ運河の防衛に益するところ極めて大であった。[20]

これまでの論述をまとめると、クリーヴランドおよびホイットニーと、ローズヴェルトおよびロッジとは、海軍増強の必要性についてもハワイの地政学的重要性についても見解をほぼ一致させていた。ということは、両陣営ともハワイ併合に確かな国益を見出していたのである。したがって、ハワイ併合への賛否の大きな分かれ目はパワー・ポリティクスの論理を許容するか否かにあったが、ハワイはその対立点を上回る地政学的重要性を有していたと言って良い。クリーヴランドも膨張主義者たちと同様に、ハワイが他の列強によって奪われる可能性を懸念していたのである。もしそうなれば、「我が国の通商上の競争国群にとっての拠点」となる恐れがあったからである。[21]
ハワイが他国の戦略拠点とならないためにはどうすればよいのか。最も確実かつ簡便な方策を提唱したのが、ローズヴェルトとロッジであった。彼らは「日本、ドイツあるいはイギリス」に太平洋の戦略拠点を与えてはならない以上、アメリカがそれらを併合する他ないと説いたのである。[22] しかしクリーヴランドにとっては、パワー・ポリティクスの論理に沿って王政を転覆し、今なお統治の正当性を欠いていた暫定政府の求めに応じてハワイを併合することは認め難く、少なくとも自分の政権で行いたくない下策であった。

クリーヴランドが退陣した後、ローズヴェルトは、ロッジの支援を受けてマッキンリー政権の海軍次官となった。新任早々ローズヴェルトは、「特殊機密の問題」と題した電文を送付し、海軍大学学長カスパー・グッドリッチ海軍大佐（Caspar F. Goodrich）にこう諮問した。「日本はハワイ諸島を要求している。我が国は介入する。この介入を援護するにはどのような軍事力が必要で、それはどのように使用されるべきか」。そして後日、海軍次官は「合衆国は、いかなる領土を獲得するかしないかを日本や他のいかなる海外の大国に尋ねることを要する立場にはない」と日本を牽制すべく、高らかにハワイ併合への決意を宣言したのである。[23]

第二節　フィリピン領有問題

ハワイ併合に関する論争は改革勢力を分断したかのように見えたが、議論の詳細を検討すれば、反膨張主義者たちの中にも、アメリカの安全保障環境の変化に伴う海軍増強の必要性や、アメリカの海外進出にとってのハワイの地政学的重要性について、膨張主義者たちと同じ認識を有する者がいたことが分かった。両陣営ともにハワイにアメリカの国益が関わっているとみていたのである。ゆえに、膨張主義者たちが唱えていた植民地獲得による文明の普及は、ハワイ併合問題においてはそう大きな争点にはならなかった。けれども、フィリピン領有をめぐる論争においては事情が異なった。フィリピンはアメリカではなくアジアに隣接していたからである。

アジアは、一九世紀の英露のグレイト・ゲームが象徴したように、ヨーロッパ列強が権益を求めてひしめき合うチェスボードであり、したがって、ヨーロッパ国際政治と密接に連関していた地域である。アメリカがフィリピン独立運動を鎮静化させた後間もなく勃発した、日露間のアジアにおける戦争が「第〇次世界大戦」と呼ばれた所以である。[24] フィリピンを通じてアメリカがヨーロッパ国際政治に参画することになるがゆえに、その領有が大きな争点となったのである。以下、問題の検討に入るが、本節では米西戦争の経緯には触れず[25]、領有化をめぐる論争に重点を置く。これは単純に、この大論争がアメリカがスペインに勝利した結果生じたことは周知の通りだからである。

カール・シュルツの反対論

フィリピン領有に反対した反膨張主義者の中で、改革勢力を代表した人物は先述のカール・シュルツである。シュルツの反対姿勢は、ウィリアム・グラハム・サムナー以上に一貫していた。シュルツは、一八九六年の大統領選挙でもハワイ併合への反対を理由に、マッキンリーではなくウィリアム・ジェニングズ・ブライアンを支持したのである。[26] シュルツはブライアンの領有反対論を知的に補う役割を果たした。

シュルツの反対論の主眼は二つあり、その一つがアメリカの安全保障環境の十全さであった。ブライアンは常備軍の増強を不要としたが、[27] シュルツはこれをアメリカの地政学的位置の観点から補足した。シュルツによれば、アメリカは「広大な」国家であるので、「事実上難攻不落の堅く締まった大陸での相対的に非武装の安全保障という計り知れない特権」を有している。したがって、仮に外国が攻めて来ても「辺縁部には引っかき傷を付けられるかもしれないが」、アメリカ全土を支配することはできないし、海上封鎖にも耐え得るのだという。

シュルツがこうした強気のランドパワー論を唱えたのは、彼が平和論としての相互依存論の信奉者だったからでもある。彼は、アメリカが既に世界的経済大国であることと、拡大する大西洋間貿易とそれが生み出す経済的相互依存とが、実質上ヨーロッパ諸国によるアメリカへの攻撃を不可能にしていると判断していた。よって、当時海軍増強の根拠となっていたヨーロッパ諸国の海軍による海上封鎖についても、アメリカ産品を必要とする国家を餓死させるのでほとんどあり得ないと述べた。

つまりシュルツは、ローズヴェルトやロッジはもちろん、クリーヴランドとも異なり、建国以来のアメリカの安全神話は崩れておらず、むしろ経済的相互依存によって補強されていると考えていたのである。シュルツにとって、アメリカは「大陸軍も大海軍もなしで」人類の「模範としての道徳力」を世界に示し、「軍国主義の下でうめいている旧世界の諸国家に対し、相手の目線に立ってみせるほどの余裕のある哀れみを以て、見下すことができる」地位にあった。この世界最大の共和国という恵まれた地位を放棄して、植民地の占領コストと軍人恩給の支払に加え、ヨーロッパとの軍拡競争に巻き込まれ、国民への増税に至ることなどあってはならないことだ、とシュルツはブライアンに同意した。

二つ目の主眼は、国内の民族同一性の重要性である。ブライアンは、地理的近接性を移民のアメリカへの同化の条件とし、フィリピン人はその条件を満たさないと主張したが[28]、シュルツはその条件に気候という要素を付け加えた。彼によれば、フィリピンは、アングロ・サクソンやゲルマンのような「北方人種」が大量移住することの決してなかった「熱帯」に属している。熱帯で密集して生息している「野蛮な部族」は、「血統と言語のみならず、習慣、伝統、思考様式、原則、野望においてひどく異なっている」ので、「アメリカ式生活様式の同化力の下で［中略］良きアメリカ人となる」ことはできず、「共通の政治的信条・理念、共通の利益・法律・熱望によって結合された、実質的に単一の民族、一言で言えば国民となる」こともできない、という。

こうした人種観に基づいて、シュルツは、たとえアメリカがフィリピン人を同化しようと努めても、フィリピン人とアメリカ国民との「人間同士の交流、特に政治協力」は決してうまく行かず、アメリカのどうにか「落ち着いた国民性を紛糾させる」だけだと結論していた。南北戦争の遠因が白人と黒人の間の「人種的反目」にあったと考えていたシュルツは、「アメリカの民主主義制度にとって不可欠な、共和国国民の民族同一性が、取り返しの付かない形で失われ」、再び「致命的な風紀の紊乱」が起ることを恐れたのである。彼は、そうした事態が起こらぬためには、アメリカ国民は長い同化のプロセスを経て生まれた「同一人種の［中略］愛国者たち」によってのみ構成されるべきだと世論を喚起した。

シュルツは、社会的ダーウィニズムに触発された人種的優越感を膨張主義者と共有していたが、それを積極的な対外進出へと結びつけることはなかったのである。その訳は、シュルツが、ブライアンと同様、アメリカは既に世界大国だと思っていたからである。[29] シュルツは、アメリカが主権在民の共和国として「人類の模範にして先導者」であり続けること自体が、文明の進歩への貢献だと信じていた。このような見地からすれば、アメリカの対外関与は、自国の通商貿易の拡大と、「中立条約」の制定、そしてキリスト教の「宣教努力」で事足りるのであった。

したがって、シュルツは、ブライアン同様、アメリカが消極的単独主義を脱する必要性を見出さなかった。[30] シュルツの見解では、一八九九年のハーグ陸戦条約の締結など国際法の発展に寄与し、日本開国をはじめ国外に西洋近代を伝えてきたことで、アメリカは本来行うべき以上の対外関与をしていた。よって、フィリピンについては、「アングロ・サクソンのやり方」ではないにしても、「彼ら自身のやり方で」許容できる程度の国内秩序を築けばよいではないかと述べ、アメリカは自国内の改革に専念すべきだと主張したのである。

ポピュリストと反膨張主義者の齟齬

以上の考えに基づいて、シュルツはブライアンに従った。シュルツの考えは多くの点で反膨張主義者たちのそれにも相通じていた。だが彼らの多くは、シュルツに続いてブライアンと提携することを拒絶する。これによって反膨張主義者たちは、膨張主義者たちに対して有効な反撃を加えられず、アメリカの興隆に興奮する世論を鎮めることもついぞできなかった。その理由は三つほど考えられる。第一の理由は、反膨張主義者の中には、西欧文明の普及という膨張主義者が唱えた目的そのものには反対しない者がいたことである。

反帝国主義者連盟（American Anti-Imperialist League）の設立に尽力したハーヴァード大学学長チャールズ・エリオットはその一人であった。彼はジェイムズ・ブライスと交流が深く、アメリカのフィリピン領有に対するブライスの警告に賛同していた。それは、植民地を領有すれば、「自国の民主主義制度を劣等で異人種の人々の間に」置くことにより制度そのものの存続を脅かすか、あるいは「その人々と海外居住の自国民を専制的手法によって統治するところまで、自国の一切の伝統から逸脱し」衰退の道をたどるかのいずれかになる、というものであった。[31] ゆえにエリオットは、フィリピン領有を主張していたロッジとローズヴェルトを「ハーヴァードの堕落した卒業生たち」と蔑んだ。

だがその一方で、エリオットは、イギリスのエジプト統治をはじめ「文明国」の膨張が「文明」の普及に貢献するとして歓迎し賞賛していた。彼はまた、イギリスの有力政治家ジョゼフ・チェンバレンを尊敬していた。[32] アメリカでフィリピン領有問題が紛糾していた頃、チェンバレンは植民地担当国務大臣を務めている。その椅子は、提示された他のポストを全て断るほどの熱望ぶりによって得られた。その後植民地相は、イギリスの覇権の正当性を著しく傷つけたボーア戦争において政権の立場を強力に擁護する。

反帝国主義者連盟に多額の資金援助を行ったアンドリュー・カーネギーも、エリオットとほとんど同じ立場をとっていた。カーネギーの親英感情はかなり熱の入ったもので、彼は根っからの米英合同論者であった。そのため、英帝国をアングロ・サクソン諸国からなる連邦へと再編することを目指すリベラル・ユニオニストであったチェンバレンをほとんど崇拝していた。実のところ、カーネギーがフィリピン領有化に反対した理由は、列強が角逐するアジアに領土を得ることで、将来アメリカとヨーロッパ、特にイギリスとの関係が悪化する恐れがあるのではないか、というものに過ぎなかった。[33]

したがって、エリオットやカーネギーのような反膨張主義者は、西欧文明を、アメリカ国民あるいはアングロ・サクソン人種だけが享受できる特殊なものだとは考えていなかった。もう少し具体的に言えば、ブライアンとシュルツが西欧文明を例外的な文明だとみなしたのに対し、エリオットとカーネギーは西欧文明を普遍的な文明として捉えていた。後者の二人の西欧文明に対する捉え方は、次章で触れる膨張主義者たちの文明観とほぼ一致していたのである。

消極的単独主義

反膨張主義者が論戦に敗れた第二の理由は、彼らの中に消極的単独主義を是としない人物がいたことである。その代表的な人物はリチャード・オルニーであろう。彼は、クリーヴランドの意を呈して「ハワイ演説」で議論となった部分を執筆した前国務長官である。一九〇〇年三月、彼が『アトランティック・マンスリー』に投稿したフィリピン領有問題に関する論文にも、クリーヴランドは同感だとコメントしている。そのため、我々はオルニーの見解を通じて、クリーヴランドの見方をも窺い知ることができる。[34]

オルニーは、アメリカがフィリピンを獲得する特別な利益は何もなく、アメリカがかつて享受していた対外「行動の自由」を奪い、外交・防衛上の「甚大な負担」を増すばかりだとみていた。彼は、フィリピンに西欧文明を伝播するという膨張主義者の題目について大変に懐疑的であった。曰く、「最も深い黒から最も明るい黄色までのあらゆる肌の色を持ち、数が多く救い難いほどに多様な言語を話し［中略］、そして、啓蒙されているか、もしくは絶対的な野蛮と準文明の間にあって啓蒙されていないかのあらゆる段階にある何百万もの人々」に「秩序」と「良質の政府」という西欧文明の恩恵を伝播することは「ヘラクレスの難行」であるばかりか、もはや「根拠のない絵空事」である、と。

その上で、オルニーは、アメリカはイギリスと同じ態度で国際関係に臨むべきだとした。西欧文明の普及などという「ひどい感傷」に浸ることなく、従来の「モンロー・ドクトリン」を堅持し「自国の国益の増進と保全」を第一に行動せよ、と説いたのである。オルニーがアメリカ国民にこうした忠告をしたのは、フィリピン領有をめぐる論争において彼らの「感傷」に火がつけば、いずれアメリカが「ヨーロッパ諸国の国内問題」すなわち「王朝の交代、政府の形態、国境および社会的・国内的制度の変更」に干渉する事態を招きかねない、と危惧したからである。こうした点では、オルニーの想定する対外関与の範囲はシュルツと同一であった。

しかし、オルニーはクリーヴランドと同じく、消極的単独主義を国家効率運動の障害とみなした点で、シュルツとは見解を異にした。オルニーによれば、消極的単独主義は、アメリカ国民の間に「偏狭な根性」を根付かせ、「国家としてのアメリカの諸義務と諸権能について視野狭窄」に陥らせた。その結果、アメリカ国民は「シーパワーの重要性を無視し、アメリカ海軍の退廃とアメリカ商船隊の荒廃を平静に眺める」という「矮小化」された「国民性」の持ち主と化してしまった、という。

こうした歴史観に立ってオルニーは、自らの論考をこう締め括っている。曰く、従来のアメリカ国民は「国内問題」だけに「真剣な注意」を向けてきた。しかし、フィリピン領有によって「アジアの国家」となった「アメリカの新しい国際的地位の結果」として、国民は「外交問題」にかつてない「関心と重要性」を置いて、「地球とその多様な人々に対するより多くの知識」を得て「彼らが抱えている世界中の問題について精通する」ようになる、と。この結論だけ読めば、オルニーは膨張主義者に位置付けられても何の違和感もないであろう。

アメリカン・ナショナリズムとグローバル・スタンダード

要するに、反膨張主義者たちは、西欧文明の普及や消極的単独主義からの離脱という膨張主義者たちの主張の中に共感できるものを見い出していた。けれども、彼らはフィリピンの植民地化には反対した。こうした彼らの膨張主義者に対する二律背反的な態度は、彼らの抱いていた対英姿勢にそのまま反映されていた。すなわち、反膨張主義者たちは自らの親英感情に従って、イギリスから統治機構や通貨制度の在り方をアメリカにも取り入れようとした。しかし彼らは、対外政策までイギリスを模倣することは潔しとはしなかったのである。この点につき、チャールズ・フランシス・アダムズは端的にこう語っている。

何故我が祖先たちの先例に従うことをやめ、イギリスの先例に従う必要があるのでしょうか。何故我々は、突如として、『帝国主義』という英仏の用語を借りてまで、極めてイギリス的になり、すっかりフランス的になる必要があるのでしょうか。[35]

アダムズの問いかけは反語であり、ヨーロッパの追随者にはなるまじという反膨張主義者たちのアメリカン・ナショナリズムの表明である。そこには宗教的な響きが濃厚に漂っていた。チャールズ・エリオット・ノートンは、アメリカが植民地を獲得すれば「旧世界の堕落した精神」に染まり「貪欲で利己的な諸国家の一つ」に堕してしまうと述べている。[36]

反膨張主義者にとって、建国の父たちが創り上げた合衆国憲法の精神、すなわち、諸権力の正当性は被治者の同意に由来するという自明の真理を守って植民地を持たぬことが、アメリカが神聖な国家であることの証拠であり、アメリカの国家としての独自性の証明であった。反膨張主義者たちがこの独自性をそれほどまでに重視したのは、それを喪失すれば、アメリカは建国以来の独自の発展の歩みを止め、ヨーロッパの一辺境に堕することになると予期したからである。アダムズは、祖国がイギリスの「被後見人」とならないことを願ってこう記している。

「後見」制度の下に置かれ、より強大な国家の支援に依存するよう指導された国家が独立して行動する能力を獲得することは、人類の歴史には見られない。[37]

改革勢力のうち、相当数の人々が反膨張主義者となった動機をまとめれば、次のように言えるであろう。すなわち、グローバル・スタンダードを設定しているヨーロッパから優れた部分を国内の政治・経済制度に取り入れることはあっても、国家の根幹に関わる大事に関しては、安易にそのスタンダードを採用することは厳に戒め、アメリカらしさを失わぬように努めなければならない。そうでなければ、アメリカは世界に冠たることはできない。そのような想いが、トマス・ジェファソン・クーリッジのようなハワイ併合には賛成した人物をも、反膨張主義者陣営に参じさせたのである。[38]

膨張主義者の勝利

したがって、反膨張主義者が敗北を喫した第一の理由も第二の理由も、フィリピン領有問題に際しては、ブライアンが反膨張主義者と共同戦線を張る際の決定的な障害とはならなかったと言い得る。ブライアンには、反膨張主義者たちのアメリカン・ナショナリズムに訴える余地が残されていたからである。だが、第三の理由が両者の協力を不可能にした。すなわち、ブライアンが植民地領有への反対を金本位制への反対と関連付けたことである（金本位制に対する態度については、第二章第二節を参照）。

ブライアンは、膨張主義者たちを金本位制支持者と同一視してみせることで、彼らに対する世論の反感を煽ろうとした。曰く、植民地領有の動機は「金と欲望」にあり、「金への愛が国民の良心を無感覚にし、偽善が［膨張主義者の唱えた利他的帝国主義という名の］慈善活動の仮面の裏にある強欲の秘められた特徴を隠さない」ようになった。したがって、膨張主義者とは「イギリスの金融政策」に賛成し、「イギリスの植民地政策」を模倣する連中である、と。[39]

ブライアンは膨張主義者対「庶民」という構図を描いてみせることで、勢力の増強を図ったのである。実際の対立構造の複雑さに比して単純に過ぎるこの戦術が、原則として金本位制を支持していた反膨張主義者たちとの連携を難しくしたことは想像に難くない。特に、エリオットやカーネギーのようなアングロフィルが、世論の反英感情に訴えるというブライアンの戦術にならうことができるはずがなかったろう。結局のところ、一九〇〇年の大統領選挙では、ドイツ系アメリカ人のシュルツはブライアンを支持し続けたものの、エリオットやカーネギーはマッキンリーを支持した[40]。

マッキンリーが当選し、フィリピンはアメリカの植民地となった。副大統領候補として共に大統領選を戦った人物こそ、膨張主義者の首領たるセオドア・ローズヴェルトであった。一九〇一年九月のマッキンリー暗殺後、彼は大統領に昇格する。彼の国務長官はジョン・ヘイ、陸軍長官はエリヒュー・ルートであった。この強力な内閣の布陣が明らかになると、改革勢力が憩いの場としていたニューヨークのセンチュリーのクラブハウスでは、フィリピン領有をめぐる論争は沙汰止みとなった[41]。センチュリオンの中の反膨張主義者たちも、ローズヴェルトが国家の舵取りを任された現実を目の当たりにし、屈する他なかったのであろう。

膨張主義者

ハワイに引き続き、フィリピンを巡っても膨張主義者たちは勝利を収めた。しかしながら、この勝利は彼らが植民地獲得に関して、揺るぎない信念を持っていたとか、国論を統一するに足る説得材料を有していたということを意味しなかった。ジョージ・ケナンが評したように、膨張主義者たちはフィリピン統治に伴う「負担」を「長い間我慢する用意を持たなかった」のである[42]。膨張主義者たちが世論を説得するにあたって強調したのは、フィリピン領有が経済的国益と戦略的国益をアメリカにもたらすという見通しであった。それぞれの国益について膨張主義者たちが何を語ったかを見てみよう。

まず、経済的国益についてである。膨張主義者たちは、フィリピン領有の利点として中国貿易への経由地の獲得を挙げた。最も確信に満ちた議論を展開したのは、膨張主義者陣営の有力人物の一人で、ローズヴェルトと中国情勢についてよく議論していたブルックス・アダムズである。彼は自著『アメリカの経済的優越（*America's Economic Supremacy*）』の中で、中国市場の重要性を次のように語っている。曰く、「東アジアは、今や疑いもなく、いかに大きく生産が増えたとしても、それを吸収できる唯一の地方であるように見える。したがって、あらゆる力の漲った国家が掴もうとしている商品なのである」。なので、太平洋をアメリカの「内海」にし、「東アジアを獲得することができれば、アメリカは、イギリス、ローマ、コンスタンティノープルが占めていたよりも、さらに偉大な富と力の地位を得るであろう」[43]。

ところが、こうした見通しに数字的根拠が乏しかったことは、改革勢力の間では常識であった。カール・シュルツによれば、先進国がひしめく西ヨーロッパの方が、ほとんどの国が途上国だった東アジアよりもはるかに購買力が高かったので、「大西洋の方が、太平洋よりも計り知れないほど重要な商業の戦場」であった[44]。リチャード・オルニーは、さらに、共和党政権下でアメリカにフィリピンが統合されれば、アメリカの保護関税障壁の内側に入るため、かえって自由貿易を前提とする門戸開放政策の妨げになると、既存の経済政策方針との齟齬を指摘した[45]。

されど、急激な生産供給過剰と、それによる国内市場における需要の飽和状態に悩むことが確実であった一八九〇年代のアメリカ経済の状況では、中国を将来有望な市場と見る向きも少なくなかった。当時の中国は、いずれのヨーロッパ列強も覇を唱えていないばかりでなく、領土が広大で人口が非常に多かった。そのため、中国は貿易の現実を超えて市場としての潜在力が評価された[46]。膨張主義者たちはこの期待感に訴えたのである。

とはいえ、これらの経済的国益は、膨張主義者たちにとって最優先のものではなかった。ローズヴェルトと彼の周囲にいた人々は「アメリカの経済的利益を推進するよりは、国力を伸張し、安全保障を強化し、覇権を拡大することにはるかに多くの関心を有していた」。彼らにとって「物質的な力は国家を強化することができるが、それは単なる手段に過ぎなかった。経済的繁栄はもっと重要な価値の僕《しもべ》のままにしておかなければならない」ものであった[47]。

だとすると、フィリピンは、それが有する戦略的国益についての熟慮の末に併合されたのであろうか。少々先の話になるが、一九〇六年から〇七年にかけて、膨張主義者たちは、数年前の自分たちのフィリピン領有への情熱が嘘だったかのような反応をみせたのである。おりしもカリフォルニア州を中心としたアメリカ西部で排日移民運動が激化し、日米関係に緊張が走っていた。

日露戦争の勝利によって列強の一角に踊り出たとの自覚に立っていた日本の世論は、名誉を踏みにじられたと感じて激昂した。日本との衝突を恐れたローズヴェルトは事態を収拾すべく、排日移民熱を融和しつつ、日本政府との間にハワイ経由でのアメリカ本土への移民を禁ずる日米紳士協約の締結を試みた。これは一応成功したが、それだけでは日米衝突を避けるに足りないかもしれないと危ぶんだローズヴェルトは、白色艦隊の派遣により日本を牽制することを計画した。

この一連の騒動の最中、ローズヴェルトはフィリピンをアメリカの「アキレス腱」だと表現している。それは、「フィリピン諸島を十全に防衛することに対して世論の関心を喚起することは非常に困難である」状況の中で、日本との軍事的衝突を迎えれば、アメリカは日本によってフィリピンを奪取されるという国際的不名誉を被ることになるからであった。ローズヴェルトは、そうした事態を避けるためであれば「フィリピンになるべく早い機会に完全な独立に近いものを与えてもいい」とさえ漏らしたのである。[48]

フィリピンの保持についてこれほど簡単に動揺が生じたのは、つまるところ、膨張主義者たちでさえもフィリピン統治にさしたる国益を見出していなかったからである。米西戦争当時、ローズヴェルト自身もフィリピン全土の領有を望んでおらず、シーパワーの観点から石炭基地の確保のみで満足するつもりでいた。彼が併合賛成に傾き始めたのも、フィリピンでエミリオ・アギナルド（Emilio Aguinaldo）率いる独立運動が激化し、このままではアメリカの国際的名誉が損なわれると感じた頃からだと言われている。[49]

これが真実だと思われるのは、植民地獲得に消極的ととれるローズヴェルトの言動がパリ条約（the Treaty of Paris of 1898）締結以後も続いたからである。反膨張主義者の知人たちに宛てた書簡の中には次のような一節がある。

我々は、自治ができる他国民が我々とともに歩むことを望まない限りは、その国民を支配して膨張したいとは思わない。たとえ彼らが望んだとしても、必ずしも膨張を欲しない。パナマ運河を要塞化するか、または、海軍基地を獲得するかの、有り得べき必要性を除いては、私はアメリカ以南の土地に地歩を得ることが我々の義務とはならないことを望んでいる。[50]

この言葉は反膨張主義者の懐柔を目的としただけの嘘ではなかった。フィリピン領有以降、ローズヴェルトが目立って植民地獲得の意欲を見せた形跡は確かにないのである。

膨張主義者たちが熱烈に植民地を求めたのは米西戦争以後の数年間だけであった。一九〇〇年一一月、国務長官ジョン・ヘイが三沙湾の割譲を要求したが、これも思いつき程度のものだった。三沙湾は現在の中国福建省沿岸に位置した良港である。アメリカ政府がそれを欲したのは、中国における列強の角逐に直面し門戸開放政策の維持を危ぶんだためであった。だが、台湾を領有し、一八九九年の厦門割譲をはじめ、その対岸の福建省に勢力範囲（sphere of influence）を築いていた日本の反対に遭うと、ヘイは割譲要求をあっさりと引き下げた[51]。

膨張主義者のフィリピンに対する捉え方についてみてきたが、彼らにとってもやはり、アメリカ海軍の長い兵站線を支える基地さえ設置できれば、フィリピン全土を領有する必要は経済的にも戦略的にもなかったのである。現にローズヴェルトは一九〇一年には既に、フィリピンにおける優越を失ったとしても、致命的な国益の喪失になることはないとの見通しを持っていた。彼の盟友キャボット・ロッジも一九〇三年までにはアメリカ世論が植民地獲得に興味を失ったことを悟って、いかなる諸島の併合にも反対することを表明し、一九一〇年にはフィリピンの要塞化および防衛のための予算増額への計画を廃すべきことを宣言した[52]。

「大政策」のための布石

では、膨張主義者たちがフィリピン領有を欲した真の理由とは何であろうか。アメリカを鋭い目で観察していたジェイムズ・ブライスは、母国イギリスの興隆期と同様に、アメリカの膨張主義者たちが上昇する国力を自覚するにつれて「偉大なる国家が広大な領土を持ち、その国家の自然国境を越えた領土が、世界地図上に、かの国家の領土として記されるのを見ることは結構なことであるという概念」を獲得したとみていた。アメリカ本国で膨張主義者と論戦していたジェニングズ・ブライアンの目には、この概念はヨーロッパへの憧憬から来る模倣の衝動と映った。ブライアンは、膨張主義者たちは「イギリス、ドイツ、オランダがしていることを成すほどに偉大」でありたいという誤った熱情に駆り立てられていると糾弾した。[53]

膨張主義者たちが世界政治におけるアメリカの名誉を尊んでいたことは既に述べた通りである。彼らの間では、確かに先行するヨーロッパの帝国主義列強に伍し、自国の偉大さを世界に知らしめたいという熱望が共有されていた。されど、彼らはブライアンが指弾したような単なる模倣者ではなかった。ローズヴェルトは言っている。

マンチエスターやベルリンの先例にある良きものは何であっても、これを利用することを拒むことは、我々の完全に異なった条件に関係なく盲目的にそれらの先例を模写することと丁度同じくらい、愚かなことである。[54]

膨張主義者たちにとって、ヨーロッパ帝国主義諸国の植民地政策はひどく効率が悪く、真似るに値しない代物であった。ローズヴェルトは「ヨーロッパ諸国は人口密度の高い地域を領有すべく戦っている。そこは、もし征服したとしても、何世紀にも亘って征服者に同化せず敵対的なままである」ため、ヨーロッパの植民地政策は「賢明な」政策ではないと判断していた。そのため、「植民地政策は我が国の路線ではない」というロッジの意見に、ローズヴェルトも同感であった。[55]

膨張主義者たちが自国もそうありたい模範として仰ぎ見たのは、ロッジによれば、ヨーロッパ諸国とくにイギリスが対外政策において「どのような場所においても、いかなる時点においても、国益を保持し膨張する」という「積極性」を常に発揮し得る状態にあることであった。この積極性の有無こそ世界大国であるか否かを決する鍵だということが、ロッジの歴史の学習成果の一つであった。

そうは言っても、膨張主義者たちは、アメリカが、リチャード・オルニーが懸念したような積極的な世界政策を展開することが望ましいとは思っていなかった。ロッジによれば、アメリカは「本土の防衛、パナマ運河の保全、アメリカの貿易および商業の増進、世界中のアメリカ国民の軍事的安全に必要とされる［アメリカ大陸］周辺の領土を獲得し［中略］アメリカ国家の外塁を構築する」ことに、もっと積極的になることが必要であった。[56]膨張主義者たちにとって、アメリカの国益を維持・増進する「積極性」の発露が米西戦争に他ならなかった。

開戦前のローズヴェルトは、クリーヴランド政権がスペインにキューバを解放させなかったことに軽蔑を露わにした。何故なら、「スペインを西インド諸島から追い出すまでは［中略］アメリカはそこで必ず脅威にさらされる」からであった。彼はまた、ロッジと同様、イギリスやドイツが南米への積極的な進出を図ったことに警戒心を抱き、太平洋と大西洋とを接続する運河の建設が遅延していることに苛立っていた。運河を開削しアメリカ海軍を両洋艦隊とすることが、アメリカ大陸の防衛に必要だと感じていたからである。[57] 膨張主義者たちは、カリブ海に浮かぶプエルト・リコとキューバについては戦略的国益が存することを開戦前から認識していたのである。

マリアナ諸島最大の島グアムについても、アメリカ本土からハワイを経てアジア大陸へと至る兵站線を支える太平洋上の要衝として重視されていた。その一方で、フィリピンはアメリカ大陸から遠く離れた東南アジアの群島であったため、パリ条約でアメリカに譲渡された他の領土よりもずっと低い価値しか与えられていなかった。言い換えれば、膨張主義者たちは、米西戦争の結果、突如としてフィリピンをどうするかという問題に直面したのである。彼らは戸惑いを隠せなかった。ロッジに至っては、マニラ――どんなに大きくてもルゾン島――だけをとり、それ以外のフィリピン領土をカリブ海のイギリス植民地――バハマ諸島、ジャマイカ島、ヴァージン諸島――と交換することを提言しさえした。[58]

膨張主義者が議論の末に見出したフィリピンの確かな価値は、反膨張主義者たちと同様に、海軍の前哨基地としての役割に過ぎなかった。それでも、膨張主義者たちはフィリピン全土を植民地とすべく、ポピュリストと反膨張主義者たちとの論戦に挑んだ。なぜなら、フィリピンでの戦火が続く中でもアメリカ世論が膨張主義を支持していたからである。孤立主義という名の消極的単独主義に慣らされていたはずのアメリカ世論が自国の積極的な対外政策を後押しするという状況は、大いなる夢を抱いていた膨張主義者にとって千載一遇の好機であった。

その夢とは、アメリカが建国以来の政治的孤立から脱し、「大国」として「諸国家の集団《ザ・ファミリー・オブ・ネイションズ》における国家の役割を担う」ことであった。膨張主義者たちはこれを「大政策」と呼んだ。この「大政策」の実現という目標の前には、経済的国益はもちろん、戦略的国益さえもさして重要ではなかった。ロッジは「市場が当てにし防衛が拠り所とする彼方此方の領土の獲得はみな細部」に過ぎず、アメリカが政治的「孤立から脱したということが重大事」である、と明言している。[59] 孤立から脱したとは、アメリカをフィリピンというヨーロッパ国際政治との接点の中に引き込んだ、ということである。

膨張主義者たちは、少なくとも自意識においてはアメリカをヨーロッパ型の植民地帝国へと転換するつもりはなかった。程度の差はあれ、アメリカン・ナショナリズムも確かに共有していた。しかしながら、こうした反膨張主義者との共通感覚は、彼らにフィリピン領有を断念させるには至らなかった。なぜなら、膨張主義者たちは反膨張主義者たちよりもはるかに強い確信をもって、アメリカを消極的単独主義から脱皮させ、西欧文明の普及という世界大国としての使命を果たさせることを目指したからである。それが何故なのかという問いについては章を改めることとしたい。

注

［1］ヘンリー・A・キッシンジャー（岡崎久彦監訳）『外交』上巻、日本経済新聞社、一九九六年、三二頁。

［2］Heaton, *A Scholar in Action*, 51. Roosevelt to Cabot Lodge, January 28, 1909, Morison, *The Letters of Theodore Roosevelt*, 6:1497; John Hay to William McKinley, February 10, 1898, in Kenton J. Clymer, *John Hay: The Gentleman as Diplomat* (Ann Arbor: University of Michigan Press, 1975), 115.

なお、ゲイが第一次大戦中に率いた中央計画・統計局（the Central Bureau of Planning and Statistics）は、若き日のジョン・フォスター・ダレスが所属していたことでも知られている。

[3] Frederick W. Marks, III, *Velvet or Iron: the Diplomacy of Theodore Roosevelt* (Lincoln: University of Nebraska Press, 1979), 23-26; May, *American Imperialism*, 166; Ernest R. May, *Imperial Democracy: the Emergence of America as a Great Power* (New York: Harcourt, Brace &World, 1961), 32; La Feber, *The New Empire*, 80.

[4] Carl Schurz, "American Imperialism," address delivered at the University of Chicago, William Jennings Bryan et al., *Republic or Empire: The Philippine Question* (Chicago: The Independence Company, 1899), 342.

[5] United States Department of State, "Appendix II: Affairs in Hawaii," *Foreign Relations of the United States*, 1894 (Washington: Government Printing Office, 1895).

[6] Tennant S. McWilliams, "James H. Blount, the South, and Hawaiian Annexation," *Pacific Historical Review*, 57, No.1 (1988), 25-36; Richard E. Welch, Jr., *The Presidencies of Grover Cleveland* (Lawrence: University Press of Kansas, 1988), 74.

[7] May, *American Imperialism*, 168-169. ジェファソン・クーリッジは当時駐仏公使であったが、ハワイ併合がアメリカのヨーロッパでの地位を高めるとメディアに語っている。

[8] Grover Cleveland, "Special Message," December 19, 1893, Peters and Woolley, *The American Presidency Project*, accessed November 25, 2012, http://www.presidency.ucsb.edu/ws/?pid=70788.

[9] Charles Francis Adams, Jr. to Cleveland, November 18, 1983, Nevins, *The Letters of Grover Cleveland*, 339. Cleveland, "Statement to the New York World," Ibid., 562 にも類似の引用。

[10] ジョージ・F・ケナン（有賀貞ほか訳）『アメリカ外交50年』岩波現代文庫、二〇〇〇年、七頁。

[11] Cleveland, "First Annual Message to Congress," December 8, 1885; Richard Olney, "The Growth of Our Foreign Policy," *The Atlantic Monthly* (March 1900), accessed November 26, 2012, http://www.theatlantic.com/magazine/archive/1900/03/the-growth-of-our-foreign-policy/304994/; William C. Endicott, *Report of the Board on Fortifications or Other Defenses Appointed by the President of the United States*, U.S. House of Representatives Ex. Doc. No. 49, 49th Cong., 1st Sess., (Washington: Government Printing Office, 1886). 防備会議議長は、エンディコット・ピーボディの従兄弟で陸軍長官

のウィリアム・エンディコットであった。

［12］United States Department of the Navy, *Annual Report of Secretary of the Navy for the Year of 1885* (Washington: G.P.O., 1885), xvii, xxxiii.（以下「*Sec Nav Report*（会計年度）」と略記）; *Sec Nav Report, 1887*, 35. なお、ホイットニーは、一八八五年三月のパナマ住民の反乱によって、パナマ運河の自由航行が阻害される恐れが生じている中、事態が落ち着くまで、その「恒久的占領が必要とならないように我々が警戒することが重要なのは明白である」と国務長官に語った一方で、アメリカの国益の保護に適切な政府を再建するよう、派遣軍司令官のジューエット提督（Admiral Jouett）に指令した。Hirsch, *William C. Whitney*, 272.

　一八一二年の米英戦争についてローズヴェルトは、後にウィンストン・チャーチル（Winston L. S. Churchill）が誇らしげに書き綴ったように、大統領官邸がイギリス軍に焼き討ちにされるという大損害を被ったため、実質上アメリカは敗北したとみなしていた。その理由は、トマス・ジェファソンやアンドリュー・ジャクソン（Andrew Jackson）が、「対外戦争に備え続けるにあたり、あまりにも多額の予算を費やすことはなく、あまりにも少額の予算しか費や」さず、アメリカを「尊敬せしめる」ことができず「侮辱され続ける」に任せたためだと語っている。Theodore Roosevelt, *The Naval War of 1812* (1987 rep., Annapolis: Naval Institute Press, 1882), 423; Theodore Roosevelt, "*Thomas Hart Benton*", *The Works of Theodore Roosevelt, The National Edition*, 20 vols. ed. Hermann Hagedorn (New York: Charles Scribner's Sons, 1926), 7:94.

［13］Cleveland, "First Annual Message to Congress," December 8, 1885.

［14］ニューヨーク市司法局長として司法局の効率化に辣腕を振るった経験のあるホイットニーは、海軍効率化に打って付けの人物であった。海軍長官は「将来海軍省はビジネスの原則に則って運営されなければならない」との方針を発表し、一八八三年のペンドルトン公務員法の海軍への適用、海軍長官による海軍各局の統合を目的とした作戦・物資・会計三局の改組、予算計上の透明化、軍需品の不正受注の排除等の施策を実行した。Hirsch, *William C. Whitney*, 263; Walter R. Herrick, "William C. Whitney: 7 March 1885—5 March 1889," *American Secretaries of the Navy: Volume 1, 1775-1913*. ed. Paolo E. Coletta (Annapolis: Naval Institute Press, 1980), 405-407; Robert W. Neeser,

"The Department of the Navy," *The American Political Science Review*, 11, No.1 (February 1917), 63. ただし、パトロネージの温床であった海軍工廠は、ホイットニーによる従業員の一斉解雇という不敵な施策にもかかわらず、実質上ペンドルトン公務員法の適用除外となってしまった。Hirsch, *William C. Whitney*, 267.

〔15〕 William Widenor, *Henry Cabot Lodge and the Search for an American Foreign Policy* (Berkeley: University of California Press, 1980), 88-89; Henry Cabot Lodge, "Naval Courts-Martial and the Pardoning Power," *Atlantic Monthly*, 50 (July 1882), 44; Henry Cabot Lodge, *Studies in History* (Boston: Houghton Mifflin Company, 1884), 278; Roosevelt, *The Naval War of 1812*, 330-331.

Robert Seager, "Ten Years before Mahan: The Unofficial Case for the New Navy, 1880-1890," *The Mississippi Valley Historical Review*, 40, No.3 (Dec., 1953), 493, 498 は、マハンについて、既に海軍内部および海軍と親しい立場にあった海軍派の議員たちの間に流布していた海軍論を集大成した人と評価している。筆者もこれに同意するが、マハンの著作は依然として海軍戦略論の古典的名著である。

〔16〕 *Congressional Record*, 51st Congress, 1st session, (1890), 3169-3170; Ibid., 52nd Congress, 1st session, (1892), 3362.

ロッジが求めた海軍は、「世界の他の諸国との不必要な衝突に我らを巻き込むやもしれぬ」強大で攻撃的な海軍ではなく、「アメリカの政策とアメリカの海軍観に見合った」効率的で防衛的な海軍であった。つまり、ロッジは防衛手段としての海軍と攻撃手段としての海軍を区別していた。*Congressional Record*, 51st Congress, 1st session (1890), 3169-70, 3268.

これに対し、ローズヴェルトは、攻撃と防衛を区別すること自体を無意味なことと考えるようになった。曰く、「我々は確かに第一級の海軍を必要とする。同様に、第一級の海軍とは単に防衛のための海軍であるべきではないことも確かである。」「戦争において、単なる防衛手段は割に合わず、完全な失敗以外の何ももたらし得ない。単なる防衛手段は〔敵の〕打撃を加えるに十分ではないのである。完全な失敗の繰り返しを防ぐ最も確実な手段は、〔敵の〕攻撃に反撃することである」。Theodore Roosevelt "Naval War College Address," June 2, 1897, The Almanac of Theodore Roosevelt, "Primary Speeches, Addresses and Essays by Theodore Roosevelt," accessed November 29,

2016. http://www.theodore-roosevelt.com/trspeechescomplete.html/

[17] *Sec Nav Report* (1887), 34, 52-53. ホイットニーの前任者ウィリアム・チャンドラー（William E. Chandler）もまた、海軍増強を訴えるに際し、「商船隊はアメリカの国力を活気付け、アメリカの対外関係に生命と活力を吹き込む」と述べている。*Sec Nav Report* (1882), 32. ちなみに、海軍大将の地位は一八六六年に新設されたものである。

[18] Cleveland, "Fourth Annual Message to Congress," December 3, 1888, Parker ed., *The Writings and Speeches of Grover Cleveland*, 373; *Sec Nav Report* (1885), xvii.

[19] Cleveland, "Second Annual Message to Congress"; Fareed Zakaria, *From Wealth to Power* (Princeton: Princeton University Press, 1999), 80; Cleveland to Charles S. Hamlin, August18, 1901, Nevins ed., *The Letters of Grover Cleveland*, 550-551.

[20] *Congressional Record*, 53rd Congress, 3rd session (1895), 3082.

[21] Cleveland to William F. Vilas, May 29, 1894, Nevins ed., *The Letters of Grover Cleveland*, 353; Cleveland, "Second Annual Message to the Congress."

[22] Howard K. Beale, *Theodore Roosevelt and the Rise of American Power* (Baltimore: Johns Hopkins Press, 1956), 58; *Congressional Record*, 53rd Congress, 3rd session (1895), 1211, 1213, 3108.

　第一次クリーヴランド政権の国務長官トマス・ベイアード（Thomas F. Bayard）がサモアの保護をイギリスに委ねるべきだと提言した際、ロッジは、「この政権が強く愛着を覚えているように見えるイギリスに対して、価値あるものを捨てている」と厳しく非難した。Lodge, "The Results of Democratic Victory," 271-272.

[23] Roosevelt to Casper F. Goodrich, May 28, 1897, Morison ed., The *Letters of Theodore Roosevelt*, 1:617-618; *The New York Herald*, July 24, 1897, in Morris, *The Rise of Theodore Roosevelt*, 605.

[24] 「第〇次世界大戦」については、David Wolff, et al. eds., *The Russo-Japanese War in Global Perspective: World War Zero, Volumes I and II* (Leiden, The Netherlands: Brill Academic Publishing, 2005).

[25] 米西戦争および米比戦争の経緯については、Stanley Karnow, *In Our Image: America's Empire in the Philippines* (1990 rep., New York: Ballantine Books, 1989), 78-105; Bryan McAllister Linn, *The U.S. Army and Counterinsurgency in*

the Philippine War, 1899-1902 (Chapel Hill: The University of North Carolina Press, 1989), 1-28; 中野聡『歴史経験としてのアメリカ帝国――米比関係史の群像』岩波書店、二〇〇七年、二二―六四頁。

［26］以下、シュルツの議論については、Shultz to C. F. Adams, January 1 and 16, 1899, Schulz, "Issue of Imperialism," convocation address delivered before the University of Chicago, January 4, 1899, Frederic Bancroft ed., *Speeches, Correspondence and Political Papers of Carl Schulz,* Vol. 6 (New York and London: G. P. Putnam's Sons, 1913), 1-38. を参照した。

サムナーもハワイ併合以来一貫して植民地領有に反対していた。William Graham Sumner, "Fallacy of Territorial Extension (1896)," *War and Other Essays by William Graham Sumner* ed. Albert Galloway Keller (New Haven: Yale University Press, 1911), 285-293.

［27］William Jennings Bryan, "America's Mission," *Republic or Empire,* 35-36; Bryan, "The Army," Ibid., 48, 51-52; Bryan, "Will It Pay?," Ibid., 66-67. ブライアンが、常備軍の増強を不要としたのは、アメリカの常備軍は、国内か、せいぜい西半球で単独行動できる程度あれば事足りるため、現状維持か州軍の近代化で十分用を足せると判断していたためである。彼には、その不要な軍拡の費用が嵩み、農民・労働者に税負担となって伸し掛かることが許せなかった。彼は、これらの人々が、移民が提供する安価な労働力によって労働機会を奪われるという危機に直面しており、その最中の増税は許容範囲を超えている、と厳しく批判した。

［28］Bryan, "The Sevannah Interview (Interview at Savannah, Ga., December13, 1898)," *Republic or Empire,* 15; Bryan, "Jefferson versus Imperialism," Ibid., 44-46; Bryan, "Will It Pay?," Ibid., 60. ブライアンは、例えばプエルト・リコと異なり、「フィリピンは離れ過ぎており、その国民もアメリカ国民とは異なり過ぎているため、フィリピン国民がアメリカへの編入を望んだとしても、そうすることはできない」、何故ならばアメリカの「国民性」を弱めるからである、と繰り返し訴えた。ブライアンがそう述べたのは、彼が、外国からの移民がアメリカの政治制度と支配的文化を受け入れられるかは、その移民が属する民族集団がアメリカから地理的に近い場所に定住しているかに依る、と考えていたからである。ここで言う政治制度や支配的文化とは、ブライアンが敬愛してやまなかった

ジェファソンらが創りだした政体・法律と、白人労働者・農民からなる大衆が織りなす文化のことである。ブライアンがアメリカに地理的に近接しているとした地域は、西半球およびその周辺に限定されていた。太平洋側の臨界点はハワイにあった。彼が言うには、「ハワイ諸島は、東半球よりも西半球に近く、その併合は、主として、他国によるその領有がアメリカにとって脅威となる」という「戦略的見地」に立って成されたものであった。この地理感覚に従って、ブライアンは次のように結論した。フィリピン諸島を含むアジアは明らかに東半球に属し、それがたとえ他国によって領有されたとしても、アメリカにとって脅威となることはない。フィリピン人は同化することはできず、アメリカ国民と種々の摩擦を引き起こし、国内の状況に混乱を来す、と。

［29］ Bryan, "Cincinnati Speech," January 6, 1899, *Republic or Empire*, 19; Bryan, "First Speech against Imperialism," June 14, 1898, Ibid., 12; Bryan, "It Rests with the People," February 18, 1899, Ibid., 30; Bryan, "America's Mission," Ibid., 37. ブライアンは、アメリカが植民地を持つという歴史を有することになれば、アメリカは「征服を自らの来歴に記し、［独立と自治の］例示のドクトリンと助言の影響力の代わりに、力のドクトリンを布くことになる」。これは、アメリカの「世界大国」としての道徳的地位を低下させる愚挙であるとブライアンは説いた。

［30］ Bryan, "America's Mission," *Republic or Empire*, 35-36; Bryan, "The Army," Ibid., 48, 51-52; Bryan, "Will It Pay?," Ibid., 66-67. ブライアンは、アメリカがフィリピンを自国領とすることによって、「ヨーロッパやアジアの係争」に巻き込まれることを懸念していた。フィリピンと隣接するアジアにおいて、ヨーロッパの列強が既に権益を求めて勢力範囲を築き、互いに角逐していた。ブライアンは、アメリカがその一角を占めることによって、西半球外への派兵を前提とした常備軍の増強が繰り広げられる一方で、アメリカの国内改革が遅れ、肝心の西半球の対外防衛が手薄になることを恐れたのであった。

［31］ James Bryce, "The Policy of Annexation for America," *Forum*, 24 (December 1897), 388, 391-392. ブライスは当時のイギリス切っての知米派で、エリオットのみならず、ゴドキン、セス・ロウ、ヘイ、ロッジ、ローズヴェルトらとの親交を結んでいた。H. A. L. Fisher, *James Bryce*, 2 vols. (New York: Macmillan, 1927), 1:238; Bryce, *American Commonwealth*, 1: vii-xi.

［32］ Henry Cabot Lodge and Charles F. Redmond ed., *Selections from the Correspondence of Theodore Roosevelt and Henry Cabot Lodge, 1884-1918*, 2 vols.(New York: C. Scribner's Sons, 1925), 1:218; Charles Eliot, "The Working of the American Democracy," *American Contributions to Civilization*, 72-73; Henry James, *Charles W. Eliot*, 2:120-121.

［33］ Burton J. Hendrick, *The Life of Andrew Carnegie* (London: Heinemann, 1933), 430. カーネギーは、アジア艦隊司令長官ジョージ・デューイがマニラに向けて出撃するに際し、イギリス政府が香港の利用を認めたことを例に出して、アメリカのフィリピンを保持できるか否かはイギリスがアメリカに対し友好的であり続けるかにかかっていると述べた。このような立ち位置はアメリカにとって「極めて不名誉な地位」だとカーネギーは述べたが、これも米英関係が傷つくことを恐れてのことであった。 Andrew Carnegie, "Americanism versus Imperialism," *The North American Review*, 168 (January-March 1899), 1-13.

［34］ Henry James, *Richard Olney and His Public Service: With Documents Including Unpublished Diplomatic Correspondence* (Boston: Houghton Mifflin Company, 1923), 92; Cleveland to Olney, March 26, 1900, Nevins ed., *The Letters of Grover Cleveland*, 526-527; Olney, "The Growth of Our Foreign Policy."

［35］ C. F. Adams, "What Policy the United States Should Pursue?: His Views in A Letter to Carl Schulz, (December 21, 1898)," Bryan ed., *Republic or Empire*, 219.

［36］ Robert L. Beisner, *Twelve against Empire: the Anti-Imperialists, 1898-1900* (New York: McGraw-Hill Book Company, 1968), 80-82.

［37］ Adams, "What Policy the United States Pursue?," 215.

［38］ Thomas Jefferson Coolidge, *The Autobiography of T. Jefferson Coolidge* (Boston: Houghton Mifflin Company, 1923), 312-313; James, *Charles W. Eliot*, 2:123-124.

［39］ Bryan, " National Emblem," December 23, 1898, *Republic or Empire*, 16; Bryan, "Cincinnati Speech," Ibid., 19, 22; Bryan, "Who Saves His Country Saves Himself" (December 31, 1898), Ibid., 17; Bryan, "Jefferson versus Imperialism," Ibid., 43.

［40］ May, *American Imperialism*, 212.

［41］The Centenary Book Committee, *The Century*, 74.

［42］ケナン『アメリカ外交50年』、二四-二六頁。

［43］Brooks Adams, *America's Economic Supremacy*, 29, 43, 51, 221-222.

［44］Schulz, "American Imperialism," 354.

［45］Olney, "The Growth of Our Foreign Policy."

［46］Warren Cohen, *American's Response to China: A History of Sino-American Relations*, 3rd ed. (New York: Columbia University Press, 1990), 36; A. E. Campbell, *Great Britain and the United States, 1895-1903* (Westport, Connecticut: Greenwood Press, 1974), 169.

［47］William N. Tilchin, *Theodore Roosevelt and the British Empire: A Study in Presidential Statecraft* (New York: St. Martin's Press, 1997), 14; Beale, *Theodore Roosevelt*, 80.

［48］Roosevelt to Taft, 1907, Morison ed., *The Letters of Theodore Roosevelt*, 5: 761-762; Walter La Feber, *The Clash: U.S.-Japanese Relations throughout History* (New York: Norton & Company, 1997), 89; Tilchin, *Theodore Roosevelt and the British Empire*, 85, 172-173; Charles E. Neu, "Theodore Roosevelt and American Involvement in the Far East," *Pacific Historical Review*, 35 (1966), 440-441; 秦郁彦『太平洋国際関係史――日米および日露危機の系譜　1900-1935　――』福村出版、一九七二年、六七-七一頁；角田順『満州問題と国防方針――明治後期における国防環境の変動』原書房、一九六七年、三八二-三九一頁。

［49］Roosevelt to Mahan, May 3, 1897, Roosevelt to Robert Bacon, April 8, 1898, Morison ed., *The Letters of Theodore Roosevelt*, 1:607, 2:814; David H. Burton, *Theodore Roosevelt: Confident Imperialist* (Philadelphia: University of Pennsylvania Press, 1968), 63 ff. ローズヴェルトは、テキサス併合をも非難したことがある。Roosevelt, *Thomas Hart Benton*, in Hagedorn ed., *The Works of Theodore Roosevelt*, National Ed., 7:13, 37, 115-116, 186. ちなみに、マハンはフィリピン領有以後も植民地の獲得を主張し続けた。少々古いが、W. D. Puleston, *Mahan* (New Haven: Yale University Press, 1934), 220-229を参照。

［50］Roosevelt to Frederic Rene Coudert, July 3, 1901, Morison ed., *The Letters of Theodore Roosevelt*, 3:105; Roosevelt to Charles William Eliot, November 14, 1900, Ibid., 2:1415.

［51］三島武之介「セオドア・ローズヴェルトと門戸開放政策」京都大学修士論文、二〇〇七年、三三-三四頁。

［52］Roosevelt to Frederic Rene Coudert, Morison, *The Letters of Theodore Roosevelt*, 3:105-106; Stephen Gwynn ed., *The Letters and Friendships of Sir Cecil Spring Rice: A Record*, 2 Vols. (Boston: Houghton Mifflin Company, 1929), 1:344; *Congressional Record*, 61st Congress, 2nd session (1910), 6588.

［53］James Bryce, "The Policy of Annexation for America," *Forum*, 24 (December 1897), 392; Bryan, "Jackson Day Speech at Chicago," (January 7, 1899), *Republic or Empire*, 23-24. ロッジもブライスと同じことを述べている。Henry Cabot Lodge, "Our Blundering Foreign Policy," *Forum*, 19 (March, 1895), 16-17.

［54］Theodore Roosevelt, "True Americanism (1894)," *American Ideals, Administration—Civil Service* (New York: The Review of Reviews Company, 1897), 32-33.

［55］Theodore Roosevelt, *Thomas Hart Benson* (Boston and New York: Houghton, Mifflin and Company, 1886), 266-267; Henry Cabot Lodge, "Our Duty to Hawaii (1895)," Henry Cabot Lodge, *Speeches and Addresses, 1884-1909* (Boston: Houghton, Mifflin and Company, 1909), 160.

［56］Lodge, "Our Duty to Hawaii," 167.

［57］Roosevelt to Anna Roosevelt Cowles, March 30, 1896, Roosevelt to Mahan, May 3, 1897, Morison ed., *The Letters of Theodore Roosevelt*, 1:522. 当時はパナマではなくニカラグアに運河を通すことが計画されていた。

［58］グアムについては、David Healy, *US Expansionism: The Imperialist Urge in the 1890s* (Madison: The University of Wisconsin Press, 1970), 252 などにある通り、戦後グアムはサモアとともに海軍の管理下に置かれることが決まった。パリ条約に向けてのグアムに関する海軍内の議論については、Earl Spencer Pomeroy, *Pacific Outpost: American Strategy in Guam and Micronesia* (Palo Alto, CA: Stanford University Press, 1951), 7-9.

Thomas J. McCormick, *China Market: America's Quest for Informal Empire 1893-1901* (Chicago: Quadrangle Books,

1967), 109 は兵站線の確保をあくまでも中国市場への進出を睨んでの動きだとし、Thomas D. Schoonover, *Uncle Sam's War of 1898 and the Origins of Globalization* (Lexington: University Press of Kentucky), 76 もマコーミックの見解を支持している。

ロッジの交換案については、Julius W. Pratt, *Expansionists of 1898: The Acquisition of Hawaii and the Spanish Islands* (Baltimore: Johns Hopkins University Press, 1936), 331n.

[59] Henry Cabot Lodge, *The Story of the Revolution* (New York: Charles Scribner's Sons, 1898), 246-247; Lodge, "Speech for the Republican State Convention of Massachusetts (1896)," in Lodge, *Speeches and Addresses*, 297.

第七章

多国間主義的膨張主義という大戦略

第一節　衰退論から膨張主義へ

前章では、膨張主義者たちがアメリカを国際政治の舞台へと押し出したのは、「諸国家の集団」の一員となり世界大国としての役割をアメリカに果たさせんがためだったことを確認した。その役割とは、「ハワイ、キューバ、プエルト・リコ、そしてフィリピン［中略］において、そこの住民たちが各自に民主的自治に適応し、その程度が徐々に上昇していくための土壌をつくる」こと、つまり民主主義の普及であった。[1]

膨張主義者たちにとって、民主主義の普及は西欧文明の普及を意味した。彼らにとって、アメリカがフィリピンを支配することの意義は、「アメリカが、［フィリピンの］同胞が民主的自治と秩序ある自由への道をはるか先まで前進するのを助け」、フィリピンを「全東アジアとその周辺の島々にとっての文明の一中心」へと転換させることにあった。西欧文明がアジアに普及する足場を固める「責任」を全うできるか否かは、世界の諸国家の中でアメリカの文明国としての「信用を高める」か「アメリカの歴史に不吉で恥ずべき一頁を刻むか」の試金石になる、と彼らは考えていた。[2]

この植民地支配の正当化の背景にあるのは、膨張主義者たちの歴史観である。彼らは、西欧文明は膨脹するに十分なほど普遍的であり、その普及は世界に恩恵をもたらしてきたと歴史を解釈した。ゆえにアメリカのアジアへの膨張を「利他的帝国主義」と呼び得たのである。歴史家としても名を馳せたセオドア・ローズヴェルトは二〇世紀を目前にして、彼らしい劇的な修辞を用いて率直にこう語っている。

文明の普及の一切は平和を生み出す。言い換えれば、文明大国の膨張の全てが、法、秩序そして正義の勝利を意味する。このことは、膨張している国家が、フランス、イギリス、ロシア、あるいはアメリカのいずれであろうと、今世紀の膨張のあらゆる例に当てはまる。膨張は全ての例において、それによって名目上の利益を得る国家にとってというよりも全世界にとって恩恵なのである。あらゆる例において、膨張の成果によって、膨張する国家が、いかなる現状維持の国家が成し得たであろうことよりも、はるかに偉大で重要な文明に対する義務を行使していることが証明されている。[3]

膨張主義者たちの間では、西欧文明の普及は「諸国家の集団」による世界的なプロジェクトであり、フィリピン領有もそれへの参画に他ならない、と認識されていた。彼らはこの認識から出発して、やがて一つの世界秩序の設計図を描き出す。それは、西洋列強の大国群が西欧文明を普及させる「世界的事業」を達成すべく、世界の平和を維持する「国際警察活動（international police action）」に協調して従事するという秩序像である。その秩序の中で、祖国が多極の中の一極として立つことを膨張主義者たちは願っていた。ここに、彼らが多国間主義的膨張主義の外交路線を志向していたことが示されている。

本章では、膨張主義者たちがこのような外交思考をとるに至った過程を追っていくが、その前に国際警察活動という用語のおおよそ意味するところについて述べてから、本論に入ろう。国際警察活動とは、ローズヴェルトによれば、「非文明国（barbaric nations）」「準文明国（semi-civilized nations）」が、領土内の秩序維持・外国人保護ができない場合か国際的合意・対外的義務の履行ができない場合、もしくは、「準文明国」が現状の国際秩序に挑戦する場合に、「文明国（civilized nations）」が上述の状況をあるべき状態へと戻すべく「非文明国」「準文明国」に対して擬似的な法的制裁を加えることを指す。なお、本書においては、「国際警察的義務（international police duty）」は「文明国」が国際警察活動を行うことによって世界秩序の安定化に貢献することを意味し、この「国際警察的義務」を担う主体およびその行使する力を「国際警察力（international police power）」と呼んでいる。

セオドア・ローズヴェルトの衰退論

まずは、そもそも膨張主義者たちがアメリカ国民に向けて、建国の父たちは「預言者」でもなければ

「西半球あるいはヨーロッパ以外の海外地域の中に我らの行動を制限しようとしたわけでもない」として、膨張を訴えた理由から考えたい[4]。そのためには、世紀転換期、一部の膨張主義者たちの間で衰退論が流行していたことを思い返してみる必要がある。

当時のアメリカ人が著した衰退論の中で有名となった書の一つに、ブルックス・アダムズが金本位制をめぐる論争の最中に上梓した『文明と退廃の原理（*The Law of Civilization and Decay*）』がある。この著は、アメリカに「金ピカ時代」の語が示すような経済至上主義・物質主義が蔓延していく中で、アメリカ国民が創造力や勇気、大胆さ、闘争心を奪われて失っていき、やがてローマとそれ以後滅びた諸帝国と同様の衰亡を迎えるであろう、と不吉な予言を綴った書籍である[5]。

その叙述は、ローズヴェルトに「アダムズの頭はちょっと錯乱している」と評させるほど「陰鬱」であった。陰鬱さの源はアダムズの悲観主義にあった。彼の説くところでは、アメリカに貪欲な資本家が次々と出現している状況は衰退の兆候であり、今後アメリカは、不可逆的に衰退の一途を辿る。そのプロセスはいかなる個人の努力によっても退転させることはできない、というのであった。希望の余地さえ残そうとしない余りの悲観に、活力に満ちた若い野心家だったローズヴェルトは感情移入することはできなかった[6]。

だが、ローズヴェルトはアダムズの議論の一切を撥ね付けたわけではない。彼自身、チャールズ・ピアソン（Charles H. Pearson）の大著『国家の生命と国民性：ある予見（*National Life and Character: A Forecast*）』に刺激を受け、衰退論について深く考えて来た知識人であった。大統領退任後の外遊中、オックスフォード大学やベルリン大学を訪問し演説した際、彼は人種、文明、国家が生物種の生命と同じ、誕生、成長と変化、死のサイクルを辿ることを聴衆に語っている。[7]「死」の段階の様相は、まさに世紀末的である。「欲望や豪奢、肉欲が上流階級の素質を食い荒らしてしまい［中略］平均的な市民が闘争心を失い［中略］人口が減少した」時、ローマは滅びた。同様の運命は、活力も生殖能力も失っていないが、何よりも「豊かで平和愛好的な社会——そこでは、人々は、可能な限り戦争について考えることを忌避し、仰々しい道徳的な決まり文句、もしくは、近視眼的な物質主義によって、戦争と向き合うことに対する躊躇を正当化する——に共通している致命的な弱さ」に屈服した「オランダ人種」にも降りかかったという。

ローズヴェルトが国家の盛衰を論じるにあたって、人種的側面に関心を寄せるようになったのは、ハーヴァード大学在学中に、動物学者ナサニエル・シェイラー（Nathaniel S. Shaler）の薫陶を受け、アングロ・サクソン人種を最上位に置く社会的ダーウィニズムの信奉者となったからだと言われている。シェイラーは、南部出身の母親を持つ白人至上主義者で、フランスの動物学者ジャン・ラマルク（Jean Lamarck）が説いた進化論、特に用不用説に傾倒していた。用不用説とは、ある生物種が獲得した形質が子孫から子孫へと遺伝される過程で、変化が蓄積され、やがて種の進化の推進力となるという学説である。

シェイラーはこの学説から類推して、「人種」が獲得した「国民性」が世代継承を通じて蓄積され社会進化を引き起こし、「アメリカ人種」へと発展したという観念をつくり上げていた。[8]ローズヴェルトにとって師の主張は魅力的だったようである。以後彼は、人種研究をライフワークの一つとし、相当の手間と時間を費やした。それだけの情熱を傾けたのは、「アメリカ人種」としての優越感に浸るためでは無論ない。

ローズヴェルトは、他のアングロフィルと同様に、ローマやオランダといった過去の覇権国を襲ったのと同じ衰退がアングロ・サクソン諸国の盟主イギリスにも押し寄せている、と憂慮していた。それを実証するかのように、イギリスは南アフリカで思わぬ苦戦を強いられた。大英帝国の五〇万人もの兵士がわずか三万五〇〇〇人のボーア人との戦いに勝利を収めることができないでいたのである。この事態を前に、彼は先行きをより一層懸念した。

ローズヴェルトのイギリスの衰退に対する分析には、地政学的な側面と人種学的な側面とがあった。前者は、イギリスが帝国版図を広げ過ぎたためにその力を「分散」してしまい、「確実に下り坂に入っている」というものであった。[9] いわゆる過剰散開論《オーヴァーストレッチ》で、今日でも英帝国の衰退についてよく語られる分析である。だが、彼が強調したのは後者の方である。ボーア戦争でのイギリスの苦戦の報に接し、姉に自らの懸念を詳細に書き送っている。曰く、「英語諸国民の退化の重大な兆候があちこちにある」が、その一つは、「イギリス人兵士に闘争心が明らかに欠けていること」である。国家だけではなく、それを超えた人種をも世界秩序の構成単位として捉えていた彼にとって、イギリスの衰退はイギリス一国に限られた兆候ではなく、アメリカにとっても他人ごとではなかった。

ゆえにローズヴェルトは、イギリスの衰退を、アメリカを含めた英語諸国で「出生率が低下している」アングロ・サクソン人種の衰退の前触れと感じていた。出生が生命の起源に関わる事象であるため、当時出生率の低下は人種の生命力低下の兆しとして受けとめられていた。ローズヴェルトによれば、アングロ・サクソン人種の出生率が低下した原因は、産業革命以後「過度に都市が肥大し」、上流階級を先頭に国民が「豪奢を愛好し娯楽に熱狂していること」であった。[10]

国家の分裂の防止

彼の五親等離れた従兄弟フランクリンがパクス・アメリカーナを創り上げることを思えば、アメリカが衰退しているという当時のローズヴェルトの懸念は浅見だと思われるに違いない。けれども、彼の憂慮がそこまで深かったのは、当時アメリカが階級間・人種間格差によって国家を二分するかのような社会対立に見舞われていたからであった。その対立を象徴したのが、ローズヴェルトが公務にある間一貫してその解決に情熱を注いだ内政上の一大課題、労働問題である。

ローズヴェルトは、労働問題をアメリカの国内秩序を転覆させる危険性のある問題とみていた。トラストへの富の集中化によって生じた「利己主義、物質主義の蔓延」を無視・放任すれば、階級間・人種間格差が拡大し、アメリカの国家としての一体性は失われ、社会主義への道を開きかねない、と語っている。[11] 国家の一体性が失われるか否かの瀬戸際で、アングロ・サクソン人種がそのマジョリティの地位から転落する可能性を予見し得ることが、彼にアメリカの衰退を予感させたのである。ただし彼は、衰退を押し戻せると信じていた点で、ブルックス・アダムズとは根本的に異なっていた。

［一七世紀の］オランダや［一一―一三世紀のヴェネツィアに代表される］イタリアは、衰退する人種も再び興隆するかもしれないことを我々に教えている。[12]

英語諸国民の衰退を食い止める解決策を求めて、ローズヴェルトは当時としては珍しく、アメリカ史の探求に没頭した。その過程で生まれた一つの書が『西部の獲得（*The Winning of the West*）』である。この六巻本の大著において、著者は植民地時代のアメリカ開拓者の民族構成を探求している。開拓者を研究対象に選んだのは、彼らが衰退期の大国の国民が喪失していく国民性を備えていると思われたからである。ローズヴェルトにとって、開拓者は「自己抑制と勇気と勤勉、そして思慮深さに満ち、頭脳についても男らしい美徳に関しても用心深く鍛錬を積んだ人々によって何世代もの間受け継がれてきた血統」の継承者であった[13]。

この探求の結果、ローズヴェルトは重要だと思える事柄を二つ発見した。一つ目の発見は、開拓者たちが、フロンティアの厳しい荒野に身を置き、かつ、「インディアン」およびヨーロッパの諸民族と激しい格闘を経験したことであった。彼は、苦境での戦闘体験が開拓者の血統を鍛え、より強くより自信に満ちた人種として出現させたと考えた[14]。二つ目の発見は、南西部の開拓者たちが西欧文明の普及に貢献したことである。ローズヴェルトによれば、彼らは「イギリス王の命令にも議会の命令にも服さずに行動する」独立心旺盛な人々であった。彼らは「意識しないうちに法や慣習を、辺境生活が特に要求する諸条件、開拓者の強烈に民主的な気分、そしてとりわけ、生存のための軍事的な必要条件に適合するように改善し」政府を樹立した、という。

ローズヴェルトは、この政府の樹立が「先見の明のある指導者」に指図されたからではなく、あくまでも「本能」に従って「個人として自主的に行動」した結果だったと考え、これを殊更に重視した。開拓者の血統に「民主的自治に必要な人種的能力」が宿っていると信じるに十分な事実を提供しているように思えたからである。こうして彼は、フレデリック・ジャクソン・ターナーと同じ結論に達した。つまり、開拓者とは西欧文明を基本的に損なわないままに保全し、西方へと膨張させたアメリカ人だった、という見解である。[15]

かくして、ローズヴェルトは衰退を押し戻す方法を発見した。その方法とは、アメリカの国境を越えて新たなフロンティアに進出し、そこにアメリカが西洋から受け継ぎ発展させてきた文明を伝播することである。それによって、厳しく過酷な環境に身を置き、男らしい美徳を遺憾なく発揮することが、アメリカに住まう人々を「アメリカ人種」へと成長させる糧となる、と彼は結論したのである。[16]

国家としての矜持

ただし、ローズヴェルトはアメリカ国民に理由もなく残虐な暴力行為に参加せよと奨励したわけではない。彼とて、基本的には「戦争を憎み」、平和こそ「最も偉大な政治家たちの目的である」と信じる政治家であった。燃えるような愛国心の持ち主だったが、「インディアン」に対する虐殺において「文明の代表者たる白人が、忌まわしき野蛮性の点で、彼らの野蛮な敵と同等の水準まで沈下することは、悲しく不快なこと」だったと認める冷静さも兼ね備えていた。[17] 彼は、帝国主義にせよ膨張主義にせよ、そこに戦闘行為が伴われる限り蛮行に変わりないことを認識していた。ある友人がそのことを指摘すると、「『白人の責務を手に取り、それを野卑な人間に課せ』という君のとても愉快な言い回しは、私自身の理論の弱点を見事に射抜いた」と応じている。

だがローズヴェルトは、それに続いて「私は決して理論をまだ諦めようとは思っていない」と明言している。ただ単に平和を貪るだけでは、世界大国であることはできないと知っていたからである。

平和は、全ての政治家の目的であるべきであり、最も偉大な政治家たちの目的そのものである。それでもやはり、最も偉大な政治家たちのみならず、真に賢明で愛国的である全ての人間もまた、平和とは、それが名誉を以てもたらされ、名誉ある諸目的のために活用される場合にのみ善であることを理解している。そして、単なる怠惰や無能による平和は、最も正当性のない戦争と同様の大いなる災厄なのである。[18]

ローズヴェルトがアメリカ国民に求めたのは、世界大国の国民にふさわしい「矜持」である。彼の言う「矜持」とは、アメリカの膨張という「明白な運命」から逃れることなく、西欧文明の普及という使命を全うする心理的準備を常に怠らないことであった。例えば、ハワイ併合論争で反対論が続出していることについて彼は、シーパワー論の第一人者だったアルフレッド・マハン相手に次のように残念がっている。

［もしもアメリカがハワイを併合しないならば、］アメリカが、［諸国家の］長としての強力な才能を喪失したか、あるいは全くこれを欠いているかを示すことになるだろう。その才能だけで人種は偉大になり得るというのに。[19]

彼の怒りの対象は、このことを理解しない「我らを我が人種に対する裏切り者だと立証しようと音頭をとっている、教養人たち」である。前章で取り上げた反膨張主義者たちのことだが、ローズヴェルトは、彼らには上述の心理的準備が欠如していると軽蔑していた。そのせいか彼は、反膨張主義者たちの間にあった種々の見解の差異を無視して、みな一様にイギリスかぶれの経済至上主義者として見下す嫌いがあった。後々まで、「北東部の外国の事物への敬愛精神」に染まった教育を受けてしまうと、国際金融家が築いていた巨万の富から生じる物質主義と相まって愛国心を腐敗させる、と手厳しく批判している。[20]

ローズヴェルトは、世界大国に相応しい「矜持」をアメリカ国民に取り戻させることによって、アメリカの「人種」としての「活力」を再生させると期待したのである。これこそ、膨張主義者たちのアメリカン・ナショナリストとしての本旨であった。極端に言えば、彼らにとって、フィリピンに死活的な国益がかかってないことはそう問題ではなかった。過酷な国際政治環境の中で、アメリカ国民が自国に与えられた使命を全うする心理的な備えをなすに至る触媒が得られれば、それで十分だったのである。

しかしてアメリカは海外に植民地を有する帝国として、列強の一角を占めるに至った。アメリカは、フィリピン人の「反乱」を鎮圧し諸島の秩序を回復しつつ、現地人による警察部隊を組織し、議会を創設し、経済発展を促す諸改革を講じていった。ローズヴェルトは、アメリカによるフィリピン統治を「低開発国」が文明国に相応しい行動をとるように教導するための「国際警察活動」の一環と宣言した。[21]つまり、膨張主義者たちは、アメリカの衰退を跳ね返すための内政戦略として国際警察活動を考案し、実施しようとしたのである。

第二節　多国間主義から諸国家の連盟へ

さて今度は、膨張主義者たちが思い描いていた世界秩序が帯びていた多国間主義の性格について考えたい。すなわち、アメリカを含めた列強が西欧文明を普及させる「世界的事業」を実現すべく、協調して世界秩序の安定を維持する国際警察活動に取り組むという構想について、である。この構想は整理され、一九一〇年のノーベル平和賞受賞演説において世界に向けて「平和連盟（League of Peace）」構想として発表された。この演説によって、セオドア・ローズヴェルトは後世、国際連盟を提唱したウッドロウ・ウィルソンに先んじて、「諸国家からなる連盟を最初に提案した最初のアメリカ大統領」あるいは「最初のアメリカ人にして世界でも最初の主要人物」となったと評価を受けることになる。[22]

本節では、ローズヴェルトの「平和連盟」構想を吟味するが、それに先立ってローズヴェルトが直面した主要な外交上の現象あるいは事件を扱いたい。そうすることによって、彼が大国間の外交からどのような対外観を獲得していったかを概観し、構想が練り上げられていく過程を知ることができるからである。

（一）大いなる和解

ローズヴェルトは、イギリスとの関係を最も重視していた。その理由は主として三つある。第一は、繰り返しになるが、当時のイギリスが世界最大の版図を有する「世界的現象」だったからである。当時の国際関係における重要な問題で、イギリスが関わっていないものはほとんどなかった。そのため、アメリカの国力を世界へと伸展することを目指す膨張主義者の一人であったローズヴェルトにとって、世界秩序の主要アクターの一つであったイギリスとの関係を無視し得ないことは自明であった。

第二の理由は、アメリカのアングロフィルたちが一様に抱いていたイギリスへの親近感である。これをローズヴェルトは次のように要約している。

全体として私はイギリスに対し友好的である。［中略］基本的には我々が二つの別々の国家であるということを忘れることが正しいとは全く思わないが、しかしそれでも［中略］アメリカが他のいかなる国家よりもイギリスに対して近しい感情を抱いているという事実は未だ残る。[23]

近しい感情の根拠について、ローズヴェルトは、英語という共通言語、「政治的・社会的理念、統治制度、市民的・家庭的道徳」における近似性などを挙げている。とりわけ米英がともに英語を公用語としていたことが重要だったようである。ちなみに、『西部の獲得』執筆当時には既に、アメリカのフロンティアの拡大の歴史を「英語人種」の膨張の過程とみる歴史観が出来上がっていた。[24]以後もしばしば、米英をはじめとする英語を母語とする諸国を時に「英語人種」という枠組で括っている。

ローズヴェルトのイギリス人との個人的な交友関係も親英感情に作用していたことはつとに指摘されてきた。彼の人脈は、当時のイギリスを代表する政府高官・外交官・学者・知識人に行き渡っていた。その中には、アーサー・バルフォア、ジェイムズ・ブライス、エドワード・グレイ、ラドヤード・キプリング、外交官セシル・スプリング＝ライス、『ザ・スペクテイター（*the Spectator*）』編集長ジョン・

ストレイチー (John St. Loe Strachey)、歴史家ジョージ・トレヴェリアン (George Otto Trevelyan)、国王エドワード七世 (Edward VII) らが含まれていた。[25]

けれどもローズヴェルトは、米英両国民が「血統においてのみならず、感情や諸原則においても、世界の他のいかなる国民よりも、類似している」だけで、米英両国が「文明と進歩のために協力し、シーパワーを行使すること」が「世界の将来にとって［中略］最重要である」と結論付けるほどの「英国狂」ではなかった。ウィリアム・ティルチン (William N. Tilchin) が述べているように、米英関係は第一義的には利益の共同体であった。ローズヴェルトも「英語諸国民の利益が現実に基本的に同一」と想定できたからこそ、米英関係を親密と確信し得たのである。[26]

この想定の根拠には、イギリスからのアメリカへの歩み寄りがあった。ローズヴェルトが米英関係を最重視した第三の理由は、イギリスがアメリカとの「大いなる和解」を推進したことである。その手始めに、イギリスはアメリカにハワイとフィリピンの併合を奨励した。もちろんこれにはイギリスなりの思惑があった。それは、短期的にはドイツがサモア併合を足がかりに太平洋に進出するのを阻止すること、長期的には米英共同で現行の世界秩序の変更を迫るドイツに立ち向かうことである。[27]

米西戦争におけるイギリスのアメリカに対する好意的中立は、アメリカにとっては、イギリスがアメリカの膨張とその趣旨に賛同しているように思えた。ゆえに、ボーア戦争におけるイギリスの苦戦はアメリカに同情さえ与え、アメリカもまたイギリスに対し好意的中立の姿勢をとった。こうした米英相互の友好的態度の中心にいたのが、アメリカの膨張主義者たちとそのイギリスの友人たちであった。[28]

ボーア戦争の最中、ローズヴェルトは知己のアングロフィルの外交官ヘンリー・ホワイトにこう述べている。

アメリカが西半球において支配的であることが文明の利益であることと全く同様に、英語人種が南アフリカにおいて支配的になることが文明の利益である。[29]

膨張主義者たちは、米英の現状の利益と将来の進路が重なってきているとの実感、あるいは、重なるべきだとの認識を持っていたのである。

ローズヴェルトは、この米英の和解をさらに強固なものにしようと努めた。一九〇一年からの三年間で、米英はベネズエラでの債権回収をめぐる危機、米・カナダ国境の境界論争だったアラスカ国境問題などの対外問題を抱えたが、いずれも平和裏に解決された。その結果、イギリスとの西半球を巡る対立の可能性は消滅し、アメリカの足元は固まった。

この間の出来事で特筆すべきはベネズエラ危機（Venezuela Crisis of 1902-1903）であろう。この危機において、ローズヴェルト大統領は、ベネズエラ政府が仲裁を申し出たのを機に海軍を派遣し、債権回収を求めて海上封鎖を実施した英独両国に仲裁を受け入れさせた。この際、イギリスが仲裁を受諾する前からモンロー・ドクトリンへの理解を示したのに対し、ドイツは受諾後もサン・カルロス砦を砲撃した。後者の措置は大統領にとって「我慢のならない立場」の表明であった。[30]

この一件は、ドイツは米英よりも一段低い「準文明国」だという、かねてからの彼の印象を強める。もともとローズヴェルトは、ビスマルク・ドイツの軍国主義は「呪い」であり、「文明国が脱すべきもの」と見なしていた。それがベネズエラ危機以後は次のようにまで警戒心を募らせるようになり、その分だけイギリスに対する親近感を強めたのである。

ドイツの我々に対する態度は、将来において我々と激突する。[中略] ドイツは大きく成長している国家である。[中略] そして、ヨーロッパ外の問題におけるドイツの野望は非常に大きいので、我々と衝突するかもしれない。[31]

(二) 日露戦争・排日移民運動

意外かもしれないが、ロシアもまたアメリカのフィリピン領有を歓迎した一国であった。ロシアは、自国の中国における貿易政策に対するアメリカの疑心を取り除こうと、一八九八年八月一五日大連湾を自由港にすると勅令を発した。この際、ロシア駐米大使アーサー・カッシーニ (Arthur Paul Nicholas Cassini) は、国務長官ジョン・ヘイとの会談でロシアのアメリカに対する友好姿勢を次のように強調した。[32]

大連湾 [中略] において、アメリカはいつでも最も歓迎されるでありましょう。[中略。アメリカはロシアの] 勢力範囲内にある地帯において、ロシアと同じように自由に全ての通商上の特権を享受するべきです。[中略。アメリカが] ヨーロッパにおいて敵を有しているというのは間違った考えであります。[中略。アメリカの] 強さと力は世界的に認められており、アメリカと最も友好的な関係にあることがあらゆる国家の利益なのです。

ロシアは極東における米英連帯を恐れ、アメリカとの友好関係を演出しようとしたに過ぎない。だが、たとえそうであったとしても、経済的な機会平等をアメリカに与えるというロシアの表明は、アメリカにとって誠に歓迎すべきものであった。何故なら、翌年の一八九九年九月六日にヘイが発することになる門戸開放宣言の内容を見事に先取りしていたからである。ロシアは、フィリピンにおいても中国においても、親米的な姿勢を示していたわけである。

こうしたロシアによるアメリカへの接近にもかかわらず、大統領のロシアに対する評価は低いままであった。そのことが直截に語られたのは、義和団事件でのロシア軍の蛮行を聞き知った際である。曰く、ロシア軍はこの排外運動の鎮圧に参加した軍隊の中で「略奪と殺人において最悪」であり、ロシア軍は「良い軍隊だが、知性がなく、非戦闘員に対して非常に野蛮である。冷酷というよりも野蛮であり、悪魔というよりも大きな野獣」という他ない、と。[33] 野蛮なる語が文明の対義語だとするなら、これ以上低い評価はおそらくないであろう。

ところが、ローズヴェルトはロシアの進軍自体については、上記の酷評とは一見矛盾しているのではないかと思えるほどの高い評価をくだしていた。

ロシアがトルキスタンにまで、さらに詳しく言えば、満州にまで膨張して来た時、私は人類に対する大いなる恩恵を感じる。それは辛い任務であるが、しかし、文明の測り知れない利益のため、そして、とりわけ獲得された地帯の利益のための任務である。［中略］私はロシアがアジアに膨張するのを見て喜んでいる。

こうした評価が可能であったのは、ローズヴェルトが、ロシア軍は蛮行に走りながらも、「慢性的犯罪（chronic wrongdoing）」と「無能（impotence）」に陥った中国における国際警察活動に従事しているとみていたためである。[34]

ローズヴェルトは、「非文明国」の「慢性的犯罪」と「無能」を「文明国」による国際警察活動の要件としてみなしていた。「慢性的犯罪」とは、国際的なコミットメントを破り、領土内の外国人の生命と財産を守ることができないことを指す。「無能」とは、領土内の秩序を維持することができないか、あるいは対外的義務を果たすことができないことを指す。[35]先のベネズエラ危機におけるベネズエラも対外債務の支払いを滞らせたために「無能」とされたわけだが、中国は「慢性的犯罪」と「無能」の両方の要件を満たしたと判定された。

大統領の中国人に対する蔑視は凄まじく、中国はアメリカが絶対に見習ってはならない反面教師だと、散々な言い方で繰り返し説いている。

中国人は、もし［経済的な］豊かさに溺れている上に防備がなければ、国家として存在しようと試みることが全く馬鹿げた話であるという実地教育を我々に施している。

中国は、この世界において、好戦性を失い、孤立主義の安逸に邁進して来た国家は、男らしい冒険心に満ちた気質を失っていない他の国家の前に屈する運命にあるということを教えている[36]。

ローズヴェルトの説いたところでは、当時の中国は、自国の秩序を独力で護れず、在中のアメリカ人の権利や財産も保護できない国家であった。その原因は中国人が人種的頽廃の様相を呈していることにある、と彼はみた。その分析によれば、中国人は軍事的美徳を失って「軍事的職業を見下し」、その政府は中央集権を欠いた「属州の集合体」に過ぎなかった。したがって、中国人は国民としての結束を欠き、中国は致命的に弱体であるとみなされた[37]。

こうした中国観に立っていた彼は、中国人が「文明国」の法の下の正義に基づく裁判を執り行えるはずがなく、法とは何かも理解できるわけがないと決めつけた。ローズヴェルトは、フィリピン人について民主的自治の能力がないと述べていたが、中国人に対しては彼ら以上に低い評価を下していた[38]。つまり大統領は、中国を「慢性的犯罪」「無能」の象徴とみていたのである。

だからこそローズヴェルトは、ロシア軍の暴虐非道にもかかわらず、その進軍を文明の普及につながると歓迎したのである。しかしながら、こうした好意的態度はすぐに逆転した。そもそも彼は、ロシアが「我々が進歩と見なすことに慣れているものとは全く反対の路線に沿って」発展してきたと感じていた。ロシアが民主主義ではなく専制主義を採用しており、対外関係において外交よりも軍事に恃むことが多かったからであろう。それでもローズヴェルトは、そのロシアが中国における国際警察的義務を果たすことを通して、「我々がロシアと協力できるぐらい充分なほどに早く文明の面で成長し、アジアにおけるその領分においてスラブ文明を次第に膨張させることができるようになる」ことを期待したのであった。[39]

ところが、ロシアはその期待を裏切る行動に出た。ローズヴェルトは、ロシアによる満州撤兵の宣言の度重なる撤回に「不正直さ」を感じて苛立ちを募らせ、キシニェフでのユダヤ人虐殺の報に接してからは怒りさえ憶えた。ロシアの満州における行動はアメリカの門戸開放政策に抵触しており、大統領は、満州の一件に関して「私がある極端な行為に及んでもアメリカ国民は私を支持するとの確信を年々強めている」という有名な言葉を漏らした。[40]かくして、ロシアもドイツ同様に「準文明国」の烙印を押された。

しかしながら、アメリカ世論は大統領に満州のためにロシアと干戈を交えることなど期待していなかった。ローズヴェルトもそのことを知悉していた。そこで彼は、満州をめぐってロシアと対峙していた日本に、アメリカの代行者としてロシアに対し国際警察力を行使することを期待した。義和団事件において、日本軍が「列強の中で最も有能」であり、かつ、最も規律正しく行動したことに感銘を受けたからである。[41]日本は日英同盟を締結し、そのおよそ二年後にその期待を現実にした。

満州の荒野での日本の勝利が明白になり始めた頃から、大統領は講和の仲介に乗り出し始めた。一つには、日本がロシアに完勝すれば、中国における日本の行動を抑制することがはなはだ困難になると判断したからである。それだけでなく、ローズヴェルトは、イギリスが日露戦争の継続を望んでいることを感じていたが、イギリスの思惑通りに日本とロシアが戦争を継続すれば、著しく疲弊することもまた憂慮したのである。[42]

ポーツマス条約の内容は、賠償金の支払いは認められなかったものの、ロシア国内が暴動や反乱で不穏な雰囲気に包まれていたことを加味して考えても、日本に有利だったと言えよう。その理由を大統領は、「日本は偉大な文明国である」から、「可能な限りの礼譲と寛容さを以て」遇したいからだと明かした。[43] 彼は、国際警察的義務を果たした「文明国」としての日本に相応な褒賞を与えたかったのである。

ローズヴェルトの日本に対する評価は高かった。彼は、ハーヴァード大学の同窓生で、大統領への使者として日本から派遣されていた金子堅太郎に、将来日本が、アジアにおいてモンロー・ドクトリンを実施し、中国における門戸開放政策を支えて欲しいとまで語った。後年になってもローズヴェルトは、日露戦争は「アジアにモンロー・ドクトリンがなかったから」勃発したと漏らした。[44] 日本の疲弊を望まなかったのは、日本がアジアへの西欧文明の伝達者として機能するという将来像が頭の片隅にあったからであろう。

だが、それはあくまでも未来への期待であった。日露戦争時のローズヴェルトは、実際には、日本が米英とは「異なる動機と思考法を持った、恐るべき型の文明国となる」と予想した。のみならず、アルフレッド・マハンの指摘を待つまでもなく、ローズヴェルトは、アメリカ国民の中に、中国を「商業に大いなる利益をもたらす決戦場」と捉え、中国市場への期待感を強く持っている者がいることを十二分に知っていた。ゆえに、日本が中国本土を勢力範囲とすることは認め難かった。[45]

結果としてローズヴェルトは、日本に与えるべきものを与えた上で、自国の海軍力を増強することにした。アメリカが「第一級の海軍」を維持すれば、日本の野望は中国と本土を結ぶ太平洋にではなく、本来の死活的利害である「韓国と南満州に向けられる」と判断したからである。日英同盟の改定を支持し、桂‐タフト協定を承認したのも、日本が太平洋に覇を唱えることがないよう「賢明で合理的になる誘因を与える」ことにあった[46]。

ところが、日本の国民感情を逆撫でする事件がアメリカで起きてしまった。第六章第二節でも触れたアメリカ西海岸での排日移民運動である。アメリカ政府の対応については繰り返す必要はないと思われるが、ローズヴェルトの日本に対する見方が変化したことには触れておく必要がある。この不幸な事件が起こったのは、折しもアメリカで日本の国力に対する不安が生じ始めた時であった。

そのため、アメリカ国民が日系移民を排斥したことへのローズヴェルトの衝撃は大きかった。この一件は、日本国民が英語国民と「文明の程度と淵源を異にする人々」であり、後者が「理解することも理解されることも非常に困難」なので、両者が「接触するのは、はなはだ不得策である」という彼の印象を決定的にした。日米がともに文明の進歩のために前進するという理想の未来の到来は、さらに遠のいたのである[47]。

この危機を通じて、日本は米英とは異質の文明国であると断じられた。では、先に問うた中国の文明化はどの国家が担うのか。ローズヴェルトの考えは、中国が独力で文明化する他ないというところに落ち着いたようである。一九〇七年には、中国人にアメリカ留学を通じてアメリカの「文明の作法」を習得させることにより、中国の文明化を援助しなければならないと演説した[48]。ほとんどの中国人はアメリカでの排斥の対象となっていたため、このローズヴェルトによる「文明化」の支援は実にささやかなものであった。

されど、ローズヴェルトはアメリカに留学し帰国した中国人が、中国を「国境内の平和を維持し、国境外の侵略を招かないほどに強力」にする原動力となることを望んでいた。[49] 大統領は、中国の「文明化」の実現にはかなりの年月を要すると思っていたが、「文明国」に成長した中国が、日米を脅かすことなく門戸開放政策を支持することにより、日本とアメリカが中国を巡って衝突する理由もなくなることを期待したのであった。

(三) 第一次モロッコ危機

日露戦争とはイギリスの同盟国とフランスの同盟国による戦争でもあった。そのため、ローズヴェルト大統領は、この戦争には英仏協商に亀裂を生じさせる危険性があるとみた。日露戦争開戦前に彼が再度中国の領土保全を全列強に要求したのは、フランスが同盟国ロシアの側に立って、ドイツとともに中国分割に加わり、日英同盟と衝突する危険を予防するためでもあった。[50] この可能性は、第一次モロッコ危機（the First Moroccan Crisis）で独仏が対立したことにより解消されたが、この危機自体が新たな大国政治の焦点となる。

危機の始まりは、ドイツが、英仏協商が実際には機能しないことを示すため、フランスのモロッコにおける実効支配に挑戦したことである。フランスはモロッコに対し、陸軍と警察の再組織化の指導、財政管理、国内政治に対する介入の阻止といった国際警察活動を請け負っていた。このことをイギリスは、自らのエジプトでの優越権に対する承認と引き替えに、密かに認めていた。そこでドイツは、フランスがモロッコの主権を侵害し、その市場を閉鎖しているとして、この現状を変更するための会議の開催を要求する。[51]

当初ローズヴェルトは、モロッコの門戸開放にはアメリカの大きな国益は関わっていないと見なし、事態を静観していた。ところが、イギリスがドイツの開催要求を拒否したことに乗じて、フランスもこれを拒否しドイツに対する態度を硬化させたので、独仏間の戦争の勃発の危険が生じたと見た。大統領の見込みでは、陸上戦ではフランスが惨敗を喫するものと思われた。そうなれば、世界平和の必須条件たる英仏協商は破綻することになり、世界大戦を招きかねない。それは「文明にとっての真の不幸」であった。ここに至ってローズヴェルトは英仏に対し、フランス側に立つとの内諾を与えてアルヘシラス会議（Algeciras Conference）に参加するよう説得した。[52]

大統領が国務長官エリヒュー・ルートを通じて提案した和解案の概要は以下の通りである。

（一）モロッコの警察部隊に対する指導権は、引き続きフランスおよびスペインが保持する。

（二）この部隊が、ドイツが求めていた門戸開放を八港において保障する。

（三）モロッコの財政管理については、フランスがその株式を最も多く占めるモロッコ国立銀行が関税の預金先となり、ドイツを含めた列強からなる会計委員会がこれを監督する。この関税収入は、第一に警察部隊の養成に用いられ、第二にその他の公共事業に用いられる。[53]

この提案のうち、ドイツは（一）と（二）について反発した。ローズヴェルトは、（一）に関して、「フランスはモロッコに近接しているので、その防衛には正当な利益を有する」として、これ以上の譲歩をフランスに迫ることはできないとした。（二）に関しては、ドイツが、フランスは門戸開放を口実に将来の勢力圏分割を企図していると訴えたので、当初の八港から六港に数を減らして妥結させた。[54]

大統領は、仏独の双方に譲歩させつつも、フランスにモロッコの実質的な支配権を与えることに成功した。そして、ドイツは英仏協商の間に亀裂を生じさせるどころか、対米政策上は完全な敗北を喫した。すなわち、大統領の警戒心をますます煽り、「ドイツと友好的な関係でいるよりも［中略］イギリスとの友好的あるいはもっと友好的な関係を保つことの方がはるかに重要である」と確信させたのである。[55]

ヒエラルキーの可変性

以上の（一）から（三）までの経緯をまとめると、ローズヴェルトは国際警察活動の主体たるための諸条件について、以下のように捉えていたことが分かる。

（ア）アメリカの死活的利益が関わる地域においては、アメリカのみが国際警察活動に従事できる。

（イ）アメリカの大きな利益は関わっておらず、今後も関わることはおそらくないと思われる地域では、国際警察活動の対象となる地域に近接し、かつ、文明の程度がアメリカに近似する一国に担わせる。

（ウ）アメリカの大きな利益は関わっていないが、今後は利益を増大させたい地域では、（イ）の基準に該当しそうな国家に、「慢性的犯罪」を犯した「準文明国」に対して、制裁として国際警察力を行使させる。

（エ）ただし、（ウ）で国際警察力を行使した国家が実は（イ）の基準に該当しない「準文明国」と判明した場合は、それが地域覇権国（regional hegemony）となることを他の「文明国」と協力して抑止し、同時に、アメリカの国益に適う「非文明国」が文明化することを促し、自ら国際警察活動の主体となる時を待つ。

以上の四つを踏まえると、ローズヴェルトがアメリカ、イギリスそれにフランスを加えた三国を、国際警察活動に従事するに相応しい「文明国」列強と断じていたことが改めて判明する。このことは、彼が一九〇九年に、アメリカによるフィリピン統治とフランスによるアルジェリア統治とに並んで、イギリスによるインド統治を「計り知れない福利」をもたらし「文明の名誉と利益」に貢献している、として賞賛したことともつじつまが合っている[56]。

けれども、注意を要することは、ローズヴェルトは「準文明国」が永久に「準文明国」のままだとは考えていなかったということである。彼はその歴史研究から、あらゆる国家は、前もって文明にも野蛮にも運命づけられていないと考えており、米英の自治制度を受容できるとの確信を得ていた[57]。むしろそうでなければ、世界は平和たり得ないとさえ思っていた節もある。

であるから、ローズヴェルトは「準文明国」は正しく導かれさえすれば「文明国」に成長することが可能だと考えていた。「文明国」が増加するということは、彼の世界秩序の見取図の中では、それらの国々が各々の勢力範囲で国際警察活動を担うようになることを意味した。それは、「世界的事業」の達成効率の観点からも歓迎されることであった。だからこそ、(二)で見たように、ローズヴェルトは「準文明国」に転落した国家に対して、「文明国」が国際警察活動を行うべきとしながらも、その双方が疲弊しないように介入したのである。

「平和連盟」構想

日露戦争での講和の仲介が評価されて、ローズヴェルトは大統領退任後の一九一〇年にノーベル平和賞に輝いた。受賞演説の準備のため、彼は、それまでの対外関係についての論考と大統領在任中の外交体験とを振り返り、その集大成として「平和連盟」構想をまとめた。大変長い演説であるが、要点を挙げると次の六つになる。[58]

（ⅰ）全ての「文明国」は、自らの死活的国益、国家的名誉、領土の保全が関わる場合を除いて、互いの間で生じうる係争を解決する仲裁条約を締結し、友好関係を保つ。

（ⅱ）「文明国」に該当する大国群は「平和連盟」を結成し、連盟国以外の国家によって小規模の「文明国」群の平和が破壊されることを必要とあらば武力を以て抑止する。

（ⅲ）いつの日か来るこの「平和連盟」の確立が、アメリカが一九〇七年の第二回ハーグ平和会議でその創設に尽力した常設仲裁裁判所が下した判決の有効性を強化するであろうと期待する。

（ⅳ）「非文明国」との仲裁条約の締結は文明社会の法的紐帯を損なうので、これを保留しつつも、「文明国」諸国は国際警察活動を通じて「非文明国」諸国の進歩を促していかなければならない。

（ⅴ）「非文明国」に対する国際警察活動は、義和団事件での共同出兵のような「崇高な理想を持った複数国による共同行動ではなく、たとえ崇高な理想を持っていなくとも、一国による単独行動の方が効率的で望ましい」。何故なら、共同行動は「文明国」間の平和を乱す原因になりやすいからである。

(vi) 国際警察活動を担う大規模な「文明国」群は、各々が国際警察活動を展開する地域に勢力範囲を築くことになるが、「それぞれの列強が自らの勢力範囲を持てば、アメリカはそれを尊重」する。

つまり、ローズヴェルトが構想した「平和連盟」とは、多極協調の分割統治を通じての集団安全保障体制であった。法に基づく国際平和の理念に賛同し協調するいくつかの「文明国」は、それぞれ近隣の勢力範囲において国際警察活動に従事し、そのことによって文明社会の膨張と維持を図ることによって、世界に平和をもたらす。これがローズヴェルトの思い描いた世界秩序であった。

彼の予測では、「平和連盟」が創設されるのは、ドイツ、ロシア、日本をはじめとする「準文明国」が文明化し、アメリカ・イギリス・フランスに追いついた時であった。その時点での国際関係においては、「文明国」の大国群は「死活的国益、国家の名誉と独立」が関わっている場合を除いて、基本的に相互の利害対立を仲裁裁判によって解決するため、「海軍と陸軍を国内および国際警察活動の必要性を満たすに足る程度にまで削減することができる」。よって、世界的軍縮が実現する、というわけである。[59]

この国家間の利害対立の解消法は、大統領在任中のローズヴェルトが実践してみせたと思っていたものである。イギリスは、ジョン・フィッシャー (John Fisher) が第一海軍卿に就任した一九〇四年頃、北米艦隊を西半球から撤退させ、同地域のイギリス植民地はアメリカ海軍の庇護に任せることに決した。ローズヴェルトはイギリスの決断に大変満足し、一九〇五年には米英間の戦争の可能性が消失したと判断していた。その後米英両国は、ニュー・ファウンドランドでの漁業権を巡って争った。この際、アメリカ政府はこの問題は常設仲裁裁判所での仲裁にかけることを提議した。そうすることが「世界のあらゆる文明国間に生ずる意見の差異を調整する、平和的かつ友好的な手法の広がりを推し進める重要な一歩となる」ことを願ったからであった。[60]

しかしながら、「平和連盟」はまだ遠い夢であった。後年、国際連盟へのドイツ、ロシアの加盟をウッドロウ・ウィルソンが提案した時、ローズヴェルトは、両国は国際的なコミットメントを利己的に破棄してきたゆえに未だ「文明国」たり得ないため、連合国との同時加盟は却って連盟の精神を傷つけるとして、他の膨張主義者たちとともに断固反対した。[61] ローズヴェルトにとって、「準文明国」と「非文明国」が数多く存在する世界は、先述の（ア）（イ）の地域からのみ成り立つことはできず、（ウ）の地域を依然として抱えたままだったのである。そのような現状では、米英は海軍力の増強を続け、フランスと共に「準文明国」が世界秩序の安定を揺るがさないように奮闘しなければならない。これが大国政治を体験したローズヴェルトの下した結論であった。

第三節　内政と外交の連関

『文明の衝突』論の先駆

第一節からこれまでの議論を合わせて考えると、ローズヴェルトの「平和連盟」構想は、当時の衰退論から生まれた、内政においては国民を糾合し、外交においては諸国家を糾合する大戦略であったことが分かる。このことは、優れて現代的な意味を持っている。ローズヴェルトが、故サミュエル・ハンティントンの『文明の衝突』論を先取りしたとみることが可能だからである。

ハンティントンによれば、「アメリカの国家としてのアイデンティティは文化的には西欧文明の遺産によって規定され、政治的にはアメリカ人が賛同するアメリカ的信条によって規定されてきた」。だが後者は、多民族・多人種・多宗教がもたらす「多文化主義」ゆえに「永続的な社会を築く基盤としては不安定である」。したがって、アメリカの国家の一体性にとって重要なのは前者となるが、これを強化する方策は、同じ西欧文明に属するヨーロッパとの一体性を「再確認することにある」とされている。

ハンティントンは、上記の方策は、二一世紀の世界秩序においても欠かせないと続けている。彼の国際認識においては、冷戦の終焉後「アメリカの覇権は後退しつつある」。したがって、アメリカはその優越を長持ちさせるために、西欧文明が普遍的ではなく、独自のものであることを認め、「ヨーロッパと緊密に協力し合う汎大西洋主義の政策を採用」し、ヨーロッパと「共有する文明の利益と価値を推し進めるのが最善」であると結論した。[62]

このハンティントンの主張には、ローズヴェルトが絶えず念頭に置いていた「古株」の純血主義を思わせるものがある。ローズヴェルトはかつて「古株」の文化制度に同化しようとしない移民の流入の阻止を熱心に提唱したことがあった。だが、アメリカが主権在民を国是に掲げる多民族国家であることは変えようのない現実であった。このことに対するローズヴェルトの理解は、公務に就いてから一層深まった。なぜなら移民を全面的に排斥することは政治的にも不可能だからである。彼の関心は、移民の同化をより積極的に推し進めるための国民共通の体験へと移った。[63]

ゆえにローズヴェルトは、国際警察活動をアメリカ国民に担わせようと奮闘したわけだが、彼の移民観は基本的には変わらなかった。とすれば、「平和連盟」による国際警察活動には隠された意図があったと考えても間違いではないであろう。その意図とは、移民がアメリカに入国する前にアメリカの諸制度にある程度同化している状態を生み出すことである。ローズヴェルトの表現になぞらえれば、イギリスやフランスといったアメリカと同等の「文明国」の大国群と力を合わせて、アメリカにやって来る移民の母国を「文明化」することである。

ローズヴェルトの「平和連盟」構想は、以下の三つの点でハンティントンの議論とは明確に異なる。すなわち前者が、第一に、西欧文明の普及に協力する文明国を後者よりも少なく想定すること、第二に、西欧文明は世界に普及できるだけの普遍性を有すると考えること、したがって第三に、自国の膨張は周辺地域に限られるが、西欧文明そのものが膨張する対象地域は世界大とすること、である。とはいえ、「アメリカの世紀」たる二〇世紀の始まりにアメリカを率いた国家指導者ローズヴェルトと、その終わりにアメリカの知性を代表した国際政治学者ハンティントンが、ともに、多文明から構成される世界秩序の中で自国が衰退傾向にあるという認識の下で、国家戦略の根幹に自国の一体性の保持を据えたことは確かである。

コンセンサスの成立と世論の未成熟という課題

セオドア・ローズヴェルトは一九一四年にも「正義の平和のための世界連盟」として「平和連盟」演説と同様の秩序構想を発表した[64]。彼は一九一九年に亡くなったが、彼以後のアメリカ外交は多国間主義的膨張主義を軸の一つとする。事実、ウッドロウ・ウィルソンが国際連盟を、フランクリン・ローズヴエルトが国際連合をそれぞれ提唱した。アメリカは、国際連盟には常任理事国となることを期待されながらも加盟しなかったが、国際連合には安全保障理事会常任理事国として加盟した。

ただし、フランクリン・ローズヴェルトがセオドア・ローズヴェルトの外交思考の遺産を継承したことは概ね認められている通りだが、ウッドロウ・ウィルソンもそうしたかについては異論があるに違いない。ヘンリー・キャボット・ロッジやエリヒュー・ルートといった膨張主義者たちが、アメリカを国際連盟に加盟させなかったからである。彼らがウィルソンの国際連盟案に対する批判の中で強調したのは、諸国家が世界平和のために連盟を結成するのであれば、それは、アメリカを含めた「連合国から始まり、連合国に対する追加物としてのみ受け入れられるべき」で、「今次大戦を闘い抜いた連合国の連盟」でなければならないということであった。[65]

なぜなら、そうした連盟が「平和連盟」に最も近い国際連盟だったからである。そして、膨張主義者たちは、連合国との「同盟」に類する緊密な協調関係こそが、「二度と世界の平和と自由と文明に対して脅威を与えない」ようドイツを封じ込めるだけの軍事的根拠を提供するに足る実体を備えていると考えていた。よって膨張主義者たちは、ウィルソンに対して「国際連盟［中略］に対してよりも、［イギリスとフランスを中心とする］連合国の側に立つことにもっと注意を向け」ることを求めた。[66]

これに対して、ウィルソンは、そもそも国際連盟の構成国を連合国に限定することに反対であった。その理由は大きく三つある。一つ目は、ドイツを国際秩序に復帰させるべく連盟に加盟させたかったからである。二つ目は、主権平等の原則から小国も連盟に加盟すべきとしたからである。三つ目は、民族自決の原則に基づいて領土問題を解決しようとしたからである。[67] けれども、このいずれについても後にウィルソンは政治的に妥協し、膨張主義者たちの主張に接近していく。
一つ目のドイツの国際連盟への加盟については、ウィルソンがアメリカのアングロフィルたちから「親ドイツ的」と揶揄されていたことを思い起こせばよい。大統領は、そもそも第一次大戦の開戦原因がドイツだけにあるとは考えておらず、アメリカの参戦も望んでいなかった。彼がドイツに宣戦布告したのは、ドイツが無制限潜水艦作戦によってアメリカの通商を妨害し、有名なツィンメルマン電報（the Zimmermann Telegram）によってドイツのメキシコ侵略の意図が露呈されたからであった。
それでもウィルソンはアメリカの中立的立場を、戦争当事国に対する道徳的優越を留保する手段として捉えており、アメリカを連合国ではなく「提携国」と称した。ドイツとの講和の兆しが見えるや否や、彼はドイツに講和交渉を促すため「勝利なき平和」演説を行った。その内容は、ドイツに対する軍事的勝利を目指していた連合国の神経を逆撫でした。なぜなら、全ての国家が国際連盟に加盟することを望んでいた大統領は、ドイツもその例外ではないと確言したからである。[68]
ところが、パリ講和会議において、ウィルソンは、ドイツと東部国境を接しドイツ軍の侵略を許したフランスが対独安全保障をいかに強く求めているかを実感した。多くの犠牲を払った同国にとって、ドイツの国際連盟への加盟を容認することは行き過ぎた宥和であった。フランスの頑強な抵抗はウィルソンの大志たる国際連盟の成立そのものを危うくする恐れがあった。ゆえに、彼は同国の要求を飲むことを選んだ。[69]
二つ目の主権平等の原則については、米英首脳間で国際連盟規約に関する協議が水面下で行われていた時のウィルソンの行動をみればよい。一九一八年六月、エドワード・ハウスはウィルソンに対し、

「より小さな小国群を［連盟に］加盟させれば、［一国一票の］平等な投票権の問題がほとんど克服できない問題となる」との理由で、「連盟［の構成国］を大国に限定する」ことを提案した。だが、ウィルソンは自分の規約案からその提案を削除する。[70] これにより、国際連盟は、最高議決機関たる総会において全ての加盟国に平等な議決権を与えることとなった。

けれども、実際にパリ講和会議で大国政治に直面した時、ウィルソンはイギリスおよびフランスとの協調を重視し、より膨張主義者に近い立場をとるようになった。一九一九年一月の十人委員会（the Council of Ten）において、大統領は自らが「提携国」と呼んだ列強首脳と協議した際、大国だけで連盟規約を創案し、小国にはそれを再検討させることを提案した。これにより、実質的に小国は連盟規約のプロセスから排除されることになった。[71]

三つ目の民族自決の原則については、ウィルソンが「調査機関」に命じて作成させ、一九一八年一月に世界に向けて発表した戦後構想である「一四箇条の平和原則」から考えればよい。この中で、ウィルソンは、一九一五年のロンドン条約（Treaty of London）を否定した。ロンドン条約とは、英仏露の三国協商がイタリアを連合国側に立って対独参戦させるために、戦後「未回収のイタリア」を含めた領土をイタリアに返還、割譲するか、もしくは保護国化を許すことを秘密裏に約した条約である。[72]

イタリアに与えられるはずだった領土の中で「一四箇条」と特に抵触したのが、敗戦国の旧植民地領土であった。具体的には、アフリカおよびアジア・太平洋の旧ドイツ植民地、バルカン半島西岸の少数民族地域、オスマン・トルコの地中海沿岸などの中東地域である。ロンドン条約とウィルソンの要求との齟齬を受けて、南アフリカ首相ヤン・スマッツ（Jan C. Smuts）は委任統治制度を提案した。[73] 委任統治制度とは、国際連盟の委任を受けた国家が、国際連盟理事会の監督下において一定の非独立地域を統治する制度である。

この委任統治制度に参加する加盟国に、ウィルソンは小国をも加える意向を示したと言われている。一九一九年一月には、ロンドン条約を否定するに及んで、「あらゆる新国家は、諸国家の総体に対する責任において、［世界］人民の大多数に与えられているのと全く同一の地位と待遇を、法律においても実際においても、あらゆる人種的少数者そして小国に対し与えるという厳粛な義務を負うべきである」と述べている。[74] これによって、「会議外交」の場として想定されていた国際連盟理事会は、小国の代表委員を非常任理事国として迎えることになった。

こうしたウィルソンの小国の権利に対する配慮は、民主党の支持基盤であるアイルランド系アメリカ人に、祖国アイルランドの解放につながるという期待を持たせた。されど、これは淡い期待に過ぎないことがやがて判明する。ウィルソンには、イギリスとの協調を犠牲にしてまで民族自決の原則を追求する心理的用意はなかった。その協調がなければ、国際連盟の創設はもちろん、戦後処理も成し得なかったからである。ウィルソンがフランスとの関係も重視したことは、ほぼ全ての委任統治領がイギリスとフランスに託されたことに顕かである。[75]

以上をまとめよう。ウィルソンもまた多国間主義的膨張主義を支持したのである。彼はローズヴェルトやロッジと同じくアングロ・サクソンの人種的優越を信奉していたが、彼ら膨張主義者のような階層が幾重にも分かれた世界秩序観を共有しなかった。むしろウィルソンの世界秩序観は、アメリカが頂点に立ち、それ以外は平等というものに近かったと考えられる。大統領は、「調査機関」のメンバーたちとともにパリ講和会議へ赴く船中において、アメリカ国民が「唯一私利私欲のない公平な国民」である以上、連盟規約の草案もできる限りアメリカ単独で作成し、連盟における主導権もアメリカが握るべきとの見通しを語っていた[76]。

けれども、実際に大国政治を経験した時、ウィルソンは積極的単独主義から多国間主義的膨張主義へと自らの立ち位置の比重を移していった。世界秩序を安定的に運営するためには、イギリスおよびフランスとの協調が不可欠だという膨張主義者たちの教訓をウィルソンも共有する他なかったのである。この教訓は、ウィルソンがアメリカにいる間、彼の「右腕」だったエドワード・ハウスが何度となく助言し続けていたことであった。

では、ウィルソンと膨張主義者たちは何をめぐって対立したのであろうか。両者の間には種々の議論が交わされたが、最終的な論点は連盟規約第一〇条に留保条件を付すか否かであった。第一〇条は、国際連盟加盟国が侵略を受けた際、アメリカを含む国際連盟理事会が問題解決の義務を負うと言う規定であった。この規定が、国家の一体性についてまだ十分な自信を持てないでいた膨張主義者たちに、アメリカの野放図な対外関与を招き、国家を分裂させるのではないかとの懸念を抱かせたのである。この懸念について、共和党内の留保条件付批准派の中心人物であったエリヒュー・ルートは次のように述べている。

我々は、「外国生まれの、あるいは、外国人を両親とする」人々に、あらゆるアメリカの係争においてアメリカを支持するよう頼むことがあり得る。しかし、もしアメリカが外国の係争に干渉し、それらの人々が伝統と気分の面で愛着を憶えている国々に反対する立場をとるとすれば、我々はいかにして、それらの人々の共感と行動を統御できるのであろうか。［中略］我々はいかにして、我々自身の大義のためではないにもかかわらず、我々が彼らの母国の友人たちに反対して介入した場合に、それらの人々の我が政府に対する敵意や不忠を統御できるのであろうか。[77]

ルートがこのような不安を口にした訳は、アメリカが第一次大戦に参戦する以前のドイツ系及びアイルランド系アメリカ人による不戦運動の記憶が新しかったこともある。だが彼には、もっと深刻な懸念材料があった。それは、アメリカ世論が世界的な対外関与に相応しいほどの成熟を経ていないと見受けられたことである。ハミルトニアンたるルートは、もともと大衆に対して深い懐疑心を抱いていた。一九一五年上院議員の選出が直接選挙によって行われることが可決された際、彼は議員辞職によって抗議の意を表明した。こうした大衆に対する不信感が対外政策についても及んだ直接の原因は一九〇六年の排日移民運動である。この時国務長官だったルートは、国際政治の諸問題の解決は諸国家の専門家集団に委ねられるべきだとの念を強くした。[78]

ルートは、世論の賢明さを疑うがゆえに、アメリカの対外関与の範囲については慎重であるべきと信じ、第一〇条に留保条件を付すことを要求したのであった。この考えは、エドワード・ハウス、フランク・ポークといったウィルソン政権を支えた人々にも伝達された。国家効率運動の改革勢力の一員としてルートやロッジとも度々接触していた彼らは、ルートが提示した条件を受諾すべきだとの見解でほぼ一致し、繰り返し妥協の糸口を探して大統領の説得を試みた。しかし、「被治者の同意」という民主主義の大義原則を信奉するウィルソンは、ロッジやルートの漸進主義を受け容れず、頑として妥協しなかった。[79]

要するに、アメリカが国際連盟に加盟しなかったのは、ウィルソンが、アメリカは未だ国家としての一体性を十分に持たず、アメリカ世論は成熟していないという膨張主義者たちの現状認識を共有しなかったからである。けれども、大統領の周辺でヴェルサイユ条約を何とか批准に持ち込もうと奮闘していた改革勢力の人々は、その認識を理解していた。であるから、彼らはルートの留保条件の提示を受諾しようとした。言い換えれば、ウィルソンを除けば、改革勢力のエスタブリッシュメントたちの間では、多国間主義的膨張主義についてのコンセンサスはある程度固まっていたのである。残された課題は、世論をいかに成熟させるかという問題であった。

アメリカが国際連盟への加盟を拒絶した後の一九二一年、ハウス、ポークといったウィルソン政権のローズヴェルティアンたちが、他ならぬルートを名誉議長に頂いてCFRを創設した。このアメリカ最初の外交政策シンクタンクの目的の一つは、「多様な意見の違いを許容し、［中略］多様な考えを寛容に受け容れることによって、アメリカ世論を導く」ことにあった。それは「世論は今後ますます、［外交］交渉における究極の裁定者であるだけではなく、即時かつ活動的な力となる」ゆえ、外交の実務経験者や学識者からなる専門家集団が議論し、世間に対して論考を発表することによって、世論の外交問題に対する習熟を促し国家の一体性を高めるためであった。[80] しかしながら、CFRのクラブハウスに前大統領ウィルソンの姿が見られることはなかった。

注

［1］Roosevelt to Edward Oliver Wolcott, September 15, 1900, Morison ed., *The Letters of Theodore Roosevelt*, 2:1397-1405; Roosevelt, "The Strenuous Life (1900)," *The Strenuous Life*, 8.

［2］Roosevelt to Raymon Reyes Lala, June 27, Morison ed., *The Letters of Theodore Roosevelt*, 2:1343. Marks III, *Velvet on Iron*, 140は、Roosevelt, *Gouverneur Morris*, Hagedorn, ed., *The Works of Theodore Roosevelt*, National ed., 7:322を引いて、ローズヴェルトももともとは民主的自治の輸出価値については懐疑的だったと主張しているが、マークスが依拠しているのはガヴァヌーア・モリス自身の見解としてローズヴェルトが引いているものである。

［3］Roosevelt, "Expansion and Peace (1899)," *The Strenuous Life*, 31-32.

［4］Lodge, *The Story of the Revolution*, 247.

［5］Adams, *The Law of Civilization and Decay*.

［6］Roosevelt to Lodge, November 28, 1896, quoted in Beale, *Theodore Roosevelt*, 259; Theodore Roosevelt, "Review of Brooks Adams's *The Law of Civilization and Decay*, *Forum*, 22 (January, 1897), 579.

［7］Roosevelt to Charles Henry Pearson, May 11, 1894, Morison ed., *The Letters of Theodore Roosevelt*, 1:376-377; Theodore Roosevelt, "Biological Analogies in History (1910)," Hagedorn ed., *The Works of Theodore Roosevelt*, Memorial ed., 14: 69-78, 86-88; "The World Movement (1910)," Ibid., 14: 258-85.

［8］Thomas G. Dyer, *Theodore Roosevelt and the Idea of Race* (Baton Rouge: Louisiana State University Press, 1980), 6-7.

［9］Roosevelt to George Ferdinand Becker, July 8, 1901, Morison, *The Letters of Theodore Roosevelt*, 3:112.

［10］Roosevelt to Anna Roosevelt Cowles, December 17, 1899, Morison ed., *The Letters of Theodore Roosevelt*, 2:905.

［11］社会主義への懸念については、Roosevelt to Thomas Collier Platt, May 8, 1899, Morison ed., *The Letters of Theodore Roosevelt*, 2:1004-1009. 労働問題の歴史的変遷については、ジョンソン『アメリカ人の歴史』II、四四四-四四八、四九三-四九八、五〇六-五〇七頁を参照。

［12］Roosevelt, "Biological Analogies in History," 88.
［13］Roosevelt to Frederick Jackson Turner, April 10, 1895, Morison ed., *The Letters of Theodore Roosevelt,* 1:440; Theodore Roosevelt, *The Winning of the West,* Hagedorn ed., *The Works of Theodore Roosevelt,* Memorial ed., 11:421.
［14］Roosevelt, *The Winning of the West,* Hagedorn ed., *The Works of Theodore Roosevelt,* Memorial ed., 10:14-17.
［15］Ibid., 10:22-25, 11:188-192. ターナーの議論は、"'The Significance of the Frontier in American History,' From Proceedings of the Forty-first Annual Meeting of the State Historical Society of Wisconsin," (1894; rep., Woodbridge: Research Publications, 1974).
［16］Roosevelt, *The Winning of the West,* Hagedorn ed., *The Works of Theodore Roosevelt,* Memorial ed., 8:4-5.
［17］Roosevelt to William W. Kimball, November 19, 1897; Roosevelt to Brooks Adams, March 21, 1898; Roosevelt to Mrs. John G. Graham, March 5, 1915, Morison ed., *The Letters of Theodore Roosevelt,* 1:717, 798; 8:907; Roosevelt, *An Autobiography,* 590; Roosevelt, *The Winning of the West,* Hagedorn ed., *The Works of Theodore Roosevelt,* Memorial ed., 11:276;
［18］Roosevelt to Peter Finley Dunne, January 16, 1900, Morison ed., *The Letters of Theodore Roosevelt,* 2:1134; Theodore Roosevelt, *Oliver Cromwell,* Hagedorn ed., *The Works of Theodore Roosevelt,* Memorial ed., 13:300.
［19］Roosevelt to Alfred Thayer Mahan, December 11, 1897, Morison ed., *The Letters of Theodore Roosevelt,* 1:741.
［20］Theodore Roosevelt, *American Ideals and Other Essays, Social and Political* (Philadelphia: Gebbie and Company, 1903), 21-25, 233, 242; Theodore Roosevelt, "Annual Message of the President," United States Department of State, *Foreign Relations of the United States, Part 1* (Washington, DC: United States Government Printing Office, 1907), xxi-xxii; Roosevelt to Osborne Howes, May 5, 1892, Roosevelt to David Gray, October 5, 1911, Morison ed., *The Letters of Theodore Roosevelt,* 1:279, 7:406-407.

反膨張主義者の一人だったチャールズ・エリオットは、事あるごとにローズヴェルトと衝突した。中でも興味深いエピソードが、フットボールのルールを巡っての一件であった。一九〇五年のある日、エリオット学長がハーヴァード大学において、フットボールの試合中の暴力が収まらないようならばこれを禁じると表明した。すると、ローズヴェルト大統領はこれに対抗して、その一〇月に、ハーヴァード、イェール、プリンストンの各大学の代表者を集め、フットボールの「あまりに女々しい基準」にならぬようルール改定に臨んだ。この一件には、両者のスポーツに対する姿勢、男らしさについての考え方の違いがよく現れている。Roosevelt to Frederic J. Stimson, quoted in Dalton, *Theodore Roosevelt*, 290.

[21] Theodore Roosevelt, "State of the Union," (December 6, 1904), The Almanac of Theodore Roosevelt, "Primary Speeches, Addresses and Essays by Theodore Roosevelt," accessed November 29, 2016. http://www.theodore-roosevelt.com/trspeechescomplete.html/

[22] Gregory Russell, *The Statecraft of Theodore Roosevelt: The Duties of Nations and World Order* (Dordrecht, Leiden: Martinus Nijhoff Publishers, 2009), 134; John Milton Cooper, Jr., "Whose League of Nations?: Theodore Roosevelt, Woodrow Wilson, and World Order," in *Artists of Power: Theodore Roosevelt, Woodrow Wilson, and Their Enduring Impact on U.S. Foreign Policy*, ed. William N. Tilchin and Charles E. Neu (Westport: Praeger Security International, 2005), 172.

[23] Roosevelt to Lodge, June 19, 1901, Morison ed., *The Letters of Theodore Roosevelt*, 3:97.

[24] Roosevelt, *The Winning of the West*, Hagedorn ed., *The Works of Theodore Roosevelt*, Memorial ed., 10:3-26.

[25] Marks, *Velvet on Iron*, 197-198; David H. Burton, "Theodore Roosevelt and His English Correspondents: The Intellectual Roots of the Anglo-American Alliance," *Mid-America*, 53, no.1 (January 1971), 17.

[26] Roosevelt to Arthur Lee, November 25, 1898, quoted in David H. Burton, "Theodore Roosevelt and His English Correspondents: A Special Relationship of Friends," *Transactions of the American Philosophical Society*, 63, no.2 (1973), 37; TR to March 18, 1901, quoted in Beale, *Theodore Roosevelt*, 80.

なお、マハンは「イギリス帝国は対外問題において、アメリカの公式の同盟国ではないにせよ自然な同盟国である」との見解を公に表明していた。A. T. Mahan, *Retrospect & Prospect: Studies in International Relations Naval and Political* (Boston: Little, Brown, and Company, 1902), 32. ティルチンの解釈については、Tilchin, *Theodore Roosevelt and the British Empire*, 8.

［27］アメリカがハワイをとらなければ、ドイツがサモアをとるとの認識は米英双方で分かち合われていた。そして、イギリスは、アメリカがハワイを獲得すれば、やがてフィリピンに進出しアジア国際政治にアメリカが関わると正しく予測していた。C. S. Campbell, *Anglo-American Understanding, 1898-1903* (Westport: Greenwood Press, Publishers, 1957), 42-45.「大いなる和解」の全貌については、Perkins, *The Great Rapprochement*.

［28］Warren Zimmermann, *First Great Triumph: How Five Americans Made Their Country A World Power* (New York: Farrar, Straus and Giroux, 2004), 448-455; Thomas J. Noer, *Briton, Boar, and Yankee: The United States and South Africa 1870-1914* (Kent: The Kent State University Press, 1978), 73-78.

［29］TR to Henry White, March 30, 1896, Roosevelt to Arthur Lee, December 31, 1901, Morison ed., *The Letters of Theodore Roosevelt,* 1:523, 3:214.

［30］Warren G. Kneer, *Great Britain and the Caribbean, 1901-1913: A Study in Anglo-American Relations* (East Lansing: Michigan State University Press, 1975), 99; Roosevelt to Theodore Roosevelt, Jr., Morison ed., *The Letters of Theodore Roosevelt*, 3:423.

［31］Raymond A. Esthus, *Theodore Roosevelt and the International Rivalries* (Claremont, CA: 1970), 38; Roosevelt to Georgevon L. Mayer, April 12, 1901, Morison ed., *The Letters of Theodore Roosevelt*, 3:152.

［32］John Hay's memorandum of a conversation with Cassini, May 4, 1899, quoted in Edward H. Zabriskie, *American-Russian Rivalry in the Far East* (Philadelphia: University of Pennsylvania Press, 1946), 53.

［33］Roosevelt to Hermann Speck von Sternberg, November 19, 1900 and March 8, 1901, Morison ed., *The Letters of Theodore Roosevelt*, 3:5-6, 2:1428.

［34］Roosevelt to Spring Rice, August 5, 1896, January 2 and July 20, 1900, Roosevelt to George Ferdinand Becker, July 8, 1901, Ibid., 1:555, 2:1128, 1359, 3:112.

［35］James R. Holmes, *Theodore Roosevelt and World Order: Police Power in International Relations* (Washington, DC: Potomac Books, 2006), 110. 他の例としては、サント・ドミンゴが対外債務を履行できなかったことや、一九〇三年コロン

ビアがパナマ運河の譲渡契約を遵守しなかったことが挙げられている。Ibid., 169-170, 176-177.

［36］Roosevelt, "Address at Mechanics' Pavilion," May 13, 1903, quoted in Beale, *Theodore Roosevelt*, 181.

［37］Roosevelt, "National Life and Character," *American Ideals and Other Essays*, 107-109.

［38］Roosevelt to Hermann Speck von Sternberg, October 11, 1901, quoted in Beale, *Theodore Roosevelt*, 191.

［39］Roosevelt to Spring Rice, August 5, 1896, Morison ed., *The Letters of Theodore Roosevelt*, 1:555.

［40］Roosevelt to Hay, July 14, 1902, Roosevelt to Francis Butler Loomis, July 1, 1903, Ibid., 3:293, 478.

［41］Roosevelt to Theodore Roosevelt, Jr., February 10, 1904, Roosevelt to Spring Rice, June 13, 1904, Roosevelt to John Hay, August 29, 1904, Morison ed., *The Letters of Theodore Roosevelt*, 4:724, 829-833, 913; Michael H. Hunt, *The Making of a Special Relationship: The United States and China to 1914* (New York: Columbia University Press, 1983), 206-207; Charles E. Neu, *An Uncertain Relationship: Theodore Roosevelt and Japan, 1906-1909* (Cambridge: Harvard University Press, 1967), 17-18.

［42］Roosevelt to Spring Rice, March 19, 1904, Morison ed., *The Letters of Theodore Roosevelt*, 4:760; Theodore Roosevelt, "National Life and Character," Hagedorn ed., *The Works of Theodore Roosevelt*, Memorial ed., 14:214; Roosevelt to Whitelaw Reid, July 7, 1905, Morison ed., *The Letters of Theodore Roosevelt*, 4:1265-1266.

　イギリスは対独包囲網を形成するため、一九〇四年にロシアの同盟国フランスと英仏協商を締結し、やがてこれを三国協商へと発展させる見通しを持っていた。このため、日本がロシアを東北アジアに釘付けにし、そこにロシアの勢力が吸収されれば、ロシアの他地域への膨張を防ぐことができ、英露協商への道がより開きやすいと期待していた。Arthur Balfour's memorandum, December 22, 1903 and December 29, 1903, quoted in B. J. C. McKercher, "Diplomatic Equipoise: The Lansdowne Foreign Office, The Russo-Japanese War of 1904-1905 and the Global Balance of Power," *Canadian Journal of History*, 24 (December 1989), 301-309; Lansdowne telegrams to Michael Herbert, April 28, 1903, quoted in Iestyn Adams, *Brothers Across the Ocean: British Foreign Policy and the Origins of the Anglo-American 'Special Relationship' 1900-1905* (London: Tauris Academic Studies, 2005), 174.

［43］Roosevelt to Lloyd Griscom, June 16, 1905, attached in TR to Lodge, June 16, 1905, Morison ed., *The Letters of Theodore Roosevelt*, 4:1230-1231.

［44］Roosevelt to Kentaro Kaneko, August 23, 1905, Morison ed., *The Letters of Theodore Roosevelt*, 5:4. 後年金子はローズヴェルトの「委託」を満州事変での日本の行動を弁護することに用いた。Kentaro Kaneko, "A 'Japanese Monroe Doctrine' and Manchuria," *Contemporary Japan*, 1, No.2 (September 1932), 175-184; Roosevelt to Andrew D. White, November 2, 1914, Morison ed., *The Letters of Theodore Roosevelt*, 8:827.

［45］Roosevelt to Spring Rice, June 16, 1905, Morison ed., *The Letters of Theodore Roosevelt*, 4:1233-1234. Roosevelt to William Woodville Rockhill, Morison ed., *The Letters of Theodore Roosevelt*, 4:1184; Delber L. McKee, *Chinese Exclusion: versus the Open Door, 1900-1906* (Detroit: Wayne State University, 1977), 197; Jerry Israel, *Progressivism and Open Door: America and China, 1905-1921* (Pittsburg: Pittsburg University Press, 1971), 6-7; 麻田貞雄『両大戦間期の日米関係――海軍と政策決定過程』東京大学出版会、一九九三年、一七頁も参照のこと。

［46］Roosevelt to Leonard Wood, January 22, 1906, TR to Reid, September 11, 1905, Morison ed., *The Letters of Theodore Roosevelt*, 5:18, 135.

［47］谷光太郎『米国東アジア政策の源流とその創設者――セオドア・ルーズベルトとアルフレッド・マハン』山口大学経済学会、一九九八年、一三〇頁に引用。Neu, *Uncertain Friendship*, 19.

［48］Michael Hunt, *Frontier Defense and the Open Door: Manchuria in Chinese-American Relations, 1895-1911* (New Haven: Yale University Press, 1972), 172.

［49］Israel, *Progressivism and Open Door*, 49, 52. 傍点は引用者。

［50］Roosevelt to Spring Rice, December 27, 1904, Roosevelt to Charlemagne Tower, February 16, 1905, Morison ed., *The Letters of Theodore Roosevelt*, 4:1084-1088, 1122.

［51］Samuel Flagg Bemis, *A Diplomatic History of the United States* (New York: Henry Holt, Revised Edition, 1942), 571-589.

［52］Roosevelt to Reid, April 28, 1906, Morison ed., *The Letters of Theodore Roosevelt*, 5:468-475.

[53] Elihu Root to von Sternberg, January 29, 1906, in *Theodore Roosevelt and His Time: Shown in His Own Letters*, 3 vols, ed. Joseph Bucklin Bishop (New York: Charles Scribner's Sons, 1920), 1:489-491.

[54] Root to von Sternberg, March 7 and 17, 1906, Ibid., 494-499. Root to Henry White, November 28, 1905, quoted in Beale, *Theodore Roosevelt*, 371-372. ルートもローズヴェルトと同様に、英仏協商が世界平和のキーファクターであるとする側に立っていた。

[55] Roosevelt to Reid, June 27, 1906, Morison ed., *The Letters of Theodore Roosevelt*, 5:318-20.

[56] Theodore A. Cook to Roosevelt, November 2, 1908, quoted in Tilchin, *Theodore Roosevelt and the British Empire*, 222.

[57] Holmes, *Theodore Roosevelt and World Order*, 111.

[58] Theodore Roosevelt, "International Peace," (May 5, 1910), *American Problems*, Hagedorn ed., *The Works of Theodore Roosevelt*, Memorial ed., 18: 410-415.

[59] Roosevelt to Henry White, August 14, 1906, Morison ed., *The Letters of Theodore Roosevelt*, 5:348-49. ローズヴェルトの仲裁観については、Roosevelt to Lodge, January 6, 1905, Roosevelt to Lyman Abbott, June 8, 1905 and Roosevelt to Edward Grey, February 28, 1907, Ibid., 4:1094, 1208 and 5:601.

[60] Roosevelt to Arthur Lee, June 6, 1905, Morison ed., *The Letters of Theodore Roosevelt*, 4:1207; Whitelaw Reid to Edward Grey, July 12, 1907, quoted in Tilchin, *Theodore Roosevelt and the British Empire*, 183.

[61] Theodore Roosevelt, *Roosevelt in the Kansas Star: Wartime Editorials* (Boston: Houghton Mifflin Company, 1921), 191-192, 227, 233-234, 240-241, 262-263, 292-295.

[62] サミュエル・ハンチントン（鈴木主税訳）『文明の衝突』集英社、一九九八年、四六八-四八〇、四八八-四九四頁。

[63] Dyer, *Theodore Roosevelt and the Idea of Race*, 46, 123-135; Gary Gerstle, "Theodore Roosevelt and the Divided Character of American Nationalism," *The Journal of American History*, 86, No.3 (December, 1999), 1296-1301.

[64] Theodore Roosevelt, "How to Strive for World Peace," "An International Posse Comitatus," *New York Times*, October 18 and November 8, 1914, Hagedorn ed., *The Works of Theodore Roosevelt*, National ed., 16:53, 83.

〔65〕一般に、フランクリン・ローズヴェルトは、セオドア・ローズヴェルトからは国内・国際政治の現実に対する鋭い感覚とそれに基づいて対外政策を進める堅実さとを学び、ウッドロウ・ウィルソンからはアメリカ世論を説得するに足る強い理念の必要性を学んだとされている。Ronald E. Powanski, *Toward An Entangling Alliance: American Isolationism, Internationalism, and Europe, 1901-1950* (Westport, CT: Greenwood Press, 1991), 58-59; Mark A. Stoler, "The Roosevelt Foreign Policy: Flawed, but Superior to the Competition," *Debating Franklin D. Roosevelt's Foreign Policies, 1933-1945*, ed. Justus D. Doenecke and Mark A. Stoler (Lanham: Roman & Littlefield, 2005), 116-117.

　ただし、フランクリン・ローズヴェルトが、先に自らの外交思考の手本としたのはセオドア・ローズヴェルトの方であった。David Esposito, "Franklin D. Roosevelt and American Strategic Vulnerability," *Franklin D. Roosevelt and the Formation of the Modern World*, ed. Thomas C. Howard and William D. Pederson (New York: M.E. Sharpe, 2003), 49.

　膨張主義者の国際連盟に対する批判については、Theodore Roosevelt to Arthur James Balfour, December 15, 1918, Morison ed., *The Letters of Theodore Roosevelt*, 8:1415; Lodge to James Bryce, August 8, 1918 and Lodge to Henry White, April 8, 1919, quoted in Widenor, *Henry Cabot Lodge*, 285-286, 318-319.

〔66〕Henry Cabot Lodge and A. Lawrence Lowell, "Joint Debate on the Covenant of Paris," World Peace Foundation, *League of Nations* (Boston: World Peace Foundation, 1919), 2: 96-97; Theodore Roosevelt to Rudyard Kipling, November 23, 1918, Morison ed., *The Letters of Theodore Roosevelt*, 8:1404.

〔67〕ウィルソンの「諸国家の対等」と「民族自決」に対する考え方については、Erez Manela, *The Wilsonian Moment: Self-Determination and the International Origins and Anti-Colonial Nationalism* (Oxford, Oxford University Press, 2007), 21-26.

〔68〕Robert W. Tucker, *Woodrow Wilson and the Great War: Reconsidering America's Neutrality, 1914-1917* (Charlottesville: University of Virginia Press, 2007), 22, 35; Robert M. Saunders, *In Search of Woodrow Wilson: Beliefs and Behavior* (Westport: Greenwood Publishing Group, 1998), 84-86.

〔69〕Arthur Walworth, *America's Moment: 1918, American Diplomacy at the End of World War I* (New York: W. W. Norton &

Company, 1977), 269.

［70］House to Wilson, July 14, 1918, Seymour ed., *Intimate Papers* 4:24-25; House to Wilson, July 18, 1918, Ray Stannard Baker ed., *Woodrow Wilson and World Settlement* 3 vols. (Garden City: Doubleday & Page, Co., 1922), 3:79-87; House Diary, August 15, 1918.
　なお、ハウスの連盟規約案は「調査機関」の国際法専門家デイヴィッド・ハンター・ミラー（David Hunter Miller）らと協議の上で執筆された。

［71］Lloyd E. Ambrosius, *Woodrow Wilson and the American Diplomatic Tradition: The Treaty Fight in Perspective* (Cambridge: Cambridge University Press, 1987), 66-67.

［72］Wesley J. Reisser, *The Black Book: Woodrow Wilson's Secret Plan for Peace* (Lanham: Lexington Books, 2012), 61-62. 秘密であったはずのロンドン条約の内容をウィルソンが知っていたのは、イギリス秘密情報部（Secret Intelligence Service）ニューヨーク支部長ウィリアム・ワイズマン（William Wiseman）が、外相アーサー・バルフォアを説得し、ハウスを通じてウィルソンに条約案の写しを見せたためである。Fowler, *British-American Relations 1917-1918*, 198.

［73］George Curry, "Woodrow Wilson, Jan Smuts, and the Versailles Settlement," *The American Historical Review*, 66, no.4 (July 1961), 970-972.

［74］Seymour's Notes, December 10, 1918, Seymour ed., *Intimate Papers* 4:54; Arthur Walworth, *Wilson and His Peacemakers: American Diplomacy at the Paris Peace Conference, 1919* (New York: W. W. Norton & Company, 1986), 52-53.

［75］Alexander De Conde, *Ethnicity, Race, and American Foreign Policy: A History* (Lebanon: UPNE, 2002), 91. アイルランド系アメリカ人は、ウィルソンへの幻滅から彼の国際連盟を葬り去る勢力へと加勢した。Mohammed E. Ahrari, *Ethnic Groups and U.S. Foreign Policy* (Westport: Greenwood Publishing Group, 1987), 138.

［76］David Hunter Miller, *My Diary at the Conference of Paris* (Privately printed, the author, 1924), 1:370-373.

［77］Elihu Root to Henry Cabot Lodge, June 19, 1919, *Men and Policies: Addresses by Elihu Root*, ed. Robert Bacon and James Brown Scott (Cambridge: Harvard University Press, 1924), 271.

［78］Richard W. Leopold, *Elihu Root and the Conservative Tradition* (Little, Brown and Company, 1954), 74-77; Oliviero Bergamini, "Elihu Root, the League of Nations, and Republican Internationalism," in *From Theodore Roosevelt to FDR: Internationalism and Isolationism in American Foreign Policy,* ed. Daniela Rossini (Staffordshire: Ryburn Publishing, 1995), 76.

［79］エドワード・ハウスからの依頼で連邦議会との折衝窓口となっていたフランク・ポークと、ジョン・デイヴィスとは、第一〇条に留保条件を付帯させてヴェルサイユ条約を批准する方が良いとの判断に立っていた。Auchincloss Diary, January 31, February 8 and 10, 1919; Pork Diary, March 1, 11, 15, 1920; Elihu Root to Frank L. Polk, March 26 and April 6, 1919; John W. Davis to Polk, December 4, 1919, Polk to Davis, December 8, Polk Papers.

　ポークは、一九一九年三月、ロッジとの公開討論を行ったローレンス・ローウェルから、政治的妥協によって条約を批准させる余地があるとの提案を受け、これに同意を示してパリにいる講和交渉団に転送した。Walworth, *Wilson and His Peacemakers*, 191. また、一九二〇年一月には、イギリス外相エドワード・グレイが、ロッジの提案した留保条件をイギリス政府が飲むことによってアメリカの連盟加盟を支援すべきだとの見解を公にした。この際、ウィルソンは内政干渉の廉でグレイの辞任要求を行ったが、ポークはグレイの覚書を歓迎した。Ambrosius, *Woodrow Wilson*, 239.

［80］Archibald Coolidge, "Editorial Statement," *Foreign Affairs* 1 (September 1922), 1; Elihu Root, "A Requisite for the Success of Popular Diplomacy," Ibid., 4.

終章

アメリカ「外交政策エスタブリッシュメント」の限界

本書を締め括るにあたり、再度何を論じてきたかを確認したい。第一章では、セオドア・ローズヴェルトをはじめとする膨張主義者たちがワシントンDCにおいて築き上げたサロンや紳士クラブについて検討した。それらの私的な政治空間に集った政・官・財・軍の国家指導者たちが、公的な政治空間においては未だ成立していなかった、国家安全保障政策について討議する超党派集団を形成していたことを明らかにした。これによって、膨張主義者たちと彼らの周辺にいた人々が後に「外交政策エスタブリッシュメント」と呼ばれるアメリカの世界戦略を策定し対外政策を実施する国家指導者層の原型であったことが判明した。

第二章から第五章は、そうした国家指導者層の創成に至る歴史的背景を論じたものである。第二章では、南北戦争以後アメリカの世界大国化を目標として着手されたアメリカの国家効率運動を検討した。これを推進した改革勢力は当時の世界標準たるヨーロッパの統治機構をモデルにした。そのことがアメリカのナショナリズムを刺激し、ポピュリストからの階級的反発を招いた。この反発を、改革勢力は能力主義を理念として提示し、それに内在する民主性を強調することによって乗り越えた。だが、金本位制をめぐる対立において見られたように、階級的反発は国家観の差異や経済格差から生じたものであるだけに根強かった。ゆえに、公的な政治空間での統治機構改革は貫徹されなかったことを指摘した。

第三章では、国家改革の停滞を打開する必要に迫られた改革勢力が、自らの陣営を拡大するために推進した教育制度改革を検討した。この改革は、ヨーロッパをモデルとし、アメリカ北東部の大学およびファイナル・クラブ、プレップ・スクールを中心に進められた。これらの私立教育機関は、新旧指導者層を合流させ一つの国家指導者層を形成する国家指導者の養成課程となった。ただし、この養成課程は能力主義という民主的な競争概念をその基本精神としながら、上流階級特有の排他性を温存した。そのために、国家指導者層は階級意識の強い集団として再編・強化されるに至ったことを解明した。

第四章では、国家指導者の養成課程を経験した改革勢力のコミュニティ内のマイノリティの半生を取り上げ、彼らの国家効率運動に対する態度を吟味した。これを通じて、国家指導者の養成課程が民主化を徹底しなかったために、その課程を経たにもかかわらず国家効率運動に反対する者を登場させ、改革勢力の拡大の範囲を制限したことを例証した。

第五章では、改革勢力が階級的に閉ざされていながら、それでも拡大していった背景として、国家指導者の養成課程を経て国家効率運動に献身することが階級上昇を実現する効果的な手段となったことを確認した。さらに、アメリカ経済に占めるニューヨーク資本の比重が大きくなるにつれ、北東部外の人々――特に南部出身の民主党員――もこの階級上昇の手段を利用したこと、そしてその結果として、改革勢力が超党派勢力として地域を越えて拡大していく要因となったことを論証した。

第六章から第七章は、こうして創成された国家指導者層の間にどのようにして多国間主義的膨張主義が根付いていったかを論じたものである。第六章は、ハワイ併合およびフィリピン領有をめぐる論争において生じた改革勢力内部における対立点を検証した。それによって、一見対外政策の世界標準化に賛成する膨張主義者の勢力と、これに反対する反膨張主義者の勢力とに二分されたかのように思われた改革勢力の間で、実際には、ハワイにはアメリカの国益、特に戦略的国益が関わっているが、フィリピンには関わっていないことで意見が合致していたことを示した。その上で、改革勢力を分け隔てた真の理由は、膨張主義者たちが反膨張主義者よりもずっと強い確信を以て、アメリカをヨーロッパ国際政治に関与させ、西欧文明の普及に努める「諸国家の集団」の一員としようと試みたためであったことを論じた。

第七章は、代表的な膨張主義者だったセオドア・ローズヴェルトの衰退論、大国政治の体験および「平和連盟」構想の分析を通じて、多国間主義的膨張主義の思想的・歴史的成り立ちを論じた。これによって、多国間主義的膨張主義が、多民族国家アメリカの国家としての一体性の保持を目的として、内政と外交とを連関させる戦略的概念だったことを解き明かした。膨張主義者たちの多国間主義的膨張主義は、ウィルソン政権におけるローズヴェルティアンたちにも共有された。以後、アメリカ外交は多国間主義的膨張主義を概念的支柱の一つとしたことを述べた。

以上の検討を通じて、本書は、第一次大戦よりも前に、後に「アメリカの世紀」を創出するアメリカ「外交政策エスタブリッシュメント」と呼ばれる国家指導者層の素地が形成されていたことを立証した。この形成の担い手となったのは、アメリカのグローバリゼーションへの対応として行われた国家効率運動に参画した改革勢力であった。改革勢力の中でもアメリカを国際政治に関与させることに一層の情熱を燃やしたのは、マグワンプよりも一世代若い、膨張主義者と呼ばれる国家指導者たちであった。

膨張主義者たちは、マグワンプたちと異なり、アメリカの経済的国益よりも戦略的国益を重視し、大国間の世界政治にアメリカを参入させるに際しても、明確な世界秩序像を描こうとした。その営みは、内政と外交の調和という民主主義国家にとって途轍もなく困難な課題に対して、彼らなりに透徹した論理を以て解決策を与えんとする試みであった。その解決策とは多国間主義的膨張主義であった。

ただし、その世界秩序像は彼らの階層的な人種観による拘束を受けることになった。膨張主義者たちは、イギリス、フランスをはじめとする西欧諸国との国際協調を自らの対外政策の基軸に置いた。ゆえに、膨張主義者たちがアジア国際政治を注視する際にもヨーロッパ越しに見ており、彼らの多国間主義は明らかにヨーロッパを偏重したものとなった。にもかかわらず、後世彼らが「成功した現実主義者」と呼ばれたのは、第二次大戦後に至るまで、世界の勢力均衡が明らかにヨーロッパに傾いており、国際関係の重心もヨーロッパにあったからである。彼らの世界秩序観は当時の国際情勢によく適合していたのである。

第一次大戦を経て、ヨーロッパが疲弊する中、帝国日本がほぼ無傷のままアジアで突出した大国として国際連盟理事国となった。膨張主義者たちの衣鉢を継いだポスト膨張主義者たちは、この変化に対応しなければならなかった。一九二八年三月から二九年一月までフィリピン総督を務めたヘンリー・スティムソンは、第一次大戦後の航空戦力と海軍戦力の発展によって、太平洋が「もはや障壁ではなく交通手段」となったため、アメリカは「太平洋国家」としてアジアの「隣人」となり、アジアにおいてヨーロッパとは異なる位置を占めているとの地政学的認識に到達した[1]。日本の帝国陸軍が満州事変を経て上海にまで進軍した時、スティムソンは、消極的単独主義と経済的膨張主義に満足するアメリカを説得して帝国日本による秩序変更に対処させようとした。

しかし、スティムソンの世界秩序観は膨張主義者たちのそれとほとんど変わりなく、アングロ・サクソンを頂点とする階層構造をとっていた。彼が帝国日本を打倒すると決心したのも、日本が九カ国条約と不戦条約の締結国としてヨーロッパ国際政治の間接的な当事者となっていたからである[2]。この意味では、スティムソンもヨーロッパ中心主義者だったし、また彼の周囲にいた人々の多くもそうだったのである。現に、彼が、両洋にまたがる世界大国としてのアメリカを率いて日本に立ち向かうまでには、ヨーロッパ国際秩序を変更しようとしたドイツと軍事同盟を締結した日本がハワイを奇襲するのを待たなければならなかった。

ポスト膨張主義者たちは瞬く間に総力戦体制を敷き、帝国日本、ドイツそしてイタリアを破り、アメリカ主導で新しい世界秩序を築いた。それによって彼らは「外交政策エスタブリッシュメント」と呼ばれるほどまでに高い権威をアメリカ政界において得た。けれども、それはほんの一時であったことは序章第一節で述べた通りである。彼らは、朝鮮戦争を含め、かつて三度もアジアで干戈を交えたにもかかわらず、依然としてヨーロッパ中心主義者であった。そして、彼らは周縁にすぎないと思って軽視していたアジアの、それも一小国へのアメリカの軍事関与を認め、それが蹉跌したことによって自らの権威を失墜させたのである。[3]

ヴェトナムでの挫折によって「外交政策エスタブリッシュメント」の権威がいとも簡単に失墜したのは、長期化するゲリラ戦の苦戦とともに、改革勢力がついに果たせなかった、いや果たさなかった一つの大きな課題が彼らの肩にのしかかったからであった。それは、「外交政策エスタブリッシュメント」が閉ざされた階級の人々だったということである。彼らはヨーロッパの貴族階級のように代々継承する爵位を持っていたわけではない。しかしながら、本書で指摘した通り、彼らが受けた国家指導者の養成課程は、上流階級の国家指導者層としてのエートスの継承を目的としたため、彼我の階級の別を明確に持っていた。ゆえに、彼らは相続する財産と教養を持つ擬似貴族として養成された。

そして、「外交政策エスタブリッシュメント」が擬似貴族であったことそれ自体が、彼ら以外のアメリカ人の反感を退けるほどの政治的正当性を彼らに与えない原因となったのである。ヴェトナム戦争の挫折が示すのは、大胆に言えば、「外交政策エスタブリッシュメント」は究極的には、アメリカの対外関係における勝利以外に、自らの統治者としての正当性を立証する手段も思想も持ち得なかったということである。「外交政策エスタブリッシュメント」の短命はその創成の時にすでに運命付けられていたのである。我々は、彼らの短命さに、民主主義国家において国家指導者層を創成することがいかに困難であるかを見出すことができよう。この言葉を以て本書の締め括りとしたい。

注

［1］三島武之介「ヘンリー・スティムソンの外交視座——フィリピン統治を通じて——」『社会システム研究』第一二号（二〇〇九年二月）、一七一頁。

［2］三島「ヘンリー・スティムソンの外交視座」、一六八-一六九、一七二-一七三頁。

［3］Isaacson and Thomas, *The Wise Men*, 647-652.

参考文献

①一次史料

（1）未公刊史料

Edward Mandell House Papers, Manuscripts and Archives, Yale University.

Frank Lyon Polk Papers, Manuscripts and Archives, Yale University.

Gordon Auchincloss Papers, Manuscripts and Archives, Yale University.

（2）マイクロ史料

Edward Mandell House Diary, Edward Mandell House Papers, Manuscripts and Archives, Yale University.

Henry Lewis Stimson Diary, Henry Lewis Stimson Papers, Manuscripts and Archives, Yale University.

Miller, David Hunter. *My Diary at the Conference of Paris*. Privately printed, the author, 1924.

（3）公刊史料および史料集

Adams, Herbert Baxter. *The Study of History in American Colleges and Universities*. Washington: Government Printing Office, 1887.

The American Social Science Association. C*onstitution, Address and List of Members of the American Association for Promoting of Social Science*. Boston: Wright & Potter, 1866.

The Bar Association of the City of New York. *Constitution of the Bar Association of the City of New York*. New York: George F. Nesbitt & Co., 1871.

Bruere, Henry, ed. *The New City Government: A Discussion of Municipal Administration Based on A Survey of Ten Commission Governed Cities*. New

York: D. Appleton and Company, 1912.

The Centenary Book Committee. *The Century: 1847-1946*. New York: The Century Association, 1947.

Commission to Devise A Plan for the Government of Cities in the state of New York. *Report of the Commission to Devise A Plan for the Government of Cities in the State of New York: Transmitted to the Legislature March 6, 1877*. Albany: Jerome H. Parmenter State Printer, 1877.

Congressional Record (Washington, DC: United States Government Priting Office).

The Council on Foreign Relations. *A Record of Fifteen Years 1921-1936*. New York: The Council on Foreign Relations, 1937.

Cutcheon, Franklin W. H. *Home Rule Charter for the City of New York with Explanatory Memorandum, proposed to the New York Charter Commission*. New York: New York Charter Commission, November 4, 1922.

Endicott, William C. *Report of the Board on Fortifications or Other Defenses Appointed by the President of the United States*, U. S. House of Representatives Ex. Doc. No. 49, 49th Congress, 1st Session, Washington: Government Printing Office, 1886.

Greener, John H. *A History of the Office of the Corporation Counsel and the Law Department of the City of New York*, 1st edition. New York: Martin B. Brown Company, 1907.

———. *A History of the Office of the Corporation Counsel and the Law Department of the City of New York*, 3rd edition. New York: s. n., 1925.

Harvard University. *Addresses at the Inauguration of Charles William Eliot, President of Harvard College, Oct. 19, 1869*. Cambridge: Sever & Francis, 1869.

———. *Forty-Ninth Annual Report of the President of Harvard College, 1873-1874*. Cambridge: Press of John Wilson and Son, 1875.

———. *Fifty-second Annual Report of the President and Treasurer of the Harvard College, 1876-1877*. Cambridge: John Wilson and Sons, 1878.

———. *Annual Reports of the President and Tresurer of Harvard College, 1887-1888*. Cambridge: Harvard University, 1889.

———. *Annual Reports of the President and Treasurer of Harvard College, 1894-1895*. Cambridge: Harvard University, 1896.

———. *Annual Reports of the President and Tresurer of Harvard College, 1899-1900*. Cambridge: Harvard University, 1901.

———. *Annual Reports of the President and Tresurer of Harvard College, 1904-1905*.

Cambridge: Harvard University, 1906.

———. *Annual Report of the President and Treasurer of the Harvard College, 1905-1906*. Cambridge: Harvard University, 1907.

———. *Annual Reports of the Presindent and Tresurer of Harvard Colldge, 1913-1914.* Cambridge: Harvard University, 1915.

———. *Annual Reports of the Presindent and Tresurer of Harvard Colldge, 1915-1916.* Cambridge: Harvard University, 1917.

Jenckes, Thomas A. *Report of Mr. Jenckes of Rhode Island, from Joint Select Committee on Retrenchment made to the House of the Representatives of the United States, 40th Congress, 2nd session, May 14, 1868*. Washington: G. P. O., 1868.

———. *Civil Service: Speech of Hon. Thomas A. Jenckes of Rhode Island, delivered in the House of Representatives, April 5th, 1869*. Washington: F. & J. Rives and GEO. A. Bailey, 1869.

Johnson, Donald Bruce, and Kirk Harold Potter. *National Party Platforms, 1940-1970*. Urbana: University of Illinois Press, 1970.

Keller, Albert Galloway, ed. *War and Other Essays by William Graham Sumner*. New Haven: Yale University Press, 1911.

Mack, Maynard. *A History of Scroll and Key: 1842-1942*. USA: Scroll and Key, 1978.

The National Business League (non-partisan), *Consular Reform and Commercial Expansion: Endorsements of the Lodge Bill, or A Similar Bill for the Reorganization of the Consular Service of the United States, by Prominent Manufacturers, Merchants, Bankers, Educators, Commercial Organizations and the Press*. Chicago: Stromberg, Allen & Co., 1903.

The New York Southern Society. *Year Book of the New York Southern Society: For the Year of 1911-1912.* New York: New York Southern Society, 1911.

———. *Year Book of the New York Southern Society: For the Year of 1914-1915.* New York: New York Southern Society, 1914.

———. *Yearbook of the New York Southern Society for the Year 1919-1920*. New York: New York Southern Society, 1919.

Porzelt, Paul. *The Metropolitan Club of New York*. New York: Rizzoli International Publications, Inc., 1982.

Pujo, Arsene P. *Report of the Committee Appointed Pursuant to House Resolutions 429 and Investigate the Concentration of Control of Money and Credit*, 62nd Congress, 3rd Session, House of Representatives. Washington, DC: G. P. O.,

1913.

The Staff of National Bureau of Economic Research, *Income in the United States: Its Amount and Distribution, 1909-1919*, Vol.1. New York: Harcourt, Brace and Company, 1921.

State of New York. *In Senate, No.35: Report of An Investigation of the Municipal Civil Service Commission and of the Administration of the Civil Service Law and Rules in the City of New York, Transmitted to the Legislature February 1, 1915*. Albany: J. B. Lyon Company, 1915.

United States Department of the Navy, *Annual Report of Secretary of the Navy for the Year of 1885*. Washington: G. P. O., 1885.

United States Department of State, *Foreign Relations of the United States*. Washington: Government Printing Office.

United States Senate, *Reorganization of the Consular Service*, Report 112, 59th Congress, 1st session. Washington, DC: G. P. O., 1906.

Woodruff, Clinton Roger, ed. *Proceedings of the National Conference for Good City Government and Annual Meeting of the National Municipal League, 1905*. Philadelphia: National Municipal League, 1905.

———, ed. *A New Municipal Program*. New York: D. Appleton Company, 1919.

Yale University, *Obituary Record of Graduates of Yale University Deceased during the Year 1942-1943, Series 40, Number I*. New Haven: Yale University Library, 1944.

（4）個人の回顧録・日記・書簡・演説

Abbott, Lawrence F., ed. *Letters of Archie Butt: A Personal Aide to President Roosevelt*. New York: Doubleday, Page and Company, 1924.

Acheson, Dean. *Morning and Moon: A Memoir*. Boston: Houghton Mifflin and Company, 1965.

Adams, Henry. *The Education of Henry Adams: An Autobiography*. Boston: Houghton Mifflin Company, 1918.

Armstrong, Hamilton Fish. *Peace and Counter-Peace: From Wilson to Hitler*. New York: Harper & Row, Publishers, 1971.

Armstrong, William M., ed. *The Guided Age Letters of E. L. Godkin*. Albany: State University of New York Press, 1974.

Auchincloss, Louis, ed. *Theodore Roosevelt: Letters and Speeches*. New York: Library of America, 2004.

Bagg, Lyman Hotchkiss. *Four Years at Yale*. New Haven: Charles C. Chatfield & Co., 1871.

Baker, Ray Stannard, ed. *Woodrow Wilson and World Settlement*, 3 vols. Garden City: Doubleday & Page, Co., 1922.

Bancroft, Frederic, ed. *Speeches, Correspondence and Political Papers of Carl Schulz*, Vol. 6. New York and London: G. P. Putnam's Sons, 1913.

Baruch, Bernard M. *My Own Story*. New York: Henry Holt and Company, 1957.

Bishop, Joseph Bucklin, ed. *Theodore Roosevelt and His Time Shown in His Own Letters*, 3 vols. New York: C. Scribner's Sons, 1920.

Bryan, William Jennings. *The First Battle: A Story of the Campaign of 1896*. Chicago, W. B. Conkey Company, 1896.

———, et al. *Republic or Empire: The Philippine Question*. Chicago: The Independence Company, 1899.

———. *The Second Battle on The New Declaration of Independence 1776-1900: An Account of the Struggle of 1900*. Chicago: W. B. Conkey Company, 1900.

———. *The Old World and Its Ways*. St. Louis: The Thompson Publishing Company, 1907.

———. *Speeches of William Jennings Bryan*, 2 vols. New York: Funk & Wagnalls Company, 1909.

———, and Mary Baird Bryan, eds. The *Memoirs of William Jennings Bryan*. Chicago: Kennikat Press, 1925.

Canfield, Cass. *Up & Down & Around: A Publisher Recollects the Time of His Life*. New York: A Harper's Magazine Press, 1971.

Coolidge, Thomas Jefferson. *The Autobiography of T. Jefferson Coolidge*. Boston: Houghton Mifflin Company, 1923.

Ford, Worthington Chauncey. *Letters of Henry Adams: 1892-1918*. Boston: Houghton Mifflin Company, 1938.

Fraenkel, Osmond K., ed. *The Curse of Bigness: Miscellaneous Papers of Louis D. Brandeis*. New York: Viking Press, 1934.

Godkin, Edwin Lawrence. *Problems of Modern Democracy: Political and Economic Essays*. Cambridge: Belknap Press, 1966.

Grew, Joseph C. *Turbulent Era: A Diplomatic Record of Forty Years: 1904-1945*, 2 vols. Boston: Houghton Mifflin Company, 1952.

Gwynn, Stephen, ed. *The Letters and Friendships of Sir Cecil Spring Rice: a record*, 2 vols. Boston: Houghton Mifflin, 1929.

Harriman, W. Averell, and Elie Abel. *Special Envoy to Churchill and Stalin, 1941-1946*. New York: Random House, 1975.

Hoover, Herbert. *The Memoirs of Herbert Hoover, 1874-1920*. London: Hollis and Carter, 1952.

Jusserand, Jean-Jules. *What Me Befell: the Reminiscences of J. J. Jusserand*. London: Constable & Co. Ltd., 1933.

Lansing, Robert. *War Memoirs of Robert Lansing, Secretary of State*. Indianapolis: Bobbs-Merrill, 1935.

Lash, John P., ed. *From the Diaries of Felix Frankfurter: with a Biographical Essay and Notes*. New York: Norton, 1975.

Levenson, J. C., Ernest Samuels, Charles Vandersee, and Viola H. Winner, eds., *The Letters of Henry Adams, Volume 4: 1892-1899*. Cambridge: Harvard University Press, 1999.

Link, Arthur, ed. *The Papers of Woodrow Wilson,* 69 vols. Princeton: Princeton University Press, 1969-1994.

Lodge, Henry Cabot. *Speeches and Addresses 1884-1909*. Boston and New York: Houghton, Mifflin and Company, 1909.

———, and Charles F. Redmond, eds. *Selections from the Correspondence of Theodore Roosevelt and Henry Cabot Lodge, 1884-1918*, 2 vols. New York: C. Scribner's Sons, 1925.

McAdoo, William G. *Crowded Years: the Reminiscences of William G. McAdoo*. Boston: Houghton Mifflin Company, 1931.

Morison, Elting E., John M. Blum, Alfred D. Chandler, Jr., and Sylvia Rice, eds., *The Letters of Theodore Roosevelt*, 8 Vols. Cambridge: Harvard University Press, 1951-1954.

Morse, John T. Jr., ed. *Memoir of Colonel Henry Lee with Selections from His Writings and Speeches*. Boston: Little, Brown and Co., 1905.

Nevins, Allan, ed. *The Letters of Grover Cleveland 1850-1905*. New York: Houghton Millfin, 1933.

Norton, Charles Eliot, ed. *Orations and Addresses of George William Curtis*, 3 vols. New York: Harper & Brothers Publishers, 1893-1984.

Parker, George F. *Writing and Speeches of Grover Cleveland*. New York: Cassell Publishing Company, 1892.

Philips, Harlan B., ed. *Felix Frankfurter Reminiscences*. New York: Reynal & Company, 1960.

Philips, William. *Ventures in Diplomacy*. Boston: The Beacon Press, 1952.

Roosevelt, Theodore. *An Autobiography*. New York: The Macmillan Company, 1913.

Seymour, Charles S., ed. *The Intimate Papers of Colonel House*, 4 vols. Boston: Houghton Mifflin, 1926-1928.

Shotwell, James T. *At the Paris Peace Conference*. New York: The Macmillan Company, 1937.

Smith, Harriet Elinor, Richard Bucci, Lin Salamo. *Mark Twain's Letters: Vol.2 1867-1868*. Berkeley: University of California Press, 1997.

Stimson, Henry L., and McGeorge Bundy. *On Active Servicein Peace and War.* New York: Harper & Brothers, 1947.

Tingley, James A., ed. *Letters from the Colonel: Edward M. House to Frank Andrews 1899-1902*. Huston: Texas Gulf Coast Historical Association 1960.

Urofsky, Melvin I., and David W. Levy, eds. *Letters of Louis D. Brandeis,* 5 vols. Albany: State University of New York, 1971-1978.

Vanderlip, Frank A. *From Farm Boy to the Financier*. London: D. Appleton-Century Co., 1935.

（5）個人の著作

Adams, Brooks. *Gold Standard: An Historical Study*. Boston: Alfred Budge & Son, 1894.

———. *Law of Civilization and Decay: An Essay on History*. New York: The Macmillan Company, 1896.

———. *America's Economic Supremacy*. London: Macmillan Co., 1900.

Adams, Charles Francis, Jr. "The Protection of the Ballot in National Elections." *Journal of Social Science* 1 (June 1869): 91-111.

Andrews, E. Benj. "The Bimetallist Committee of Boston and New England." *The Quarterly Journal of Economics* 8, no.3 (April 1894): 319-327.

Ashburn, Frank D. *Fifty Years On: Groton School 1884-1934.* New York: Gosden Head, 1934.

———. *Peabody of Groton: A Portrait*. New York: Coward McCann, 1944.

Bacon, Robert., and James Brown Scott, eds. *Men and Policies: Addresses by Elihu Root*. Cambridge: Harvard University Press, 1924.

Biddle, George. "As I Remember Groton School: a chapter of autobiography 1898-1904." *Harper's Magazine* (August 1939): 292-300.

Brandeis, Louis D. *Business: A Profession*. Boston: Small, Maynard and Company,

1914.

———. *Our People's Money: and How the Bankers Use It*. New York: Frederick A. Stokes Company, 1913.

Brooks, Philips. *Essays and Addresses Religious, Literary and Social*. New York: E. P. Dutton and Co., 1894.

Bryce, James. *American Commonwealth*, 2 vols. New York: Macmillan, 1888.

Carr, Wilbur J. "The American Consular Service." *The American Journal of International Law* 1, no.4 (Oct., 1907): 891-913.

Coolidge, Archibald Cary. *Theoretical and Foreign Elements in the Formation of American Constitution*. Germany: Freiburg im Breisgau, 1892.

———. "A Plea for the Study of the History of Northern Europe." *American Historical Review* 2 (1896): 34-39.

———. *The United States as a World Power*. New York: The Macmillan Company, 1908.

Croly, Herbert. *The Promise of American Life*. New York: The Macmillan Company, 1910.

Eaton, Dorman B. *The Civil Service in Great Britain: A History of Abuses and Reform and Their Bearing on American Politics*. New York: Harper & Brothers, 1880.

———. *The Spoils System and Civil Service Reform in the Custom-House and Post Office at New York*. New York: Putnam's Sons Co., 1881.

Eliot, Charles William. *American Contributions to Civilization and Other Essays and Addresses*, New York: The Century Co., 1898.

———. *Educational Reform: Speeches and Addresses*. New York: The Century Co., 1898.

———. "Commercial Education." *Educational Review* 18, (December 1899): 417-424.

———. *Education for Efficiency, and the New Definition of the Cultivated Men*. Boston: Houghton Mifflin Company, 1909.

———. *University Administration*. Boston: Houghton Mifflin Company, 1909.

———. *The Road toward Peace: A Contribution to the Study of the Causes of the European War and of the Means of Preventing War in the Future*. Boston: Houghton Mifflin & Co., 1915.

———. "Langdell and the Law School." *Harvard Law Review* l, no.4 (Feb. 1920): 518-525.

Frankfurter, Felix. "Herbert Croly and American Political Opinion." *New Republic,*

July 16, 1930.

Hagedorn, Hermann, ed. *The Works of Theodore Roosevelt*, The National Edition, 20 vols. New York: Charles Scribner's Sons, 1926.

———., ed. *The Works of Theodore Roosevelt*, The Memorial Edition, 24 vols. New York: Charles Scribner's Sons, 1923-1926.

Hart, Albert Bushnell. "Harmann von Holst." *Political Science Quarterly* 5, no.4 (Dec., 1890): 677-687.

House, Edward M. *Philip Dru, Administrator: A Story of Tomorrow 1920-1935*. New York: P. W. Huebsch, 1912.

Howland, Henry E. "Undergraduate Life at Yale." *Scribner's Magazine* 12, no.1 (1897): 3-28.

James, Henry. *Hawthorne*. London: Macmillan & Co., 1879.

Johnson, Owen. *Stover at Yale*. 1911. Reprint, Boston: Brown, Little and Company, 1931.

Kaneko, Kentaro. "A 'Japanese Monroe Doctrine' and Manchuria." *Contemporary Japan* 1, no.2 (September 1932): 175-184.

Lippmann, Walter. "A Tribute to Theodore Roosevelt (1935)." *The Essential Lippmann: A Political Philosophy for Liberal Democracy*. Edited by Clinton Rossiter and James Lare. Cambridge: Harvard University Press, 1982.

Lodge, Henry Cabot. *Studies in History*. Boston: Houghton Mifflin Company, 1884.

———. *The Story of the Revolution*. New York: Charles Scribner's Sons, 1898.

———., and A. Lawrence Lowell. "Joint Debate on the Covenant of Paris." *League of Nations*. Edited by World Peace Foundation. Boston: World Peace Foundation, 1919.

Mahan, A. T. *Retrospect & Prospect: Studies in International Relations Naval and Political*. Boston: Little, Brown, and Company, 1902.

Martin, George. "Preface to a Schoolmaster's Biography." *Harper's* 188 (Jan. 1944): 193-198.

Morison, Samuel Eliot. "A Memoir and Estimate of Albert Bushnell Hart." *Proceedings of the Massachusetts Historical Society* 77 (1942): 28-52.

Richard, Livy S. "Up from Aristocracy." *Independent*, July 27, 1914.

Roosevelt, Theodore. *The Strenuous Life: Essays and Addresses*. New York: The Century Co., 1905.

———. *Thomas Hart Benton*. Boston: Houghton, Mifflin and Company, 1886.

———. *The Naval War of 1812*. 1888. Reprint, Annapolis: Naval Institute Press,

1987.
———. "Tariff Reform," *Independent*, August 16, 1888.
———. "The Merit System versus the Patronage System." *Century* 39 (Feb. 1890): 628-632.
———. *American Ideals, Administration — Civil Service*. New York: The Review of Reviews Company, 1897.
———. *American Ideals and Other Essays, Social and Political*. Philadelphia: Gebbieand Company, 1903.
———. *Rooseveltin the Kansas Star: War-time Editorials*. Boston: Houghton Mifflin Company, 1921.
Root, Elihu."A Requisite for the Success of Popular Diplomacy" *Foreign Affairs* 1 (September 1922): 3-10.
Shepardson, Whitney H. *Early History of the Councilon Foreign Relations*. Stamford: Overbook Press, 1960.
Sumner, William Graham. *Our Revenue System and the Civil Service: Shall They Be Reformed?* New York: G. P. Putnam's Sons, 1878.
———. *Protectionand Revenue in 1877*. New York: G. P. Putnam's Sons, 1878.
———. *Protectionism, the Ism Which Teaches That Waste Makes Wealth*. New York: Henry Holt and Company, 1878.
Tolman, William Howe. *Municipal Reform Movementsin the United States*. New York: Fleming H. Revell Company, 1895.
Turner, Frederick Jackson. "'The Significance of the Frontier in American History,' From Proceedings of the Forty-first Annual Meeting of the State Historical Society of Wisconsin." 1897. Reprint, Woodbridge: Research Publications, 1974.
Walker, Francis A. *International Bimetallism*. New York: Henry Holt and Co., 1896.
Wister, Owen. *Roosevelt: The Story of A Friendship, 1880-1919*. New York: The Macmillan Company, 1930.

（6）新聞・雑誌類

Foreign Affairs
Forum
Harper's Weekly.
Harvard Graduates' Magazine
Los Angeles Times

The Atlantic Monthly
The Nation
The New Republic
The New York Times
The North American Review
The Outlook
The World's Work
Time

②二次史料

（1）欧文関連文献・研究書

Abrahamson, James L. *American Arms for A New Century: The Making of A Great Military Power*. New York: Free Press, 1981.

Abrahams, Paul P. "Brandeis and Lamont on Finance Capitalism." *The Business History Review,* 47, no.1 (Spring, 1973): 72-94.

———. *The Foreign Expansion of American Finance and Its Relationship to the Foreign Economic Policies of the United States, 1907-1921*. New York: Arno Press, 1976.

Abrams, Richard M. "Brandeis and the New Haven-Boston & Maine Merger Battle Revisited." *Business History Review* 36 (1962): 408-430.

Abramson, Ruby. *Spanning the Century: The Life of W. Averell Harriman, 1891-1986.* New York: William Morrow and Company, 1992.

Adams, Iestyn *Brothers Across the Ocean: British Foreign Policy and the Origins of the Anglo-American 'Special Relationship' 1900-1905*. London: Tauris Academic Studies, 2005.

Ahrari, Mohammed E. *Ethnic Groups and U. S. Foreign Policy*. Westport: Greenwood Publishing Group, 1987.

Allen, Frederick Lew. *The Great Pierpont Morgan*. New York: Harper & Row, Publishers, 1965.

Ambrosius, Lloyd E. *Woodrow Wilson and the American Diplomatic Tradition: The Treaty Fight in Perspective*. Cambridge: Cambridge University Press, 1987.

American Council on World Freedom, *Red China and Its American Friends: A*

Report on the New China Lobby. Washington, DC: American Council on World Freedom, 1971.

Anderson, Thornton. *Brooks Adams: Constructive Conservative*. Ithaca: Cornell University Press, 1951.

Anker, Laura, Peter Seybold, and Michael Schwartz. "The Ties That Bind Business and Government." In *The Structure of Power in America: The Corporate Elite as A Ruling Class*, edited by Michael Schwartz, 97-122. New York & London: Holmes & Meyer, 1987.

Bacevich, Andrew J. "Family Matters: American Civilian and Military Elites in the Progressive Era." *Armed Forces & Society* 8 (Spring 1982): 405-418.

———. *Diplomatin Khaki: Major General Frank Ross McCoy and American Foreign Policy, 1898-1949*. Lawrence: University of Kansas, 1989.

Baker, Leonard. *Brandeis and Frankfurter: A Dual Biography*. New York: Harper & Row, 1984.

Baker, Liva. *Felix Frankfurter*. New York: Harper& Row, 1969.

Baltzell, E. Digby. *Philadelphia Gentlemen: the Making of a National Upper Class*. Piscataway: Transaction Publishers, 1989.

———. *The Protestant Establishment: Aristocracy & Caste in America*. New York: Vintage Books, 1966.

Barnes, James A. "The Gold-Standard Democrats and the Party Conflict." *The Mississippi Valley Historical Review* 17, no.3 (December 1930): 422-450.

Beale, Howard K. *Theodore Rooseveltand the Rise of American Power*. Baltimore: Johns Hopkins Press, 1956.

Beisner, Robert L. *Twelve against Empire*. New York: McGraw-Hill Book Company, 1968.

Beito, David T., and Linda Royster Beito. "Gold Democrats and the Decline of Classical Liberalism, 1896-1900." *The Independent Review* 4, no.4 (Spring 2000): 555-575.

Bemis, Samuel Flagg. *A Diplomatic History of the United States*. Revised Edition. New York: Henry Holt, 1942.

Benjamin, Gerald., and Charles Brecher. *The Two New Yorks: State-City Relations in the Changing Federal System*. New York: Russell Sage Foundation, 1988.

Bensel, Richard Franklin. *Sectionalism and American Political Development: 1880-1980*. Madison: The University of Wisconsin Press, 1984.

Bergamini, Oliviero. "Elihu Root, the League of Nations, and Republican

Internationalism." In *From Theodore Roosevelt to FDR: Internationalism and Isolationism in American Foreign Policy*, edited by Daniela Rossini. Staffordshire: Ryburn Publishing, 1995.

Beringause, Arthur F. *Brooks Adams: A Biography*. New York: Alfred A. Knopf, 1955.

Berner, David. *Herbert Hoover: A Public Life*. New York: Alfred A. Knopf, 1979.

Bird, Kai. *The Chairman: John J. McCloy and the Making of the American Establishment*. New York: Simon & Schuster, 1992.

Bishop, Joseph Bucklin. *Charles Joseph Bonaparte: His Life and Public Services*. New York: C. Scribner's Sons, 1922.

Blum, John Morton. *The Republican Roosevelt*. New York: Atheneum, 1962.

Bragdon, Henry Wilkinson. *Woodrow Wilson: The Academic Years*. Cambridge: The Belknap Press, 1967.

Broesamle, John J. *William Gibbs McAdoo: A Passion for Change, 1863-1917*. Port Washington: Kennikat Press, 1973.

Brownell, Will., and Richard N. Billings. *So Close to Greatness: A Biography of William C. Bullitt*. New York: Macmillan Publishing Company, 1987.

Burby, Joshua W., and Jonathan Monten. "Without Heirs? Assessing the Decline of Establishment Internationalism in U. S. Foreign Policy." *Perspective on Politics* 6, no.3 (September 2008): 451-472.

Burk, Kathleen. *Britain, America and the Sinews of War, 1914-1918*. Boston: Allen & Unwin, 1985.

———. *Morgan Grenfell 1838-1988: The Biography of a Merchant Bank*. Oxford: Oxford University Press, 1989.

Burrows, Edwin G., and Mike L. Wallace. *Gotham: A History of New York City to 1898*. New York: Oxford University Press, 1999.

Burton, David H. *Theodore Roosevelt: Confident Imperialist*. Philadelphia: University of Pennsylvania Press, 1968.

———. "Theodore Roosevelt and His English Correspondents: The Intellectual Roots of the Anglo-American Alliance." *Mid-America* 53, no.1 (January 1971): 12-34.

———. "Theodore Roosevelt and His English Correspondents: A Special Relationship of Friends." *Transactions of the American Philosophical Society* 63, no.2 (1973): 1-70.

———. *Taft, Roosevelt, and the Limits of Friendship*. Madison: Fairleigh Dickinson University Press, 2005.

Byrnes, Robert F. *Awakening American Education to the World: The Role of Archibald*

Cary Coolidge, 1866-1928. London: University of Notre Dame Press, 1982.
Caledin, Eugenia. *The Education of Mrs. Henry Adams*. Boston: University of Massachusetts Press, 1994.
Campbell, A. E. *Great Britain and the United States, 1895-1903*. Westport, Connecticut: Greenwood Press, 1974.
Campbell, C. S. *Anglo-American Understanding, 1898-1903*. Westport: Greenwood Press, Publishers, 1957.
Caroli, Betty Boyd. *The Roosevelt Woman: A Portrait in Five Generations*. New York: Basic Books, 1998.
Carosso, Vincent Philip., Rose C. Carosso., and Vincent P. Carosso, *The Morgans: Private International Bankers, 1854-1913*. Cambridge: Harvard University Press, 1987.
Castle, Alfred L. *Diplomatic Realism: William R. Castle Jr., and American Foreign Policy, 1919-1953*. Honolulu: Samuel N. and Mary Castle Foundation, 1998.
Challener, Richard D. *Admirals, Generals, and American Foreign Policy, 1898-1914*. Princeton: Princeton University Press, 1973.
Charlick, Carl. *The Metropolitan Club of Washington: The Story of Its Men and of Its Place in City and Country*. Washington, DC: Metropolitan Club of Washington, DC, 1965.
Chase, James. *Acheson: The Secretary of State Who Created the American World*. New York: Simon and Schuster, 1998.
Childs, William R. *The Texas Railroad Commission: Understanding Regulation in America to the Mid-twentieth Century*. College Station: Texas A&M University Press, 2005.
Chomsky, Noam. *America Power and the New Mandarins*. New York: Pantheon Books, 1969.
Christie, Kenneth, ed. *United States Foreign Policy and National Identity in the 21st Century*. Abingdon: Routledge, 2008.
Clarke, Ted. *Beacon Hill, Back Bay and the Building of Boston's Golden Age*. Charleston: The History Press, 2010.
Clough, Michael. "Grass-Roots Policymaking: Say Good-Bye to the 'Wise Men'." *Foreign Affairs* 73 (January/February1994): 2-7.
Clymer, Kenton J. *John Hay: The Gentleman as Diplomat*. Ann Arbor: University of Michigan Press, 1975.
Cohen, Naomi W. *Jacob H. Schiff: A Study in American Jewish Leadership*. Hanover:

Brandeis University Press, 1997.

Cohen, Warren. *American's Response to China: A History of Sino-American Relations*, 3rd ed. New York: Columbia University Press, 1990.

Coit, Margaret L. *Mr. Baruch*. Boston: Houghton Mifflin Company, 1957.

Collin, Richard H. *Theodore Roosevelt, Culture, Diplomacy, and Expansion: A New View of American Imperialism*. Baton Rouge: Louisiana State University Press, 1985.

Coolidge, Harold Jefferson, and Robert Howard Lord. *Archibald Cary Coolidge: Life and Letters*. Boston: Houghton Mifflin Company, 1932.

Cooper, John Milton, Jr. "Whose League of Nations?: Theodore Roosevelt, Woodrow Wilson, and World Order." In *Artists of Power: Theodore Roosevelt, Woodrow Wilson, and Their Enduring Impact on U. S. Foreign Policy*, edited by William N. Tilchin and Charles E. Neu. Westport, CT: Praeger Security International, 2005.

———. *Woodrow Wilson: A Biography*. New York: Alfred P. Knopf, 2009.

Copeland, Melvin T. *And Mark An Era: The Story of Harvard Business School*. Boston: Brown, Little & Co., 1958.

Cramton, Roger C. "The Most Remarkable Institution: The American Law School Review." *Journal of Legal Education* 35 (1986): 1-10.

Crapol, Edward P. *America for Americans: Economic Nationalism and Anglophobia in the Late Nineteenth Century*. Westport: Greenwood Press, 1973.

Crapol, Edward P. and Howard Schonberger. "The shift to global expansion, 1865-1900." In *From Colony to Empire: Essays in the History of American Foreign Relations*, edited by William Appleman Williams. New York: J. Willy, 1972: 136-202.

Curry, George. "Woodrow Wilson, Jan Smuts, and the Versailles Settlement." *The American Historical Review* 66, no.4 (July 1961): 970-972.

Cutright, Paul Russell. *Theodore Roosevelt: the Naturalist*. New York: Harper's, 1956.

Cyphers, Christopher J. *The National Civic Federation and the Making of A New Liberalism, 1900-1915*. Westport: Praeger, 2002.

Dalton, Kathleen. *Theodore Roosevelt: A Strenuous Life*. New York: Alfred A. Knopf, 2002.

Davis, Kenneth S. *FDR, the Beckoning of Destiny, 1882-1928: A History*. New York: Random House, 1993.

Dawson, Nelson L., ed. *Brandeis and America*. Lexington: University of Kentucky,

1989.

De Canio, Samuel. “Populism, Paranoia, and the Politics of Free Silver.” Paper presented at the annual meeting for the American Political Science Association, 2009.

De Conde, Alexander. *Ethnicity, Race, and American Foreign Policy: A History*. Lebanon: UPNE, 2002.

Dennett, Tyler. *John Hay: From Poetry to Politics*. New York: Dodd, Mead and Company, 2007.

Domhoff, William G. *The Powers That Be: Process of Ruling Class Domination in America*. New York: Vintage Books, 1979.

Donham, Wallace B., and Esty Foster. “The Graduate School of Business Administration.” In *The Development of Harvard University Since the Inauguration of President Eliot, 1869-1920*, edited by Samuel Eliot Morison, 533-548. Cambridge: Harvard University Press, 1930.

Donovan, Timothy Paul. *Henry Adams and Brooks Adams: the Education of Two American Historians*. Norman: University of Oklahama Press, 1961.

Dullek, Robert. *Franklin D. Roosevelt and American Foreign Policy, 1932-1945*. New York: Oxford University Press, 1979.

Dumbrell, John, and David M. Barrett. *The Making of US Foreign Policy,* Second Edition. Manchester: Manchester University Press, 1997.

Dye, Thomas R. and L. Harmon Zeigler. *The Irony of Democracy: An Uncertain Introduction to American Politics,* 6th Edition. Monterey: Brookes/Cole Publishing Company, 1984.

Dyer, Thomas G. *Theodore Roosevelt and the Idea of Race*. Baton Rouge: Louisiana State University Press, 1980.

Esthus, Raymond A. *Theodore Roosevelt and the International Rivalries*. Claremont: Regina Books, 1970.

Ethington, Philip J. *The Public City: the Political Construction of Urban Life in San Francisco, 1850-1900*. 1994. Reprint, Berkeley: University of California Press, 2001.

Farnsworth, Beatrice. *William C. Bullitt and the Soviet Union*. Bloomington: Indiana University Press, 1967.

Finegold, Kenneth. *Experts and Politicians: Reform Challenges to Machine Politics in New York, Cleveland and Chicago*. Ewing: Princeton University Press, 1992.

Fisher, H. A. L. *James Bryce*, 2 vols. New York: Macmillan, 1927.

Flick, Alexander C. *Samuel Jones Tilden: A Study in Political Sagacity*. New York: New York, Dodd, Mead & Co., 1939.

Flynn, Michael E. "Another Look at the Cold War Consensus: The Eastern Establishment and the Bipartisan Bureaucracy," Paper presented at the annual meeting for the American Political Science Association, 2011.

Fowler, W. B. *British-American Relations 1917-1918: The Role of Sir William Wiseman*. Princeton: Princeton University Press, 1969.

Gaddis, John Lewis. *George Kennan: An American Life*. New York: The Penguin Books, 2011.

Gal, Allon. *Brandeis of Boston*. Cambridge: Harvard University Press, 1980.

Gardner, Lloyd. *Imperial America: American Foreign Policy since 1898*. New York: Harcourt Brace Jovanovich, 1976.

Garraty, John A. *Right-Hand Man: The Life of George W. Perkins*. New York: Harper & Brothers, Publishers, 1960.

Gelfand, Lawrence E. *The Inquiry: American Preparations for Peace, 1917-1919*. New York: Yale University Press, 1963.

George, Alexander L., and Juliette L. George. *Woodrow Wilson and Colonel House: Personality Study*. 1959. Reprint, New York: Dover Publications, Inc., 1964.

Gerber, Larry G. *The Limits of Liberalism: Josephus Daniels, Henry Stimson, Bernard Baruch, Donald Richberg, Felix Frankfurter and Development of the Modern American Political Economy*. New York: New York University Press, 1984.

Gerstle, Gary."Theodore Roosevelt and the Divided Character of American Nationalism." *The Journal of American History*, 86, no.3 (December, 1999): 1280-1307.

Gilbert, Felix. *To the Farewell Address: Ideas of Early American Foreign Policy*. Princeton: Princeton University Press, 1961.

Goldstein, Erik. "Origins of the Anglo-American Special Relationship, 1880-1914." In *Peacemaking, Peacemakers and Diplomacy, 1880-1939: Essays in Honour of Professor Alan Sharp*, edited by Gaynor Johnson, 3-16. Newcastle: Cambridge Scholars Publishers, 2010.

Grantham, Dewey W. *The Reconciliation of Progress and Tradition*. Knoxville: The University of Tennessee Press, 1983.

Grenville, John A. S., and George Berkeley Young. *Politics, Strategy, and American Diplomacy: Studies in Foreign Policy, 1873-1917*. New Haven: Yale University Press, 1966.

Haber, Samuel. *Efficiency and Uplift: Scientific Management in the Progressive Era 1890-1920*. Chicago: Midway Reprints, 1964.

Hall, David D. "The Victorian Connection." In *Victorian America*, edited by Daniel Walker Howe, 81-94. Philadelphia: University of Pennsylvania Press, 1976.

Harbaugh, William Henry. *Power and Responsibility: the Life and Times of Theodore Roosevelt*. New York: Farrar, Straus and Cudahy, 1961.

———. *Lawyer's Lawyer: The Life of John W. Davis*. Charlottesville: University of Virginia Press, 1990.

Hawkins, Hugh. *Between Harvard and America: The Educational Leadership of Charles W. Eliot*. New York: Oxford University, 1972.

Healy, David. *US Expansionism: The Imperialist Urge in the 1890s*. 1970. Reprint, Madison: The University of Wisconsin Press, 2011.

Heaton, Herbert. *A Scholar in Action: Edwin F. Gay*. Cambridge: Harvard University Press, 1952.

Heinrichs, Waldo H., Jr. *American Ambassador: Joseph C. Grew and the Development of United States Diplomatic Tradition*. New York: Oxford University Press, 1966.

———. "Bureaucracy and Professionalism in the Development of American Career Diplomacy." In *Twentieth Century American Foreign Policy*, edited by John Braemen et al., 119-206. Columbus: Ohio State University Press, 1971.

Hendrick, Burton J. *The Life of Andrew Carnegie*. Garden City: Doubleday, Doran & Co., 1932.

Hennesey, James J. *American Catholics: A History of the Roman Catholic Community in the United States*. New York: Oxford University Press, 1981.

Herrick, Walter R. "William C. Whitney: 7 March 1885 – 5 March 1889." *American Secretaries of the Navy: Volume 1 1775-1913*, edited by Paolo E. Coletta, 405-412. Annapolis: Naval Institute Press, 1980.

Hirsch, H. N. *The Enigma of Felix Frankfurte*r. New York: Basic Books, Inc., Publishers, 1981.

Hirsch, Mark D. *William C. Whitney: Modern Warwick*. Hamden: Archon Books, 1969.

Hitchens, Christopher. *Blood, Class and Empire: The Enduring Anglo-American Relationship*. New York: Nations Books, 2004.

Hodgson, Godfrey. *America in Our Times: From World War II to Nixon What Happened — and Why —*. New York: Vintage Books, 1976.

———. *The Colonel: The Life and Wars of Henry Stimson 1867-1950*. Boston: Northwestern University Press, 1990.

———. "Foreign Policy Establishment." In *Ruling America: A History of Wealth and Power in A Democracy*, edited by Steve Fraser & Gary Gerstle, 215-249. Cambridge: Harvard University Press, 2005.

———. *Woodrow Wilson's Right Hand: The Life of Colonel Edward M. House*. New Haven: Yale University Press, 2006.

Hofstadter, Richard. *The Age of Reform: From Bryan to F. D. R.* New York: Vintage Books, 1955.

Hofstadter, Richard., and Walter Metzger. *The Development of Academic Freedom in the United States*. New York: Columbia University Press, 1955.

Hogan, Michael J. *Informal Entente: The Private Structure of Cooperation in Anglo-American Economic Diplomacy, 1918-1928*. Chicago: Imprint Publications, 1991.

Holmes, James R. *Theodore Roosevelt and World Order: Police Power in International Relations*. Washington, DC: Potomac Books, 2006.

Homberger, Eric. *Mrs. Astor's New York: Money and Social Power in Gilded Age*. New Haven: Yale University Press, 2002.

Hoopes, Townsend. *The Devil and John Foster Dulles*. Boston: Little, Brown and Company, 1973.

Horlick, Allan Stanley. *Patricians, Professors, and Public Schools: The Origins of Modern Educational Thought in America*. Leiden, Netherlands: E. J. Brill, 1994.

Howard, Thomas C., and William D. Pederson, eds. *Franklin D. Roosevelt and the Formation of the Modern World*. New York: M. E. Sharpe, 2003.

Hunt, Michael H. *Frontier Defense and the Open Door: Manchuria in Chinese-American Relations, 1895-1911*. New Haven: Yale University Press, 1972.

———. *The Making of a Special Relationship: The United States and China to 1914*. New York: Columbia University Press, 1983.

Hunter, Robert A. and Forrest Davis. *The "New" Red China Lobby*. Whittier: Constructive Action, 1966.

Hurst, Steven. "Parties, partisanship and US foreign policy: growing divide," In *New Directions in US Foreign Policy*, edited by Inderjeet Parmar, Linda B. Miller and Mark Ledwidge, 79-91. Abingdon: Routledge, 2009.

Iriye, Akira. *From Nationalism to Internationalism: US Foreign Policy to 1914*. London: Routledge & Kegan Paul, 1997.

Israel, Jerry. *Progressivism and Open Door: America and China, 1905-1921.* Pittsburg: Pittsburg University Press, 1971.

Issacson, Walter, and Evan Thomas. *The Wise Men: Six Friends and the World They Made*. New York: Simon & Schuster Paperbacks, 1986.

———. "Is Baker a 'Wise Men' or a wannabe?" *Los Angeles Times*, December 2, 2006.

James, Henry. *Richard Olney and His Public Service: With Documents Including Unpublished Diplomatic Correspondence*. Boston: Houghton Mifflin Company, 1923.

———. *Charles W. Eliot: President of Harvard University 1869-1909*. Boston: Houghton Mifflin Company, 1930.

Jeffers, H. Paul. *An Honest President: The Life and Presidencies of Grover Cleveland*. New York: Perrenial, 2000.

Jessup, Philip C. *Elihu Root*, 2 vols. 1938. Reprint, New York: Archon Books, 1964.

Jillson, Cal. *Texas Politics: Governing the Lone Star State*. New York: Taylor & Francis, 2011.

Johnson, Roger T. *Historical Beginnings. . . The Federal Reserve*. Boston: The Federal Reserve Bank of Boston, 1999.

Karabel, Gerome. *The Chosen: The Hidden History of Admission and Exclusion at Harvard, Yale, and Princeton*. Boston: Houghton Mifflin Co., 2005.

Karnow, Stanley. *In Our Image: America's Empirein the Philippines*. New York: Ballantine Books, 1990.

Kazin, Micheal. *A Godly Hero: The Life of William Jennings Bryan*. New York: Alfreld Knopf, 2006.

Kennan, George. *Edward Henry Harriman: A Biography*, 2 vols. Boston: Houghton Mifflin Company, 1922.

Kimball, Bruce A. "'Warn Students That I Entertain Heretical Opinions, Which They Are Not to Take as Law': The Inception of Case Method Teaching in the Classroom of the Early C. C. Langdell, 1870-1883." *Harvard Law & History Review* 17, no.1 (1999): 57-140

———. *The Inception of Modern Professional Education; C. C. Langdell, 1826-1906.* Chapel Hill: The University of North Carolina Press, 2009.

Kirkpatrick, David. *The Facebook Effect: The Inside Story of the Company that Is Connecting World*. New York: Simon and Schuster, 2010.

Klinghard, Daniel. "Grover Cleveland, William McKinley, and the Emergence of the

Presidentas Party Leader." *Presidential Studies Quarterly* 35, no.4 (December 2005): 736-751.

Klingberg, Frank L. *Positive Expectations of America's World Role: Historical Cycles of Realistic Idealism*. Lanham, MD: University Press of America, 1996.

Kneer, Warren G. *Great Britain and the Caribbean, 1901-1913: A Study in Anglo-American Relations*. East Lansing: Michigan State University Press, 1975.

Kolko, Gabriel. *The Roots of American Foreign Policy: An Analysis of Power and Purpose*. Boston: Beacon Press, 1969.

Konolige, Kit, and Frederica Konolige. *The Power of Their Glory: America's Ruling Class, the Episcopalians*. New York: Wyden Books, 1978.

Krausem, Paul.*The Battle for Homestead, 1880-1892: Politics, Culture, and Steel*. Pittsburgh: University of Pittsburgh Press, 1992.

Kupchan, Charles A. "America Searches for Its Centre." *Financial Times,* February 10, 2004.

———., and Peter L. Trowitz. "Dead Center: The Demise of Liberal internationalism in the United Sates." *International Security* 32, no.2 (Fall 2007): 7-44.

Kurland, Gerald. *Seth Low: the Reformer in An Urban and Industrial Age*. New York: Ardent Media, 1971.

La Feber, Walter. *The New Empire: An Interpretation of American Expansion, 1868-1898*. Ithaca: Cornell University Press, 1963.

———. *The Clash: U. S.- Japanese Relations throughout History.* New York: Norton & Company, 1997.

Lamont, Edward M. *The Ambassador from Wall Street: The Story of Thomas W. Lamont, J. P. Morgan's Chief Executive*. Lanham: Madison Books, 1994.

Lasswell Harold., and Abraham Kaplan. *Power and Society*. New Haven: Yale University Press, 1950.

———., and Daniel Lerner. *The Comparative Study of Elites*. Stanford: Stanford University Press, 1952.

Lears, John. "The Managerial Revitalization of the Rich." In *Ruling America: A History of Wealth and Power in A Democracy*, edited by Steve Fraser & Gary Gerstle, 181-214. Cambridge: Harvard University Press, 2005.

Leonard, Lewis Alexander. *Life of Alphonso Taft*. New York: Hawke Publishing Company, 1920.

Leopold, Richard W. *Elihu Root and the Conservative Tradition*. Boston: Little, Brown and Company, 1954.

Levin, Phyllis Lee. *Edith and Woodrow: The Wilson White House*. New York: Simon and Schuster, 2001.

Lief, Alfred. *Brandeis: The Personal History of an American Ideal*. New York: Harrisburg, Pa., 1964.

Linn, Bryan McAllister. *The U. S. Army and Counterinsurgency in the Philippine War, 1899-1902*. Chapel Hill: The University of North Carolina Press, 1989.

Lisagor, Nancy, and Frank Lipsius. *A Law unto Itself: the Untold Story of the Law Firm Sullivan & Cromwell*. New York: William Morrow and Company, 1988.

Lucas, J. Anthony. "80 Years of Curriculum Changes Produces Extensive Areas." *The Harvard Crimson* January 8, 1953.

Maddox, Robert James. *William E. Borah and American Foreign Policy*. Baton Rouge: Louisiana State University Press, 1969.

Mann, Arthur. "British Social Thought and American Reformers of the Progressive Era." *The Mississippi Valley Historical Review* 43, no.4 (Mar. 1956): 672-692.

Manela, Erez. *The Wilsonian Moment: Self-Determination and the International Origins and Anti-Colonial Nationalism*. Oxford: Oxford University Press, 2007.

Marks, Frederick W., III. *Velvet or Iron: the Diplomacy of Theodore Roosevelt*. Lincoln: University of Nebraska Press, 1979.

Martin, Geoffrey. *The Life and Thought of Isaiah Bowman*. Hamden: Archon Books, 1980.

Martin, George Whitney. *Causes and Conflicts: the Centennial History of the Association of the Bar of the City of New York, 1870-1970*. New York: Fordham University Press, 1997.

Mason, Alphesus Thomas. *Brandeis: A Freeman's Life*. New York: the Viking Press, 1946.

May, Ernest R. "The Development of Political-Military Consultation in the United States." *Political Science Quarterly* 70, no.2 (June1955): 161-180.

———. *Imperial Democracy: the Emergence of America as a Great Power*. New York: Harcourt, Brace & World, 1961.

———. *American Imperialism: A Speculative Essay*. New York: 1968.

Mayer, Robert Stanley. *The Influence of Frank A. Vanderlip and the National City Bank on American Commerce and Foreign Policy 1910-1920*. New York: Garland Publish Wisterng, Inc., 1987.

McCormick, Thomas J. *China Market: America's Quest for Informal Empire 1893-1901*. Chicago: Quadrangle Books, 1967.

McFarland, Gerald W. *Mugwamps, Morals, and Politics, 1884-1920*. Amherst: University of Massachusetts, 1975.

McGerr, Micheal E. The *Decline of Popular Politics: The American North, 1865-1928*. Oxford: Oxford University Press, 1986.

McKee, Delber L. *Chinese Exclusion: Versus the Open Door, 1900-1906*. Detroit: Wayne State University, 1977.

McKercher, B. J. C. "Diplomatic Equipoise: The Lansdowne Foreign Office, The Russo-Japanese War of 1904-1905 and the Global Balance of Power." *Canadian Journal of History* 24 (December 1989): 299-340.

McMahon, Robert J. *Dean Acheson and the Creation of an American World Order*. Washington, DC: Potomac Books, 2009.

McWilliams, Tennant S. "James H. Blount, the South, and Hawaiian Annexation." *Pacific Historical Review* 57, no.1 (1988): 25-46.

Mead, Walter Russell. *Special Providence: American Foreign Policy and How It Changed the World.* New York: Routledge, 2002.

Mearsheimer, John J., and Stephen M. Walt. *The Israel Lobby and U.S. Foreign Policy*. New York: Farrar, Straus and Giroux, 2007.

Meyer, Martin. *Emory Buckner: A Biography*. New York: Harper & Row, 1964.

Miller, Worth Robert. "Building a Progressive Coalition in Texas: The Populist-Reform Democrat Rapprochement, 1900-1907." *The Journal of Southern History* 52, no.2 (May 1986): 163-182.

Mills, C. Wright. *The Power Elite*. New ed. New York: Oxford University Press, 2000.

Morgan, Ted. *FDR: A Biography*. New York: Simon and Schuster, 1985.

Morison, Elting E. *Turmoil and Tradition: A Study of the Life and Times of Henry L. Stimson*. New York: Atheneum, 1964.

Morison, Samuel Eliot. *Three Centuries of Harvard*. Cambridge: Harvard University Press, 1986.

Morris, Edmund. *Theodore Rex*. New York: Random House Trade Paperbacks, 2001.

———. *The Rise of Theodore Roosevelt*. New York: Random House Trade Paperbacks, 2010.

———. *Colonel Roosevelt*. New York: Random House Trade Paperbacks, 2011.

Mosca, Gaetano. *The Ruling Class*. New York: McGrow-Hill, 1939.

Mulder, John H. *Woodrow Wilson: The Years of Preparation*. Princeton: Princeton University Press, 1978.

Neeser, Robert W. "The Department of the Navy." *The American Political Science*

Review 11, no.1 (Feb., 1917): 59-75.

Neu, Charles E. "Theodore Roosevelt and American Involvement in the Far East." *Pacific Historical Review* 35 (1966): 433-449.

———. *An Uncertain Relationship: Theodore Roosevelt and Japan, 1906-1909.* Cambridge: Harvard University Press, 1967.

Nevins, Allan. *Henry White: Thirty Years of American Diplomacy.* New York: Harper & Brothers Publishers, 1930.

———. *Grover Cleveland: A Study in Courage*. New York: Dodd, Mead & Company, 1932.

Newman, Gerald. *The Rise of English Nationalism: A Cultural History 1740-1830.* London: Macmillan, 1997.

Nicolson, Harold. *Dwight Morrow*. New York: Harcourt, Brace and Company, 1935.

Noer, Thomas J. *Briton, Boar, and Yankee: The United States and South Africa 1870-1914*. Kent: The Kent State University Press, 1978.

Nye, Joseph S., Jr. *Is the American Century Over?* Cambridge, UK: Polity Press, 2015.

Okun, Arthur M. *Equality and Efficiency: the Big Trade-Off*. Washington DC: Brookings Institution Press, 1976.

O'Toole, Patricia. *The Five of Hearts: An Intimate Portrait of Henry Adams and His Friends, 1880-1918*. New York: Simon and Schuster, 2006.

Osborn, N. G. *Men of Mark in Connecticut: Ideals of American Life Told in Biographies and Autobiographies of Eminent Living Americans*, Vol.2. Hartford: W. R. Godspeed, 1906.

Oyos, Matthew M. "Theodore Roosevelt, Congress, and the Military: U. S. Civil-Military Relations in the Early Twentieth Century." *Presidential Studies Quarterly* 30, no.2 (July 2000): 312-331.

Papke, David Ray. *The Pullman Case: The Clash of Labor and Capital in Industrial America, Landmark Law Cases & American Society*. Lawrence: University Press of Kansas, 1999.

Parmar, Inderjeet. *Think Tanks and Power in Foreign Policy: A Comparative Study of the Role and Influence of the Council on Foreign Relations and the Royal Institute of International Affairs, 1939-1945*. London: Palgrave, 2004.

Parrish, Michael E. *Felix Frankfurter and His Times: The Reform Years*. New York: The Free Press, 1982.

Parsons, Edward B. *Wilsonian Diplomacy: Allied-American Rivalries in War and*

Peace. St. Louis: Forum Press, 1978.

Perkins, Bradford. *The Great Rapprochement: England and the United States 1895-1914*. New York: Atheneum, 1968.

Polk, William R. *Polk's Folly: An American Family History*. New York: Anchor Books, 2001.

Pollack, Oliver B. "Antisemitism, the Harvard Plan, and the Roots of Reverse Discrimination." *Jewish Social Studies* 45 (1983): 113-122.

Pomeroy, Earl Spencer. *Pacific Outpost: American Strategy in Guam and Micronesia*. Palo Alto: Stanford University Press, 1951.

Powanski, Ronald E. *Toward An Entangling Alliance: American Isolationism, Internationalism, and Europe, 1901-1950*. Westport, CT: Greenwood Press, 1991.

Powell, Michael J. *From Patrician to Professionalism: the Transformation of the Bar Association of the City of New York*. New York: Russell Sage Foundation, 1988.

Pratt, Julius W. *Expansionists of 1898: The Acquisition of Hawaii and the Spanish Islands*. Baltimore: Johns Hopkins University Press, 1936.

Prewitt, Kenneth., and Alan Stone. *The Ruling Elites: Elite Theory, Power, and American Democracy*. New York: Harper & Row, Publishers, 1973.

Puleston, W. D. *Mahan*. New Haven: Yale University Press, 1934.

Putnam, Carleton. *Theodore Roosevelt: The Formative Years, 1858-1886*. New York: Scribner's, 1958.

Reisser, Wesley J. *The Black Book: Woodrow Wilson's Secret Plan for Peace*. Lanham: Lexington Books, 2012.

Reynolds, David. "Expansion and Integration: Reflections on the History of America's Approach to Globalization." *The Paradox of a Global USA,* edited by Bruce Mazlish, Stanford: Stanford University Press, 2007: 49-63.

Richardson, Rupert N. *Colonel Edward M. House: The Texas Years, 1858-1912*. Abilene: Hardin-Simmons University, 1964.

Robarge, David., et al. "The Good Shepherd: A movie directed by Robert De Niro, screenplay by Eric Roth. Universal Pictures. 2006." *Studies in Intelligence* 51: 1. Center for Studies of Intelligence, CIA, June 26, 2008.

Roberts, Priscilla. "The American 'Eastern Establishment' and Foreign Affairs: A Challenge for Historians Part I." *The Society for Historians of American Foreign Relations Newsletter* 14 (December 1983): 9-23.

———. The American 'Eastern Establishment' and Foreign Affairs: A Challenge for

Historians, Part II." *The Society for Historians of American Foreign Relations Newsletter* 15 (December 1984): 8-19.

———. "The Anglo-American Theme: American Visions of an Atlantic Alliance, 1914-1933." *Diplomatic History* 21:3 (Summer 1997): 333-364.

———. "Willard Straight, The First World War, and 'Internationalism of all sorts': The Inconsistencies of An American Liberal Interventionist." *Australian Journal of Politics and History* 44:4 (1998): 493-511.

———. "Willard D. Straight and the Diplomacy of International Finance during the First World War." *Business History* 40:3 (July 1998): 16-47.

———. "Benjamin Strong, the Federal Reserve, and the Limits to American Nationalism: Part I: Intellectual Profile of a Central Banker." *Federal Reserve Bank of Richmond Economic Quarterly* 86:2 (Spring 2000): 61-76.

———. "Benjamin Strong, the Federal Reserve, and the Limits to American Nationalism: Part II: Strong and the Federal Reserve System in the 1920s." *Federal Reserve Bank of Richmond Economic Quarterly* 86:2 (Spring 2000): 77-98.

———. "Tasker H. Bliss and the Evolution of Allied Unified Command: A Note on Old Battles Revisited." *The Journal of Military History* 65:3 (June 2001): 671-695.

———. "Paul D. Cravath, The First World War, and the Anglophile Internationalist Tradition." *Australian Journal of Politics & History* 51:2 (June 2005): 194-215.

———. "The First World War as Catalyst and Epiphany: The Case of Henry P. Davison." *Diplomacy & Statecraft* 18 (2007): 315-350.

———. "The Transatlantic American Foreign Policy Elite: Its Evolution in Generational Perspective." *Journal of Transatlantic Studies* 7:2 (June 2009): 163-183.

———, ed. *Lord Lothian and Anglo-American Relations, 1900-1940*. Dordrecht: Republic of Letters Publishing, 2010.

Rosenberg, Emily. *Spreading the American Dream: American Economic and Cultural Expansion, 1890-1945*. New York: Hill and Wang, 1982.

———. *Financial Missionaries to the World: The Politics and Culture of Dollar Diplomacy 1900-1930*. Durham & London: Duke University Press, 2003.

Rovere, Richard H. *The American Establishment and Other Reports, Opinions and Speculations*. New York: Harcourt, Brace & World, Inc., 1962.

Ruddy, T. Michael. *The Cautious Diplomat: Charles S. Bohlen and the Soviet Union,*

1929-1969. Kent: Kent State University Press, 1986.

Russell, Gregory. *The Statecraft of Theodore Roosevelt: The Duties of Nations and World Order*. Dordrecht, Leiden: Martinus Nijhoff Publishers, 2009.

Samuels, Ernest. *Henry Adams: The Major Phase*. Cambridge: The Belknap Press, 1964.

Santoro, Carlo Maria. *Difference and Ambition: The Intellectual Sources of U. S. Foreign Policy*. Oxford: Westview Press, 1992.

Saunders, Robert M. *In Search of Woodrow Wilson: Beliefs and Behavior*. Westport: Greenwood Publishing Group, 1998.

Scheiber, Harry N. "World War I as Entrepreneurial Opportunity: Willard Straight and the American International Corporation." *Political Science Quarterly* 84, no.3 (Sep., 1969): 486-511.

Schiesl, Martin J. *The Politics of Efficiency: Municipal Administration and Reform in America*. Berkeley: University of California Press, 1977.

Schlesinger, Arthur M., Jr. *The Vital Center: The Politics of Freedom*. Boston: Houghton Mifflin, 1949.

———. *The Politics of Upheaval*. Boston: Houghton Mifflin Company, 1960.

Schoonover, Thomas D. *Uncle Sam's War of 1898 and the Origins of Globalization*. Lexington: University Press of Kentucky, 2003.

Schulzinger, Robert D. *The Making of the Diplomatic Mind: The Training, Outlook, and Style of United States Foreign Service Officers, 1908-1931*. Middletown: Wesleyan University Press, 1975.

———. *The Wise Men of Foreign Affairs: The History of the Council on Foreign Relations*. New York: Columbia University Press, 1984.

Schwarz, Jordan A. *The Speculator: Bernard M. Baruch in Washington, 1917-1965*. Chapel Hill: The University of North Carolina Press, 1981.

Scott, John, ed. *The Sociology of Elites*, 3 vols. Vermont; Edward Elger Publishing, 1990.

Seager, Robert. "Ten Years before Mahan: The Unofficial Case for the New Navy, 1880-1890." *The Mississippi Valley Historical Review* 40, no.3 (Dec., 1953): 491-512.

Seligman, John. *The High Citadel: the Influence of Harvard Law School*. Boston: Houghton Mifflin Co., 1978.

Sheffer, Martin, ed. *Capital of the American Century: The National and International Influence of New York City*. New York: Russell Sage Foundation, 1993.

Sheldon, Henry D. *Student Life and Customs*. New York: Arno Press, 1971.

Shoup, Lawrence., and William Minter. *Imperial Brain Trust: the Council on Foreign Relations & United States Foreign Policy*. New York: Monthly Review Press, 1977.

Siebey, Joel H. *The American Political Nation, 1838-1893*. Palo Alto: Stanford University Press, 1991.

Skowronek, Stephen. *Building a New American State: The Expansion of National Administrative Capacities, 1877-1920*. New York: Cambridge University Press, 1982.

Smith, Neil. *American Empire: Roosevelt's Geographer and the Prelude to Globalization*. Berkeley: University of California Press, 2003.

Solomon, Barbara. *Ancestors and Immigrants: A Changing New England Tradition*. Cambridge: 1956.

Srodes, James. *On Dupont Circle: Franklin and Eleanor Roosevelt and the Progressives Who Shaped Our World*. Berkeley: Counterpoint, 2012.

Steigman, Andrew L. *The Foreign Service of the United States: First Line of Defense*. Boulder: Westview Press, 1985.

Steinberg, John W., Bruce W. Menning, David Schimmelpenninck van der Oye, David Wolff and Shinji Yokote, eds. *The Russo-Japanese War in Global Perspective: World War Zero,* Volumes I and II. Leiden, The Netherlands: Brill Academic Publishing, 2005.

Stewart, Frank Mann. *A Half Century of Municipal Reform: The History of the National Municipal League*. Berkeley: University of California Press, 1950.

Stokes, Melvyn. "American Progressives and the European Left." *Journal of American Studies* 17, no.1 (April 1983): 5-28.

Strum, Philippa. *Louis D. Brandeis: Justice for the People*. Cambridge: Harvard University, 1984.

Sutherland, Daniel E. "Southern Fraternal Organizations in the North." *The Journal of Southern History* 53, no.4 (Nov., 1987): 587-612.

Sutton, Antony C. *America's Secret Establishment: An Introduction to the Order of Skull & Bones*. Billings, MO: Liberty House Press, 1977.

Thayer, William Roscoe. *The Life and Letters of John Hay,* Vol.2. Boston: Houghton Mifflin Company, 1915.

Tilchin, William N. *Theodore Roosevelt and the British Empire: A Study in Presidential Statecraft*. New York: St. Martin's Press, 1997.

Tomes, Jason. *Balfour and Foreign Policy: The International Thought of a Conservative Statesman*. New York: Cambridge University Press, 1997.

Tucker, Robert W. *Woodrow Wilson and the Great War: Reconsidering America's Neutrality, 1914-1917*. Charlottesville: University of Virginia Press, 2007.

Urofsky, Melvin I. *Louis D. Brandeis: A Life*. New York: Pantheon Books, 2009.

Wala, Michael. *The Council on Foreign Relations and American Foreign Policy in the Early Cold War*. Oxford: Berghahn Books, 1994.

Wagenknecht, Edward. *The Seven Worlds of Theodore Roosevelt*. New York: Longmans, Green, 1958.

Walworth, Arthur. *America's Moment: 1918, American Diplomacy at the End of World War I*. New York: W. W. Norton & Company, 1977.

———. *Wilson and His Peacemakers: American Diplomacy at the Paris Peace Conference, 1919*. New York: W. W. Norton & Company, 1986.

Ward, Geoffrey C. *Before the Trumpet: Young Roosevelt, 1882-1905*. New York: Harper & Row Publishers, 1985.

Watt, D. Cameron. *Succeeding John Bull: America's Place, 1900-1975: A Study of the Anglo-American Relationship and World Politics in the Context of British and American Foreign-Policy-Making in the Twentieth Century*. Cambridge: Cambridge University Press, 1984.

Weinstein, James. *The Corporate Ideal in the Liberal State, 1900-1918*. Boston: Beacon Press, 1968.

Weiner, Joseph L. "Home Rule in New York." *Columbia Law Review* 37, no.3 (April 1937): 557-581.

———. "Municipal Home Rule in New York." *Brooklyn Law Review* 201, no.20 (1953-1954): 557-581.

Welch, Richard E., Jr. *The Presidencies of Grover Cleveland*. Lawrence: University Press of Kansas, 1988.

Werking, Richard Hume. *The Master Architects: Building the United States Foreign Service 1890-1913*. Lexington: The University of Kentucky, 1977.

Wesser, Robert F. *Charles Evans Hughes: Politics and Reform in New York, 1905-1910*. Ithaca: Cornell University Press, 2009.

White, G. Edward. *Justice Oliver Wendell Holmes: Law and the Inner Self*. New York: Oxford University Press, 1995.

Whitehouse, Michael M. "Paul Warburg's Crusade to Establish a Central Bank in the United States." Minneapolis: The Federal Reserve Bank of Minneapolis, 1989.

Wicker, Elmus. *The Great Debate on Banking Reform: Nelson Aldrich and the Origins of the Fed*. Columbus: The Ohio State University Press, 2005.

Widenor, William. *Henry Cabot Lodge and the Search for an American Foreign Policy*. Berkeley: University of California Press, 1980.

Williams, Joyce Grigsby. *Colonel House and Sir Edward Grey: A Study in Anglo-American Diplomacy*. Lanham: University Press of America, 1984.

Wilson, Joan Hoff. *American Business & Foreign Policy 1920-1933*. Boston: Beacon Press, 1971.

———. *Herbert Hoover: Forgotten Progressive*. Boston: Little, Brown and Co., 1975.

Yarbrough, Jean M. *Theodore Roosevelt and the American Political Tradition*. Lawrence: University of Kansas, 2012.

Yeomans, Henry Aaron. *Abbott Lawrence Lowell, 1856-1943*. New York: Arno Press, 1977.

Zabriskie, Edward H. *American-Russian Rivalry in the Far East*. Philadelphia: University of Pennsylvania Press, 1946.

Zakaria, Fareed. *From Wealth to Power*. Princeton: Princeton University Press, 1999.

———. *The Post-American World*. New York: W. W. Norton & Company, 2008.

Zimmerman, Joseph Francis. *The Government and Politics of New York State*. New York: State University of New York Press, 2008.

Zimmermann, Warren. *First Great Triumph: How Five Americans Made Their Country A World Power*. New York: Farrar, Straus and Giroux, 2004.

（2）邦文関連文献・研究書

アイケンベリー，G・ジョン『リベラルな秩序か帝国か——アメリカと世界政治の行方』上・下巻，細田雄一監訳，勁草書房，2012.

———.『アフター・ヴィクトリー——戦後構築と論理と行動』鈴木康雄訳，NTT 出版，2004.

阿川尚之『憲法で読むアメリカ史』上・下巻，PHP 新書，2004.

秋元英一『アメリカ経済の歴史　1492-1993』東京大学出版会，1995.

麻田貞雄『両大戦間期の日米関係——海軍と政策決定過程』東京大学出版会，1993.

有賀貞編著『世界歴史大系　アメリカ史２—— 1877-1992 年——』山川出版社，1993.

アルドリッジ，ネルソン・W・Jr.『アメリカ上流階級はこうして作られる

――オールド・マネーの肖像』猿谷要監修，酒井常子訳，朝日新聞社，1995.
五百旗頭真『米国の日本占領政策――戦後日本の設計図』上・下巻，中央公論社，1985.
五十嵐武士『グローバル化とアメリカの覇権』岩波書店，2010.
ウィリアムズ，ウィリアム・A『アメリカ外交の悲劇』高橋章・松田武・有賀貞共訳，お茶の水書房，1991.
ウォルター，アンドリュー『ワールドパワー&ワールドマネー――ヘゲモニーの役割と国際通貨秩序』本山美彦訳，三嶺書房，1998.
ウォルツ，ケネス『国際政治の理論』河野勝，岡垣知子訳，勁草書房，2010.
ウォルト，スティーブン『米国世界戦略の核心――世界は「アメリカン・パワー」を制御できるか？』奥山真司訳，五月書房，2008.
岡田泰男『アメリカ経済史』慶應義塾大学出版会，2000.
奥田暁代『アメリカ大統領と南部――合衆国史の光と影』慶応義塾大学出版会，2010.
越智道雄『ワスプ（WASP）――アメリカン・エリートはどうつくられるか』中公新書，1998.
＿＿＿『秘密結社――アメリカのエリート結社と陰謀史観の相克』ビジネス社，2005.
＿＿＿『アメリカン・エスタブリッシュメント』NHK 出版，2006.
ガイスト，チャールズ・R『ウォールストリートの歴史』中山良雄訳，フォレスト出版，2001.
堅田義明『日本海軍とアメリカ』日本評論社，2011.
カプチャン，チャールズ『アメリカ時代の終わり』上・下巻，堀内淳訳，NHK ブックス，2003.
キッシンジャー，H. A『キッシンジャー激動の時代①　ブレジネフと毛沢東』桃井眞監訳，読売新聞社，1982.
＿＿＿『キッシンジャー激動の時代②　火を噴く中東』桃井眞監訳，読売新聞社，1982.
キッシンジャー，ヘンリー・A『外交』上・下巻，岡崎久彦訳，日本経済新聞社，1996.
木下玲子『欧米クラブ社会』新潮社，1996.
紀平英作『ニューディール政治秩序の形成過程の研究』京都大学学術出版会，1993.
＿＿＿『パクス・アメリカーナの道――胎動する戦後世界秩序』山川出版社，

1996.
木村昌人『財界ネットワークと日米外交』山川出版社，1997.
キンドルバーガー，チャールズ『経済大国興亡史：1500-1900　下』中嶋健二訳，岩波書店，2002.
ケナン，ジョージ・F『アメリカ外交50年』有賀貞ほか訳，岩波現代文庫，2000.
コーエン，スティーブン・フィリップ『アメリカはなぜインドに注目するのか――台頭する大国インド』堀本武功訳，明石書店，2003.
コリー，リンダ『イギリス国民の誕生』川北稔監訳，名古屋大学出版会，2000.
ザカリア，ファリード『アメリカ後の世界』楡井浩一訳，徳間書店，2008.
佐々木豊「外交問題評議会『戦争と平和の研究』における戦後処理構想――アメリカ知識人・外交問題専門家の抱いた安全保障観を中心に――」杉田米行編『アメリカ外交の分析――歴史的展開と現状分析』大学教育出版，2008: 117-167.
塩崎弘明『国際新秩序を求めて―― RIIA，CFR，IPR の系譜と両大戦間期の連携関係』九州大学出版会，1999.
信田智人『アメリカ議会をロビーする――ワシントンのなかの日米関係』ジャパンタイムズ，1989.
ジョンソン，ポール『アメリカ人の歴史』II巻，別宮貞徳訳，株式会社共同通信社，2002.
シルク，レナード，マーク・シルク『エスタブリッシュメント：アメリカを動かすエリート群像』山岡清二訳，TBS ブリタニカ，1981.
スティール，ロナルド『現代史の目撃者――リップマンとアメリカの世紀』上・下巻，浅野輔訳，BS ブリタニカ，1982.
角田順『満蒙問題と国防方針――明治後期における国防環境の変動』原書房，1967.
ソーベル，ロバート『ウォール街二百年：その発展の秘密』安川七郎訳，東洋経済新報社，1970.
田所昌幸『「アメリカ」を超えたドル――金融グローバリゼーションと通貨外交』中公叢書，2001.
谷光太郎『米国東アジア政策の源流とその創設者――セオドア・ルーズベルトとアルフレッド・マハン』山口大学経済学会，1998.
チャーナウ，ロン『モルガン家――金融帝国の盛衰』上・下巻，青木榮一訳，日経ビジネス人文庫，2005.

常松洋『ヴィクトリアン・アメリカの社会と政治』昭和堂，2006.
ドムホフ，ウィリアム『現代アメリカを支配するもの』陸井三郎訳，毎日新聞社，1971.
中嶋哲雄『モンロー・ドクトリンとアメリカ外交の基盤』ミネルヴァ書房，2002.
中西輝政『アメリカ外交の魂：帝国の理念と本能』集英社，2005.
―――『覇権の終焉――アメリカ衰退後の世界情勢を読み解く』PHP 研究所，2008.
中西寛「グローバル多極秩序と日本外交の課題」RIETI Discussion Paper Series，10-J-048（2012 年 8 月）
中野聡『歴史経験としてのアメリカ帝国――米比関係史の群像』岩波書店，2007.
―――「アメリカ史研究の現状と課題」『立教アメリカン・スタディーズ』第 32 号（2010 年 3 月）: 9-20.
西川純子，松井和夫『アメリカ金融史――建国から 1980 年代まで』有斐閣選書，1989.
根元忠宣『基軸通貨の政治経済学』学文社，2003.
秦郁彦『太平洋国際関係史――日米および日露危機の系譜　1900-1935 ――』福村出版，1972.
ハルバースタム，デイビット『ベスト＆ブライテスト：栄光と興奮に憑かれて①』浅野輔訳，サイマル出版会，1983 年新版 .
林義勝「第二次大戦中の国際主義団体の活動――外交問題評議会を中心に――」本間長世編著『第二次大戦下の米国社会』東京大学出版会，1983: 165-185.
ハンチントン，サミュエル『文明の衝突』鈴木主税訳，集英社，1998.
―――『分断されるアメリカ――ナショナル・アイデンティティの危機』鈴木主税，集英社，2004.
布施将夫「エリヒュー・ルートの軍制改革――陸軍省参謀部の創設をめぐって」肥後本芳男・山澄亨・小野沢透編『現代アメリカの政治文化と世界―― 20 世紀初頭から現代まで』昭和堂，2010：4-28.
―――『補給戦と合衆国』松籟社，2014.
ブレジンスキー，ズビグニュー『孤独な帝国アメリカ――世界の支配者か，リーダーか？』堀内一郎，朝日新聞社，2005.
防衛省『平成二七年度版防衛白書』日経印刷，2015.
マクグラス，A. E.『プロテスタント思想文化史―― 16 世紀から 21 世紀まで』

佐柳史男訳，教文館，2009.
前川玲子『亡命知識人たちのアメリカ』世界思想社，2014.
松田武『戦後日本におけるアメリカのソフトパワー——半永久的依存の起源』岩波書店，2008.
マン，ジェームズ『危険な幻想——中国が民主化しなかったら世界はどうなる？』渡辺昭夫訳，PHP 研究所，2008.
ミアシャイマー，ジョン・J『大国政治の悲劇——米中は必ず衝突する！』奥山真司訳，五月書房，2007.
三島武之介「セオドア・ローズヴェルトと門戸開放政策」修士論文，京都大学，2007.
———「ヘンリー・スティムソンの外交視座——フィリピン統治を通じて——」『社会システム研究』12（2009 年 2 月）: 167-178.
三谷太一郎『ウォール・ストリートと極東——政治における国際金融資本』東京大学出版会，2009.
ミルズ，C・W『パワー・エリート：現代アメリカの権力構造』鵜飼信成・綿貫譲治訳，東京大学出版会，1958.
森田吉彦『評伝 若泉敬』文春新書，2011.
柳田幸男，ダニエル・H・フット『ハーバード卓越の秘密——ハーバード LS の叡智に学ぶ』有斐閣，2010.
ラギー，ジョン・ジェラルト『平和を勝ち取る——アメリカは戦後秩序をどのように築いたか』小野塚佳光，前田幸男訳，岩波書店，2009.
ロビンス，アレクサンドラ『スカル＆ボーンズ——秘密クラブは権力への通路』太田龍訳，成甲書房，2004.
渡辺靖『アフター・アメリカ——ボストニアンの軌跡と＜文化の政治学＞』慶應義塾大学出版会，2004.

（3）ウェブサイト

Alexander Hamilton U. S. Customs House, New York City. “History of the U. S. Customs Service at the Port of New York.” Accessed July 18, 2009. http://oldnycustomhouse.gov/history/.
The Almanac of Theodore Roosevelt. Accessed November 22, 2012. http://www.theodore^roosevelt.com/.
Beazley, Julia. “Thomas William House.” *The Handbook of Texas Online*, Accessed October 29. 2010. http://www.tshaonline.org/handbook/online/articles/fho68.
Cosmos Club, “History of the Cosmos Club.” Accessed August 26, 2012. https://www.

cosmosclub.org/Default.aspx?pageindex=1&pageid=39&status=1.

Davis Polk& Wardwell. "The Firm: History," Accessed November 25, 2012. http://www.davispolk.com/firm/history/.

Freedman, S. Morgan. "The Inflation Calculator." Accessed August 6, 2012. http://www.westegg.com/inflation/.

Fukuyama, Francis. "American Power Is Waning Because Washington Won't Stop Quarreling." *The New Republic*, March 10, 2014. Accessed September 23, 2015. http://www.newrepublic.com/article/116953/american-power-decline-due-partisanship-washington.

Griswold, Erwin N. "The Harvard Law Review — Glimpses of Its History as Seen by an Aficionado." in *Harvard Law Review: Centennial Album* 1 (1987). Accessed May 5, 2011. http://www.harvardlawreview.org/hlr_497.php.

Groton School, "Groton Essentials." Accessed August 6, 2012. http://www.groton.org/about/essentials.

Hulberstam, David. "The New Establishment: the Decline and Fall of the Eastern Empire," Vanity Fair, September 30, 1994, Accessed January 5, 2016. http://www.vanityfair.com/news/1994/10/old-establishment-decline-199410.

La Salle High School,「入学のご案内：経費.」Accessed August 6, 2012. http://www.lasalle.ed.jp/admission.html#keihi.

Neu, Charles E. "House, Edward Mandell." *The Handbook of Texas Online*, Accessed October 20, 2010. http://www.tshaonline.org/handbook/online/articles/fho66.

Olney, Richard. "The Growth of Our Foreign Policy." *The Atlantic Monthly*, March 1900, Accessed November 26, 2012. http://www.theatlantic.com/magazine/archive/1900/03/the-growth-of-our-foreign-policy/304994/.

Peters, Gerhard, and John T. Woolley, ed. "Papers of Grover Cleveland," *The American Presidency Project*. Accessed November 26, 2012. http://www.presidency.ucsb.edu/.

Psi Upsilon Fraternity. "About Psi Upsilon: History." Accessed September 24, 2010. http://www.psiu.org/about/history.html.

Robarge, Davidet et al. "The Good Shepherd: A movie directed by Robert De Niro, screenplay by Eric Roth. Universal Pictures. 2006," *Studiesin Intelligence*, 51, no.1 Center for Studies of Intelligence, CIA, June 26, 2008. Accessed November 22, 2012. https://www.cia.gov/library/center-for-the-study-of-intelligence/csi-publications/csi-studies/studies/vol51no1/the-good-shepherd.html.

Ryder, Clare. "The Inns of Court and Inns of Chancery and Their Records," *Archives*

24, no.101 (1999): In The Honourable Society of the Inner Temple, Historical Articles. Accessed October 5, 2012. http://www.innertemple.org.uk/index.php?option=com_content&view=article&id=36&Itemid=30&showall=1.

Svinth, Joseph R. "Professor Yamashita Goes to Washington." *Journal of Combative Sport* (Oct 2000). Accessed July 19, 2006. http://ejmas.com/jcs/jcsart_svinth1_1000.htm;

あとがき

本書は、二〇一三年に京都大学に提出した博士学位申請論文『革新主義期アメリカにおける国家改革――グローバリゼーションへの対応としての国家指導者層の創成』に加筆修正を施したものである。あれから三年近くが経ったが、「アメリカの世紀」の行方は不透明なままである。若き国際政治学者マイケル・フリン (Micheal E. Flymn) は、二〇一一年の時点で迷えるアメリカが抱える問題の深刻さをこう伝えていた。

歴史的にみると学者たちは、対外政策決定過程における超党派のコンセンサスの存在が、アメリカの世界的指導国としての役割の維持に密接に関わっているとの意見で一致している。「しかしそのコンセンサスがないために」ヴェトナム、冷戦の終結、そして直近では、世界的な金融恐慌はもちろんイラクとアフガニスタンの戦争も、多くのアメリカ人に全世界的関与を続けることが望ましいのか、賢明なのかを疑わせている[1]。

かつて孤立主義の伝統から離脱し世界へと雄飛した時、アメリカにはこの懐疑を退けた超党派勢力が存在した。本書でその起源をたどった「外交政策エスタブリッシュメント」を中核とする国家指導者層である。序章第一節で述べたように、彼らはその華々しさのあまり、ついにアメリカ政治における主流の座を占めるには至らなかった。今や「外交政策エスタブリッシュメント」はもう二度と再生することのない過去の歴史現象となったように思われる。本書で取り上げた膨張主義者たちは、アレグザンダー・ハミルトンのような連邦主義者たちを立ち戻るべき歴史の原点として仰ぐことができた。しかし、現代の多国間主義的膨張主義者たちは、階級的・人種的反発を免れえなかった「外交政策エスタブリッシュメント」を歴史の模範とすることは多分できないであろう。

現代アメリカの政治的な膠着状態は根が深い。エンパワーメント（empowerment）の大号令のもと個々人の権利の拡大が進んでいる。その一方で国内政治における地域的・人種的諸対立が一層目立つようになってきている。猟官制がアメリカ政治の活力の維持に貢献しているように、活力ある移民の流入はアメリカという国家そのものの再活性化に寄与している。ゆえに民族的多様性はアメリカの類まれな魅力の一つである。とはいえ、現在の世界関与を続けたまま国家としての一体性を保持していくことは果たしてできるのだろうか。ますます多様になるアメリカはいかにして超党派のコンセンサスを生み出し、世界に関与し続けていくのだろうか。

「アメリカの世紀」が今後も続くかどうかは、この問いに対する答えをアメリカがなるだけ早期に見つけ、かつ慎重に実際の行動に移していけるかどうかにかかっていよう。先日筆者は愛知県立大学外国語学部で講義を行う機会を得たが、その際にアメリカの歴史を振り返れたのは幸いであった。アメリカ史とは独立戦争の時からして既に絶え間ない対立と抗争の歴史を意味したが、対外政策をめぐっては殊にそうであった。

アメリカの対外政策は、単一の統一見解から着手されるわけではない。アメリカ対外政策決定過程の中心においてさえ、国益の定義をめぐって重大な差異があるのだ。

この致命的欠陥にもかかわらず、アメリカが冷戦に勝利し唯一の超大国として二一世紀を迎えられたのは、国内の諸勢力間のせめぎ合いを乗り越えてきたからである。アメリカ対外政策研究の権威ウォルター・ラッセル・ミード（Walter Russell Mead）は、その超克の歴史を「特別な摂理」として国民の記憶にとどめようと、文学的修辞を凝らした大著を世に問うた。[2]

確かに、その記憶が再び「『中道派』連合」を再生させる糸口となるのかもしれない。しかし、二〇一六年一一月には大統領選が控えているが、今のところそのような記憶を呼び起こす候補は現れていないように見受けられる。超党派の主流派をもたず彷徨するアメリカは、一体どこへ向かっていくのだろうか。我々は今後もそれを注意深く見守りつつ、日本の進路を定めていかなければならない。月並みなまとめ方で恐縮だが、その感を筆者は強くしている。

筆を置くにあたって思い起こせば、ここにたどり着くまでの日々は辛かった。人よりも随分長く大学院に在籍しながらわずかな研究成果しか上げられず、研究職に就くこともできなかった。それでもどうにか本書を世に送り出せたのは、先生方、友人たち、そして家族の支えがあってのことである。全ての方々にお礼を申し上げたいところだが、紙面の都合上とくにお世話になった方にこの場を借りて感謝の意を評したい。

中西輝政先生は、学部時代からの恩師である。先生はイギリス政治・外交史を専門とされながらも古今東西の歴史に関する該博な学識をお持ちだった。ユーモアに満ちたお話にはいつも新鮮さに満ちた知的発見があり、筆者もたえず刺激を受けてきた。勝手気ままに研究を進める筆者を寛大に見守ってくださる一方で、大きな歴史の流れを意識しつつ実証研究に励むことの重要性をいつも喚起された。残念なことに、筆者が生計を立てるため大学を離れたせいで、先生の謦咳に触れる機会はほとんどなくなってしまった。しかし今なお、先生から頂戴した『覇権の終焉――アメリカ衰退後の世界情勢を読み解く』（ＰＨＰ研究所、二〇〇八）と『アメリカ外交の魂――帝国の理念と本能』（文藝学術ライブラリー、二〇一四）の二冊は、筆者にとって乗り越えるべき壁としてそびえ続けている。

前川玲子先生は、中西先生の定年退官にともない「孤児」となった筆者の研究指導を引き受けてくださった。先生は、どの学生に対してもそうであるように、筆者に対しても常に誠実にかつ温かく接してくださった。進路選択に悩んでいた時や、論文が思うように書けない時も、ご多忙の合間を縫って助言と励ましの言葉をくださった。もしも先生がいなかったとしたら、筆者はとうに学究の道を断念していただろう。大学院を修了した今も、良識あるアメリカ史家として、今後の研究の進め方について的確な助言をくださっている。本書は京都大学から「平成二七年度総長裁量経費人文・社会系若手研究者出版助成」を得て出版されたが、この助成申請を勧め、松籟社編集部の木村浩之氏をご紹介くださったのも、他ならぬ前川先生である。先生は常に私の理想の教育者であったし、これからもそうである。

学会・研究会等でお世話になった先生方にも、この上ない感謝を申し上げたい。

博士論文の副査の一人である川島昭夫先生からは、精確な日本語の使い方、イギリス史との興味深い比較についてご教授頂いた。公用のためご退官前の最終講義に伺えなかったのが至極残念である。

もう一人の副査ハヤシ・マサル・ブライアン先生（Bryan Masaru Hayashi）からは、今後は軍についても研究対象とするようにと、大変貴重なご示唆を頂いた。

松田武先生は、アメリカ政治・外交史を学ぶにあたって、政治と経済の接点について深く追究することの不可欠さを伝えてくださった。筆者がエスタブリッシュメント研究に踏み出したのは先生の啓発によるところが大きい。

佐古丞先生は、年齢や職責が大きく隔たっていたにもかかわらず、孤独な院生生活を送っていた筆者にとってかけがえのない友であった。知性とユーモアあふれる語り口で、会うことがかなわなかった高坂正堯先生についてしばしばお話され、日本の国際政治学の系譜の理解を助けてくださった。私どもの披露宴でのご祝辞は、生涯の道標である。

堅田義明先生は、日米関係、とくにその経済・軍事的側面についての専門家で、アメリカ史を様々な視角から見つめることの重要性を教えてくださった。学会発表の機会を頂くなど様々なお心遣いに感謝申し上げたい。

山澄亨先生は、関西アメリカ史研究会での発表の時、民主党史を学ぶことで研究に広がりが出る、と本書に直接活きる助言をくださった。第五章を書けたのは先生のおかげである。

小野沢透先生は、尋常ならざる鋭敏な頭脳で筆者の研究の盲点を素早く見抜かれ、研究の深まりの契機を与えてくださった、筆者にとって憧れの人である。先生の大著を拝読する日を心待ちにしている。

佐々木豊先生は、本書でも言及した外交政策シンクタンクに関する研究成果を惜しみもなく共有してくださり、いつも気さくに接して頂いている。

高原秀介先生からは、神戸大学日本政治外交史研究会にお招き頂いた。その懇親会の席上で、ご自身の経験を交えて研究途上で挫けそうになっていた筆者を励ましてくださったことが忘れられない。

布施将夫先生は、筆者にとって兄のような存在で、常に筆者のことを気にかけてくださっている。研究が行き詰っていた時はいつも気晴らしに付き合ってくださった。前川先生をはじめ尊敬できる先生方に出会えたのも、ひとえに布施先生のおかげである。

京都大学でともに学んだ小谷賢、森田吉彦、山添博史、金自成、奥田泰広、関誠、エレノア・ロビンソン（Eleanor Robinson）、小山俊樹、大原俊一郎、藪田有紀子、斉藤博史、今川綾音、黒田友哉、長谷川和樹、鈴木宏典、藤岡真樹、大野直樹、髙森純、佐々木太郎、松浦真也、奥村元、渡寛法、下村智典らの諸姉諸兄にも一方ならぬご厚情を頂いた。どの方とも人生の最も大事な時間を共有していただけに思い出が尽きない。だが強いて一人挙げるとすれば、学部時代からの同期である大野直樹氏には、公私にわたって言葉では語り尽くせないほど助けて頂いた。母校を去る前に、氏の博士論文の刊行（『冷戦下CIAのインテリジェンス――トルーマン政権の戦略策定過程』、ミネルヴァ書房、二〇一二）をみることができたことは、筆者にとって喜びを禁じ得ない快事であった。

最後に、本書の編集者たる木村浩之氏に感謝したい。前川先生が最初におっしゃった通り、木村氏は本当に信頼のおける編集者であった。無名の研究者である筆者の出版を快諾してくださっただけでなく、拙稿の隅から隅まで目を通し、筆者ですら気づかなかった細かな誤りまで拾い、一人でも多くの読者に本書を手にとってもらえるよう校正上の工夫をこらしてくださった。改めてお礼申し上げる。

平成二八年一月一〇日憲法記念館にて

三島武之介

注

［1］Michael E. Flynn, "Another Look at the Cold War Consensus: The Eastern Establishment and the Bipartisan Bureaucracy," *APSA 2011 Annual Meeting Paper*, September 7, 2011, 2.

［2］Walter Russell Mead, *Special Providence: American Foreign Policy and How It Changed the World* (New York: Routledge, 2002), 54-55. なお、ミードはサウスカロライナ州の聖公会教会の牧師の息子で、グロートン校を卒業した。イェール大学では英文学を専攻し、一説によるとボーンズマンだった。二〇一〇年までＣＦＲでヘンリー・キッシンジャー記念アメリカ対外政策担当上級研究員を務めた。

◉ 索 引 ◉

・本文および注で言及した人名を人名索引に、組織名、歴史的事項、媒体名等を事項索引に配列した。

◆人名索引◆

【あ行】

アームストロング, ハミルトン・フィッシュ　Armstrong, Hamilton Fish（1893-1973）　294-295
アイケンベリー, ジョン　Ikenberry, G. John（1954-）　21, 23-24, 56-58
アイザックソン, ウォルター　Issacson, Walter（1952-）　38-39, 58-59
アスター, ヴィンセント　Astor, W. Vincent（1891-1959）　249
アスター, キャロライン　Astor, Caroline W. S.（1830-1908）　282
アダムズ, ジョン　Adams, John（1735-1826）　182
アダムズ, ジョン・クインシー　Adams, John Quincy（1867-1848）　182
アダムズ, チャールズ・フランシス　Adams, Charles Francis, Jr.（1835-1915）　113, 150, 157, 232, 334, 348-349
アダムズ, ブルックス　Adams, P. C. Brooks（1848-1927）　86, 139-144, 153, 333, 352, 374, 377
アダムズ, ヘンリー　Adams, Henry B.（1838-1918）　76-80, 85-86, 100-101, 113, 140-143, 145-146, 149-151, 153, 164, 182, 238, 349
アチソン, ディーン　Acheson, Dean G.（1893-1971）　38, 177, 204, 213, 263
アンドリュー, ピアット　Andrew, A. Piatt（1873-1936）　327
アンドリューズ, ベンジャミン　Andrews, E. Benjamin（1844-1917）　144, 165
イートン, ドーマン　Eaton, Dorman B.（1823-1899）　82, 101, 105, 120, 169, 173, 190
ヴァンダービルト, コーネリアス　Vanderbilt, Cornelius（1794-1877）　115, 158, 277
ヴァンダーリップ, フランク　Vanderlip, Frank A.（1864-1937）　102, 276-277, 327
ウィッカーシャム, ジョージ　Wichkersham, George W.（1858-1936）　102-103
ウィリアムズ, ウィリアム・アップルマン　Williams, William Appleman（1921-1990）　32-35, 38, 60-61, 432
ウィルソン, ウッドロウ　Wilson, T. Woodrow（1856-1924）　40-41, 55, 66, 69, 96, 98, 103, 150, 190-197, 209, 213, 217, 223, 246, 256, 265, 286, 289, 291-294, 297, 306, 315-316, 326, 382, 399, 401-408, 416-418, 421

ウェスト，アンドリュー　West, Andrew F.（1853-1943）　155, 195
ウェルズ，サムナー　Welles, Sumner（1892-1961）　104
ウォーカー，フランシス　Walker, Francis A.（1840-1897）　144, 165
ウォートン，イーディス　Wharton, Edith（1862-1937）　79
ウォーバーグ，ポール　Warburg, Paul M.（1868-1932）　104, 283, 294, 315, 326-327
ウォルト，スティーヴン　Walt, Stephen M.（1955-）　22, 56
ウッド，レナード　Wood, Leonard（1860-1927）　87, 95
エイムズ，ジェイムズ・バー　Ames, James Barr（1846-1910）　176-177, 243, 264
エヴァーツ，ウィリアム　Evarts, William M.（1818-1901）　82, 115, 162, 289, 333
エリオット，チャールズ　Eliot, Charles W.（1834-1926）　37, 72, 77, 90-92, 100-101, 106, 123, 128, 169, 171-174, 177-185, 187-192, 195, 197-198, 204-205, 207-208, 215, 217, 221-222, 224, 226, 232-233, 236, 240, 243-246, 248, 266, 287, 305, 345-346, 349-351, 365, 410
エンディコット，ウィリアム　Endicott, William C.（1826-1900）　85, 192, 197-198, 200, 204, 216, 224, 360
オーキンクロス，ゴードン　Auchincloss, Gordon（1886-1943）　214-215, 315-316, 320
オルドリッチ，ネルソン　Aldrich, Nelson W.（1841-1915）　326-327
オルニー，リチャード　Olney, Richard（1835-1917）　149, 161, 346-348, 352, 357

【か行】

カーター，クーリッジ　Carter, J. Coolidge（1827-1905）　174, 232
カーティス，ジョージ・ウィリアム　Curtis, George William（1824-1892）　82, 117-120, 122-124, 238
カーネギー，アンドリュー　Carnegie, Andrew（1835-1919）　247, 249, 290, 345-346, 350-351, 366
カーン，オットー　Kahn, Otto H.（1867-1934）　249, 315
カッティング，フルトン　Cutting, R. Fulton（1850-1912）　102, 232, 277, 290
金子，堅太郎　Kaneko, Kentarou（1853-1942）　391, 414
カプチャン，チャールズ　Kupchan, Charles A.（1958-）　17-20, 23, 25, 55
キッシンジャー，ヘンリー　Kissinger, Henry A.（1923-）　28-29, 55, 58-59, 359
キプリング，ラドヤード　Kipling, Rudyard（1865-1936）　119, 159, 383
キャッスル，ウィリアム　Castle, William R. Jr.（1878-1963）　103, 107
クーリッジ，アーチボルド　Coollidge, Archibald C.（1866-1928）　88-94, 103, 106-108, 155, 289, 360
クーリッジ，トマス・ジェファソン　Coolidge, Thomas Jefferson（1831-1920）　90, 112, 303, 333, 350, 360
クーリッジ，トマス・ジェファソン・ジュニア　Coolidge, Thomas Jefferson, Jr.（1863-1912）　303-304

クラヴァス，ポール　Cravath, Paul D.（1861-1940）　103, 320
クリーヴランド，グローヴァー　Cleveland, S. Grover（1837-1908）　79, 83-84, 118, 123-129, 133-137, 139-140, 142-147, 149-150, 152-154, 161, 164, 195-196, 224, 246, 296, 308, 316, 333-340, 342, 346-347, 357, 363
グルー，ジョゼフ　Grew, Joseph C.（1880-1965）　35, 44, 59, 63, 89, 103, 105, 188, 205, 293, 302
グレイ，エドワード　Gray, Edward（1862-1933）　91-92, 166, 308, 341, 383, 418
クローリー，ハーバート　Croly, Herbert（1869-1930）　251, 257, 265, 271-272
ゲイ，エドウィン　Gay, Edwin F.（1867-1946）　91-92, 103, 106-107, 330, 359
ゲイジ，ライマン　Gage, Lyman J.（1836-1927）　248, 276-277
ケナン，ジョージ　Kennan, George F.（1904-2005）　38, 89, 105, 351, 360, 367
ケリー，ロバート　Kelley, Robert F.（1894-1976）　105
コーダート，フレデリック　Coudert, Frederic Rene, Sr.（1832-1903）　333
コールズ，アンナ・ローズヴェルト　Cowles, Anna Roosevelt（1855-1931）　149, 166
コットン，ジョゼフ　Cotton, Joseph P.（1875-1931）　89, 104
ゴドキン，エドウィン　Godkin, Edwin L.（1831-1902）　82, 116, 123, 171, 243, 333, 365
ゴンパース，サミュエル　Gompers, Samuel（1850-1924）　249

【さ行】

ザカリア，ファリード　Zakaria, Fareed（1964-）　11, 15, 20
サムナー，ウィリアム・グラハム　Sumner, William Graham（1840-1910）　102, 104, 121, 159, 341, 364
サリヴァン，アルガーノン　Sullivan, Algarnon S.（1826-1887）　248, 285, 318
シーモア，チャールズ　Seymour, Charles（1885-1963）　212
ジェイムズ，ヘンリー　James, Henry（1843-1916）　78, 169-170
シェパードソン，ウィリアム　Shepardson, William H.（1890-1966）　294
ジェファソン，トマス　Jefferson, Thomas（1743-1826）　112, 138, 303, 361, 365
ジェンクス，トマス　Jenckes, Thomas A.（1818-1875）　117
シフ，ジェイコブ　Schiff, Jacob H.（1847-1920）　137, 205, 278
ジャクソン，アンドリュー　Jackson, Andrew（1767-1845）　79, 112, 361, 379
シュルツ，カール　Schultz, Carl（1829-1906）　102, 123, 243, 331, 333, 341-344, 346-347, 351-352, 364
ショー，アルバート　Shaw, Albert（1857-1947）　102, 334
ショットウェル，ジェイムズ　Shotwell, James T.（1874-1965）　107
スティムソン，アタベリー　Stimson, L. Atterbury（1844-1917）　83-84
スティムソン，ヘンリー　Stimson, Henry L.（1867-1950）　27, 34, 39-41, 49, 69-70, 82-83, 85, 87, 102, 104, 108, 177, 212, 215, 227, 264-265, 267, 273-274, 423
スティルマン，ジェイムズ　Stilman, James J.（1850-1918）　102, 277

ステットソン，フランシス　Stetson, Francis L.（1846-1920）　102, 136-137, 163, 166, 292, 294, 320
ストラウス，オスカー　Straus, Oscar S.（1850-1926）　334
ストレイチー，ジョン　Strachey, John St. Loe（1860-1927）　384
ストレイト，ウィラード　Straight, Willard D.（1880-1918）　84, 89, 96, 104, 108
ストレイト，ドロシー・ホイットニー　Straight, Dorothy Whitney（1887-1968）　104
ストロング，ベンジャミン　Strong, Benjamin（1872-1928）　84, 96, 294-295, 327
スプリング＝ライス，セシル　Spring-Rice, Cecil A.（1859-1918）　78, 383
スマッツ，ヤン　Smuts, Jan C.（1870-1950）　404

【た行】

ターナー，フレデリック・ジャクソン　Turner, Frederick Jackson（1861-1932）　79, 379, 410
タウシッグ，フランク　Taussig, Frank W.（1859-1940）　141, 246
タフト，ウィリアム　Taft, William H.（1857-1930）　87, 103, 210, 212, 229, 246, 249, 255, 265, 274, 326, 392
ダレス，アレン　Dulles, Allen W.（1893-1969）　104
ダレス，ジョン・フォスター　Dulles, John Foster（1888-1959）　103, 318-319, 360
チェンバレン，ジョゼフ　Chamberlain, Joseph（1836-1914）　224, 345
チャーチル，ウィンストン　Churchill, Winston L. S.（1874-1965）　115, 361
チョート，ジョゼフ　Choate, Joseph H.（1832-1917）　82-83, 105, 127, 162, 174, 207, 289, 333
デイヴィス，ジョン　Davis, John W.（1873-1955）　103, 294-295, 320, 418
デイヴィス，ノーマン　Davis, Norman H.（1878-1944）　103
デイヴィソン，ヘンリー　Davison, Henry P.（1867-1922）　102, 315, 326
ティルデン，サミュエル　Tilden, Samuel J.（1814-1886）　82, 115-117, 123, 136, 298
デューイ，ジョージ　Dewey, George（1837-1917）　87, 104, 366
デューイ，ジョン　Dewey, John（1859-1952）　264
トウェイン，マーク　Twain, Mark（1835-1910）　79, 212, 297, 323
ドノヴァン，ウィリアム　Donovan, Willam J.（1883-1959）　104

【な行】

ナイ，ジョゼフ　Nye, Joseph, S., Jr.（1937-）　13, 72
ニッチェ，ポール　Nitze, Paul H.（1907-2004）　28, 58
ノートン，チャールズ・エリオット　Norton, Charles Eliot（1827-1908）　77, 232, 349

【は行】

パーキンス，ジョージ　Perkins, George W.（1862-1920）　249, 251, 257
バーク，エドマンド　Burke, Edmund（1729-1797）　115, 143
ハート，アルバート　Hart, Albert B.（1854-1943）　79, 85, 100-101, 106, 238, 252
パーマー，インダージート　Parmar, Inderjeet　48-50
ハウス，エドワード　House, Edward M.（1858-1938）　40-42, 107, 215, 229, 247, 291-294, 297-310, 312-316, 320-321, 323, 326, 403, 406-408, 417-418
ハウス，トマス　House, Thomas W.（1814-1880）　297-298, 323
バウマン，アイザイア　Bowman, Isaiah（1878-1950）　107, 295, 322
ハミルトン，アレクサンダー　Hamilton, Alexander（1755-1804）　151, 162, 294, 463
ハリソン，リーランド　Harrison, Leland B.（1883-1951）　89, 104-105
ハリマン，アヴェレル　Harriman, W. Averell（1891-1986）　38, 42, 206, 212, 228
ハリマン，エドワード　Harriman, Edward H.（1848-1909）　104, 277-279
バルーク，バーナード　Baruch, Bernard M.（1870-1965）　279-283, 317
バルフォア，アーサー　Balfour, Arthur J.（1848-1930）　144-146, 295, 383, 417
バンディ，マクジョージ　Bundy, McGeorge（1919-1996）　28
ハンティントン，サミュエル　Huntington, Samuel P.（1927-2008）　22, 56, 210, 229, 399-401
ピーボディ，エンディコット　Peabody, Endicott（1857-1944）　85, 112, 192, 197-208, 216, 224, 226, 360
ヒギンソン，ヘンリー・リー　Higginson, Henry Lee（1834-1919）　112, 143, 164, 234, 252, 254
ヒューイット，エイブラム　Hewitt, Abram S,（1822-1903）　78, 118
ヒューズ，チャールズ　Hughes, Charles E.（1862-1948）　108
ヒューストン，デイヴィッド　Houston, David F.（1866-1940）　297, 299, 306, 313
フィリップス，ウィリアム　Philips, William（1878-1968）　69, 89, 92, 104-105, 149, 289, 293
フクヤマ，フランシス　Fukuyama, Francis（1952-）　11-12
ブッシュ，ジョージ・ウォーカー　Bush, George W.（1946-）　15, 19, 59, 212
ブッシュ，ジョージ・ハーバート・ウォーカー　Bush, George H. W.（1924-）　58-59, 212
ブライアン，ウィリアム・ジェニングズ　Bryan, William Jennings（1860-1925）　96, 125-127, 130, 136-140, 142, 145-151, 196, 245-247, 273, 283, 303, 308, 316, 342-344, 346, 350-351, 356, 364-365
ブライス，ジェイムズ　Bryce, James（1838-1922）　68, 119, 159, 345, 356, 365, 368, 383
フランクファーター，フェリックス　Frankfurter, Felix（1882-1965）　262-265, 267, 272-274, 279-280
ブランダイス，ルイ　Brandeis, Louis D.（1856-1941）　150, 176-177, 232-233, 242-263,

265-267, 271-274
ブリス，タスカー　Bliss, Tasker H.（1853-1930）　87, 104
フリック，ヘンリー・クレイ　Frick, Henry Clay（1849-1919）　247, 315
ブリット，ウィリアム　Bullitt, William C.（1891-1967）　213, 229
ブリュレ，アンリ　Bruère, Henry J.（1882-1958）　290
ブルッキングス，ロバート　Brookings, Robert S.（1850-1932）　103, 290
ブルックス，フィリップス　Brooks, Philips（1835-1893）　86, 139-145, 151, 153, 164-165, 198-199, 201, 224, 333, 352, 374, 377
ブレジンスキー，ズビグニュー　Brzezinski, Zbigniew（1928-）　27, 58
フレッチャー，ヘンリー　Fletcher, Henry P.（1873-1959）　89, 96, 104
ベアード，チャールズ　Beard, Charles A.（1874-1948）　264
ヘイ，ジョン　Hay, John M.（1838-1905）　68, 78, 80, 82, 86, 89, 149, 154, 289, 330, 351, 355, 365, 386-387
ベイカー，ジェイムズ　Baker, James A., III（1930-）　59
ベイコン，ロバート　Bacon, Robert（1860-1919）　100, 166
ペイジ，ウォルター・ハインズ　Page, Walter Hines（1855-1918）　285
ベルモント，オーガスト　Belmont, August（1853-1924）　147, 150, 249, 277
ホイットニー，ウィリアム　Whitney, William C.（1841-1904）　82-84, 102, 104, 108, 133, 136, 143-144, 147, 150, 162, 212, 227, 281, 292, 320, 336-337, 339, 361-362
ポーク，ウィリアム　Polk, William M.（1844-1918）　284, 287-288
ポーク，フランク　Polk, Frank L.（1871-1943）　96, 104, 213-215, 284, 288-289, 294-296, 316, 319-322, 407-408, 418
ホームズ，オリヴァー・ウェンデル　Holmes, Oliver Wendell, Jr.（1841-1935）　176, 220
ボーレン，チャールズ　Bohlen, Charles（1904-1974）　38, 62, 105
ホジソン，ゴッドフレイ　Hodgson, Godfrey（1934-）　27, 39-42
ボナパルト，チャールズ　Bonaparte, Charles J.（1851-1921）　68, 231-242, 245, 249, 260, 265-266, 268, 295, 314
ボルツェル，ディグビー　Baltzell, E. Digby（1915-1996）　36-40, 62
ホワイト，ヘンリー　White, Henry（1850-1927）　129, 145, 162, 384

【ま行】

マーシャル，ジョージ　Marshall, Geroge C.（1880-1959）　27, 232
マカドゥ，ウィリアム　McAdoo, Willam G.（1863-1941）　103, 286-287, 291, 304
マカリスター，ウォード　McAllister, Ward（1827-1895）　282
マクヴィ，フランクリン　MacVeagh, Franklin（1837-1934）　103, 212, 232, 248
マクロイ，ジョン　McCloy, John J.（1895-1989）　38, 40
マコーミック，ヴァンス　McCormick, Vance C.（1872-1946）　321, 368

マッキンリー，ウィリアム　McKinley, William（1843-1901）　32-33, 76, 84, 136, 141, 150-151, 153, 277, 334, 340-341, 351
マッコイ，フランク　McCoy, Frank H.（1874-1954）　87, 95, 104
マハン，アルフレッド・セイヤー　Mahan, Alfred Thayer（1840-1914）　84, 206, 337, 362, 367, 380, 391, 411, 414
ミアシャイマー，ジョン　Mearsheimer, John J.（1947-）　20, 22, 55
ミード，ウォルター・ラッセル　Mead, Walter Russell（1952-）　464
ミラー，デイヴィッド・ハンター　Miller, David Hunter（1875-1961）　417
ミル，ジョン・ステュアート　Mill, John Stuart（1806-1873）　115
ミルズ，ライト　Mills, C. Wright（1916-1962）　35, 37-38, 62
メイ，アーネスト　May, Ernest R.（1928-2009）　43-44
メイヤー，ジョージ　George von L. Meyer（1858-1918）　103
メッジーズ，シドニー　Mezes, Sidney E.（1863-1931）　306
モートン，レヴィ　Morton, Levi P.（1824-1920）　118, 298
モルガン，ジャック　Morgan, "Jack" John Pierpont, Jr.（1867-1943）　70-71, 256, 276, 315
モルガン，ピアポント　Morgan, J. Pierpont（1837-1913）　70-71, 84, 86, 108, 133, 136, 147, 150-151, 162-163, 166, 199-200, 252, 255-260, 271-272, 276, 278, 282-283, 287-289, 319, 326
モロー，ドワイト　Morrow, Dwight W.（1873-1931）　289

【ら行】

ラギー，ジョン　Ruggie, John G.（1944-）　21, 23-24, 56-57
ラブリー，ジョージ　Rublee, George（1868-1957）　104
ラマルク，ジャン　Lamarck, Jean（1744-1829）　375
ラモント，トマス　Lamont, Thomas W.（1870-1948）　102, 272
ラングデル，クリストファー　Langdell, Christopher C.（1826-1906）　173-178, 215, 243-244
ランシング，ロバート　Lansing, Robert（1864-1928）　293, 321
リード，ホワイトロウ　Reid, Whitelaw（1837-1912）　102, 118, 333
リップマン，ウォルター　Lippmann, Walter（1889-1974）　67, 217-218, 229, 245, 263, 311, 430
リンカン，エイブラハム　Lincoln, Abraham（1809-1865）　78, 242-243, 312
ルート，エリヒュー　Root, Elihu（1845-1937）　39, 68, 82-83, 85, 87, 109, 154-155, 249, 274, 320, 326, 351, 394, 402, 406-408, 415
レフィングウェル，ラッセル　Leffingwell, Russell C.（1878-1960）　103, 294
ロウ，セス　Low, Seth（1850-1916）　102, 123, 155, 365
ロヴェット，ロバート　Lovett, Robert A.（1895-1986）　38, 40, 212
ロヴェット，ロバート，「判事」　Lovett, "Judge" Robert S.（1860-1932）　278

ローウェル，ローレンス　Lowell, A. Lawrence（1856-1943）　103, 105, 112, 143, 190-193, 238, 262, 269, 418
ローズヴェルト，エレノア　Roosevelt, Eleanor（1884-1962）　217
ローズヴェルト，セオドア　Roosevelt, Theodore（1858-1919）　39, 54-55, 67-98, 100-101, 104, 107-109, 118, 121, 125, 129, 149, 152-153, 155, 160-161, 192, 199, 203, 206, 216, 226, 229, 232, 237, 241-242, 249, 253, 255, 260, 265, 269, 271, 274, 287, 289, 304, 306, 309-314, 325-326, 330, 332-333, 337-340, 342, 345, 351-357, 361-362, 365, 367-368, 372-385, 387-402, 405, 409-411, 414-416, 419, 421
ローズヴェルト，セオドア・シニア　Roosevelt, Theodore, Sr.（1831-1878）　70-72, 74
ローズヴェルト，フランクリン　Roosevelt, Franklin D.（1882-1945）　18, 25-27, 92, 103, 205, 216-217, 229, 274, 323, 377, 401-402, 416
ローレンス，ウィリアム　Lawrence, William（1850-1941）　103, 105, 190, 192, 199, 238, 262, 269, 418
ロッジ，ヘンリー・キャボット　Lodge, Henry Cabot（1850-1924）　26, 77-78, 80, 84, 86, 145, 149, 153-155, 234, 254, 333, 335, 337-340, 342, 345, 355, 357-359, 362-363, 365, 368-369, 402, 405, 407-408, 418
ロバーツ，プリシラ　Roberts, Priscilla M.　46-48

【わ行】

ワイズマン，ウィリアム　Wiseman, William（1885-1962）　417
ワット，キャメロン　Watt, D. Cameron（1928-2014）　45-46, 48

◆事項索引◆

【数字・アルファベット】

一四箇条の平和原則　Fourteen Points　404
一七七〇年の機関　the Institution of 1770　216
一八一二年米英戦争　the War of 1812　337, 361
一八七三年通貨法　the Coinage Act of 1873　134
一八九三年恐慌　Panic of 1893　137, 141, 147, 149, 151, 248
一九〇七年恐慌　Panic of 1907　271, 397
二〇一四年クリミア危機　2014 Crimean Crisis　10
四〇〇人　the Four Hundred　282
CFR　→　外交問題評議会
J・P・モルガン商会　J. P. Morgan & Co.　96, 102
US スティール　United States Steel Corporation　287
WASP　White Anglo-Saxon Protestant　58, 112-113, 232, 238, 266, 283

【あ行】

アイルランド系移民　Irish Americans　113, 234
『アウトルック』　*The Outlook*　114
アジア　Asia　13, 87, 92, 104, 144, 341, 346-347, 352, 358, 365-366, 372, 388-389, 391, 404, 412-414, 422-424
アジア・モンロー・ドクトリン　Asia Monroe Doctrine　391
アスター家　Astor family　70, 282, 318
アダムズ家　Adams family　79, 182
『アトランティック・マンスリー』　*The Atlantic Monthly*　114, 346
アマースト・カレッジ　Amherst College　229
アメリカ　United States of America　6-7, 9-63, 66-72, 76-77, 79-81, 84, 87-98, 100-101, 103, 107-109, 111-117, 119-124, 126, 128-140, 142, 144-154, 156-157, 160-164, 166-167, 169-173, 177-178, 182-185, 194, 196, 198, 200-202, 206-207, 209, 212-213, 216, 236, 308-310, 312, 315-316, 319, 321-323, 329-367, 371-380
——アイデンティティ　20-22, 399-400
——安全保障環境　335-338, 342
——経済　12, 132, 135, 151, 251, 296, 330
——衰退論　9-13, 374-378
——政治の膠着状態　11-13
——大英帝国の後継者　90, 92, 201, 329-331
——対外政策　17-19, 20-22, 26, 336, 348
アメリカ合衆国憲法　the Constitution of the United States　14, 258, 288

アメリカ講和交渉使節団　American Commission to Negotiate Peace　63, 294, 321
アメリカ史　American history　28-29, 31, 48-49, 59, 67, 76-77, 90, 101, 119, 126, 130, 153, 161, 182, 205, 307, 319, 378
アメリカ社会科学学会　the American Social Science Association　113
アメリカ地理学会　the American Geographic Society　107, 322
アメリカ鉄道労働者組合　American Railway Union　307
『アメリカの経済的優越』　*America's Economic Supremacy*　352
「アメリカの世紀」　"American Century"　9, 13-14, 30, 401, 422
アメリカ労働総同盟　American Federation of Labor　249
アメリカン・ナショナリズム　151-152, 348-350, 359
アルヘシラス会議（1906 年）　Algeciras Conference　394
アングロフィル　anglophile　46, 93, 145, 330, 350, 376, 383-384, 403
イーティング・クラブ　eating club　193-195　→プリンストン大学　も参照
イートン校　Eton College　105, 169
委員会制度　committee system　300, 313-314
イェール大学　Yale University　100, 102, 121, 209, 211-212, 229, 298
——カレッジ　209-210, 213
イギリス　Britain　30-31, 34, 40, 45-49, 51, 65-66, 68, 71, 78, 81, 88, 91-93, 105, 107, 115, 117-120, 129, 131-132, 137, 139-141, 143-146, 148-150, 152-153, 158, 167, 169-171, 175, 192, 198, 202, 204, 224, 234, 238, 248, 287, 295, 297, 314, 326, 330, 334, 336, 339-340, 345-350, 352, 356-358, 361, 363, 365-366, 372, 376, 378, 381-386, 390, 393-396, 398, 401-402, 404-406, 411-413, 417-418, 422, 430
——衰退論　92, 144, 201, 376
イギリス秘密情報部　Secret Intelligence Service　417
違憲立法審査権　judicial review　312-313
医師　doctor　81, 189, 287-288
委任統治　mandate　404-405
移民　immigrant　22, 36, 74, 113-114, 157, 182-183, 234, 242, 249, 279, 330, 343, 353, 364, 386, 392, 400-401, 407
イラク戦争　Iraq War　9
姻戚関係　relation by marriage　115, 315
ウィスコンシン学派　the Wisconsin School　32-33, 46
ヴェトナム戦争　Vietnam War　18-19, 28, 38, 424
ヴェルサイユ条約　Treaty of Versailles　195, 294, 408, 418
——留保条件付批准　406-408, 418
ウォーバーグ家　Warburg family　283
ウォール街　Wall Street　131, 134, 141-142, 146, 149, 162, 164, 201, 206, 238, 253, 269, 277, 281-283, 288, 306, 315
英語　English　92, 178-179, 189, 233, 243, 280, 376, 378, 383-385, 392

英国国教会　Anglican Church　225
英語諸国民　English-speaking peoples　92, 376, 378, 384
英語人種　English-speaking race　383, 385
英仏協商　Anglo-French Entente　393-395, 413, 415
英露協商　Anglo-Russian Entente　413
エヴァーツ・チョート（法律事務所）　Evarts, Choate & Beaman　82, 289
エートス　ethos　181, 205, 264, 283, 424　→　美徳　も参照
エスタブリッシュメント　establishment　17-55, 58-60, 62, 64, 67-68, 70, 80, 93-94, 98, 218
——エリートとの区別　28, 33-35, 37, 57, 58
——外交原則　93
——価値観　39-40
——コンセンサス　96
——人種的優越感　93
——政治に対する忌避感　73-75, 170, 206, 240
——対外観　92-93, 201, 405
——定義　25-30
——特殊性　29-30, 36-37, 424
——排他性　36, 78, 83, 234
——用語　31
エンパワーメント　empowerment　463
王立国際問題研究所　Royal Institute of International Affairs　48
大いなる和解　Great Rapprochement　114, 119, 382, 384, 412
大きな政府　big government　242, 259, 265
オックスフォード大学　University of Oxford　374
男らしさ　manliness　40, 201-202, 310, 378, 389, 411

【か行】

階級　class　18, 29, 35-36, 39, 52-54, 62, 71, 74, 81, 112-113, 115-116, 124, 126-127, 130, 136, 138-139, 151-152, 157, 169-170, 183-184, 186-187, 191, 193-194, 196, 201, 204, 206-207, 209, 218-219, 231, 234, 241, 245, 249, 263, 266-267, 269, 275-276, 279-281, 283-284, 288-289, 295, 304, 316, 329, 375, 377, 420-421, 424
海軍　the United States Navy　45, 68, 71, 73, 81, 84, 87, 97, 109, 205, 333, 335-342, 347, 354-355, 357-358, 361-363, 368, 385, 391, 398-399, 414, 423
——経済的意義　336-338
海軍次官　Assistant Secretary of the Navy　87, 103, 217, 340
海軍長官　United States Secretary of the Navy　68, 97, 103, 212, 241, 336, 361
外交官　diplomat　56, 78, 86, 89-96, 105, 128-129, 145, 149, 153-156, 168, 293, 330, 383-384

外交官職　the Diplomatic Service　45, 89, 128, 154-156, 195, 289, 293
外交政策エスタブリッシュメント　Foreign Policy Establishment　17-67, 98, 419-425
——ヨーロッパ中心主義　422-424
外交政策エリート　foreign policy elite　24, 29, 33, 57-58
——エリートとの区別　28, 33-35, 37, 57-58
——定義　25-30
——特殊性　29-30, 36-37, 424
——排他性　36, 78, 83, 234
——用語　31
外交問題評議会　Council on Foreign Relations　41, 44-45, 48-50, 60, 63-64, 66, 90, 92, 103, 106-107, 294-296, 408, 468
外国語　foreign language　72, 89, 167, 176, 179
——現代言語　72, 179
『海上権力史論』 *The Influence of Sea Power upon History, 1660-1783*　337
下院　United States House of Representatives　75, 117, 136, 144, 212, 256, 299, 301, 314, 333　→　連邦議会　も参照
科学的経営　scientific management　64, 250, 290
革新主義　Progressivism　50, 64, 300-302, 314, 322-323
学生間競争　188, 194, 202, 208-211, 213, 217-218, 235
学生寮　dormitory　191, 193, 195
過剰散開論　overstretch　376
家族　the Family　88-89, 94-98, 104, 108, 289, 293
——国家安全保障政策の拠点として　97
桂―タフト協定（1905）　Taft-Katsura Agreement　392
カトリック　Catholic　28, 232, 234-236, 268, 281
キャボット家　Cabot family　78, 112, 190, 234
ギャランティ・トラスト　Guaranty Trust Company　287
共和党　Republican Party　18-19, 39, 41-42, 69, 73, 75, 77, 83-84, 96, 104, 108, 111, 121, 125, 127, 133, 136, 138-139, 144, 150, 154, 242-243, 246, 265, 274, 298, 304, 306, 316, 334-335, 352, 406
ギリシャ・ローマ史　Greek-Roman history　204
ギリシャ語　Greek　72, 178, 189, 204, 228-229, 233, 298
ギリシャ文学　Greek literature　280
キリスト教　Christianity　180, 201, 207-208, 242, 344
義和団事件（1900年）　Boxer Rebellion　387, 390, 397
金銀複本位制　bimetallism　132, 134-135, 137, 141-152, 162, 165
「金の十字架」演説　"Cross of Gold" speech　148
金本位制　gold standard　130, 132-136, 138-144, 146, 148, 150-153, 166, 246, 350, 374, 420

——基軸通貨体制　132
クーン・ローブ商会　Kuhn, Loeb & Co.　137, 278
クラヴァス法律事務所　the Cravath Firm　320
グランドツアー　grand tour　71, 172
グレイト・ゲーム　the Great Game　91-92, 341
グロートン校　Groton School　85, 197-209, 217, 224-226, 229, 288, 315, 319
——学費　207, 225-226
——監督生徒制度　203
——校訓　200
——古典教育の重視　204-205
——スパルタ教育　207-208
——品格の重視　202-203
グローバリゼーション　globalization　45, 47-48, 64, 166, 422
グローバル・スタンダード　global standard　151-153, 156, 331, 348-349
軍人　soldier　66, 81, 87-88, 94-96, 336, 343
ゲルマン人種　the Germanic peoples　73, 343
建国の父たち　Founding Fathers　140, 153, 183, 349, 373
「健全通貨」　"sound money"　150
ケンブリッジ大学　University of Cambridge　175, 198
憲法　13-14, 101, 115-116, 118, 128, 237, 258, 288, 310-313, 319, 321, 326, 332, 349
→　アメリカ合衆国憲法　も参照
権力分立　separation of powers　258-259, 265, 311
公民権運動　Civil Rights Movement　18
公務員制度委員会　the United States Civil Service Commission　77, 117, 125, 237
公務員制度改革　civil service reform　102, 115, 117-120, 122-123, 126, 129-130, 136, 159, 190, 192, 196-197, 237, 246
国際金銀複本位制　international bimetallism　141-152, 162, 165
国際金融家　international financier　30, 46-47, 65, 96, 132-133, 149, 199, 256, 315, 381
国際金融業者　131, 256　→　国際金融家　も参照
国際金融資本　60, 133, 147　→　国際金融家　も参照
国際警察活動　international police action　373, 381-382, 388, 393, 395-398, 400-401
国際警察的義務　international police duty　373, 389, 391
国際警察力　international police power　54, 373, 390, 395
国際主義　internationalism　14-15, 18, 23, 64
国際連合　United Nations　20, 402
国際連盟　League of Nations　20, 382, 399, 401-406, 408, 416-417, 423
国際連盟規約　the Covenant of the League of Nations　403
——第 10 条　406-408, 418
国民性　national character　121, 147, 185, 337, 343, 347, 364, 374-375, 378

国民民主党　National Democratic Party　150, 246
国務次官　Under Secretary of State　96, 103-105, 293
国務省　United States Department of State　46, 64, 69, 89, 94, 96-97, 105, 149, 151, 214, 289, 292-293, 320, 322
——陸海軍との関係　97
——イギリス外務省との違い　45-46
国務省顧問　Counselor of the Department of State　292　→　国務次官　も参照
国務長官　United States Secretary of State　33, 59, 68, 82, 89, 96, 97, 100, 104, 108, 149, 154-155, 161, 213, 292-293, 319, 346, 351, 355, 361, 363, 386, 394, 407
国力変換　power conversion　12-13
コスモポリタニズム　cosmopolitanism　70, 72-73, 119
国家安全保障会議　National Security Council　88
国家効率運動　National Efficiency Movement　45, 51-53, 64, 81-85, 111-168, 170-171, 173-174, 190, 192, 195-197, 201, 206, 219, 231-327, 329-330, 347, 407, 420-422
——時期　51
——社会効率との区別　64-65
——専門家による政策策定　45
——定義　44-45
国家指導者層　26, 27, 52-54, 58, 169, 184-185, 188-189, 194-195, 197-198, 202, 204, 207-209, 218, 231, 236, 242, 264, 266-267, 275, 329, 419-422, 424　→　エスタブリッシュメント　も参照
古典教育　classical education　178-180, 204-205
五番街（ニューヨーク）　the Fifth Avenue, New York　133, 281-282
欧米の模倣への抵抗感　119
孤立主義　14-16, 119, 134, 294, 358, 388
コロンビア大学　Columbia University　102, 107, 238, 245, 263-264, 269, 287-288
——法科大学院　107

【さ行】
サイ・ユプシロン　Psi Upsilon Fraternity　213, 228
裁判所　court　114, 175, 308, 312-313, 326, 397-398
財務次官　Assistant Secretary of the Treasury　103, 277, 291, 294
財務省　United States Department of the Treasury　86, 147, 151
サリヴァン＆クロムウェル（法律事務所）　Sullivan & Cromwell　285, 318
サロン　salon　67, 76-80, 86, 95, 101, 229, 282, 419
——政治的意義　80
三国協商　Triple Entente　404, 413
三沙湾　Sansha wan　355

シーパワー　sea power　43, 205, 347, 354, 380, 384
ジェネラリスト　generalist　204-205, 280
ジキル島　Jekyll Island　326
自治　self-government　76, 205, 208, 215, 232, 237-238, 268, 289-291, 296, 314, 319, 354, 365, 371-372, 378, 389, 396, 409
シティ・リフォーム・クラブ　City Reform Club　75-76
シャーマン銀購買法（1890 年）　Sherman Silver Purchase Act　136-140
社会的ダーウィニズム　Social Darwinism　43, 92, 201-202, 343, 375
　——アングロ・サクソン人種の優越　93, 201
社会的防衛　social defense　36, 39, 62
社会的流動性　social mobility　183, 218, 266
社会福音運動　Social Gospel movement　70, 201
自由貿易　free trade　120-122, 136, 141, 246, 325, 352
　——政治的意義　122
自由銀運動　Free Silver Movement　133-137, 139, 148, 151-152, 301-303
州権論　states' rights theory　260, 265
州際通商委員会　Interstate Commerce Commission　256
主権平等の原則　principle of sovereign equality　402-403
出生率　birth rate　376
「準文明国」　semi-civilized nations　373, 385, 390, 395-396, 398-399
上院　United States Senate　42, 77-78, 128, 134, 144, 292, 298-299, 314, 326, 333, 335, 407　→　連邦議会　も参照
上院議員の直接選挙　direct election of senators　407
消極的単独主義　15, 25, 27, 34, 42, 49, 57, 344, 346-348, 358-359, 423
常設仲裁裁判所　Permanent Court of Arbitration　397-398
植民地　colony　43, 54, 68, 139, 181, 234, 331, 341, 343, 345, 348-351, 354-359, 364-365, 367, 372, 378, 381, 398, 404
シンクタンク　think tank　30, 42-45, 48, 60, 238, 294, 319, 408
紳士クラブ　gentlemen's club　36, 44, 49, 52, 71, 74, 80-81, 83-86, 97, 244, 294, 419
真実の家　the House of Truth　229
人種　race　39-40, 49, 93, 201-202, 266-267, 334, 343, 345-346, 374-381, 383, 385, 389, 400, 405, 422, 463
進歩党　Progressive Party　242, 265
スカル・アンド・ボーンズ　Skull and Bones　102, 210
スクロール・アンド・キー　Scroll and Key　210, 212-217, 315, 319
スタンダード石油　Standard Oil Company　252, 278
スピンドルトップ油田　Spindletop　303
スポーツ　sports　71, 86, 170, 193, 202-203, 211, 213, 264, 280, 411
制限選挙論　suffrage restriction　114-118, 158

聖公会教会　the Episcopal Church　185, 198-200, 204, 208, 224-225, 232, 276-277, 284
政党（制度）　party　19, 59, 126, 133, 241, 254, 284, 296, 306, 322-323, 353, 378, 383
西部　the West　41-42, 74-76, 84, 97-98, 117, 120, 122-127, 142, 154, 161, 190, 238-241, 316
『西部の獲得』　*The Winning of the West*　378, 383
聖職者　81, 204, 207-208, 229　→　牧師　も参照
勢力範囲　sphere of influence　355, 365, 386, 391, 396, 398
世界標準　52, 54, 111, 130, 151, 169-171, 329, 331, 420-421　→　グローバル・スタンダード　も参照
積極的単独主義　15, 19-20, 23, 59, 406
世論　public opinion　28, 42-43, 54, 114, 118, 124, 146, 240-241, 314-315, 343-344, 350-351, 353, 355, 358, 390, 401, 407-408, 416
全国公務員制度改革連盟　National Civil Service Reform League　102, 122, 159
戦時貿易局　War Trade Board　321
センチュリー　the Century Association　71, 81-86, 115, 159, 288, 295, 315, 351
――会員数　84
――クラブ内の平等性　83
――公的義務への態度　84-85
――排他性　83
セント・ポール校　St. Paul School　206, 276
全米市民連盟　the National Civic Federation　248
全米地方自治連盟　the National Municipal League　232, 268
専門家　expert　11, 41, 44-45, 60, 81, 88, 92, 97, 114, 137, 176, 180, 238-239, 261-263, 290, 295, 313-314, 407-408, 417, 430
専門職　90, 117, 123, 172, 175, 178-181, 189, 192, 194-197, 201, 218, 259, 261-262, 287　→　専門家　も参照
戦略情報局　Office of Strategic Services　104
相互依存論　complex interdependence　342
ソクラティック・メソッド　Socratic method　175, 177, 243

【た行】
第一次大戦　the First World War　20, 25, 40-41, 44, 47, 49, 52, 54, 57, 69, 92, 96, 98, 103-104, 121, 131, 152, 268, 297, 316, 318, 322, 359, 403, 407, 422-423
第一次モロッコ危機（1905 年）　the First Moroccan Crisis　393-395
大学の民主化　democratization of higher education　185, 189, 191, 196
大衆　the masses　32, 54, 126-127, 138, 170, 240-242, 309, 364, 407
大西洋　the Atlantic　10, 32, 43, 46-47, 107, 115, 336-339, 342, 352, 357, 400
大西洋主義者　atlantist　46-47

大統領職　presidency　125, 127, 260, 310-11
大統領選挙　presidential election　83-84, 123, 133, 136, 140, 148, 150, 242, 246, 291, 293, 295, 302, 316, 341, 351
—— 1884 年　83, 123, 132, 246
—— 1892 年　136, 140
—— 1896 年　84, 149, 246, 302, 341
—— 1900 年　350
—— 1912 年　242, 291, 306
—— 1916 年　293
—— 1924 年　295
大統領府　12, 22, 33, 260, 310-311
大統領命令　Executive Order　129, 154-155
第二次大戦　the Second World War　9, 14, 18, 20, 24-28, 34, 38, 48, 64, 88, 97-98, 104, 152, 422
太平洋　the Pacific　336, 338-340, 352, 357-358, 364, 367, 384, 391-392, 404, 423
多国間主義　multilateralism　15, 21, 23-24, 47, 73, 382-399, 422
多国間主義的膨張主義　15, 18, 20-21, 23, 25-26, 40, 54, 58, 332, 371-418, 421-422
多極化　multipolarization　10, 13
多文化主義　muliculturalism　22, 400
タマニー・ホール　Tammany Hall　74, 76, 114, 116, 118, 124, 173, 291
単独主義　unilateralism　15-16, 19-20, 23, 25, 27, 34, 42, 49, 57, 59, 344, 346-348, 358-359, 406, 423
小さな政府　limited government　259
地方自治研究局　Bureau of Municipal Research　289-291, 296, 314, 319
駐英大使　Ambassador Extraordinary and Plenipotentiary of the United States to the Court of St. James's　82, 105, 212, 320
中央銀行　central bank　12, 45, 151, 326-327
中央計画・統計局　the Central Bureau of Planning and Statistics　359
中央集権化　centralization　14, 45, 50, 97, 109, 265, 290
中央情報局　Central Intelligence Agency　104
中国　China　13, 16, 22, 56, 105, 144, 205, 351-352, 355, 368, 386-393
中国人　Chinese　388-389, 392
仲裁　arbitration　249, 308-309, 385, 397-398, 415
仲裁条約　arbitration treaty　397
チューター制度　tutorial system　192
「『中道派』連合」　"'centrist' coalition"　18-19, 25, 55
調査機関　the Inquiry　41, 44-45, 92, 107, 294-295, 322, 404-405, 417
超党派　bipartisan / non-partisan　17, 25-27, 52-53, 59, 84, 96, 115, 125, 127, 274, 285-286, 290, 294, 305, 316, 419, 421

長老派教会　the Presbyterian Church　185, 234
チョート校　Choate School　207
ツィンメルマン電報　the Zimmerman Telegram　403
帝国主義（者）　imperialism / imperialist　43, 331-332, 335, 345, 348, 350, 356, 372, 379
帝国防衛委員会　the Committee of Imperial Defence　88
ティルデン委員会　the Tilden Commission　115-117
テキサス州　State of Texas　281, 297, 299-300, 305
鉄道　railroad　104-105, 115, 130-131, 133, 158, 245, 252-256, 271-273, 278, 286-287, 296, 299-301, 303-304, 307-308, 314-315, 330
——北部と南部を結ぶ媒介として　304
——イギリス資本への依存　130-131
ドイツ　Germany　72, 90-91, 104, 117, 119, 131, 144-145, 178-179, 182, 189, 199, 210, 221, 226, 242-245, 273, 279, 314, 326, 330-331, 340, 351, 356-357, 384-386, 390, 393-395, 398-399, 402-404, 407, 412, 423
——歴史学　90-91
同化　assimilation　279, 343, 357, 365, 400-401
投資銀行　investment bank　131, 272, 278
同輩関係　collegiality　83, 187, 214-215
党派的（党派性）　partisan(ship)　11-12, 19, 30, 53, 59, 75, 124, 239, 285, 326
東部　the East　19, 26, 29, 46-48, 52-53, 58, 67-69, 112, 114, 126, 138, 143, 185, 208, 241, 254, 278, 284, 296, 298, 300, 305, 337, 381, 403, 420-421
東方問題　the Eastern Question　91, 105
独占　monopoly　92, 173, 251-253, 255, 257-258, 308, 313-314
トラスト（問題）　trust　44, 141, 205, 249, 251, 256-259, 287, 303, 309, 319, 377
トランスナショナル化　transnationalization　22, 24
トリニティ教会（ニューヨーク）　Trinity Wall Street　288, 319
トリニティ教会（ボストン）　Trinity Church in the City of Boston　198

【な行】

ナショナル・シティ・バンク　National City Bank　102, 257, 276-277
『ナショナル・ミュニシパル・レビュー』　*National Municipal Review*　269
南北戦争　the Civil War　14, 32, 36-37, 41-42, 51-53, 80, 86, 98, 111, 117, 121, 123, 126, 130-131, 153, 241, 279, 284-286, 297-298, 301, 304, 307, 330, 343
日英同盟　Anglo-Japanese Alliance　390-391, 393
日米紳士協約（1907 年）　The Gentlemen's Agreement of 1907　353
日露戦争　Russo-Japanese War　73, 104, 353, 386-393, 397
ニッカーボッカー　Knickerbocker　72, 78, 81
日本　Japan　13, 15, 30-31, 59-60, 73, 207, 211, 226, 330, 340, 344, 353, 355, 359, 390-393,

398, 413-414, 422-423, 429, 431-432
ニュー・ナショナリズム　New Nationalism　241, 265
ニュー・リベラリズム　New Liberalism　265
ニューイングランド　New England　112, 143, 171, 229, 252, 254-255
ニューサウス　New South　286, 296
ニューヨーク　New York　39-40, 43-44, 59, 69-75, 78-81, 83-84, 86, 96, 102, 105, 108, 111, 113-118, 121, 123, 125, 127, 133, 140-141, 147, 173-174, 206, 215, 237, 245, 249, 254, 263-264, 271, 276-282, 284-289, 291-292, 294-296, 298, 300, 304, 314-316, 320-323, 351, 361, 417, 421
『ニューヨーク・イブニング・ポスト』　*New York Evening Post*　114
ニューヨーク・ニューヘイヴン・ハートフォード鉄道会社　New York, New Haven and Hartford Railroad Company　252
ニューヨーク・ファースト・ナショナル・バンク　First National Bank of the City of New York　257
ニューヨーク港税関局長　Collector of the Port of New York　291, 361
ニューヨーク公務員制度改革協会　the New York Civil Service Reform Association　117
ニューヨーク市司法局長　Corporate Counsel of the City of New York　291, 361
ニューヨーク市弁護士協会　Association of the Bar of the City of New York　113, 115, 174
ニューヨーク市民連合　Citizens Union　102
ニューヨーク州南部地区連邦検事　United States Attorney for the Southern District of New York　264
ニューヨーク証券取引所　New York Stock Exchange　277, 281
ニューヨーク南部協会　the New York Southern Society　285-286
『ネイション』　*The Nation*　114, 116, 167
『ノース・アメリカン・レビュー』　*North American Review*　77, 114
農民　farmer　41, 126, 133-134, 137-138, 147, 152, 170, 189, 259, 301, 364
能力主義　meritcracy　45, 52, 53, 117-119, 123-130, 154, 176-177, 188, 192, 194, 202, 235-236, 238, 303, 314, 337, 420

【は行】

ハーヴァード大学　Harvard University　72, 75-77, 89-90, 95, 100, 102-103, 105-106, 114, 123, 141, 155, 171-173, 177, 186-187, 190, 201, 204-206, 209, 216, 232, 234, 236, 269, 271, 277, 327, 345, 375, 391, 410
——隔離状態　189-191, 197, 208
——カレッジ　178-191
——経営管理大学院　91-92, 102, 104

——人文・科学学部　179
——入試制度　185-189
——法科大学院　69, 173-178, 242-244
——歴史学部　77, 89, 91, 100-102
『ハーヴァード・ロー・レビュー』 *Harvard Law Review*　177, 263
『ハーパーズ・ウィークリー』 *Harper's Weekly*　114, 117, 276
排日移民運動　anti-Japanese movement　353, 386-393, 407
白色艦隊　Great White Fleet　353
白人の責務　white man's burden　335, 379
パトリシアン　patrician　73, 75, 105, 113-114, 123, 315
パトロネージ　patronage　50, 113, 124, 128, 173, 291, 361
パナマ運河　Panama Canal　285, 333, 338-339, 354, 357, 361, 413
パリ講和会議　the Paris Peace Conference　41, 63, 87, 92, 103, 105, 293-295, 321, 403-404, 406
パリ政治学院　Institut d'Etudes Politiques de Paris　90, 155
バリスター　barrister　175
ハロー校　Harrow School　169
パワー回廊　corridors of power　30, 59
ハワイ　Hawaii　145-146, 205, 329, 332-335, 337-341, 346, 350-351, 353, 358, 360, 364-365, 371, 380, 384, 412, 421, 423
——地政学的重要性　338-340
——併合　145, 329-340, 349
反カトリシズム　anti-Catholicism　234-235
反植民地主義　anti-colonialism　331
反帝国主義者連盟　American Anti-Imperialist League　345
反膨張主義者　332, 340-341, 344, 346, 348-351, 354-355, 358-359, 381, 410, 421
反ユダヤ主義　anti-Semitism　245
ピーボディ家　Peabody family　112, 198-199
ヒギンソン家　Higginson family　112, 143, 164, 234
美徳　virtue　181-185, 202, 213, 275-276, 378-379, 389
「非文明国」　"barbaric nations"　373, 388, 395, 397, 399
ヒル校　Hill School　59, 206
ファイナル・クラブ　final club　76, 100, 102, 106, 170, 173, 193, 197, 209-218, 228, 235, 278, 283, 420
フィリップス・アンドーヴァー校　Philips Academy Andover　186, 207, 222, 277
フィリップス・エクセター校　Philips Academy at Exeter　173, 186, 207, 222
フィリップス家　Philips family　105
『フィリップ・ドルー』 *Philip Dru, Administrator: A Story of Tomorrow 1920-1935*　306, 308, 315

フィリピン　the Philippines　95, 205, 331-332, 335, 340-359, 364-367, 371-373, 381, 384, 386-389, 396, 412, 421, 423, 425
『フォーリン・アフェアーズ』　*Foreign Affairs*　90, 107
物質主義　materialism　140, 374-375, 377, 381
普仏戦争　Franco-Prussian War　117, 132
ブーン・アンド・クロケット・クラブ　Boone and Crockett Club　108
プジョー委員会　Pujo Committee　256
フライ・クラブ　Fly Club　106, 173
フランス　France　72, 90, 94, 104, 108, 117, 119, 129, 145, 167, 179, 189, 233, 295, 314, 326, 330, 334, 348, 372, 375, 393-394, 396, 398-399, 401-406, 413, 422
ブランド・アリソン法（1878 年）　Bland-Allison Act　134-136
プリンストン大学　Princeton University　59, 103, 155, 192, 209
――イーティング・クラブ　193-195
――学生間競争　193, 197
――中庭計画　192-196
「古株」　"old stock"　229, 400
ブルッキングス研究所　the Brookings Institution　103, 290
プルマン・ストライキ（1894 年）　Pullman Strike　307-308
プレップ・スクール　preparatory school　55, 59, 156, 170, 173, 185-187, 189, 193, 197-198, 200, 206-211, 218, 222-223, 276, 278, 283, 420
ブレトン・ウッズ体制　Bretton Woods System　20, 152
プロテスタント　Protestant　29, 36, 112, 185, 232, 234, 236, 268
文化戦争　culture war　21
分極化　polarization　12, 24
文明　civilization　54, 68, 117, 147, 169, 205, 307, 313, 334, 341, 344-348, 359, 372-374, 378-382, 384-385, 387-402, 415, 421
「文明国」　"civilized nations"　117, 345, 373, 388-389, 391, 393, 395-399, 401
『文明と退廃の原理』　*The Law of Civilization and Decay*　374
『文明の衝突』　*The Clash of Civilizations and the Remaking of World Order*　399-401, 415
ヘイ家　Hay family　79
米西戦争　The Spanish-American War　25, 32, 43, 57, 69, 88, 92, 95, 97, 204, 289, 304, 341, 354-355, 357-358, 363, 384
「平和連盟」　"League of Peace"　382, 397-399, 401-402, 421
ベネズエラ危機（1902-03 年）　Venezuela Crisis of 1902-03　385-386, 388
弁護士　lawyer　30, 41, 59, 81, 83, 113, 115, 123, 127, 136, 163, 173-176, 189-190, 237, 242-243, 245, 247, 250, 257, 261, 269, 286, 288-289, 313, 315
ペンドルトン公務員法（1883 年）　Pendleton Civil Service Act　123, 128, 361
ホイットニー家　Whitney family　79

法曹院　Inn of Court　175
膨張主義　expansionism　15, 18, 20-23, 25-27, 40-42, 54, 57-58, 332, 335, 339-341, 343-344, 346, 348-359, 371-374, 379, 381-385, 399, 401-406, 408, 410, 416, 419, 421-423
膨張主義者　expansionist　26-27, 54, 57, 332, 335, 339-341, 343-344, 346, 348-359, 371-374, 381-385, 399, 402-406, 408, 410, 416, 419, 421-423
ボーア戦争　Boer War　205, 345, 376, 384
ポーセリアン・クラブ　Porcellian Club　76-77, 100, 105, 188, 214, 216, 220
ポーツマス条約（1905 年）　Treaty of Portsmouth　390
防備会議　Board of Fortifications　336, 360
ホームステッド・ストライキ（1892 年）　The Homestead Strike　247-248, 270
牧師　minister　81, 113, 170, 189, 199-200, 204, 277, 281, 284
北東部　the Northern East　19, 26, 52-53, 58, 112, 114, 185, 208, 254, 278, 284, 296, 298, 300, 305, 381, 420-421
北部　the North　18-19, 111, 126, 130, 241, 254, 285-286, 288, 296-297, 304-305, 316, 337
保護関税　protective tariffs　120-121, 136, 141, 352
ボス　boss　74, 78-80, 163, 173
ボストン　Boston　43, 78-80, 90, 105, 111-114, 140, 142-145, 157, 171, 173, 176, 182, 188, 190, 198-199, 222, 224, 232, 234-235, 244, 246, 248, 250, 252-256, 265-266, 272, 286, 296-298, 303-304
ボストン・ブラミン　Boston Brahmin　105, 112-114, 140, 142-143, 157, 171, 182, 188, 190, 234, 244, 248, 250-255, 265-266, 303-304
ボストン・メイン鉄道　Boston Maine Railway　252-254, 256
ボストン金銀複本位制クラブ　the Boston Bimetallic Club　144-145
ポピュリスト　populist　19, 52, 126-127, 129, 139, 142, 146-147, 151-152, 171, 196-197, 241, 301-302, 316, 329, 344, 358, 420

【ま行】

マグワンプ　Mugwump　83, 123, 160, 172, 182, 243, 331, 333, 422
マサチューセッツ工科大学　Massachusetts Institute of Technology　144, 171, 190
マサチューセッツ州　Commonwealth of Massachusetes　77, 144, 172, 181, 198, 200-201, 244, 252-254, 257, 271, 304
マシーン政治　machine politics　74-75, 113, 138, 157
マッキンリー関税法（1890 年）　McKinley Tariff Act　136, 141
満州　Machuria　104, 367, 387, 390-391
満州事変　Manchurian Incident　414, 423
「慢性的犯罪」　“chronic wrongdoing”　388-389, 395
南オセチア紛争（2008 年）　South Ossetia War　9
民主主義　democracy　21, 32, 92, 116, 124, 126-127, 151, 180, 182-183, 185, 194, 223,

239, 250, 261, 335, 343, 345, 371-372, 389, 407, 422, 424
民主党　Democratic Party　18-19, 40-42, 53, 69, 74-75, 83-84, 96, 114, 123, 125, 127, 130, 133, 136, 138, 140, 143-144, 148, 150-151, 154, 162, 195-196, 237, 246, 274, 284-285, 293, 295-298, 301-304, 306, 316-317, 321, 333, 405, 421
民族自決の原則　principle of self-determination　402, 404-405
無制限潜水艦作戦　unrestricted submarine warfare　403
「無能」　"impotence"　388-389
メリーランド　State of Maryland　85, 233-234
モルガン家　Morgan family　65, 70, 166, 199, 276, 283, 317
門戸開放政策　Open door policy　352, 355, 368, 390-391, 393
門戸開放宣言　Open Door Notes　387
モンロー・ドクトリン　Monroe Doctrine　16, 94, 107-108, 347, 385, 391

【や行】

ユダヤ人　Jew　217, 228, 232, 242, 245, 264, 269, 279-281, 390
ユニオン・パシフィック鉄道　the Union Pacific Railroad　278
ユニテリアン　Unitarian　180, 188, 224, 232

【ら行】

ラテン語　Latin　72, 178, 189, 204, 222, 228-229, 233, 298
リー・ヒギンソン商会　Lee, Higginson & Company　252, 254
リーマン・ショック　Lehman Shock　9, 11
陸軍　the United States Army　27, 68-69, 87, 95, 97, 109, 263, 284, 306, 308, 342, 393, 398
陸軍長官　United States Secretary of War　27, 39, 69, 87, 97, 212, 224, 274, 351, 360
履修選択制度　elective system　177-180, 184, 221
猟官制　spoils system　117, 124-125, 127, 238-242
領事　consul　89, 104-105, 128-129, 154-155, 162
領事職　the Consular Service　127-129, 153-155, 162, 167, 337
——任用試験　167
列強　great powers　67, 90, 331, 336, 339, 341, 346, 352-353, 355-356, 365, 373, 381-382, 390, 393-394, 396, 398, 404
『レビュー・オヴ・レビューズ』　*Review of Reviews*　102
連邦議会　United States Congress　12, 86, 97-98, 117, 128-130, 134, 136, 139, 141, 145, 147, 154, 293, 309-310, 312, 336, 338, 418
連邦主義者　Federalist　463
連邦準備銀行　Federak Reserve Bank　84, 96

連邦準備制度理事会　Federal Reserve Board　104, 294
連邦政府　federal government　39, 50, 68, 86, 89, 124-127, 137, 249, 257, 260, 265, 291-292, 312, 333
労働運動　labor movement　248-249, 265
労働組合　labor union　247-250, 307, 314
労働者　labor　41, 74, 113, 121, 126, 133-134, 138, 147, 152, 157-158, 241, 247-250, 257, 300, 307-309, 314, 364
労働問題　labor problem　247, 257, 377
ローウェル家　Lowell family　112, 143, 190
ローズヴェルト家　Roosevelt family　70-71, 75
ロシア　Russia　9-10, 89-92, 104-105, 279, 330, 372, 386-390, 393, 398-399, 413
ロック・クリーク・パーク　Rock Creek Park　95, 108
ロビー　lobby　14, 22, 24, 56
ロンドン条約（1915 年）　Treaty of London　404-405, 417
ロンバード街　Lombard Street　141-142, 146, 164

【わ行】

ワシントン・メトロポリタン・クラブ　the Metropolitan Club of the City of Washington　85-88, 96, 293
——国家安全保障政策の拠点として　87-88, 97
ワシントン DC　Washington, DC　52, 59, 77-80, 83, 85-86, 147, 315, 419

【著者紹介】

三島　武之介（みしま・たけのすけ）

1980（昭和55）年福岡県生まれ。
京都大学総合人間学部卒業、京都大学大学院人間・環境学研究科博士後期課程修了。学術博士。
現在は早稲田大学系属早稲田佐賀高等学校グローバル教育担当教諭・英語科主任。

「アメリカの世紀」を興したリーダーたち
――グローバル化に向けた国家改革

2016年3月20日　初版第1刷発行　　定価はカバーに表示しています

著　者　三島武之介

発行者　相坂　一

発行所　松籟社（しょうらいしゃ）
〒612-0801　京都市伏見区深草正覚町1-34
電話　075-531-2878　振替　01040-3-13030
url　http://shoraisha.com/

Printed in Japan

印刷・製本　モリモト印刷株式会社
装丁　安藤紫野

ISBN978-4-87984-346-3　C0022